高中历史核心概念与史学导读丛书

高中历史
核心概念与史学导读 选择性必修

主编 周刘波

编委(按姓氏音序排列)

陈洁琼 陈远瑜 程 昱 段钰山 龚小易 龚育佳 韩雪梅
黄 彬 黄 蓉 黄童超 姜嘉红 蒋经纬 李 进 刘胜军
刘小芳 刘延广 蒲云芬 谭伟弘 涂 菁 徐 斌 袁堂程
张 波 张 娟 张媛媛 张 悦 赵成梁 周恒宇 周 敏

復旦大學出版社

内容提要

本书是“高中历史核心概念与史学导读丛书”中的一册。丛书是依据《普通高中历史课程标准》（2017年版2020年修订），基于教育部统编历史教材而编写的高中历史教学研究与学习指导用书。

丛书紧扣统编历史教材，对历史课程内容涉及的关键问题进行精讲，同时以精选的历史材料为载体，推动历史学科核心素养的落实。各册内容主要由“核心概念”与“史学导读”构成：“核心概念”是对历史核心概念进行有效整理与归纳，并进行延伸性讲解；“史学导读”则精选史料和历史记载，突出培养学生“史料实证”素养，并提升阅读、辨析、解释史料的能力。

丛书体现了研究性、针对性与实用性的结合，为广大教师与学生提供了多样化的教或学的思路，帮助他们提升教或学的效果。

前　言

本书以《普通高中历史课程标准(2017年版2020年修订)》为基本依据,以统编高中历史教科书选择性必修《国家制度与社会治理》《经济与社会生活》和《文化交流与传播》为载体,紧扣教科书呈现的核心概念进行精讲,并精选史学材料开展历史阅读,以培养学生的历史学科核心素养。

全书按照教科书的顺序进行编写,围绕"核心概念""史学导读"两大栏目,凝聚对选择性必修课程的教学思考和学习建议。具体思路是:

核心概念:围绕课标要求和教科书"学习聚焦",根据每课重点和难点问题,每个子目提炼3—5个核心概念,注重历史问题讲解的拓展性、加深性和实用性,引导师生理解教科书的主旨。

史学导读:围绕核心概念,设置2—3个启发式问题,精选典型历史材料,突出"史料实证"素养,提升学生获取和解读历史信息的能力、分析历史问题的能力和探究历史的能力。

选择性必修课程是在必修课程基础上的递进与拓展,运用专题学习形式,引领学生从政治、经济与社会生活、文化交流与传播等不同视角对中外历史有更加深入的认识。本书顺应选择性必修课程体例,在史料选择上适度拓展,从宏观角度反映历史各方面演进过程。它为广大教师提供了多样化的教学思路,拓宽了教学的广度,帮助他们提升教学效果。同时,本书也可以引导学生把握历史课程内容中的重难点问题,把握中外历史发展进程的主旨,切实提升学习效果和学业成绩。

本书体现了研究性、针对性、实用性与指导性的结合,对于"3+1+2"选考模式和"一核""四层""四翼"高考评价体系之下的历史教学与学习有较大价值。本书是一线教师在历史课程实施过程中的研究成果,编写团队由来自重庆巴蜀中学等一线历史学科名师构成,同时广泛征求了全国各地历史教师的意见。本书是他们实践经验、教学研究与教育智慧的结晶,也是一套对一线教师教学和学生学习具有指导意义的书籍。

编者

2022年7月

目 录

前言 / 001

选择性必修一 国家制度与社会治理

第一单元 政治制度 …… 003
第 1 课 中国古代政治制度的形成与发展 …… 003
第 2 课 西方国家古代和近代政治制度的演变 …… 010
第 3 课 中国近代至当代政治制度的演变 …… 018
第 4 课 中国历代变法和改革 …… 026
第二单元 官员的选拔与管理 …… 036
第 5 课 中国古代官员的选拔与管理 …… 036
第 6 课 西方的文官制度 …… 044
第 7 课 近代以来中国的官员选拔与管理 …… 052
第三单元 法律与教化 …… 061
第 8 课 中国古代的法治与教化 …… 061
第 9 课 近代西方的法律与教化 …… 067
第 10 课 当代中国的法治与精神文明建设 …… 074
第四单元 民族关系与国家关系 …… 080
第 11 课 中国古代的民族关系与对外交往 …… 080
第 12 课 近代西方民族国家与国际法的发展 …… 088
第 13 课 当代中国的民族政策 …… 096
第 14 课 当代中国的外交 …… 100
第五单元 货币与赋税制度 …… 107
第 15 课 货币的使用与世界货币体系的形成 …… 107
第 16 课 中国赋税制度的演变 …… 112
第六单元 基层治理与社会保障 …… 119
第 17 课 中国古代的户籍制度与社会治理 …… 119
第 18 课 世界主要国家的基层治理与社会保障 …… 125

选择性必修二　经济与社会生活

第一单元　食物生产与社会生活 …… 133
第 1 课　从食物采集到食物生产 …… 133
第 2 课　新航路开辟后的食物物种交流 …… 139
第 3 课　现代食物的生产、储备与食品安全 …… 146
第二单元　生产工具与劳作方式 …… 153
第 4 课　古代的生产工具与劳作 …… 153
第 5 课　工业革命与工厂制度 …… 158
第 6 课　现代科技进步与人类社会发展 …… 162
第三单元　商业贸易与日常生活 …… 168
第 7 课　古代的商业贸易 …… 168
第 8 课　世界市场与商业贸易 …… 174
第 9 课　20 世纪以来人类的经济与生活 …… 180
第四单元　村落、城镇与居住环境 …… 189
第 10 课　古代的村落、集镇和城市 …… 189
第 11 课　近代以来的城市化进程 …… 198
第五单元　交通与社会变迁 …… 208
第 12 课　水陆交通的变迁 …… 208
第 13 课　现代交通运输的新变化 …… 215
第六单元　医疗与公共卫生 …… 221
第 14 课　历史上的疫病与医学成就 …… 221
第 15 课　现代医疗卫生体系与社会生活 …… 229

选择性必修三　文化交流与传播

第一单元　源远流长的中华文化 …… 237
第 1 课　中华优秀传统文化的内涵与特点 …… 237
第 2 课　中华文化的世界意义 …… 243
第二单元　丰富多彩的世界文化 …… 247
第 3 课　古代西亚、非洲文化 …… 247
第 4 课　欧洲文化的形成 …… 253

第 5 课　南亚、东亚与美洲的文化 …… 259
第三单元　人口迁徙、文化交融与认同 …… 265
第 6 课　古代人类的迁徙和区域文化的形成 …… 265
第 7 课　近代殖民活动和人口的跨地域转移 …… 270
第 8 课　现代社会的移民和多元文化 …… 277
第四单元　商路、贸易与文化交流 …… 285
第 9 课　古代的商路、贸易与文化交流 …… 285
第 10 课　近代以来的世界贸易与文化交流的扩展 …… 291
第五单元　战争与文化交锋 …… 295
第 11 课　古代战争与地域文化的演变 …… 295
第 12 课　近代战争与西方文化的扩张 …… 300
第 13 课　现代战争与不同文化的碰撞与交流 …… 304
第六单元　文化的传承与保护 …… 308
第 14 课　文化传承的多种载体及其发展 …… 308
第 15 课　文化遗产：全人类共同的财富 …… 315

后记 / 319

选择性必修一

国家制度与社会治理

第一单元

政治制度

第1课　中国古代政治制度的形成与发展

一、先秦时期的政治制度

【核心概念】

核心概念1：世袭制

世袭制是指土地、财产、权位等按照血缘关系世代相传、世代承袭的制度。约公元前2070年，因治水有功成为部落联盟首领的禹建立了我国最早的奴隶制国家夏朝。禹死后，其子启使用武力继位，打破了原始民主制下禅让政治的传统，以同一家族的亲属世袭代替了不同氏族成员的禅让，标志着我国“公天下”的结束和“家天下”的开始。夏朝王位世袭基本采取“传子”，商朝以“兄终弟及”为主、“父死子继”为辅，西周初期确立嫡长子继承原则。自此，王位世袭制走向完备，沿袭至清末。

核心概念2：内外服制

内外服制度滥觞于夏，形成于商，影响至周，是三代时期独具特色的国家结构与管理模式。内服为“王畿”之地，系最高统治者直接控制的国家中心地区；外服是借助方国、诸侯对畿外实现王朝疆域的间接管辖，隶属关系并不稳固。随着社会的不断发展，夏商周三代内外服制度具体内容也有所变化，尤其是西周时期，“外服”的表现形式制度化，周王在王畿以外分封了大量子弟、宗室及功臣，以实现对畿外地区的有效控制。总体而言，三代时期内外服制的本质是不变的，无论是内服还是外服都要向最高统治者承担政治、经济、军事等各方面的附属义务。

核心概念3：分封制

分封制也称分封制度或“封建制”，是西周时期建立地方政权的重要政治制度，旨在广建封国，拱卫王室。受封对象主要分三类：一为周王的同姓亲属（姬姓），二为功臣，三为古帝王之后。基本内容是周王将土地和人口分给诸侯，由诸侯在各地建立邦国，协助周王室统辖王畿以外的领土。诸侯对周王室有镇守疆土、定期朝觐、交纳贡赋、随王出征等义务，形成明确的臣属关系。各个封国内也存在着与宗法制度相配合的层层分封，构成相对独立的地方政治实体。分封制使西周贵族集团形成了“周天子—诸侯—卿大夫—士”的等级序列，实际上构成了西周时期国家结构的基本内容。

核心概念 4：宗法制

宗法制是用父系血缘关系的亲疏来维系政治等级、巩固国家统治的制度，旨在巩固分封制形成的统治秩序，解决贵族之间在权力、财产和土地继承上的矛盾。仅适用于同姓贵族之间，与异姓贵族之间的关系则以婚姻为纽带联结起来。该制度以“立嫡以长不以贤，立子以贵不以长”为原则的嫡长子继承制为核心，按照血缘关系的亲疏来分配政治权力，确立大、小宗，两者不仅是家族等级关系，也是政治隶属关系。层层相属的宗法关系，使族权和政权合一，“宗统”和“君统”合一，实现了家国同构。宗法制以血缘为纽带构成了我国早期社会的等级阶梯，有利于统治集团内部的稳定和团结，有利于凝聚宗族，防止内部纷争，强化王权，同时也强化了以大宗为代表的贵族特权地位。严格意义上的宗法制至战国瓦解，但宗法观念对后世仍然有相当深远的影响。

【史学导读】

1. 如何理解殷周之际国家管理模式的变化？

材料一： 殷道衰，诸侯或不至……殷复兴，诸侯归之。

——摘编自（西汉）司马迁著，张大可辑评：《百家汇评本〈史记〉》上，北京：商务印书馆，2020 年，第 34 页

材料二： 自殷以前，天子诸侯君臣之分未定也……逮克殷践奄，灭国数十，而新建之国皆其功臣、昆弟、甥舅，本周之臣子；而鲁、卫、晋、齐四国，又以王室至亲为东方大藩。夏、殷以来古国，方之蔑矣！由是天子之尊，非复诸侯之长而为诸侯之君。其在丧服，则诸侯为天子斩衰三年，与子为父、臣为君同。盖天子诸侯君臣之分始定于此。此周初大一统之规模，实与其大居正之制度相待而成者也。

——摘编自王国维著：《观堂集林（外二种）》，石家庄：河北教育出版社，2003 年，第 238 页

导读提示

材料一表明商王朝进行间接统辖的“外服”区域规模受王朝中央和地方诸侯力量对比的影响有所伸缩，当商王朝强盛时，臣服朝贡的诸侯就较多，可维持一个较大的统治区域。而当商王室衰弱时，一些诸侯就会摆脱中原王朝的控制。材料二则论述了这一现象在西周时期的变化，即周王室对分封的诸侯拥有较强的控制力。

阅读时，应认识到：殷商王朝并未对畿外的诸侯实行统一集中管理，这是商王与诸侯尚未确定君臣名分的结果。而随着生产力的发展，各区域间的联系加强。西周时期对王畿以外的地区通过分封制进行管控，从而确立了周王与诸侯之间的君臣名分，进而强化了周王与分封诸侯的隶属关系。

通过阅读两则材料，可以深刻理解殷周之际国家管理模式的变化。殷周时期的中原王朝虽然均使用“内外服”的统治形式完成国家疆域的管理，但西周对地方诸侯的约束力更强，为后世集权社会国家治理体系的产生奠定了基础。

2. 怎样认识西周分封制与宗法制的关系？

材料一： 昔武王克商，光有天下，其兄弟之国者十有五人，姬姓之国者四十人，皆举亲也。

——摘自《左传·昭公二十八年》，陆学艺、王处辉主编：《中国社会思想史资料选辑·

先秦卷》，南宁：广西人民出版社，2005 年，第 67 页

材料二： 西周宗法制包括嫡长子继承君统和余子分封两项内容，故分封制以宗法制为基旨，宗统与政统合而为一；又与等级制彼此渗透，由分封确认等级，因等级巩固分封。因此，如果把夏商称为“氏族封建制”，那么西周则可称为“宗法封建制”。

——摘自冯天瑜著：《“封建”论考》，武汉：武汉大学出版社，2006 年，第 22 页

导读提示

材料一中周武王大规模分封同姓诸侯的史实表明，分封制的实行首在维护嫡系姬姓贵族利益。材料二则论述了宗法制是分封制实行的基础，分封制的实行又进一步巩固了宗法等级。

阅读时，应认识到：分封制实际上是以宗法等级分配政治、经济权力的具体体现。分封制实行的原则即宗族血缘亲疏关系，这种血缘关系在组织政治、军事力量上具有较大的凝聚力。

通过阅读两则材料，可以深刻理解西周分封制与宗法制构成西周社会治理的两大基石，两者互为表里、相辅相成。分封制借助宗法制得以顺利实施，宗法等级则通过层层分封得以巩固，既保证了血缘贵族的世袭统治，又维护了西周政治等级制度和社会秩序。

二、秦朝的政治制度

【核心概念】

核心概念 1：皇帝制

皇帝制是中国古代专制主义中央集权政治体制的核心，具有皇权神化、皇帝独尊、皇位世袭等特点。秦王政统一六国后，兼采传说中“三皇五帝”之尊号，“皇帝”成为封建国家最高统治者的称号，后世历代沿用，一切政治、军事、法律事务的决定权都握于皇帝之手。经过历代王朝的不断发展、强化，皇帝制在明清的登峰造极最终使它走向了自己的反面。1912 年清帝溥仪退位，在中国延续两千余年的皇帝制度退出了历史舞台。

核心概念 2：三公九卿制

秦朝创立以“三公九卿”为核心内容的中央集权官僚政治制度。“三公”指丞相、太尉和御史大夫。丞相总揽政务，为百官之长；太尉主管军事；御史大夫为皇帝的机要秘书，兼监察百官。三公之下分掌具体政务和皇室事务的官员，泛称“九卿”。但实际上秦朝并不存在并行的“三公”。一是太尉之职形同虚设，军队完全由皇帝掌控；二是御史大夫的地位与丞相差距较大，两者难以平列。所以，秦朝实行的是以丞相为首的中央行政体制。一方面三公分工明确，提高了行政效率；另一方面三公分别对皇帝负责，保证了皇权至上。

核心概念 3：郡县制

郡县制指郡、县两级政权的地方行政管理制度。战国末年，各国普遍设立郡县。秦完成统一后，为加强中央集权，在全国范围内推行郡县制。中央设监御史，监察郡县。郡设郡守与郡尉，郡守为行政长官，郡尉掌管地方武装。郡下设县，大县（万户以上）长官为县令，小县

(万户以下)长官为县长,县下有基层组织乡、亭、里。[1] 郡县制以地缘关系划分民众并建构国家权力,有利于统一多民族封建国家的巩固与发展,对后世的行政区划管理体制产生了深远影响。

【史学导读】

1. 秦王朝建立了怎样的国家治理体系?

材料一: 秦有天下,裂都会而为之郡邑,废侯卫而为之守宰,据天下之雄图,都六合之上游,摄制四海,运于掌握之内,此其所以为得也。

——摘编自(唐)柳宗元:《封建论》,(清)姚鼐编:《古文辞类纂》上,武汉:崇文书局,2017 年,第 20 页

材料二: 如果说,秦以前的一个时代是诸侯割据称雄的封建国家,那么,自秦始皇统一中国以后,就建立了专制主义中央集权的封建国家。

——摘自毛泽东:《中国革命和中国共产党》,艾四林著:《〈中国革命和中国共产党〉导读》,北京:中国民主法制出版社,2017 年,第 131 页

导读提示

材料一指出秦王朝统一全国后,废除周朝的封国建藩制度,全面实行郡县制,建立起从中央到地方的封建统治网。材料二中毛泽东的话则直接指明秦王朝建立的国家治理体系是专制主义中央集权制度。

阅读时,应认识到:秦王朝所建立的专制主义中央集权制度,与先秦实行的贵族等级分封制有着本质上的不同。秦制强调皇权的至高无上、中央与地方的隶属关系,使皇帝能有效地实行独裁统治,同时中央对地方拥有绝对的控制权。

通过阅读上述材料,可以深刻理解专制主义中央集权制度是我国古代封建社会国家治理的基本模式。所谓专制主义,指皇帝拥有的独裁统治权力。而中央集权,则是指中央对地方的管辖权力。这一体制的有机组成,包括皇帝制、中央官制、地方行政制度、官吏的监察和选拔以及军事制度、法律制度等内容。

2. 如何理解“百代都行秦政法”[2]?

材料一: 二千年来之政,秦政也,皆大盗也。

——摘自(清)谭嗣同著,吴海兰评注:《仁学》,北京:华夏出版社,2002 年,第 96 页

材料二: 秦文化推进的历史创造,最显著的成就是大一统高度集权的秦帝国的缔造。秦政虽然短暂,却为中国社会历史文明进程确定了一个强固的政治体制范式。皇帝制度、官僚制度、郡县制度等,此后两千多年长期延续下来。

——摘自王子今:《秦文化的时代意义和历史影响》,《河北学刊》,2013 年第 4 期

---

① 郡县主要长官由中央任免。

② 毛泽东《七律·读〈封建论〉呈郭老》(1973 年 8 月 5 日):“劝君少骂秦始皇,焚坑事业要商量。祖龙魂死业犹在,孔学名高实秕糠。百代都行秦政法,十批不是好文章。熟读唐人封建论,莫从子厚返文王。”见中共中央文献研究室编:《建国以来毛泽东文稿》第 13 册,北京:中央文献出版社,1998 年,第 361 页。

导读提示

材料一反映的是在戊戌维新时期，作为变法派代表人物的谭嗣同对中国古代封建专制制度进行了批判，并指明这一制度可溯源至秦朝。材料二则指出秦朝创立的高度集权政治体制对中国古代社会的政治文明有着两千余年深远影响。

阅读时，应认识到：秦王朝建立的专制主义中央集权制度成为中国古代封建社会治理的一个基本范式，此后具体官职名称和组织结构虽然不断变化，但其基本精神却被后代所继承。

通过阅读上述材料，可以深刻理解秦王朝实行专制主义中央集权制度，奠定了两千多年来封建制度政权的基本格局，以强化国家机器的统治功能，保持和巩固国家的完整统一，成为后世历代统治者奉为圭臬、一脉相承的治国之道。

三、两汉至明清时期政治制度的演变

【核心概念】

核心概念 1：中外朝制

两汉时期实行的中央行政体制。西汉武帝时，为加强皇权，以尚书为核心组建中朝，尚书本是掌管宫中文书传递和保管的官僚机构。中朝以尚书为主体，加上皇帝的亲信之臣，直接秉承皇帝旨意，形成宫内的军政决策集团，又称内朝。而以丞相为首的公卿大臣，在宫外办公，只负责执行和处理一般的行政事务，成为外朝。东汉光武帝时，将中朝的尚书扩大为尚书台。中、外朝官吏之间没有上下级的统属关系，而是并行的双轨辅政，凌驾其上的始终是皇权。

核心概念 2：三省六部制

隋唐时期的中央官制。唐代的三省具体指中书省、门下省、尚书省。中书省在隋代称内史省，为决策机构，负责草拟诏旨。门下省负责审核中书省起草的政令，驳正违失。尚书省是执行机构，下设吏、户、礼、兵、刑、工六部。吏部主管官吏考核，户部主管户籍赋税，礼部主管典制及教育，兵部主管军政，刑部主管法律刑狱，工部主管工程营造。三省长官共议国政，执宰相之职，分工明确又相互牵制。三省六部制进一步完善了专制主义中央集权制度，表明中国古代中央官僚机构设置趋于成熟。

核心概念 3：内阁

明清政府的中枢辅政机构。明太祖朱元璋废丞相，设殿阁大学士，承旨办事，但仅备顾问。成祖时，正式设立内阁，阁臣得以参与机务。英宗时，阁臣取得票拟之权，即一切章奏由阁臣草拟处理意见后再进呈皇帝御览朱批，内阁制度逐渐成熟[①]。但明代内阁始终没有发展成为法定的最高行政机构，阁臣的意见只有获得皇帝认可方能生效，阁权只是皇权的附属品和衍生物。清代沿置，军机处成立后，实权集中到军机处，内阁徒有虚名，成为传达皇帝谕旨、公布文告的机关。

---

① 明代内阁大学士虽无宰相之名，实有宰相之权。

核心概念 4：军机处

清代的中央行政机构。雍正年间，清廷为处理西北紧急军务，防止消息泄密，于皇宫隆宗门内设军需房，后改称为军机处，战事结束后保留为常设机构。此后各级奏章需通过军机处达于皇帝，不再经过议政王大臣会议和内阁。军机处无公署和专官，军机大臣由皇帝亲选的满汉官员组成，以原官兼职，无品级和俸禄，秉承圣意、跪受笔录，构成皇帝的私人秘书班子。故军机处在权力上是执政的最高国家机关，但在形式上始终是临时机构，其设立是清朝专制皇权高度发展的重要标志。

核心概念 5：行省制

元代地方最高行政区划。行省，全称行中书省，初为元中央最高行政机构中书省的派出机构，后逐渐演变为地方常设机构。全国除“腹里”(今河北、山东、内蒙古、山西)、直隶中书省、吐蕃由宣政院管辖外，专置岭北、辽阳、河南、陕西、四川、云南、甘肃、江浙、江西、湖广等行省，设丞相、平章等官总领该地区事务。元代行省一方面作为中书省的派出机构，有效地加强了中央集权。同时，行省在其辖区内对地方军政事务拥有较大的自主权，亦提高了行政效率。行省制在后世被长期沿用，是中国省制的开端，其影响至今尚存。

【史学导读】

1. 从明清两代中枢机构的变迁看专制皇权的发展趋势。

材料一： 自古三公论道，六卿分职，并不曾设立丞相。自秦始置丞相，不旋踵而亡。汉、唐、宋因之，虽有贤相，然其间所用者多有小人，专权乱政。今我朝罢丞相，设五府、六部、都察院、通政司、大理寺等衙门，分理天下庶务，彼此颉颃，不敢相压，事皆朝廷总之，所以稳当。以后子孙做皇帝时，并不许立丞相。臣下敢有奏请设立者，文武群臣即时劾奏，将犯人凌迟，全家处死。

——摘自(明)朱元璋：《皇明祖训·祖训首章》，张德信、毛佩琦主编：《洪武御制全书》，合肥：黄山书社，1995 年，第 389 页

材料二： 清朝的中央行政管理机关在承继明制的基础上又有所发展。由内阁到议政王大臣会议，再到南书房以及军机处，清代皇权逐步加强。皇帝通过军机处，完全摆脱了内阁和满族贵族的束缚，把一切大权集中在自己手中，从而使皇权达到顶峰。

——摘自章开沅、朱英主编：《中国近现代史》，开封：河南大学出版社，2009 年，第 3 页

导读提示

材料一谈的是明太祖朱元璋认为秦以来实行的宰相制度弊大于利，因此废除宰相，并将“不立宰相”定为明朝的祖宗之法。材料二则论述了清代中央官制在明制基础上进一步变革，特别是军机处的设立后，中国古代专制皇权的发展达到登峰造极的地步。

阅读时，应注意：明太祖废除宰相制度，旨在防止大臣专权，从权力再分配机制上消除相权对皇权的限制。而清代设立的军机处，作为皇帝的临时秘书机构，使国家军政事务完全置于皇帝的直接掌握之下，皇权高度强化。

通过阅读两则材料，可以将明代内阁制度与前代各朝的宰相制度作比较，充分理解内阁并不是法定的最高行政机构，阁权只有获得皇权的认可才能发挥实际作用。至于清代的军机处，应认识到其性质只是皇帝的私人秘书班子。明清两朝中枢体制的调整皆在加强皇权，

故明清两朝君主专制已发展至顶峰。

2. 怎样看待行省制下中央和地方的关系?

材料一:从形式上看,行省制及其带来的中央集权模式来自蒙元统治者对帝国疆域军事控制的偶然行为,实际上其背后又隐藏着古代中央与地方权力结构发展历程的必然抉择。它是秦汉以来郡县制中央集权模式的较高级演化形态,也是两宋否定唐后期藩镇分权的继续。

——摘自李治安:《元代行省制的特点与历史作用》,《历史研究》,1997年第5期

材料二:我们知道,元朝行省最初只是临时性的中央派出机构,到元世祖忽必烈在位后期,始基本定型,转变为常设的地方大行政区。但有一点往往容易被人忽略:即使在行省完全定型并地方化之后,它仍然带有中央派出机构,或者说是中书省(都省)分支机构的性质。

——摘自张帆:《元朝行省的两个基本特征——读李治安〈行省制度研究〉》,《中国史研究》,2002年第1期

导读提示

材料一指出蒙元统治者推行的行省制是中国古代统一多民族封建国家发展壮大过程中,中央与地方权力结构不断调整、完善的产物。材料二则对元朝行省与中书省的关系作了进一步解读,说明行省始终带有中央派出机构的性质,故元朝的中央政府能对各行省进行有效的控制和约束。元朝行省制下地方权重却未见与中央离心倾向,应与元朝政治统治中的民族色彩有关。

阅读时,应认识到:元朝行省只是中书省的派出机构,中央政府以命令授权形式将部分权力交与行省行使,但一切治权皆属中央政府,行省只是中央的代理而已。

通过阅读上述材料,可以深刻理解行省制具有朝廷派出机构和地方行政机构的双重性质,有利于加强中央对地方的管辖。此外,一方面可将元代行省制与西周分封制、秦汉郡县制作纵向比较,领会中国古代地方行政制度变迁中强化中央集权的趋势;另一方面,可将元朝行省制与明清两朝的地方行政制度进行横向比较,探究行省制对后世地方行政区划的持续性影响。

荐读书目

晁福林著:《夏商西周的社会变迁》,北京:中国人民大学出版社,2010年
冯天瑜著:《"封建"考论》,北京:中国社会科学出版社,2010年
林剑鸣著:《秦汉史》,上海:上海人民出版社,2019年
费孝通等著:《皇权与绅权》,上海:华东师范大学出版社,2014年
王亚南著:《中国官僚政治研究》,北京:商务印书馆,2017年
周振鹤著:《中国地方行政制度史》,上海:上海人民出版社,2019年
白钢主编:《中国政治制度通史》,北京:社会科学文献出版社,2011年

第2课　西方国家古代和近代政治制度的演变

一、古希腊罗马的政治制度

【核心概念】

核心概念1：雅典民主政治

兴起于公元前6世纪初、鼎盛于公元前5世纪中后期古代雅典城邦建立的民主政体。雅典城邦中，最重要的机构是公民大会，由全体成年男性公民组成。公民大会定期召开，权力十分广泛，举凡官员选举、法律决策、宣战媾和等内容都要由公民大会决定。议事会由500名议员组成，承担着雅典国家的大量日常工作，它要预先讨论即将提交公民大会的问题，并具有一定的监督权和司法权，由于它的议员一年一任，且抽签产生，是雅典公民参与政治生活、锻炼政治能力的重要机构。陪审法庭是雅典的主要司法机关，其成员有6 000人之众，举凡雅典国家的大小案件，都在抽签组成的规模不等的法庭中审理。一般来说，贿赂法庭事件很少，但审判制度略显原始。雅典官员抽签产生，其中最重要的是执政官和负责军事行动的10位将军，但不管他们权力多大，威信多高，随时可以被罢免，甚至被判刑。古典时代的雅典民主，是参与程度最广泛、人民权力最显著的民主制度之一，尽管如此，它仍然是建立在奴隶制上的少数人民主。

核心概念2：斯巴达贵族寡头政治

古代斯巴达城邦实行的一种带有浓厚寡头色彩，兼有君主制、民主制因素的混合政体。在斯巴达城邦中，两名国王是军事统帅，终身任职，实行世袭，其实际地位和政治影响要超过任何机构；两名国王与其他28人组成长老会，皆终身任职，他们的职责是预先讨论公民大会要讨论的问题，可以联合国王宣布公民大会决议无效，在这个意义上，他们的权力要高于公民大会；公民大会由全体能够服兵役的成年男性组成，名义上是国家最高权力机关，但其通过的决议需要经过长老会同意，始终处于贵族的监督与控制之下；斯巴达城邦还会在全体公民中选举产生5位监察官，拥有主持公民大会、审判国王等权力，俨然成为斯巴达的最高统治者，但因为他们一年一任，又由5人组成，政治影响力受到限制。斯巴达的政治结构，虽然由于公民大会的存在和监察官的权力而具有一定的民主色彩，但是国王和长老会的巨大势力，使它的民主成分难以发挥作用。

核心概念3：元首制

公元前1世纪屋大维在罗马建立的君主制政体，宣告了罗马共和国的消亡。公元前27年，屋大维在击败雷必达、安东尼后返回罗马，成为罗马共和国唯一的主宰。元老院给屋大维上尊号为奥古斯都。此后，屋大维以首席元老的身份进行统治，他所建立的体制被称为元首制。在元首制下，罗马表面上仍是共和国，屋大维形式上参加罗马的官职选举，处处依法行政。但是，屋大维不仅是首席元老，负责主持元老院会议，还是军队最高统帅、执政官、最高祭司长和保民官，行政、立法、司法和军事大权集于一身，实际上无人敢与奥古斯都竞争选举。屋大维将亲信安插在重要位置，此外还控制着重要行省，对于元老院管理的行省，屋大维随时可以干预其政事，撤换其总督。罗马国家所有的重要权力都掌握在元首手中，元首制实际上是隐蔽的君主制。

【史学导读】

1. 如何认识古代希腊民主政治产生的历史条件？

材料一： 希腊全境满是千形万态的海湾。这地方普遍的特质便是划分为许多小的区域，同时各区域间的关系和联系又靠大海来沟通。我们在这个地方碰见的是山岭、狭窄的平原、小小的山谷和河流；这里没有大江巨川，没有开阔的“平原流域”；这里山岭纵横，河流交错，几乎没有一个大面积的整块。

——摘自[德]黑格尔著，王造时译：《历史哲学》，上海：上海书店出版社，2001 年，第 211 页

材料二： 希腊半岛地处地中海东部，与埃及、波斯、腓尼基等古代东方文明隔海相望。这种和平时期有利于交通往来、战争时期有利于隔海防守的海洋地理条件，让希腊半岛在经济上能够受惠于这些富庶的古老文明，而在政治上仍然保持独立自主。尽管希腊半岛上各自为政的自治城邦并未形成统一的政治实体，但希腊半岛从未沦为埃及或者波斯的殖民地。而且，希腊半岛在经济上的过早成熟、在政治上的延迟发育，也造就了商品经济与部落民主的奇特结合。正因为经济上的早熟，让工商业者得以迅速成长为政治舞台上举足轻重的利益集团，而他们往往倾向于民主制度，因为这种制度能够抗衡氏族贵族的传统政治影响；也正因为政治上的迟滞，让希腊半岛保留了原始部落氏族的军事民主制残余，并未发展出埃及王国或者波斯帝国那样强而有力的中央集权或者君主专制。

——摘自陈长琦主编：《中外政治文明历程》，长春：长春出版社，2013 年，第 67 页

导读提示

材料一指出希腊山岭纵横、河流交错以及海湾众多的地理环境特点，人们傍海而居，使一些山谷、河域、平原自成体系。材料二进一步阐明独特的海洋地理条件对希腊半岛政治、经济生活的影响。

阅读时，应认识到：古希腊这种被高山海洋分割成小块的山地半岛，造成相对隔绝的地域分割，众多城邦既是政治单位，也是经济单位，阻碍了中央集权的专制政治形成，这是形成“小国寡民”城邦制的地理根源。同时，复杂的自然环境导致多种经济形态并存，三面环海、港湾众多有利于航海贸易和文化交流，既能促进商品经济发展，又能吸收古代东方先进文明成果。

通过阅读两则材料，可以深刻理解不同地区政治制度的形成和发展都有其特定的历史条件。古代希腊民主政治的形成和发展是在其特定的地理环境、经济活动、文化条件下产生的，从本质上而言都是维护当时统治和适应经济发展的需要。

2. 如何看待古罗马从共和制向元首制的转变？

材料一： 共和制帝国被元首制帝国所取代是罗马经济、政治发展的必然结果。一方面，罗马共和国中期以后，奴隶制经济充分发展起来，土地兼并日益严重，大地产的形成和小农的破产瓦解了小农经济，城邦赖以存在的经济基础逐渐崩溃，城邦灭亡成了历史的必然；另一方面，罗马征服了地中海世界后事实上已经形成为地域辽阔的帝国，阶级关系和社会矛盾都发生了深刻的变化，原来建立在蕞尔小邦基础上的共和政体已不能适应这一变化，只有建

构能代表更广泛区域(包括被征服地区)奴隶主阶级共同利益的超城邦的专制政权,才能够胜任对广大奴隶等被统治阶级的专政。

由上述可见,罗马由共和制走向披着共和制外衣的元首制是历史的必然。元首制帝国的建立是当时地中海区域经济、政治乃至社会发展的应时之需。它结束了长期动乱与内战的局面,开创了一个相对稳定的时代,各阶级、各阶层的地位和利益也得到了新的调整和平衡。元首制帝国的建立还缩小了意大利与被征服地区社会发展的差距,促进了地中海区域经济、文化的交流和发展,为帝国初期的繁荣奠定了基础。

——摘自齐涛主编:《世界通史教程·古代卷》,济南:山东大学出版社,2008 年,第 114 页

导读提示

材料主要从经济基础、社会矛盾两个方面的变化阐述罗马从共和制走向帝制(元首制)是应时之需、顺势之举,强调了罗马建立帝制的必然性以及对社会经济文化发展的推动作用。

阅读时,应认识到:至罗马共和国晚期,经过几个世纪持续不断的军事政治扩张,罗马的版图迅速扩张,但共和国的各种矛盾也日益复杂尖锐。当对立和冲突演化到难以调和的地步时,罗马统治者从稳定自身的统治根基、维护根本利益出发,开始推行高度集权化的强人政治,开创了一个相对稳定的时代。

通过阅读上述材料,可以深刻理解古罗马从共和制走向帝制是符合历史发展趋势的必然结果。随着经济基础的变动、政治形势的变化,当以往那种建立在城邦基础上的共和制度已不能充分执行维护奴隶主阶级利益的职能,已不能适应加强奴隶主专政的需要时,抛开共和外衣、转而采取铁腕手段实施直接的帝制统治,势在必行。

二、中古西欧的封建制度

【核心概念】

核心概念 1:封君封臣制度

中古西欧前期的封建等级制主要表现为封君封臣制,这一制度是西欧自然经济盛行、国家政治权力分散、官僚政府机构尚未成熟的历史产物。封君封臣制度是西欧封建国家制度的基石,由两个要素构成:封君封臣关系和封土制。11 世纪时,西欧封建主之间普遍结成封君封臣关系。封臣对封君承担许多义务,如“效忠”“帮助”“劝告”。封君对封臣也有义务,主要是“保护”和“维持”封臣,不得伤害后者的荣誉、财产和生命。“封土”与封君封臣关系的结合,是封君封臣制形成的关键。封臣为封君服役,封君赐给封臣以维持生活的土地。10 世纪以后封土制十分盛行,它同封君封臣制的紧密结合是这一时期封君封臣制的重要特点。封君封臣关系与重大的政治、军事和经济利益相联系,一经缔结无论封臣还是封君都不能随意解除。封君封臣任何一方若不履行其义务,就可能导致封君封臣关系破裂,酿成武装冲突。封君为取得更多的封臣,封臣为取得更多的封土,以及封土的世袭,使封君封臣关系日益复杂化。

核心概念 2:等级君主制

西欧封建国家的君主借助等级代表机构实行统治的政体形式,是封建割据向封建中央

集权过渡的政权形态。其主要特征是：在国王之下设立由国王召集，有贵族、僧侣和市民代表参加的等级代表会议。等级代表会议是君主的立法咨询机构，是君主、贵族、市民上层分子的政治联盟形式，是反对封建割据和加强王权的工具。等级君主制产生于欧洲中世纪时期，随着西欧大陆城市的复兴和商品经济的活跃，封建割据成为商业和手工业发展的障碍。此时新兴市民阶级成为重要的政治力量，迫切要求改变封建割据局面，将国家统一在君主权力之下。1302 年腓力四世举行的法国三级会议，标志着法国等级君主制的初步形成。等级君主制相对于中世纪早期的政治混乱和割据状态而言，具有历史进步意义，推动了社会经济的进一步发展。

核心概念 3：议会君主制

又称议会制君主立宪制，是以议会为国家最高立法机关和最高权力机关、君主不直接支配国家政权的政体形式。其主要特点是：议会不仅是国家的最高立法机关，而且是最高国家权力机关，由议会选举产生的政府首脑组织政府，是真正的国家权力中心。君主是象征性的国家元首，其职责多是礼仪性的。英国是最早实行议会君主制的国家。1688 年光荣革命中，资产阶级和新贵族利用当时的有利形势，尽量扩大自己的政治和经济实力，利用他们所控制的议会来限制王权。通过了《权利法案》，把国家的实际权力从国王转移到了议会手中，确立了议会权力高于王权、司法权独立于王权的原则，从而奠定了君主立宪制的法律基础。

【史学导读】

1. 中古西欧的封君封臣制度与西周分封制有何异同？

材料一：分封制是上古中国西周与中古西欧都普遍推行过的一种政治经济制度。虽说它们发生在不同的地区、不同的历史时期，但是它们之间既有共性的所在，也有异的特色。从推行分封制的背景看，都诞生在弱国战胜了强国，需要生存、发展的背景中，所不同的是西周更侧重于政治目的而西欧则以军事目的为主；从形式上看，在分封制度下都形成了金字塔般的等级关系，位于塔顶的是国王，接下来是各级诸侯，君臣间的权利与义务都有一些具体而明确的规定，只不过双方在内容上有实质性的不同从而导致了西周的君臣关系比西欧要严密得多；从结果来看，由于西周分封制以宗法制为纽带因而加强了君臣关系的固定性，虽含有使王权衰微的隐患但更主要的是造成了王权的强大，而西欧分封制则是以契约关系为纽带的，本身具有松懈性，虽含有使王权强大的因素，但更主要的它成为了王权权威被削弱的根源。

——摘自杨正香：《西周分封制与西欧中世纪分封制的比较研究》，《江汉论坛》，2001 年第 5 期

导读提示

中古西欧的封君封臣制度与西周分封制都是出于维护统治的需要，其实施都形成了金字塔般的等级关系。但两者在内容上有实质性的不同：西周分封制以血缘为纽带，通过宗法制巩固；西欧封君封臣制度以土地为纽带，依靠效忠维系。

阅读时，应认识到：西周分封制是一种国家政治制度，它所建立的是上下级之间严格的政治隶属关系，以及以此为基础的国家统治机构。但西欧中世纪分封制则不然，它是以封土采邑为媒介，通过封君、封臣间规定的私人契约形式，在双方建立起一种附有权利义务规定

的个人依附关系。

通过阅读上述材料，可以深刻理解西周分封制与西欧中世纪分封制在形式上相似而本质上不同。因而，西欧中世纪分封制推行的结果，并没有像西周一样建立一个有效的国家统治秩序，它所建立起的只是各级封建主之间的个人依附关系——因为封臣除对授予他采邑的封君负有规定的义务外，并未因此产生对国家的任何义务。

2. 如何理解中古时期西欧教权与王权的关系？

材料一： 在各国王权发展过程中，教权无疑充当了阻碍者的角色。它的存在与强大削弱了西欧各国王权的力量，延缓了德国走向统一的历史进程。但是，在西欧封建社会中，教权又是维持国家及王权存在的一种重要力量，在普遍无秩序的情形下，是经由教会涂油加冕且得到教皇认可与保护的王权的存在才使西欧仍然保留着某些作为国家象征的东西。正如一些学者所说，教会是真正的公共秩序与权力的维护者。许多时候教会都以王权的保护者与支持者的姿态出现，当然对于教权的这一作用也不宜夸大。说到底，宗教问题仍然是个政治问题和经济问题，王权的强大必然有损教会的利益，故教会对王权的保护只能停留在一定程度上，反过来，王权对教会的作用也同样如此。在王权看来不能没有教会，而教会力量的扩大又必然使王权力量受到抑制。这就决定中世纪教权与王权的关系只能在一定条件下的冲突、合作，再冲突、再合作。它们之间关系的发展，取决于双方力量的消长。随着社会经济的发展，西欧民族国家的增长，教皇及教会的权威走向衰落也就成为历史的必然。

——摘自黄春高著：《西欧封建社会》，北京：中国青年出版社，1999 年，第 154—155 页

导读提示

一方面，由教皇和教会对世俗国王进行的涂油和加冕仪式，为国王蒙上了神圣的光环，“君权神授”观念实际上由教会授予王权以神圣性的做法来体现；另一方面，世俗君主从教会那里为自己的统治寻求神性，也必然要承担起捍卫教会权力的重任，做他们的世俗保护者。但是，随着罗马天主教会势力极度膨胀，教权高于王权、教会的封建割据和教皇的专制统治阻碍了民族国家的独立和统一，教权与王权的政治联盟便濒临瓦解了。

阅读时，应认识到：中世纪西欧教权与王权之间呈现出既彼此依存又相互对抗的复杂面貌。教权的崛起是伴随中世纪西欧四分五裂的封建割据、王权无力的政治状况出现的；而随着西欧国家统一的趋势加强、王权不断强化，教皇及教会的权威走向衰落也就成为历史的必然。

通过阅读上述材料，可以深刻理解中古西欧教权与王权关系问题的实质是基督教会与世俗王权争夺对宗教和社会的控制权。基督教会与世俗王权并行的二元化权力格局，必然会由于一方的权力超越另一方而失衡。中世纪后期，双方力量对比出现变化，王权和教权的关系进行了新一轮的调整，深刻影响了西欧历史的发展。

三、西方资本主义政治制度的产生与发展

【核心概念】

核心概念 1：君主立宪制

君主立宪制又称“有限君主制”，是资本主义国家君主权力受宪法限制的君主制。其内

容是在保留君主制的前提下，通过立宪，树立人民主权，限制君主权力，实现民主政治。其形式可分为议会制君主立宪制和二元制君主立宪制。二元制君主立宪制是指在君主立宪的前提下，君主权力大于议会，各种主要法令都要经其签署，并且常有权委任首相和上议院议员。而议会制君主立宪制的主要特点是：议会不仅是国家的最高立法机关，还是最高国家权力机关，由议会选举产生的政府首脑组织政府，是真正的国家权力中心。君主是象征性的国家元首，其职责多是礼仪性的。1688 年光荣革命后，英国通过《权利法案》首先实行君主立宪制。

核心概念 2：责任内阁制

责任内阁制是资本主义国家由内阁总揽国家行政权力并向议会负责的一种国家政权组织形式，又称"议会内阁制"。是指内阁由议会产生并对议会负责的政权组织形式。实行内阁制的国家，内阁由议会中占多数席位的一个政党或几个政党联合组成，对议会负责并受议会监督。议会通过"不信任案"时，内阁必须集体辞职，或提请国家元首下令解散议会，举行改选，以决定原内阁的去留。由于内阁制政府是以向议会负责为特征，故亦称之为责任内阁制或议会内阁制。其国家元首与内阁首脑分由两人担任，因为历史传统与个别制度差异，其名称并不固定。国家元首称为国王或总统，内阁首脑则多称为首相或总理。内阁首脑掌握国家的行政大权，同时通过议会掌握立法权，是事实上的国家最高领导人。

核心概念 3：共和制

共和制指国家权力机关和国家元首由选举产生的政体形式，它与君主制相对。现代资产阶级国家普遍采取共和制政体，行使国家最高权力的总统和议会都由选举产生。资产阶级共和制主要有议会内阁制和总统制两种形式。议会内阁制以议会为国家权力中心，议会是国家最高权力机关，政府由议会产生并对它负责。1946—1958 年的法兰西第四共和国是议会内阁制的典型。总统制以总统为国家元首和政府首脑，行政部门和立法部门彼此分立，行政权集中于总统，总统不对议会负责，美国是总统制的典型。共和制还有一种特殊形式，如瑞士的委员会制。此外，实行君主立宪制的英国、荷兰等国，君主不负实际政治责任，实际上也是议会内阁制的共和制。社会主义国家实行的共和制，主要有苏俄的苏维埃和我国的人民代表大会制等形式。

【史学导读】

1. 英国君主立宪制之下国王的地位如何？

材料一：1689 年的《权利法案》是英国宪政史上的纲领性文件，它对国王与议会之间的关系做了初步规定，尤其是对王权进行了一系列限制，但君主并未因此成为"统而不治"的"虚君"。可以这样认为，《权利法案》充其量只是确立了国王与议会共享政治权力的机制，而哪一方在权力的行使方面处于主导地位，取决于二者之间权力斗争的结果。从"光荣革命"后二十多年间的情况来看，国王与议会之间的权力斗争异常激烈：国王力图维护并行使传统的特权，而议会则通过财政权和立法权来逐步来削弱王权，并确立自己的主权地位。

后期，议会利用手中所掌握的财政权和立法权，一次次地冲击王权，造成了王权的衰落及议会主权的上升。到 18 世纪初，国王手中的特权越来越少，议会的地位变得越来越重要，并逐渐成为国家政治权力的中心。随着专制王权的被克服以及议会地位的提升，一个相对民主、自由的社会在英国建立起来。

——摘编自钱乘旦主编：《英国通史·第四卷：转型时期——18世纪英国》，南京：江苏人民出版社，2016年，第3—7页

材料二： 目前，英王、王储的政治活动主要是礼仪性的，如到各地视察和参加各种典礼、加冕、诞辰，授受荣誉称号等。英王在国家政治生活中虽已不再拥有重大的实际权力，但其影响始终长存于政治生活与民众之中。首先，英王是国家统一、民族团结的象征；其次，英王是英联邦的元首，在联系英联邦成员国方面的作用是其他人和机构不能取代的；再次，英王在统治阶级内部发生分歧、矛盾时，起调节平衡作用，因为英王被看成是超阶级、超党派中立的；最后，英王对保持资产阶级政策的连续性、稳定性起一定作用。正因为英王有上述作用，因此尽管长期存在关于英王存废的争议，部分人主张实行共和，但没有为大多数英国人所接受。英王及君主制的存在及其作用在今后较长时间内可能还会继续下去。

——摘编自赵玉霞、韩金峰著：《外国政治制度史》，青岛：青岛出版社，1998年，第242—243页

导读提示

材料一指出《权利法案》确立了国王与议会共享政治权力的机制，即限制王权，扩大议会的权力。但并不意味该法案一经颁布，国王就处于"统而不治"的地位，王权的衰落及议会主权的上升经历了一个权力博弈的历史过程。材料二阐明国王在调节英国社会矛盾、稳定社会秩序方面发挥着无可替代的重要作用。

阅读时，应认识到：英国资产阶级通过把国家的立法权掌握在资产阶级控制的议会手中，通过立法来制约君主滥用权力。18世纪以来，英王在国家政治生活中处于"临朝而不理政""统而不治"的地位，除了履行一些礼仪性的元首职能，没有任何实际的统治权力。

通过阅读两则材料，可以深刻理解英国君主立宪制度之下国王的地位。《权利法案》为限制王权提供了法律保障，英国逐步确立起以议会为核心的君主立宪政体，英王逐渐成为"虚君"。然而，英王作为国家元首，虽然只有象征性的地位和权力，但作为国家统一的象征和民族团结的纽带，在英国国家政治体系中仍是一个不可或缺的重要组成部分。

2. 如何评价美国联邦政府对三权分立的实践？

材料一： 如果人都是天使，那么政府就没有必要存在了；如果能够以天使来统治人，那么无论外部或内部的政府制约也就没必要存在了。要形成一个以人管理人的政府，其最大的困难在于，你首先必须使政府能够控制被统治者；其次必须迫使政府控制自己。对政府的首要控制乃是依赖人民，但经验早已教导人类辅助防御的必要性。

——摘自[美]汉密尔顿、杰伊、麦迪逊著：《联邦党人文集》，北京：商务印书馆，1980年，第264页

材料二： 联邦政府从目前组成情况来看，由于权力分散，所以没有力量；由于权威太多，所以行动不够敏捷；由于程序繁多，所以运转不灵；由于职责不清，领导不力，所以效率不高。在这个政府中，每一位官员都可以谈论任何其他官员的职责，而不需要详细说明他本人为什么没有尽到应尽的职责。

——摘自[美]威尔逊著，熊希龄、吕德本译：《国会政体：美国政治研究》，北京：商务印书馆，1986年，第176页

导读提示

材料一显示以麦迪逊为代表的美国宪法制定者们出于对人性和权力的不信任，为避免政府权力凌驾于公民权利之上，提出必须实行“辅助防御”即三权分立的宪法体制。材料二体现作为美国第28任总统的威尔逊指出三权分立的这种分权制衡机制带有权力分散、运转不灵、效率低下等明显局限性。

阅读时，应认识到：美国制宪者对政府普遍采取不信任的态度，为了保障公民自由和限制政府，在宪法框架之内清楚地把立法权、行政权、司法权分别交给三个不同的国家机关执掌，既保持各自的权限，又互相制约、保持平衡。但三权分立不是积极增进效率的原理，而是消极地防止滥用权力的理论。

通过阅读两则材料，可以深刻理解美国联邦政府对三权分立的实践利弊参半。一方面，三权分立作为宪政原则，具有双重功能：一是通过分工合作，各尽所能，政府决策过程得以达到最优化；二是分散政府权力，有利于权力之间制约平衡，防止专制独裁，保障了资产阶级民主制度的实行。另一方面，虽然美国宪法规定了三个权力机构之间的制衡机理，但在实际政治运作过程中，权限争议层出不穷，影响行政效率。

3. 法国的共和之路为何如此曲折？

材料一：共和政体在法国的确立经历如此漫长而曲折的激烈斗争过程，其原因是多方面的，但主要是由法国大革命前后社会阶级结构和经济结构所决定的。

首先，法国旧势力顽固而强大，不愿意对资产阶级和人民群众作出真正让步；其次，法国资产阶级的力量在一段时间内相对薄弱；其三，农民阶级对共和政体态度的反复；其四，工人阶级争取共和政体的斗争成果未能巩固下来；其五，1870年前法国资产阶级确立其全面统治的经济条件尚未成熟；其六，1789—1870年间，法国阶级斗争十分激烈，各种政治思潮长期并存。最后，1789年以来法国所面临的国际环境也对政体形式的演变发生一定的影响。

——摘编自洪波：《近代法国共和政体长期难以确立的原因》，《历史教学问题》，1993年第1期

导读提示

从1789年法国大革命开始，到1875年颁行《法兰西第三共和国宪法》，法国共和政体得以正式确立，其间历经八十多年帝制独裁与共和制的交替反复。这一复杂局面主要是由近代法国社会阶级结构和经济结构造成的。

阅读时，应认识到：法国资本主义发展缓慢，资产阶级力量相对弱小，封建势力异常强大。而小农经济发达，小农意识成为君主制复辟的温床。此外，国内激烈的阶级斗争和国外武装力量的干涉都对法国近代政体的确立产生了一定的影响。

通过阅读上述材料，可以深刻理解法国共和制度确立的长期性、曲折性和艰巨性，认识到共和制的建立是进步力量长期斗争的结果，不是专制势力的恩赐；进而理解近代民主潮流是不可阻挡的，新事物必然战胜旧事物。

荐读书目

马啸原著：《西方政治制度史》，北京：高等教育出版社，2000年

晏绍祥著：《希腊城邦民主与罗马共和政治》，北京：人民出版社，2018 年

马克垚主编：《中西封建社会比较研究》，上海：学林出版社，1997 年

[英]迈克尔·琼斯主编，王加丰等译：《新编剑桥中世纪史》，北京：中国社会科学出版社，2020 年

[美]弗雷德里克·沃特金斯著，李丰斌译：《西方政治传统——近代自由主义之发展》，桂林：广西师范大学出版社，2016 年

孟广林著：《英国“宪政王权”论稿——从〈大宪章〉到“玫瑰战争”》，北京：人民出版社，2017 年

[法]托克维尔著，董果良译：《论美国的民主》，北京：商务印书馆，2017 年

郭华榕著：《法国政治制度史》，北京：人民出版社，2005 年

第 3 课　中国近代至当代政治制度的演变

一、民国时期的政治制度

【核心概念】

核心概念 1：《中华民国临时约法》

中国历史上第一部具有资产阶级共和国宪法性质的重要文件。1912 年 3 月 11 日，孙中山以临时大总统名义公布了由南京临时参议院制定并通过的《中华民国临时约法》，共七章五十六条，以主权在民、平等自由为原则，确立行政、立法、司法三权分立的政治制度，规定总统颁布命令须由国务员副署才能生效，实际上确立了责任内阁制。《临时约法》以国家大法的形式确立了民主共和的国家组织形式和人民的基本权利，宣告了中华民国的合法性，具有开创性的历史意义。但袁世凯不满约法中限制总统权力的规定，于 1914 年 5 月颁布《中华民国约法》取代《临时约法》，为复辟帝制扫除障碍。

核心概念 2：宋教仁案

1913 年实际主持国民党党务的资产阶级革命家宋教仁在上海准备北上组阁时被暴徒暗杀的案件。民国初年，以宋教仁为首的资产阶级革命家希望用议会制和责任内阁制来约束袁世凯，实现政党内阁，把中华民国建设成为类似当时西方民主共和制的国家。1913 年初国会选举中，国民党获得全面胜利，成为国会第一大政党，通过合法斗争取得政权、建立国民党责任内阁已经俨然在握。然而，由于力倡政党政治、责任内阁以限制袁世凯权力，宋教仁为当权的袁世凯集团所仇恨。1913 年 3 月，宋教仁在上海火车站准备北上组阁时，被暴徒暗杀。宋案的发生表明，在大地主大买办阶级的政治代表袁世凯的统治下，依靠议会政治维护共和的希望微乎其微。

核心概念 3：《训政纲领》

以蒋介石为首的南京国民政府实施训政的纲领性文件。孙中山主张中国民主政治的建

设要经过军政、训政、宪政三个时期。1928 年南京国民政府确立起在全国的统治，宣布由军政时期进入训政时期，实行“以党治国”。国民党通过的《训政纲领》规定：在训政时期，由国民党全国代表大会代表国民大会领导国民行使政权。大会闭会期间，把政权托付给国民党中央执行委员会；行政、立法、司法、考试、监察五项治权，托付给国民政府总揽执行；国民党中央执行委员会政治会议负责指导监督国民政府的重大国务。《训政纲领》把国民党中央定为最高权力机构，将“训政”异化为国民党包揽一切的一党专政，并为蒋介石建立独裁统治提供了法理依据。

【史学导读】

1.《中华民国临时约法》对近代中国民主政治制度的发展有何贡献？

材料一： 民国元年的《中华民国临时约法》，在那个时期是一个比较好的东西；当然，是不完全的，有缺点的，是资产阶级性的，但它带有革命性、民主性。

——摘自毛泽东：《关于中华人民共和国宪法草案》，中共中央文献编辑委员会编：《毛泽东著作选读》，北京：人民出版社，1986 年，第 708 页

材料二：《临时约法》是对封建专制制度和封建等级制度的否定，体现了“主权在民”原则和近代法治精神，是中国历史演进与西学东渐思想交融的产物。它反映了资产阶级的意愿和利益，有利于人民权利意识的觉醒和思想的解放，是辛亥革命的重要成果。

——摘自周宇清编著：《中国近代史重要文献导读》，成都：四川大学出版社，2019 年，第 213 页

导读提示

材料一是毛泽东对《中华民国临时约法》的一段评述，指出《临时约法》符合当时社会历史发展的趋势，具有进步意义；但同时反映出民族资产阶级的妥协性与软弱性，这是《临时约法》的局限所在。材料二则对《临时约法》的具体影响作了总结：其否定了封建专制制度，肯定了人民的民主权利，促进了思想解放等。

阅读时，应认识到：《中华民国临时约法》以国家大法的形式，确立了民主共和的国家组织形式和人民的基本权利，宣告了中华民国的合法性。作为中国历史上第一部具有资产阶级共和国宪法性质的重要文件，在中国近代政治制度史上具有开创性的历史意义。

通过阅读两则材料，可以深刻理解《中华民国临时约法》对于近代中国民主政治制度发展的贡献：一是直接废除封建帝制，并以资产阶级三权分立、代议政治原则防止任何形式的个人专权，体现了主权在民精神。二是传播了共和思想，民初洪宪帝制、张勋复辟等妄图恢复封建帝制的行径都成为丑剧，从侧面反映自《临时约法》颁布后，民主共和的观念逐渐深入人心。

2. 民国初年的政党政治有何特点？

材料一： 在中国历史的进程中，政府之外的团体，是否可以联合起来以达到参政的目的，一直是一个引人注意的问题。在帝制时期，正统的观点认为，党派和小集团对政府工作是有害的，而且其本身也是邪恶的。这种观点主要集中在“党”字这个词上。当清朝被推翻时，党禁也被解除，被压制了数个世纪组织政党和社团的热情，顷刻之间喷涌而出。民国刚建立的头数月里，一下就出现了几十个政治团体，在名义上都是要通过代议制，为取得政权

而进行竞争。

——摘自[美]费正清编:《剑桥中华民国史(1912—1949)》上卷,北京:中国社会科学出版社,1994年,第208页

材料二:“革命军起,革命党消”是章太炎为适应武昌起义之后中国政制转型之需要而提出的政治口号。“革命党”是秘密结社,与依托议会开展合法政治活动的“政党”有着本质区别。消除“革命党”是为了组织“政党”,推进中国的民主政制建设。然而,一度因应形势改建“政党”的国民党其革命情结始终难以消去,其党人的思想行为在很大程度上还停留在革命阶段。“宋案”发生后国民党回归“革命党”立场重新走上“革命”之路。在国民党“继续革命”的过程中不仅袁世凯和北洋军阀成为打击目标,孙中山等人在革命之初选择的西方议会民主政制也在事实上遭到否定。这种一箭双雕的政治打击,对近代中国的政制建设产生了“破旧”却没能真正“立新”的复杂的历史影响。

——杨天宏:《政党建置与民初政制走向——从“革命军起,革命党消”口号的提出论起》,《近代史研究》,2007年第2期

导读提示

材料一谈的是民国初年的政党政治显现出“党派林立”的特点,这是由于封建帝制终结,向社会各阶层提供了成立政治团体、表达政治诉求的客观条件。材料二则从国民党在民初的政党转型未能成功这一事例中,折射民初政党政治的局限性。

在阅读时,应认识到:民初政坛党派林立所反映出来的是人们对于民主政治向往与热情,它具有反对封建独裁统治的积极意义。但民初的各政治团体并不是坚强有力的成熟政党,其对中国近代化民主政治的推动作用亦十分有限。

通过阅读以上材料,可以深刻理解民国初年政党丛生、政争不断的政党政治局面。辛亥革命推翻了统治中国两千余年的封建帝制,给大众的政治诉求表达提供了一个相对宽松的环境,民初“党派林立”的现象就是这一近代化民主政治进程的具体体现。但民初的政党其自身存在较大的局限性,并不能充分发挥资产阶级政党对国家政治生活应有的作用,其对近代化民主政治的追求也只能流于设想。

3. 怎样看待国民党训政体制下“党治”模式与“五权分立”的矛盾?

材料一:应该说,“五权分立”的立意还是积极的,即为了防止西方议会、政党政治的弊端,将考试权从行政权中分出,纠察权从立法权中分出,借以寻求更为完善的权力相互制衡。国民党内外三民主义、五权宪法的服膺者也并非都是虚应故事,其中确实有些忠贞之士满心期望通过五权宪法的实施,把中国引向民主与法制的进步道路。但是,任何良好的民主政治设计,都改变不了国民党政府“党治”“军治”“独治”的严酷现实,“五权分立”的政治架构只能流于虚有其表的形式。

——摘编自章开沅著:《走出中国近代史》,北京:北京出版社,2020年,第56页

材料二:国民党执掌全国政权后,一党独揽政权的意识更为膨胀。如汪精卫公开声称:“国民党的政权,是费代价而来的,谁个不愿意,也须费点代价,想政府无故而拱让,是做不到的。”其口吻足以显示当国民党人垄断政权的霸气。这种独占意识,无异帝治时代“谁打江山,谁坐江山”的“江山情结”在党治下的翻版。

——摘自王奇生著:《党员、党权与党争:1924—1949年中国国民党的组织形态(修订

增补本)》,北京：华文出版社,2010年,第197页

导读提示

材料一反映的是国民党训政体制下的“五权分立”设计虽有一定的积极意义,但在国民党实行的专制独裁统治下,难以实现其预期效果。材料二则直接揭示了国民党政权的专制独裁性质,“五权分立”名为独立,实际上统归国民党。

阅读时,应认识到：南京国民政府的制度设计是具有进步性的,其效法了欧美民主政治并实践了孙中山的“五权分立”思想。但在具体实行中,这一行政体制是在国民党“以党治国”的原则下形成的,权力的制衡与对权力运作的监督只能流于形式。

通过阅读两则材料,可以深刻理解国民党在建立全国统治后,为何依然要应付来自中共、国内民主运动以及各地方实力派对其政权的不断挑战。因为国民党虽拥有近代化的行政体系,却并未体现近代民主政治的本质,“五权分立”反而成为国民党“一党专权”的掩饰,这样的专制独裁统治也终将为历史所淘汰。

二、中国共产党在根据地和解放区的制度探索

【核心概念】

核心概念1：中华苏维埃共和国

1931年11月,中华苏维埃第一次全国代表大会在江西瑞金召开,宣布中华苏维埃共和国临时中央政府成立,大会制定了《中华苏维埃共和国宪法大纲》,规定中华苏维埃政权“建设的是工人和农民的民主专政国家”。中华苏维埃共和国实行工农兵代表大会制度,选举产生的各级政府广泛吸收工农群众代表参加政权管理,行使当家作主的权利。临时中央政府先后颁布一批法律、法令,初步建立起具有鲜明阶级性和时代特征的法律体系。中华苏维埃共和国是中国共产党人创建人民革命政权的宝贵探索与尝试,在政权建设、经济建设、人才培养等方面积聚了许多经验。

核心概念2：陕甘宁边区

中国共产党领导的中心抗日根据地。抗战爆发后,根据国共双方协议,于1937年由陕甘宁革命根据地改编而成,原根据地的苏维埃政府改为边区政府,以延安为边区首府,由林伯渠任主席。陕甘宁边区的范围,大致包括延安、甘泉、延川、延长等20余县。抗战后期,国民党胡宗南所部军队始终对陕甘宁边区实行封锁,中共也采取了不向外发展的方针,边区范围基本没有扩大。该边区在抗日战争中发挥了重要作用。

核心概念3:“三三制”原则

“三三制”原则是中国共产党在抗日根据地为争取团结各阶级抗战而采取的政权组织原则。1940年3月6日,中共中央公布《抗日根据地的政权问题》,规定在抗日根据地各级政权机关的工作人员组成上实行“三三制”,即代表工人阶级和贫农的共产党员、代表小资产阶级的非党左派进步分子、代表中产阶级和开明绅士的中间派大体各占三分之一;此外还注意了男女平等和民族平等的原则。“三三制”扩大了抗日民主根据地参政议政的群众基础,进一步巩固和扩大了抗日民族统一战线,对边区建设和抗战胜利起到了重要作用。

核心概念4:《论人民民主专政》

《论人民民主专政》是毛泽东同志为纪念中国共产党诞生28周年所写的一部著作。为向全国人民公开阐明中国共产党在建立新中国问题上的主张,1949年6月30日,毛泽东发表了《论人民民主专政》一文,提出人民民主专政这一概念,即"对人民内部的民主方面和对反动派的专政方面,互相结合起来,就是人民民主专政"。文中指出在当时的中国,人民包括工人阶级、农民阶级、城市小资产阶级和民族资产阶级,工人阶级是领导力量,工农联盟是基础力量。毛泽东关于人民民主专政的理论,是对马克思主义国家学说的丰富和发展,为新中国的建立奠定了理论和政策基础。

【史学导读】

1. 中华苏维埃共和国的成立有何历史意义?

材料一: 中华苏维埃共和国是中国历史上第一个全国性的工农民主政权,是我们党在局部地区执政的重要尝试。它的建立,进一步加强了根据地建设,扩大了党和红色政权的影响,开创了土地革命战争新局面,也为我们党在抗日战争和解放战争时期的根据地建设以及新中国的政权建设,提供了宝贵的历史经验,培养了一大批领导骨干和组织、管理人才。

——摘自习近平:《在纪念中央革命根据地创建暨中华苏维埃共和国成立80周年座谈会上的讲话》,《人民日报》,2011年11月5日

导读提示

本则材料谈的是中华苏维埃共和国的性质和成立意义,指明了其是中国共产党创立的第一个全国性的无产阶级政权。其成立不仅在土地革命战争时期全面推动了各根据地的政权、经济、文化教育等方面的建设,而且对中共在抗日战争时期、解放战争时期和新中国成立后的政权建设提供了历史经验。

阅读时,应认识到:中共在土地革命战争时期成立这一政权的目的是什么,以便更好地把握其对中国无产阶级革命实践的贡献。

通过阅读材料,可对中共为维护这一政权所实施的具体措施进行扩展性了解,也可将其与中共在抗日战争时期、解放战争时期和新中国时期的政权创立探索作比较,从长时间段考察中华苏维埃共和国的成立意义。

2. 如何认识"三三制"的历史意义?

材料一: 因为调动了非党人士的积极性,该乡原定公粮计划不仅提前完成,而且大幅超额。得知这一经验后,毛泽东极其高兴,他在陕甘宁边区政府呈送的文件上批示道:"共产党员只有与多数非党人员在一道,真正实行民主的'三三制',才能使革命工作做好,也才能使党的生活活跃起来。如果由党员包办一切,则工作一定做不好,党员也会硬化不进步。"

——摘自本书编写组编:《中共中央在延安:一个马克思主义政党的崛起》,北京:研究出版社,2019年,第220页

材料二: 抗战时期,为团结全国的一切抗日力量,建立了边区参议会制度,参议会是边区最高权力机关,经普选直选产生,拥有选举、罢免、创制、复决、督促、检查、弹劾等权力,已初步具备新中国成立后人民代表大会制度的基本职能。为保证抗日各阶层具有平等参与的权利,参议会采取"三三制"原则,即共产党员、非党左派进步分子和中间派各占1/3,改变了

苏维埃时期清一色的人员构成。

——摘编自景跃进、陈明明、肖滨主编:《当代中国政府与政治》,北京:中国人民大学出版社,2016年,第65页

导读提示

材料一谈的是“三三制”在陕甘宁边区的实践效果,因调动了非共产党员人士的积极性,使边区政府的建设活动活跃起来,有力地维护了抗日民族统一战线。材料二指出采取“三三制”原则的边区参议会制度已初步具备人民代表大会制度的基本职能。

阅读时,应认识到:“三三制”原则争取小资产阶级、中等资产阶级和开明士绅对抗日民主政权的支持,有效实现了政治动员和社会动员,推动根据地各项建设事业的发展。同时,“三三制”为新中国成立后人民代表大会制度的建立积累了丰富的经验。

通过阅读两则材料,可以深刻理解“三三制”具有深远的历史意义。一方面,中国共产党通过“三三制”团结了根据地内所有抗日的阶级,巩固和发展了抗日民族统一战线;另一方面,“三三制”具有的统战属性和民主属性及其成功实践也为新中国时期探索统一战线新形式、促进民主政治建设提供了重要借鉴。

三、中华人民共和国的政治制度

【核心概念】

核心概念1:《中国人民政治协商会议共同纲领》

1949年9月中国人民政治协商会议第一届全体会议通过的具有临时宪法性质的文件,简称《共同纲领》,共七章六十条。《共同纲领》宣告中华人民共和国的成立,组织中央人民政府,宣布中华人民共和国为新民主主义即人民民主主义的国家,实行工人阶级领导的、以工农联盟为基础的人民民主专政,还确定了国家的政治制度、军事制度和应当实行的经济、文化教育、民族和外交等方面的基本政策。《共同纲领》是在中国共产党领导之下,各民主党派、各人民团体和各族各界人民的代表共同制定的建国纲领,是全中国人民在一定时期内共同奋斗的目标和统一行动的政治基础。在1954年《中华人民共和国宪法》颁布以前,它发挥了临时宪法的作用。

核心概念2:人民代表大会制度

人民代表大会制度是指以人民代表大会为核心和主要内容的国家政权组织形式,是国家的根本政治制度。1949年9月,中国人民政治协商会议第一届全体会议通过了具有临时宪法性质的《共同纲领》,确立了人民代表大会制度作为中华人民共和国的根本政治制度的地位。1954年9月,在各地普选的基础上,第一届全国人民代表大会第一次会议隆重召开,标志着我国人民代表大会制度从中央到地方正式建立起来。会议通过的《中华人民共和国宪法》,以国家根本大法的形式规定了我国实行人民代表大会制度。1978年12月召开党的十一届三中全会,提出民主制度化、法律化的历史性任务,人民代表大会制度建设进入新的发展时期,并在实践中取得许多重要进展。人民代表大会制度是中国人民当家作主的重要途径和最高实现形式,是中国社会主义政治文明的重要制度载体。

核心概念 3：中国共产党领导的多党合作和政治协商制度

中国共产党领导的多党合作和政治协商制度是我国一项基本的政治制度，也是具有中国特色的政党制度。基本内容是：中国共产党是执政党，其执政的实质是代表工人阶级及广大人民掌握人民民主专政的国家政权。各民主党派是参政党，具有法律规定的参政权。其参政的基本点是：参加国家政权，参与国家大政方针和国家领导人选的协商，参与国家事务的管理，参与国家方针、政策、法律、法规的制定和执行。中国共产党和各民主党派合作的首要前提和根本保证是坚持中国共产党的领导等四项基本原则。中国共产党与各民主党派合作的基本方针是：长期共存，互相监督，肝胆相照，荣辱与共。中国共产党和各民主党派以宪法和法律为根本活动准则。中国共产党领导的多党合作和政治协商制度适合我国国情，显示出强大的生命力和显著的优越性。它有利于发展社会主义民主政治，有利于发展社会主义经济和文化，有利于构建社会主义和谐社会，有利于推进祖国和平统一大业。

【史学导读】

1. 为什么《共同纲领》在过渡时期对新中国的建设有强大的凝聚力？

材料一： 共同纲领可称之为新民主主义的纲领。新民主主义的革命——反帝、反封建、反官僚资本——仍须进行到底；新民主主义的建设——政治的建设、经济的建设、文化的建设、国防的建设——亟须开始。《共同纲领》六十条没有一条不是涉及这样的革命（或革命成果的保卫），或是这样的建设。

——摘自陈夏红主编：《钱端升全集（第十卷·文选）》下，北京：中国政法大学出版社，2017 年，第 395 页

材料二：《共同纲领》作为一部承上启下的新民主主义政治纲领，既要团结凝聚各方面力量，完成协商建国的历史任务，又要指明社会主义发展方向，完成将来共同建设社会主义的历史任务。《共同纲领》通过“不写入社会主义”这一方式完成了社会主义的历史宣示，完成了上述双重历史任务，这是《共同纲领》的高妙之处。

——摘自肖存良：《新民主主义与社会主义之间——重读〈中国人民政治协商会议共同纲领〉》，《中共党史研究》，2019 年第 5 期

导读提示

材料一说明了《共同纲领》是针对新民主主义社会的建设而制定的，充分考虑了这一特殊历史时期的具体矛盾和现实需求。材料二则谈到了这一政治纲领的具体特点：既团结了当时社会各方面的力量，又指明了今后新中国的发展方向。

阅读时，应认识到：通过对新民主主义社会的阶级构成和主要矛盾进行具体分析，工人阶级、农民阶级和城市小资产阶级、民族资产阶级是这一时期的基本阶级力量，而《共同纲领》则巧妙地团结了这些力量，不仅完成了协商建国的历史任务，又对号召这些力量共同建设社会主义起到了强大的凝聚作用。

通过阅读上述材料，可以深刻理解《共同纲领》在过渡时期对新中国的建设有强大的凝聚力。同时，在此基础上结合建国初期社会矛盾的变化以及党在过渡时期总路线的提出，可以扩展思考《共同领纲》于 1954 年 9 月被《中华人民共和国宪法》所取代的历史原因。

2. 为什么说人民代表大会制度是我国的根本政治制度?

材料一: 1951年9月,董必武同志在中央人民政府华北事务部召开的华北第一次县长会议上有个讲话,阐明了人民代表大会制度之所以是国家根本政治制度的两条原因。他说:"这是因为:一,我们国家有很多制度,如婚姻制度、税收制度、司法制度、军制、学制等等,但这些制度都只能表示我们政治生活的一面,只有人民代表会议或人民代表大会制度才能代表我们政治生活的全面,才能表示我们政治力量的源泉,因此人民代表会议或人民代表大会制度是我们国家的基本政治制度。二,我国人民代表会议或人民代表大会是由人民革命直接创造出来的。不是依靠从前任何法律规定而产生的。人民代表会议或人民代表大会一经宣告成立,它就可以相应地制订各种制度和法律,而其他任何制度则必须经过人民代表会议或人民代表大会批准,或由它所授权的机关批准,才能生效。"

——摘自许安标主编:《人大代表执行职务知识读本》,北京:中国民主法制出版社,2016年,第164页

导读提示

在此则材料中,董必武虽然把人民代表大会制度称为国家的基本政治制度,但实际上阐明了人民代表大会制度是我国根本政治制度的原因。

阅读时,应认识到:人民代表大会制度之所以是我国根本政治制度,首先是因为人民代表大会制度是我们国家政治力量的源泉,在我国权力机关的权力是人民授予的,各级人民代表大会的活动反映了人民的意志,代表了人民的利益;其次是因为人民代表大会制度是我国各种国家制度的源泉,我国各种国家制度都是人民代表大会通过立法创制出来的。

通过阅读上述材料,可以深刻理解人民代表大会制度是我国的根本政治制度。从而进一步对我国的根本政治制度和中国共产党领导的多党合作和政治协商制度、民族区域自治制、基层群众自治制度等基本政治制度作性质上的区别,并思考两者之间的联系。

3. 为什么要坚持中国特色社会主义制度自信?

材料一: 习近平总书记深刻指出:"制度问题更带有根本性、全局性、稳定性、长期性。""只有扎根本国土壤、汲取充沛养分的制度,才最可靠、也最管用。"

进入新时代,我们聚焦坚持和完善中国特色社会主义制度、推进国家治理体系和治理能力现代化,在实践探索的基础上加强顶层设计和战略安排,党和国家制度建设"施工图"恢弘展开。从党的领导、人民代表大会、坚持马克思主义在意识形态领域指导地位、党对人民军队的绝对领导等根本制度,到社会主义基本经济制度、基本政治制度,再到不同领域具有创新性、支撑性的重要制度,中国特色社会主义制度体系层次分明、系统完备,各项制度更加成熟、更加定型,在国家治理中日益显现出巨大的制度效能。

危机是制度的试金石。面对百年不遇的新冠肺炎疫情,党领导人民不惜一切代价阻断疫情传播链条,不惜一切代价抢救生命,仅用3个月左右的时间取得了武汉保卫战、湖北保卫战的决定性成果,以最快速度研制出安全有效的疫苗,在压力巨大的情况下确保了经济发展、社会稳定,并为世界各国抗击疫情提供了有力支持。中国速度、中国奇迹的背后,是人民至上、生命至上的社会主义价值理念,是同舟共济、集中力量办大事的制度优越性,是心系世界人民安危福祉的国际主义精神!

——摘自宣言:《中国没有辜负社会主义》,《人民日报》,2021年6月8日

导读提示

这则材料从理论基础、实践探索和危机检验几个角度说明了坚持中国特色社会主义制度自信的必要性。

在阅读时，应认识到：中国特色社会主义制度在中国有着深厚的社会土壤和充足的历史养分，是符合国情的制度，是当代中国发展进步的根本制度保障，是具有鲜明中国特色、明显制度优势、强大自我完善能力的先进制度。新时代以来国家治理中日益显现出巨大的政治效能、依靠制度力量迅速控制新冠疫情，更是从实践的角度说明了中国特色社会主义制度的优越性。

通过阅读以上材料，可以深刻理解坚定中国特色社会主义制度是历史和人民的选择，是经得起实践检验的优越制度。中国用铁一般的事实宣告：历史没有终结也不会终结，社会主义生机蓬勃、前途无限。中国特色社会主义道路不但走得对、走得通，而且必将通往更加光明的未来。

荐读书目

邓野著：《民国的政治逻辑》，北京：社会科学文献出版社，2010 年

张玉法著：《民国初年的政党》，长沙：岳麓书社，2004 年

王奇生著：《党员、党权与党争：1924—1949 年中国国民党的组织形态（修订增订本）》，北京：华文出版社，2010 年

杨奎松著：《“中间地带”的革命：国际大背景下看中共成功之道》，太原：山西人民出版社，2010 年

高慧琳著：《中共中央在陕北和陕甘宁边区》，上海：上海人民出版社，2018 年

金冲及著：《二十世纪中国史纲（增订本全 4 册）》，北京：生活・读书・新知三联书店，2021 年

景跃进、陈明明、肖滨主编：《当代中国政府与政治》，北京：中国人民大学出版社，2015 年

第 4 课　中国历代变法和改革

一、中国古代的重要变法和改革

【核心概念】

核心概念 1：商鞅变法

战国时期商鞅在秦国主持的一系列变法改革。春秋战国时期，天子与诸侯间的血缘关系逐渐薄弱，以血缘关系为纽带的分封制走向崩溃。同时，由于生产力的发展，原土地国有

制逐步被土地私有制取代。为适应社会变动，实现富国强兵，在秦孝公的支持下，公元前356年，商鞅进行第一次变法，内容包括：颁发法律，实行什伍连坐制度；废除世卿世禄制，奖励军功，建立军功爵制；重农抑商，奖励耕织。公元前350年，商鞅又进行第二次变法，包括：废除井田制，承认土地私有；普遍推行县制，设置县一级官僚机构；迁都咸阳，修建宫殿；统一度量衡制。商鞅变法增强了秦国经济、军事实力，为后期秦国统一六国奠定了物质和社会基础。

核心概念2：北魏孝文帝改革

北魏孝文帝改革又称"孝文汉化"，指在南北朝时期北魏孝文帝时期所推行的一系列改革措施。孝文帝时北魏已基本统一北方，但仍存在经济落后、政令不举、阶级矛盾以及民族矛盾尖锐等问题，对此孝文帝时期先后进行两次改革。第一次改革在公元484—486年间，由冯太后主持，重点为创建新制，包括：整顿吏制，按治绩好坏决定官员任期；实行俸禄制；废除宗主督护制，实行三长制；颁行户调制，废除九品混通制，实行定额租税制；实行均田制。第二次改革在490年，由孝文帝主持，重点为汉化改革，包括：迁都洛阳；改革鲜卑旧俗，实行汉化，即易汉服、改汉姓、说汉话、鼓励鲜卑人与汉人通婚等。孝文帝所推行的系列改革措施缓解了阶级矛盾，推动了鲜卑族的封建化，促进了北方民族的交流、交往、交融。

核心概念3：王安石变法

北宋神宗时期王安石以富国强兵为目的推行新法，称王安石变法，又称"熙宁变法""熙丰变法"。北宋中期积贫积弱、内忧外患日益严重，神宗即位后决心变法图强，于熙宁二年(1069年)起用王安石主持变法。新法的内容大体可分为三大类：经济上，有均输法、青苗法、农田水利法、募役法、市易法、方田均税法，旨在整顿财政、增加政府收入；军事上，有将兵法、保甲法、保马法，设军器监，旨在提升军队战斗力；文教上，广泛兴建学校、实行"三舍法"、颁行《三经新义》作为学校统一教材等，旨在选拔人才，克服恩荫泛滥，保证变法顺利实施。王安石变法在发展生产、富国强兵方面收到某些效果，但由于变法内容触动了北宋大官僚、大贵族、大地主集团的既得利益，新法最终难以实行。

核心概念3：张居正改革

明朝万历年间，内阁首辅张居正为兴利除弊、挽救统治进行的改革。明中后期万历年间，吏治腐败，财政拮据，土地兼并严重，农民起义此起彼伏。鉴于这种情况，内阁首辅张居正在经济、政治、边疆经略等方面采取了一系列的改革措施。政治上，加强对官员监督，整顿吏治；经济上，下令重新丈量全国土地，实施"一条鞭法"的赋税制度，以使赋税负担转移到拥有土地的富人身上，减轻了贫苦农民的负担，以此抑制土地的进一步兼并；边疆经略方面，任用了戚继光等一批卓越的将领，大大巩固了明朝的边疆安全，与蒙古在边疆开市通商的政策使西北边疆几十年无战事。张居正改革之后，明朝的财政收入显著增加，社会矛盾得到缓解，吏治也更加清明，与蒙古各部的关系缓和。但因触犯了既得利益集团的利益，张居正去世后，除"一条鞭法"外，大部分改革措施被废殆。

【史学导读】

1. 商鞅变法如何促进战国时期的社会转型？

材料一：商鞅之法良法也。今试一披吾国四千余年之纪载，而求其利国福民伟大之政治家，商鞅不首屈一指乎？鞅当孝公之世，中原最鼎沸，战事正殷。举国疲劳，不堪言状。于是而欲战胜诸国，统一中原，不綦难哉？于是而变法之令出，其法惩奸宄以保人民之权利，务耕织以增进国民之富力，尚军功以树国威，孥贫怠以绝消耗。此诚我国从来未有之大政策，民何惮而不信？

——摘自中共中央文献研究室、中共湖南省委《毛泽东早期文稿》编辑组编：《毛泽东早期文稿》，长沙：湖南人民出版社，2013 年，第 1 页

材料二：战国时期的变法运动，实质上是一场自上而下的社会改革。自公元前 445 年魏文侯改革起，经吴起变法、商鞅变法，韩昭侯改革、齐威王改革、赵武灵王胡服骑射、燕昭王改革，直至公元前 221 年秦始皇统一中国，变法之风席卷中国大地。这场改革自上而下地完成了中国社会由奴隶制向封建制的飞跃，其兴起之普遍、历时之久长、根源之深厚、内容之丰富、成效之卓著、使命之重大、经验之深刻，实为中外历史所少有，是人类历史上一场罕见的社会革命，为后世留下了丰富而宝贵的历史经验。

——摘自胡厚钧、姜德昌、池元吉等主编：《中外改革通鉴》，海口：南海出版公司，1993 年，第 64 页

导读提示

材料一谈的是商鞅变法对于战国时期社会变迁的推动作用，材料二则对战国时期各国变法运动的影响作了整体性的概括，即全面地推动了中国古代由奴隶社会向封建社会的转型。

在阅读时，应认识到：战国时期以商鞅变法为代表的各国变法运动极大地推动了中国古代社会的转型。在掌握商鞅变法具体内容的基础上，可将其与同时代其他各国的变法进行比较，分析彼此间的共性与差异，以体会商鞅变法为何最为彻底和成功，又为秦统一六国奠定了怎样的物质基础和制度保障。

通过阅读以上材料，可以深刻理解战国时期各国变法的目的，即将传统分区而治的贵族等级社会变革为区域性的君主专制集权社会。其主要表现为：官僚制和郡县制的建立、官吏选拔和管理方式的转变、普遍征兵制的实行以及新爵位制度的产生。同时，还可将这一新型国家体制与秦代建立的专制主义中央集权政体作纵向比较，以探究二者的时空承袭关系。

2. 如何看待北魏孝文帝改革的得失？

材料一：孝文帝改制是西、北各族陆续进入中原后民族斗争、融合的一次总结。它以法律的形式肯定了各族融合的成果，反过来又促进了以鲜卑族为中心的北方各族的封建化和以汉族为主体的民族大融合的发展。

——摘编自朱绍侯、张海鹏、齐涛主编：《中国古代史》上，福州：福建人民出版社，2000 年，第 463 页

材料二：孝文帝推行汉化，目光落到了如何使鲜卑贵族与汉人士族合而为一，不仅使鲜卑贵族有政治地位，而且使鲜卑贵族有社会地位……须知鲜卑本无文化可言，要有学术文化，非一朝一夕所能达到，孝文帝断北语，一从正音，只是为鲜卑贵族进入文化士族开了一扇门户而已。鲜卑贵族自不能等到懂得儒学或有了“隽才”之后，才取得与汉人士族同等的社会地位。

——摘编自陈寅恪著，万绳楠整理：《陈寅恪魏晋南北朝史讲演录》，合肥：黄山书社，1987 年，第 266 页

材料三：时魏宗室权幸之臣，竞为豪侈，高阳王雍富贵冠一国，宫室园圃，侔于禁苑，僮

仆六千，伎女五百，出则仪卫塞道路，归则歌吹连日夜，一食值钱数万。

——摘自(宋)司马光编著，(元)胡三省音注：《资治通鉴》，北京：中华书局，1976年，第4646页

导读提示

材料一谈的是孝文帝改革的积极影响，促进了北魏政权封建化和民族交融。材料二指出孝文帝改革的根本目的仍是为了维护本民族本阶级的利益。为达到这一目的，孝文帝在汉化改革时注重于提高鲜卑贵族的“社会地位”，但在“社会地位”提高的同时却没有提升相应的文化积淀。材料三描述了迁至中原的鲜卑贵族拥有较高的社会政治地位，生活豪奢。

阅读时，应认识到：孝文帝改革推动北魏政权学习先进的汉族政治、经济、文化制度，有利于北方经济的恢复和发展，促进汉族与北方各少数民族间的交融。此外，孝文帝改革中虽涉及崇儒、兴学等一系列提高鲜卑贵族文化素养的措施，但文化素养速度的提升远不及鲜卑贵族社会地位的提升，内迁鲜卑贵族在极高的社会政治地位及丰富的物质财富面前迅速走向腐化，从而激化鲜卑民族内部的矛盾。

通过阅读三则材料可以深刻理解北魏孝文帝改革的得失。马克思指出：“落后民族征服先进民族，最终被先进民族的先进文化所征服。”鲜卑民族入主中原后，调整征服者的姿态，大力推行“汉化”改革，顺应了民族交融趋势，具有重大历史进步意义；但是，鲜卑民族没能处理好“先进文化”中一些腐化的因素，迅速丧失了本民族武功进取的传统，因改革而强盛的北魏政权也因改革埋下了灭亡的伏笔。

3. 王安石变法缘何失败？

材料一：总体上看，王安石变法是一次失败的改革，未能扭转北宋衰亡趋势。安石博通古今，志存高远，对社会弊病有比较深刻的认识，诸新法用意大多未为不善。但他主政时已年近半百，急于立事功以自效，“富强”措施接踵出台，特别致力于可以立竿见影的聚敛创收。操之过急，执行不得其人，以致法度走形。相反，对于“防弊”之政的主体内容，如中央过分集权、各层机构事权分割、重文轻武、冗官冗兵，王安石却大都采取了回避态度，勇于治标，不敢治本。面临反对意见，又执拗不回，变本加厉，不免意气用事。终至新法弊端日深，距其发展生产、去民疾苦的初衷也越来越远，其失败实有内在的必然性。

——摘自张帆著：《中国古代简史(插图本)》，北京：北京大学出版社，2007年，第197页

材料二：对于“祖宗之法”，两宋朝野人士的态度并不相同，有发掘借鉴者，有借重缘饰者，也有阳奉阴违的。但敢立殿陛之前正面质疑，堂堂正正表明“至于祖宗之法不足守，则固当如此”的，仅见于王安石一人。宋熙宁年间，“新法”大规模地迅疾推行，在朝野激起了强劲的政治冲击波。新法最直接的目标首先是国家的财政经济问题，之所以衍化成集中而突出的政争，关键是涉及了对“祖宗之法”的更革，从而引发出一系列深层次反应。

——摘自邓小南：《创新与因循：“祖宗之法”与宋代的政治变革》，《河北学刊》，2008年第5期

导读提示

材料一概述了王安石变法失败的主观原因，认为王安石变法的制度设计及其推进过程都存在明显的缺陷，变法执行者的主观错误也是重要原因；材料二阐述了王安石变法失败的

客观原因，其核心在于对“祖宗之法”的冲击。

在阅读时，应认识到：王安石变法的失败有着复杂的主客观原因，就变法本身而言，王安石变法有意回避了“防弊”之政的主体内容，试图通过急切的财政经济改革迅速收“富强”之效。尽管如此，在宋廷因循保守的政治生态下，这种有限的改革仍然遭到大规模反对。当然，这与变法策略的失当也是有关的。

通过阅读以上材料，可以深刻理解旨在富国强兵的王安石变法为何难以成功实行。变法措施既缺乏科学的顶层设计，也缺乏合理的推进策略，更缺乏有利的外部环境，最终必然走向孤立和失败。也可以关照历史上其他改革，认识到，改革不是一蹴而就的，应当对改革的复杂性与长期性有清醒的认识，不断根据实际情况调整策略，争取一切可以团结的力量，减小变法阻力。

二、中国近代的改革探索

【核心概念】

核心概念 1：戊戌变法

戊戌变法，指 1898 年 6 月至 9 月间以康有为、梁启超为代表的资产阶级维新派在光绪皇帝支持下开展的维新变法运动，也称“百日维新”。甲午中日战争后，列强掀起瓜分中国的狂潮，为了救亡图存，以康有为为代表的资产阶级维新派多次向光绪皇帝上书变法。1898 年 6 月 11 日，光绪帝发布《定国是诏》，变法正式开始。维新运动期间，光绪帝先后发布上百道诏令，经济方面提出了一些有利于民族资本主义发展的政策，政治方面给予人民一定程度的言论、出版、结社自由，教育方面提出了一些有利于改造旧学、传播西学的措施。新政有利于社会进步，但没有涉及政治制度的根本改革，同时侵犯了那些与旧制度密切联系的阶层、集团的利益，因此遭到他们的反对，未能取得多少实效。1898 年 9 月 21 日，慈禧太后发动戊戌政变，软禁光绪帝，变法失败。

核心概念 2：预备立宪

清末新政期间由清政府统治阶级推行的立宪运动。20 世纪初，在清政府推行新政的过程中，要求立宪的呼声日渐兴起；日俄战争以后，中国朝野不少人把日本的胜利看作“立宪”的胜利，极力主张在中国实行君主立宪。日益高涨的立宪舆论迫使清政府作出反应，1905 年，清廷派遣五大臣出洋考察政治。1906 年 9 月初，朝廷发布预备仿行宪政的上谕，以“规制未备，民智未开”为由推延立宪的具体期限。预备立宪期间，先后进行了官制改革、颁布了《宪法大纲》，并未取得多大成效。1908 年，光绪、慈禧相继去世，溥仪登基，其父载沣监国，新政不断朝着加强中央集权和加强皇权的方向发展，统治集团内部和立宪派内部裂痕扩大，清政府日益孤立，反清革命运动日益高涨。

【史学导读】

1. 对戊戌变法失败原因应如何反思？

材料一：概而观之，梁启超是沿着权力、人才、民智的基本思路去反思戊戌变法的。认为变法失败的原因主要是光绪帝无权、人才不足和民智未开。梁启超在反思维新变法时大体是将历史事变中的核心人物视为重中之重，因而认定光绪帝的无权导致了变法运动的流产。这种看法在20世纪二三十年代颇为流行。四五十年代，革命史观为多数史学工作者所接受，将变法的原因归之为：(1) 坚持改良主义，不赞成革命；(2) 脱离广大人民群众；(3) 和封建势力划不清界限。五十年代末和六十年代乃至七十年代，中国的社会政治发生了新的大的变化，阶级斗争史观逐步成为研究历史的思想指导，而且在“文革”时期被概念化和绝对化，甚至认为“缓和”阶级矛盾也是绝对的坏事，具体到戊戌变法，基本是进行“大批判”了。1978年之后，特别是八十年代以来，改革开放将中国引入了一个新时代。1982年，广东学术界曾召开过一次关于重新研究戊戌变法的座谈会，具体分析的结果表明：戊戌维新的失败，并不一定等于“此路不通”，也不意味着维新运动在近代中国没有获得某种程度实现的可能性。

——摘编自李喜所：《梁启超对戊戌变法的反思——兼评百年来学术界对变法失败原因的考察》，《河北学刊》，2001年第3期

导读提示

这则材料概述了自戊戌变法失败以来，梁启超及此后各个时期学者对戊戌变法失败原因的探讨，大体有如下观点：依靠没有实权的皇帝；缺乏变法的社会基础和群众基础；未能提出彻底的反帝反封建主张；资产阶级改良道路在中国走不通等等。

在阅读时，应认识到：百年来对戊戌变法失败的原因认识是一个动态的过程，站在不同的立场上，依据不同的材料，对历史的解释可能完全不同。教材所述的观点是基于唯物史观的立场，综合考察了各方观点后形成的具有广泛认可度的认识。

通过阅读以上材料，一是要了解当今对戊戌变法失败原因的反思的大体成果及其来龙去脉；二是要理解史观作为对历史的一种总体的抽象的认识，在解释历史时具有关键意义，而不同主流史观的形成，往往是与当时的社会环境相关的，正如克罗齐所言，“一切历史都是当代史”。

2. 如何理解清末新政与辛亥革命的关系？

材料一：(清末)“新政”虽然只是一次非常有限的改革，但它对中国社会产生的影响却超出了改革本身。新机构的设置顺应了社会变化的需要，推动了教育、军事制度变革和经济的发展，而这样做的结果，却是推动了中国新社会力量的出现和壮大。科举制的废除，使“士”阶层产生分化；通过新式学堂和留学教育，一个新的知识分子群体迅速出现，他们较多地接受了西学，眼界更为开阔，对民族危机和国弱民穷的状况有着更深切地体认。他们的出现，成为二十世纪初两支新的政治力量——资产阶级革命派与立宪派迅速崛起的基础。新军的建立，同时也为新思想向军队的输入提供了条件，从而成为革命党人发展革命势力的途径，巩固封建王朝的军队反过来成了它的掘墓人。商部成立后，推行了一系列新经济政策和法规，使民族资本主义有了发展的机会，随着民族资产阶级队伍的扩大，其阶级意识也在增强，抵制美货，收回利权运动逐步开展，资产阶级开始成为中国社会的独立阶级力量。

——摘自章开沅、朱英主编：《中国近现代史》，开封：河南大学出版社，2009年，第245—246页

导读提示

清末新政为辛亥革命增加了思想基础、阶级基础、社会基础、武装力量等，并为革命的爆发提供了导火线。正是清政府在新政中的种种失误，加速了清朝的覆灭，使辛亥革命成为历史的必然。

在阅读时，应认识到：清末新政对于经济、军事和教育全方位的改革促进了新社会力量的壮大，包括：一批新兴知识分子群体出现，一支接受新思想的新式军队出现，一个独立阶级力量的壮大，这些新兴社会力量的壮大与聚合，构成了革命爆发的重要因素。

通过阅读以上材料，可以深刻理解清末新政与辛亥革命相互联系，无法割断彼此间多方面的因果关系。一方面，清政府为了挽救统治危机从 1901 年开始宣布实行“新政”，意图缓和内外矛盾，苟延残喘；另一方面，“新政”本身带有的策略性使得清政府不可能真心实意地推进这场近代化变革，因此不断被孤立。在此背景下，受到“新政”刺激而产生并不断聚合的新兴社会力量，最终将不断积攒的革命因素推向高潮。

三、新中国成立以来的重要改革

【核心概念】

核心概念 1：土地改革

指 1950—1953 年中国共产党领导的将封建土地所有制改为农民土地所有制的运动。新中国成立初期，全国仍有 2/3 的地区存在封建土地所有制，严重阻碍生产力的发展。为了完成这一新民主主义时期的遗留任务，1950 年开始在新解放区进行土改，在总结解放战争时期土改经验的基础上，实行“依靠贫农、雇农，团结中农，中立富农，有步骤地、有分别地消灭封建剥削制度，发展农业生产”的总政策。至 1952 年底，除一部分少数民族地区外，土地改革在全国大陆基本完成，约三亿无地少地的农民共获得约七亿亩土地。土地改革使农民从封建土地所有制的束缚下彻底解放，大大提高了农村生产力。

核心概念 2：三大改造

1953—1956 年新中国对农业、手工业和资本主义工商业的社会主义改造。1953 年 6 月，中共中央正式提出党在过渡时期的总路线，是要在一个相当长的时期内，逐步实现国家的社会主义工业化，并逐步实现国家对农业、手工业和资本主义工商业的社会主义改造，其实质被概括为“一体两翼”和“一化三改”。其中，农业领域的改造体现为发展农业合作社和实行对主要农产品的“统购统销”；手工业领域实现合作化；对资本主义工商业的改造，通过国家资本主义形式，实现全行业公私合营，完成了生产资料国有制。为了适应工业化这个总路线主体的要求，社会主义改造也加快步伐，并提前实现，确立了社会主义基本经济制度。但是，由于经验不足，社会主义改造过程中也有偏差，主要表现为改造要求过急、工作过粗、改变过快，形式也过于单一。

核心概念 3：改革开放

1978 年十一届三中全会以来实行的对内改革、对外开放的政策。对内改革，主要是农村经济体制改革和城市经济体制改革，最早在农村取得突破。包括推广家庭联产承包责任制和改革统购统销等政策。城市经济体制改革的核心内容是以扩大企业经营自主权、政企分开为原则的国企改革。1992 年，中共十四大提出了建立社会主义市场经济体制的目标，推动国企进一步朝向现代化企业迈进。对外开放最先在沿海建立经济特区，并以此为突破口不断深入内陆。随着经济全球化趋势的加快发展，2001 年中国加入世界贸易组织。面对“入世”以后的新形势，中共中央提出并实施了“引进来”和“走出去”相结合的战略，推动对外开放形成了全方位、多层次、宽领域发展的新格局。改革开放实行以来，我国的社会生产力快速发展，历史的实践证明只有改革开放，才能发展中国，才能发展社会主义，才能发展马克思主义。

核心概念 4：社会主义市场经济体制

市场在国家宏观调控下对资源配置起基础性作用的一种经济体制。1992 年邓小平南方谈话时提出要建立社会主义市场经济体制，中共十四大正式提出建立社会主义市场经济体制的目标。我国的社会主义市场经济体制的特征有：一是在所有制结构上，以公有制为主体，多种所有制经济共同发展；二是在分配制度上，实行以按劳分配为主体，多种分配方式并存的制度，把按劳分配和按生产要素分配结合起来，坚持效率优先，兼顾公平，有利于优化资源配置，促进经济发展，保持社会稳定；三是在宏观调控上，把人民的眼前利益与长远利益、局部利益和全局利益结合起来，更好地发挥计划和市场两种手段的长处。其先进性在于一方面它充分地发挥了社会主义优越性，另一方面它又充分发挥了市场经济优越性，这两种优越性的有机统一，使中国特色社会主义迸发出巨大活力。

核心概念 5：全面深化改革

中共十八届三中全会站在时代的高度，作出全面深化改革的重大战略部署。中共十八届三中全会通过的《中共中央关于全面深化改革若干重大问题的决定》，深刻阐明了在新的历史条件下全面深化改革的重要性和紧迫性、总方向和总目标、总任务和总布局，围绕经济、政治、文化、社会、生态文明、党的建设等六大改革主线，提出了涵盖 15 个领域的具体任务。全面深化改革必须坚持和完善中国特色社会主义制度，不断推进国家治理体系和治理能力现代化。全面深化改革，是顺应当今世界发展大势的必然选择，是解决中国现实问题的根本途径。促进社会公平正义、增进人民福祉是全面深化改革的出发点和落脚点，也是坚持党全心全意为人民服务根本宗旨的必然要求。

【史学导读】

1. 全面建设社会主义时期有怎样的经验和教训？

材料一：总结这十年间中国共产党领导全国人民进行的各项工作，正如 1981 年 6 月党的十一届六中全会作出的《关于建国以来党的若干历史问题的决议》所指出的：“我们现在赖以进行现代化建设的物质技术基础，很大一部分是这个期间建设起来的；全国经济文化建设等方面的骨干力量和他们的工作经验，大部分也是在这个期间培养和积累起来的。这是这个期间党的工作的主导方面。”

——摘自中共中央党史研究室著：《中国共产党的九十年·改革开放和社会主义现代化建设新时期》，北京：中共党史出版社、党建读物出版社，2016 年，第 553 页

材料二：十年中，党在领导社会主义建设中出现过严重的失误，付出了很大的代价。建设速度急于求成和所有制关系上盲目求纯的错误，曾使国民经济比例失调，生产力遭受破

坏，人民生活遇到很大困难。在社会主义条件下阶级斗争问题上出现严重失误，发生了从反右派斗争扩大化到庐山会议“反右倾”斗争，再到党的八届十中全会后的一系列“左”倾错误，在政治上和社会生活的许多方面造成了严重的后果。

——摘自中共中央党史研究室著：《中国共产党的九十年·改革开发和社会主义现代化建设新时期》，北京：中共党史出版社、党建读物出版社，2016 年，第 557 页

导读提示

材料一谈的是全面建设社会主义时期所取得的成就，这一时期为新中国以后的发展累积了相当的物质技术基础和经济文化建设经验。材料二谈的则是十年建设的经验教训，这一时期经济建设上急于求成、阶级斗争盲目扩大，致使政治和经济生活上出现了严重偏差。

在阅读时，应认识到：从 1956 年至 1966 年这十年间，我国的工业、农业和科技文化等方面取得了重大成就，但一系列“左”倾错误也造成了巨大失误。

通过阅读以上材料，可以一方面深刻理解 1956 年社会主义基本制度的确立为新中国以后的发展进步奠定了制度基础；另一方面全面建设时期“左”倾错误未能及时纠正，也为十年内乱埋下隐患。

2. 如何理解十一届三中全会是伟大的历史转折？

材料一：党的十一届三中全会是在党和国家面临何去何从的重大历史关头召开的。当时，世界经济快速发展，科技进步日新月异，而“文化大革命”十年内乱导致我国经济濒临崩溃的边缘，人民温饱都成问题，国家建设百废待兴。党内外强烈要求纠正“文化大革命”的错误，使党和国家从危难中重新奋起。邓小平同志指出：“如果现在再不实行改革，我们的现代化事业和社会主义事业就会被葬送。”

在邓小平同志领导下和老一辈革命家支持下，党的十一届三中全会冲破长期“左”的错误的严重束缚，批评“两个凡是”的错误方针，充分肯定必须完整、准确地掌握毛泽东思想的科学体系，高度评价关于真理标准问题的讨论，果断结束“以阶级斗争为纲”，重新确立马克思主义的思想路线、政治路线、组织路线。从此，我国改革开放拉开了大幕。

——摘自习近平著：《论中国共产党历史》，北京：中央文献出版社，2021 年，第 213—214 页

导读提示

材料集中阐述了十一届三中全会召开的历史背景及其重大意义，反映了中央层面对十一届三中全会的认识与反思。

阅读时，应认识到：党的十一届三中全会是在党和国家面临何去何从的重大历史关头召开的。十一届三中全会的召开，有其复杂的历史背景：“文革”造成的巨大破坏以及与发达国家的差距拉大构成了通过改革开放应对危机与压力的必要性，而真理标准大讨论则为全会召开奠定了思想基础。在此背景下，十一届三中全会召开，中国共产党在深切的反思中迎来了建国以来最伟大的历史转折。

阅读两则材料，可以深刻理解十一届三中全会立足对中外形势的研判，在解放思想的基础上，重新确立了马克思主义的思想路线、政治路线和组织路线，从僵化半僵化、封闭半封闭的状况转向对内改革、对外开放，实现了新中国成立以来中国共产党历史上的伟大转折。以

此为起点，中国走上了建设中国特色社会主义新道路。

3. 四十多年来改革开放为中国社会主义现代化建设积累了哪些宝贵经验？

材料一：40年来，我们解放思想、实事求是，大胆地试、勇敢地改，干出了一片新天地。从实行家庭联产承包、乡镇企业异军突起、取消农业税牧业税和特产税到农村承包地“三权”分置、打赢脱贫攻坚战、实施乡村振兴战略，从兴办深圳等经济特区、沿海沿边沿江沿线和内陆中心城市对外开放到加入世界贸易组织、共建“一带一路”、设立自由贸易试验区、谋划中国特色自由贸易港、成功举办首届中国国际进口博览会，从“引进来”到“走出去”，从搞好国营大中小企业、发展个体私营经济到深化国资国企改革、发展混合所有制经济，从单一公有制到公有制为主体、多种所有制经济共同发展和坚持“两个毫不动摇”，从传统的计划经济体制到前无古人的社会主义市场经济体制再到使市场在资源配置中起决定性作用和更好发挥政府作用，从以经济体制改革为主到全面深化经济、政治、文化、社会、生态文明体制和党的建设制度改革，党和国家机构改革、行政管理体制改革、依法治国体制改革、司法体制改革、外事体制改革、社会治理体制改革、生态环境督察体制改革、国家安全体制改革、国防和军队改革、党的领导和党的建设制度改革、纪检监察制度改革等一系列重大改革扎实推进，各项便民、惠民、利民举措持续实施，使改革开放成为当代中国最显著的特征、最壮丽的气象。

——摘自习近平著：《论中国共产党历史》，北京：中央文献出版社，2021年，第217—218页

导读提示

这则材料谈的改革开放四十年的成就并不局限于经济方面，而且涉及了政治、经济、文化、国防军事及生态文明等多个领域。

在阅读时，应认识到：改革开放是党和人民大踏步赶上时代的重要法宝，是坚持和发展中国特色社会主义的必由之路，是决定当代中国命运的关键一招，也是决定实现“两个一百年”奋斗目标、实现中华民族伟大复兴的关键一招。

通过阅读以上材料，可以深刻理解改革开放以来中国的发展为广大发展中国家走向现代化提供了成功经验、展现了光明前景，是促进世界和平与发展的强大力量，是中华民族为人类文明进步作出的重大贡献。

荐读书目

钱穆著：《中国历代政治得失》，北京：九州出版社，2014年

漆侠著：《王安石变法》，石家庄：河北人民出版社，2001年

萧功秦著：《危机中的变革：清末政治中的激进与保守》，广州：广东人民出版社，2011年

[美]费正清、刘广京编：《剑桥中国晚清史（1800—1911年）》上、下卷，北京：中国社会科学出版社，2006年

萧冬连著：《筚路维艰：中国社会主义路径的五次选择》，北京：社会科学文献出版社，2014年

当代中国研究所著：《新中国70年》，北京：当代中国出版社，2019年

习近平著：《论中国共产党历史》，北京：中央文献出版社，2021年

第二单元

官员的选拔与管理

第5课　中国古代官员的选拔与管理

一、秦汉至魏晋南北朝时期的官员选拔与管理

【核心概念】

核心概念1：察举制

中国汉代的一种选官制度，即由丞相、列侯、刺史、守相等高级官员，向皇帝推荐人才，经过考核，任以官职。察举制始于文帝，文帝曾下诏："诸侯、公卿、郡守举贤良方正能直言极谏者。"武帝时趋于完备，"使诸列侯郡守2000石，各择其吏民贤者岁贡各二人，以给卫宿"。汉代察举的主要科目有孝廉、茂材，还有贤良方正、文学、明经、明法、兵法等。孝廉初为两科，武帝令郡国举孝、廉各一人，东汉为一科。按郡国人口数规定察举名额，大致是每20万人察举一人，不察举或察举不实都要受处分。郡国察举的基础是乡里评论，比较注重行为、道德。察举制在西汉到东汉初曾起过重要作用，为封建国家选拔了大批有用之才。以后随着政治日益腐败，察举不实的现象渐趋严重。到东汉晚期，已成为豪强或官吏安插私人的工具。

核心概念2：九品中正制度

魏晋南北朝至隋初选拔官吏的制度。东汉末年，曹操当政，提倡"唯才是举"，凡"有治国用兵之术"以及"高才异质"者予以采用。魏文帝黄元初年(公元220年)，采用吏部尚书陈群制定的"九品中正法"作为新的选官制度。做法是：推选各郡有声望者，任中正官，察访散在各地同籍的已仕、未仕士人，并根据舆论，按家世门第和道德才能，从上上至下下，分别评定为上上、上中、上下；中上、中中、中下；下上、下中、下下三等九品；每三年调整品第一次，每十万人举一人。吏部依照品评的等级授予官职，推荐到各机构中任职。初行时，士人品评之权基本掌握在声望较高的中正官手中，中正按人才优劣评定品第。后期九品中正制成为门阀世族操纵政治的工具。隋代，随着庶族地主经济、政治势力的发展，九品中正制被废止。

核心概念3：上计

古代中央年终考核地方官员成绩的方法。萌芽于战国而形成于汉代。郡国年终遣吏到京师，呈送计簿，汇报当地一年的治理情况称之为上计。战国时封建制被破坏，郡县制建立，诸侯的述职制变为郡县的上计制。群臣年终时将赋税收入写入木券，呈送国君考核。汉代上计分为两级，即先由县令(长)将该县的户口、垦田、钱谷出入等编入计簿，呈送郡国。郡

守、国相加以汇编，用副本上计于中央的丞相。东汉时郡国上计形式上归司徒总核，实际上由尚书主持。县级上计由县丞代行；郡级上计则由郡丞代行。凡入京执行上计的人员称为“上计吏”或简称“计吏”。边远地区上计可三年一次，魏晋、唐、宋皆因袭这一制度。地方官上计尽管时常舞弊，弄虚作假，但对于从上到下的层层督课，还是起到了一定作用。

核心概念 3：刺史制

汉代朝廷派到地方的监察官叫刺史，该制度叫刺史制。秦代始置。刺者，检举不法；史者，皇帝所使。汉武帝时，分全国为十三部（州），每部置刺史一人，为巡察性质的官员，官阶低于郡守，主要职务是督察诸侯王、郡守和地方豪强，成为皇帝监视诸侯王动静的耳目。刺史以六条问事，如禁止豪强田宅逾制和以强凌弱，禁止郡守横征暴敛、滥用刑罚、选举舞弊、勾结豪强等，每年秋冬下到所属郡国巡察，了解下情，年终则赴朝廷奏事。刺史原本不允许插手地方行政事务，但到西汉晚期，刺史可任命地方官吏和决断刑狱，侵越地方郡守职权。汉成帝改刺史为州牧。汉光武帝又变州牧为刺史，授权刺史可以独自处理郡国事务，到东汉晚期，刺史的监察作用日益消失，演变为凌驾于郡守之上的地方行政长官。

【史学导读】

1. 如何正确理解察举制的作用？

材料一：自充分体现了择优原则的察举制建立之后，普通士人依才能知识进入政府担负行政的途径，便充分地制度化了。高官权门子孙徒依父祖势位为官居职，难以确保官僚机器的吏员之素质能力。他们不得不向由察举征辟而来的明经明法之士，让出一席之地。西汉时察举在日趋兴盛，至东汉，秀才、孝廉等科目便成了士人入仕之正途，名公巨卿多出之。布衣平民，有了跻身统治上层之机会。固然权贵子弟也可以由察举入仕，但除了吏治选官陷入腐败之时，他们之得举，一般就也要依据察举之标准，具备相应知识才行，而不能徒倚“姓族”“国亲”。

——摘自阎步克著：《察举制度变迁史稿》，沈阳：辽宁大学出版社，1991 年，第 23 页

材料二：古代书本必得传抄，一片竹简只能写二十来字。抄一本书，费就大了。但若你生来便在一个读书家庭中，那一些困难，便都解决了。因此当时一个读书家庭，很容易变成一个做官家庭。只要家庭里有一人做到二千石的官，他当一郡太守，便可有权察举。他若连做了几郡太守，便是足迹遍天下，各地方经他察举的，便是他的门生故吏。门生故吏出任高官后，察举过人的子孙，便有易于被人察举之可能了。

——摘自钱穆著：《中国历代政治得失》，北京：九州出版社，2012 年，第 37 页

导读提示

材料一指出察举制使选官有了统一的选才标准和考试办法，按照一定的标准选拔在道德、品行、才能方面符合统治阶级需要的人才入朝为官。材料二说明汉代之察举制度，其权在地方长官，不在地方民众，人为因素对选才有着重要的影响。

阅读时，应认识到：在察举制下，个人的社会背景、家庭出身不再是选士任官的唯一依据。察举制度察举科目多，涵盖了国家所需的各种人才，选拔的范围也较广，为有才干的士人提供了较多晋身仕途的机会。对士人道德品质的考察是察举制的前提，但很难对人的道德品质作出中肯的评价，到东汉中后期，地方选举权被少数公卿大臣、名门望族所控制。

通过阅读上述材料，可以深刻认识察举制虽有多种优点，但也存在严重弊端。察举制是在汉代集权制国家中产生的，它为汉王朝选拔了一大批德才兼备的人才，对当时社会政治、经济、文化的发展起了一定的推动作用。但后来地方选举权被少数公卿大臣、名门望族所控制，他们选士任官往往推荐名望家庭的子弟而不管其学问品质如何，如此使得察举范围越来越狭窄，被察举者也大都名不符实。

2. 九品中正制度存在哪些弊端？

材料一： 今台阁选举，涂塞耳目；九品访人，惟问中正。故据上品者，非公侯之子孙，则当涂之昆弟也。

——摘自（唐）房玄龄：《晋书·段灼传》

材料二： 只要是士族高门，甚至白痴也可出任高官，当时有所谓“门地二品”之说，其意为单凭“门地”（门阀、地望）就可获得九品中正制的高品——二品，由此进一步仕进，升迁，这种门阀政治带来了严重的弊端：一方面，高级士族凭门第而不必凭才能就可以成为高官，于是沉溺于清闲、放荡的生活，而不关心政治，拒绝担任繁杂而辛苦的官职。特别是军职，政治、军事才能日趋削弱；另一方面，只要门第不垮，荣华富贵唾手可得，养成了高级士族在王纲更迭的激烈斗争中，畏微退缩。明哲保身，甚至可以见风使舵，随声附和，至南朝时登峰造极。

——摘自樊树志著：《国史概要（第二版）》，上海：复旦大学出版社，2000 年，第 146 页

导读提示

材料一指出九品中正选官制度下独揽人才的选拔与评判，人才任免全部依据中正评语，世家大族垄断高级官职，寒门才俊遭到埋没。材料二主要体现了门阀政治带来的弊端，一是选拔出来的官员并无才能且游手好闲、不思进取；二是高级士族之间斗争激烈，明哲保身缺少责任担当。

阅读时，应认识到：九品中正制度加强了门阀制度，进一步强化了自东汉末年以来一直延续到唐朝的“上品无寒门，下品无世族”的现象，压制了社会阶层的流动性。九品中正制创立之初，评议人物的标准是家世、道德、才能三者并重。但由于魏晋时充当中正者一般是二品，二品又有参预中正推举之权，而获得二品者几乎全部是门阀世族，故门阀世族就完全把持了官吏选拔之权。于是在中正品第过程中，才德标准逐渐被忽视，家世则越来越重要。

通过阅读上述材料，可以深刻认识九品中正制便利了掌权的中央豪门士族扩展其势力，方便他们控制地方乃至中央的选官制度。九品中正制不仅成为维护和巩固门阀统治的重要工具，而且本身就是构成门阀制度的重要组成部分。

3. 如何理解秦汉时期的中央监察体系？

材料一： 御史大夫由皇帝的亲信御史发展而来。正因为如此，它虽然位居副丞相，但与皇帝的关系却比较密切。皇帝有不少事情都是交由御史大夫办理的。如秦始皇追查卢生、侯生的潜逃案、二世处理蒙毅案，就都是遣御史大夫办理的。西汉时期。御史大夫奉皇帝之命出使的记载更多。经常承担监郡、督运和监军之类的差使，还担任郡国缗钱、计簿、持节护丧事、收缚罪人等临时差值。同时，由于御史大夫掌握皇帝的文书记事，所以皇帝制书、诏书等在下达各官时，也多由其承使，然后再下达丞相。

——摘自白钢著：《中国政治制度通史》第三卷，北京：人民出版社，1996 年，第 160 页

材料二：秦汉时期各级御史的职权范围主要包括督察百官、诸侯王和镇压农民起义等三方面。从御史职权范围的变化过程来看，这三项督察范围在各个时期并不是同等发挥作用的，而是依当时社会阶级矛盾的变化而有所侧重。大体西汉初年以督察诸侯王为主；武帝以后以督察百官和诸侯王为主；西汉末年及东汉时期，则以镇压农民起义为主。其中以镇压农民起义一项所延续的时间最长，作用最坏。

——摘自苏俊良：《试论秦汉御史制度》，《北京师院学报（社会科学版）》，1981年第2期

导读提示

材料一指出御史大夫由皇帝的亲信御史发展而来，与皇帝的关系更为亲近，承担各类差使。材料二中指出御史大夫的职权较为广泛，主要包括督察百官、诸侯王和镇压农民起义等三方面。

阅读时，应认识到：御史大夫是辅佐丞相的，可以代皇帝起草诏令，接受皇帝的差遣出使，也负责对百官进行监察和纠劾。由于御史和皇帝亲近，故群臣奏事须由他向上转达，皇帝下诏书，则先下御史，再达丞相、诸侯王或守相，因而皇帝可利用御史大夫督察和牵制丞相。

通过阅读上述材料，可以深刻认识秦汉时期是我国专制主义中央集权建立和初步发展时期，皇权的有效运作及国家机器的正常运转皆需一定的辅政人员，丞相、御史大夫等官员应运而生。其中，御史大夫是加强皇权、巩固中央集权不可或缺的一个重要职位。

二、隋唐至两宋时期的官员选拔与管理

【核心概念】

核心概念1：科举制

从隋唐至明清的一种选拔录用官吏的制度。隋朝废除了九品中正制，采取科举取士的办法，隋初规定原有的秀才、明经两科，由州县学送生徒到中央参加考试。炀帝时又置进士科，标志着科举制的正式确立。唐朝前期，科举制进一步得到完善和发展。科举分为制举和常举两种。制举由皇帝特旨召试，常举每年举行，科目主要集中在明经、进士两科，应考者主要是各级学馆学成的生徒和不在学的士子。中第者可获得出身，通过吏部铨选，才能正式做官。明经科考试以帖经为主，进士科始以试策为主。由于进士科在选官中的独重地位，日益为士林举子所重视，在唐后期高官人选中所占比例明显增加。武则天时创立武举，但地位不甚重要。唐代科举制形成一套比较完备的制度，它通过考试体现的平等竞争精神，有利于广大普通地主步入仕途，扩大了统治基础，成为唐以及后世选官的主要导向。科举制沿至宋、明、清，只存进士科，并在主试机构、考试内容、文章体裁、录取人数等方面均有若干变更。清末废除。

核心概念2：御史台

中国古代检察官署名称。西汉时称御史府，其长官为御史大夫。汉成帝时，改御史大夫为大司空。东汉时，改称御史台，又叫“兰台寺”，以御史中丞为长官。御史台的职责是纠察弹劾百官过失，成为封建国家专司弹劾的监察机关。历代多相沿不改，只有唐代曾改称宪

台、肃政台，不久又恢复旧名称。唐宋以来，御史台屡屡参与重大案件的审理，在唐为三司之一；在宋“群臣犯法，体大者多下御史台狱”。明太祖洪武十五年(1382 年)改御史台为都察院。清因明制，御史台之名废除。

【史学导读】

1. 如何评价科举制度？

材料一：前此选举，皆权在举之之人，士有应举之才，而举不之及，夫固无如之何。既可(科举)……不能应试者，有司虽欲徇私举之而不得；苟能应试，终必有若干人可以获举也。……故科举实良法也。然其弊亦有不容讳者，一则学非所用，诗赋之浮华无实，帖经墨义之孤陋寡闻是已；一则试之以一日之短长，可以侥幸而获，不知其果有学问与否也。

——摘自吕思勉著：《中国制度史》，上海：上海教育出版社，2005 年，第 440 页

材料二：科举制度的确立，对于摧垮豪门世族的残余势力，扩大官吏来源，具有十分重要的意义。这种选官制度保证了朝廷对全国士人考试录取权和任用权，同时也使朝廷能够在更广泛的范围内选拔中小地主及下层知识分子充任各级官吏，使这些人有机会施展自己的抱负和才干。这种选官制度可以使封建政权获得更多阶层的支持，有利于提高封建官僚队伍的政治、文化素质，起到强化封建统治的作用。所以，自隋唐至明清，科举制度成为封建国家选官的基本制度。

科举制度虽然是隋唐以后选拔官吏的重要途径，但并不是唯一途径，另有一些官吏则是由保举和捐纳等途径入仕的。捐纳就是用资财买官，这种办法自秦汉以来历代都有。

——摘自陈茂同著：《中国历代选官制度》，上海：华东师范大学出版社，1994 年，第 3 页

导读提示

材料一指出科举制度以考试取人，打破了世家大族垄断官场的特权，扩大了官员的来源，也指出了此选官制度的弊端，即忽视了学识的实用性。材料二指出科举制度扩大了封建统治的统治基础，加强了中央集权，但也存在一定漏洞。

阅读时，应认识到：科举制度以严格考试作为选官方式，破除了世家大族垄断官场的情形，保证了专制政府行政人员的来源，加强了中央集权。有相当文化素养的士人从政，为行政效率的提高创造了条件，也有益于社会重学风气的形成。但是也要认识到科举制度考的大都不出乎儒学经义的范围，被选拔的人才缺乏进取精神和创造意识。甚至，卖官鬻爵现象出现，打破了科举公平。

通过阅读上述材料，可以深刻认识任何制度都不是至善至美的，科举制度也不例外。科举制度的创立虽然完善了选官制度，为唐朝各方面的发展创造了一个稳定的社会环境。但是也应该看到其弊端，科举制从内容到形式严重束缚应考者，使许多知识分子不讲求实际学问，束缚了知识分子的思想。

2. 唐宋时期御史监察制有何作用？

材料一：在封建社会中，御史对宰相百官的监督，靠的是皇帝支持。御史失去皇帝的支持，不仅无法行使职权，而且连身家性命也无法保全。正如唐睿宗所说：“鹰搏狡兔，须急救之，不尔必反为所噬，御史绳奸慝亦然。苟非人主保卫之，则亦为奸慝所噬矣。”历史的经验表明：要让御史真正发挥作用，必须有皇帝的支持，否则只是一句空话；皇帝支持御史，御史

就能发挥作用。如唐德宗朝的御史中丞窦参,“不避权贵,理狱以严称,数蒙召见,论天下事,又与执政多异同,上深器之,或参决大政,时宰颇忌之,多所排抑,亦无以伤参”。正是由于唐睿宗的器重,御史中丞窦参才得以弹劾不避权贵,敢于和宰执有不同的政见,才敢于不怕宰相的妒忌,保全身家性命。

——摘自贾玉英等著:《中国古代监察制度发展史》,北京:人民出版社,2004年,第48页

材料二: 庆历台谏反对为仁宗认可的范仲淹新政,治平台谏反对韩琦、欧阳修遵照仁宗遗旨的濮议,熙宁初旧党台谏反对王安石变法,均属“与人主争是非”,是勇于言事的表现;但其言事并非来自健全的理性分析,而是断以己意,恣加论奏,攻讦诋毁,不干事理。这与北宋统治者创置“耳目”,许以“风闻”,使之权重气盛,借以“尊朝廷,修君德”的初衷,是既相对立又相统一的两个方面。或者说,台谏勇于言事是建立在“耳目”性能及其“必以诋讦而去为贤”的品格基础上的。正因为台谏具有这种特殊性能与作用,在新旧两党迭相执政的初始阶段,君主或君臣合力控制台谏,使之成为党争工具,借以重党事之权;而在整个新旧党争中,台谏又因受到变相的纵容,其品格性能得到了进一步的恶性发展,由此带来的消极作用也得到了进一步的强化。

——摘自沈松勤:《北宋台谏制度与党争》,《历史研究》,1998年第4期

导读提示

材料一指出御史以皇权为依托,御史的重用来源于皇帝的信任,有皇帝的支持,御史才可以发挥积极作用。材料二中台谏是御史台和谏院的合称,比作君主的“耳目”。台谏有与生俱来的封建专制的工具品格与性能,对北宋政治和文化产生了不可忽视的负面效应。

阅读时,应认识到:唐宋时期御史监察制度组织更完备、分工更清晰、职责更明确。在御史台权力膨胀时期,左右丞很少能执行这种监察权力,当唐代后期皇权削弱时,御史的威权也随之下降。宋承唐制,但宋与唐的谏官制度却有所不同。谏官再不属宰相管理和荐举,而由皇帝直接亲擢,台谏势力因为权限迅速膨胀,导致相权受制。

通过阅读上述材料,可以深刻认识御史的主要服务对象是皇帝,所以御史很难对皇权构成实质性制约。北宋台谏在巩固君主集权的过程中,确曾起过积极作用,但是台谏官员风闻言事的特权成了政治斗争的工具,甚至引发了官僚集团的相互报复,完全背离了当初统治者孜孜以求的初衷。

三、元明清时期的官员选拔与管理

【核心概念】

核心概念1:进士

明清两代举人经过会试及殿试登第者称进士。分三甲给予出身:一甲,赐进士及第;二甲,赐进士出身;三甲,赐同进士出身。一甲录取三名:第一名称状元,亦称殿元,第二名称榜眼,第三名称探花,合称三鼎甲。二甲第一名称传胪。状元授翰林院修撰,榜眼、探花授翰林院编修。其余诸进士再参加朝考,考论诏奏议诗赋,选擅长文学书法者为庶吉士,其余分

别授主事、县官等。1905 年(光绪三十一年)起,为奖励新学,考试回国的留学生,最优者也给予进士出身,并冠以某学科字样,有法科进士、理科进士等。

核心概念 2: 南北卷制度

古代科举制度中两种不同试卷的名称。明清两代的科举考试的会试中,为了实施分地区按比例的录取办法,明初以会试录取名额中南北方人常常分布不均,遂于试卷糊名后,另外标明南北,以便按比例录取,谓之南、北卷。南卷包括应天、苏、松诸府及浙江、江西、福建、湖广、广东等省考生之试卷;北卷包括顺天府、山东、山西、陕西、河南等省考生之试卷。

核心概念 3: 六科给事中

明清时官名。给事中,秦代始置。明洪武六年(1373 年)始分为吏、户、礼、刑、兵、工六科,各科设都给事中一人,左右给事各一人,给事中各科不一。掌侍从、规谏、补阙、拾遗、稽察六部百司之事。凡制敕宣行,大事复奏,小事署而颁之,有失封还执奏,内外所上章疏下,分类抄出,参署付部,驳正其违误。清初沿明制,给事中无定员。雍正元年(1723 年),以六科内升外转,并入都察院,台省合而为一。光绪三十二年(1906 年),撤销六科,仍通设给事中。

【史学导读】

1. 如何认识明代科举的发展特征与启示?

材料一: 明清两朝在沿袭宋代旧制的基础上,对科举增益补充,使之体制更加完备,规模更加扩大,程序更加固定化,文体更加程式化,考试办法也更加繁琐,而且一定 500 年,直到清末为止,始终坚持不变。明代科考除洪武六年至十五年停考十年外,都按"三年大比"制进行,文用八股,特别古板严格,僵化繁琐。明朝历 16 帝,277 年天下,开科 92 次,考取进士 24 636 人。其中著名人物有改革家张居正,爱国名将于谦、袁崇焕、熊廷弼、史可法,科学家徐光启,水利专家潘季训等,但也出了奸相严嵩。清代科举大体仿照明制,更加周密苛详。清代还举行过几次制科(特别科)考试,即康乾时博学宏词科、乾隆时翻译科、光绪时经济特科等。清朝从顺治入关算起到清末,历 10 帝,267 年间,共开科 114 次,考取进士 26 888 人。明清两代共有进士 51 524 人。

——摘自林白、朱梅苏著:《中国科举史话》,南昌:江西人民出版社,2002 年,第 55 页

材料二: 明代科举制之所以获得上述发展而达到鼎盛,概括起来,主要有以下原因:其一,统治者的高度重视。表现为历朝皇帝都不遗余力地探索和进行保证科举规范性、公平性的制度建设,亲自过问和处理科举考试中出现的弊端和问题。其二,继承了前代科举制度的成果。明代科举制度的基本原则和主要内容大都是前代已经出现的,明代统治者所做的就是使其基本原则体现得更加充分,使其内容更加系统、严密、完备和规范而已。其三,适应明代强化中央集权尤其是强化皇权以及官僚制度空前发达和建立与此相应的文官统治的需要;同时也是适应强化对知识分子及其思想控制的需要和进一步增强朝廷凝聚力、巩固统一的需要。其四,适应明代阶级关系的新变化。明代非贵族地主不仅构成了地主阶级的主体,而且其数量及其在地主阶级中所占比重都空前提高;学校和科举考试几乎成为非贵族地主乃至平民获得政治身份并进入官绅阶层的唯一途径。

——摘自郭培贵：《明代科举的发展特征与启示》，《清华大学学报(哲学社会科学版)》，2006年第6期

导读提示

材料一指出明代科举处于中国古代科举发展的鼎盛阶段。提高了科举考试的难度和规范程度，健全了科举层级考试体系和官办教育体系。材料二指出明代科举发展的四点原因：统治者的高度重视；继承了前代科举制度的成果；适应明代强化中央集权和强化皇权的需要；适应明代阶级关系的新变化。

阅读时，应认识到：明代统治者在推动科举制形成鼎盛局面的同时，也由此继续获得唐、宋以来多方面的巨大效益，清朝大体照搬明朝成例，推行八股文风。明中叶后科举功名成为决定士子个人前程和朝廷分配政治资源的决定性因素，这既是科举制自身发展和明代社会内在要求的产物，也是明代统治者统治理念的反映和其高度重视的结果。

通过阅读上述材料，可以深刻认识明清时代的科举成为一个层次、等级、条规、名目繁多苛严的庞大体系。明清科举制的发展，与强化中央专制集权的政治结构的需要是密不可分的。

2. 如何理解明代监察制度？

材料一：明朝统治者大量设置属于监察系统的台谏官，其第一个目的是为了维护皇权，以防止权臣擅权跋扈。其实这些人都是有后台的。以明中期为例，当时的给事中和御史搞弹劾的奏章，必要经过皇帝的暗示和允准。如英宗要杀于谦，首先要派出刑科都给事中王镇上疏举劾，否则“南宫复辟”之举为无名。御史邹应龙劾权臣严嵩，亦有权臣徐阶等从中支持。在这些方面，明朝统治者的预期目的是可以达到了。第二个目的则是为了加强中央与地方的联系，以便于对内外百官行使皇帝的权力。这方面外派的御史表现得更为突出。如英宗天顺时，北直隶印马御史杨班劾宦官曹吉祥和勋戚石亨派人在河间占田，做到了不畏权贵，皇帝称之为“真御史也”。巡按御史李纲在浙江劾赃吏至四百余人，做到了剪除贪官，亦被人称为“铁御史”。还有的御史在外做到伸冤辨枉，举荐良吏，或是震肃纲纪，移风易俗，因此第二个目的也能通过他们达到。问题是明朝中后期官僚豪霸贪污成风，连御史和给事中也不乏其人。

——摘自杨志玖主编：《中国古代官制讲座》，北京：中华书局，1992年，第371页

材料二：监察御史隶属督察院，主要职责是纠察内外百司官吏，较为普遍的职权有三个方面：一是议政，御史作为皇帝的耳目，号称言路，指评政事得失、军民利病，不仅参与地方行政、司法、军事事务的管理，对朝廷大事也可指摘评论；二是弹劾、纠察百官，如果说议政主要是对事而言，那么弹劾、纠察就主要针对人了，负责纠察在京及外省诸司的官员，弹劾那些贪残枉法、构党为非、紊乱纲宪、才不胜任、扰害百姓者，监察御史一旦提出弹劾，即使朝廷重臣也难以幸免，凡遭御史弹劾而被罢黜的官员，按规定永不起用；三是巡按地方，监察御史“代天子巡狩”，负有询访民间疾苦，巡视社会风俗，申明教化，考察官吏的责任，不仅纠劾违法官吏、豪强大户，而且有举荐之权，巡按的考语很大程度上决定着官吏的仕途前程，无怪乎地方官对其毕恭毕敬。

——摘自寇伟：《明代的监察制度》，《史学集刊》，1991年第4期

导读提示

材料一指出明代设置大量监察官的目的：一是维护皇权，以防止权臣擅权跋扈；二是加强中央与地方的联系。材料二指出监察御史三个方面的职权：议政、弹劾、巡按地方。

阅读时，应认识到：明代监察制度随着君主专制中央集权的强化而得到充分发展和完备，达到制度设立的目的，加强了对各级官僚机构全面的行政监督。明代监察体制中，监察官员职级虽然不高，但权力很大，所监察的范围也较为广泛。有议政权，指评政事得失，考察官员是否贤能、有无贪黩渎职违纪等。有弹劾权，可以公开当面劾举，也可以密封上奏。也有巡按地方的权力。

通过阅读上述材料，可以深刻认识监察制度在明代达到了顶峰，形成了我国古代最完备、最严密的监察体系。明代监察制度归根结底是皇权专制的产物，是皇帝巩固自身统治、驾驭文武百官的工具。

荐读书目

钱穆著：《中国历代政治得失》，北京：九州出版社，2012 年
阎步克著：《察举制度变迁史稿》，沈阳：辽宁大学出版社，1991 年
白钢著：《中国政治制度通史》，北京：人民出版社，1996 年
陈茂同著：《中国历代选官制度》，上海：华东师范大学出版社，1994 年
邓嗣禹著：《中国考试制度史》，长春：吉林出版集团有限责任公司，2011 年

第 6 课　西方的文官制度

一、西方文官制度出现的背景

【核心概念】

核心概念 1：封建领主

封建领主是封建社会时期拥有土地的贵族，并把所属领地当作自己的私有财产世袭化。在西欧封建社会，这些领主往往掌握真正的权力。王权或政府权力连带地产一起分散给了权贵，再无王权能予回收。大世袭领主在自己的世袭领地上可以独行其是，全权管理领地内的各类事务，排斥王权对领地内部事务的干预。他们可以进一步分封听命于己的附庸，并设置法庭来解决附庸之间的纠纷。伴随着内战和私战的蔓延及外族的不断入侵，自由民得不到王权的有效保护，他们被迫依附于当地的强大领主以求在混乱时日得以生存。封建领主与附庸之间的关系是一种双向的权利和义务的关系，他们必须相互承担一系列的责任和义务。

核心概念 2：内阁制

内阁制又被称为“议会内阁制”，是以议会为权力核心，行政系统受议会的节制，政府则

对议会负责的制度。内阁在议会的基础上产生，并对议会负责，总揽国家行政权力。由议会中占多数席位的政党或政党联盟的领袖担任内阁首脑，组织内阁。内阁受议会监督，议会对内阁不信任时，可以倒阁。在这种制度下，国家元首名义上代表国家，但是没有实际的行政权力。内阁首相是内阁政府首脑，通常由在议会中占多数席位的政党或政党联盟的领袖担任，主持内阁会议，总揽政务，拥有任免内阁成员和所有政府高级官员的权力，负责制定和执行国家对内对外的重大方针政策。内阁接受议会的监督，定期向议会报告工作。如内阁得不到议会信任，其阁员必须集体辞职，或由内阁提请国家元首解散议会，重新举行议会大选。新议会如果仍对内阁表示不信任，内阁则必须集体辞职，由国家元首任命新首相组织新政府。

核心概念 3：政党政治

政党政治是一个国家通过政党行使国家政权的形式，包括各国政党为实现其政纲和主张而展开的一切政治活动和斗争。政党既可以通过各种方式参与政治活动，就国内外重大政治问题发表意见，对国家政治生活施加影响；还可以争取成为执政党，然后通过领导和掌握国家政权来贯彻实现党的政纲和政策，使自己所代表的阶级或阶层、集团的意志变为国家意志，并处理和协调与国家以及与其他政党、社会团体和群众之间的关系。政党政治是欧美资产阶级革命胜利的产物，起源于英国。资本主义国家政党政治的本质是资产阶级通过代表其利益的政党来执掌国家政权，除通过一党独揽政权这种形式外，比较典型的是建立两党制或多党制，由两个或多个资产阶级政党轮流执政或联合执政。

核心概念 4：政党分肥制

政党分肥制又叫“政党分赃制”，是竞争获胜的政党，将行政职位分配给本党主要骨干的制度。19 世纪，英国的两党制日益成熟，内阁开始由在竞选中获胜的政党组成。于是，哪一个政党在竞选中获胜上台执政，就把各种官职作为“胜利果实”进行公开分赃，分给他们的支持者。所以，每次执政党的更替和内阁的变迁，都要引起政府人员的大换班，使政府工作混乱，也就是执政党更替，国家工作人员大换班。这些都造成了政府行政系统的动荡，缺乏政策的连续性，严重地影响社会稳定和发展。

【史学导读】

1. 如何理解中国科举制与西方近代文官制度的渊源关系?

材料一：西方人最早见到的关于中国科举制度的著述，是葡萄牙传教士克鲁兹出版于 1570 年的《中国情况详介专著》。在这本书中，克鲁兹谈到了中国的职官制度与科举制度，如“异地为官”原则、会试制度等等。而其后出版的佩雷拉的《中国见闻录》和门多萨的《大中华帝国史》中也都介绍了科举制度。尤其是被称为 16 世纪中国研究之集大成者的《大中华帝国史》，被翻译成意大利文、德文、拉丁文、荷兰文、法文、英文以及葡萄牙文等多种文字。到 16 世纪末，仅市面上流传的西班牙文版本就有 11 种，而意大利文版本则有 19 种，所有的文字版本共计 46 种之多，在欧洲的影响连《利玛窦游记》也望尘莫及，成为研究中国科举制度的重要资料。再后来，耶稣会士寄回欧洲的书信中不断提到科举制度，使西方人对于科举制度的了解更为具体，资料也更为丰富。

——摘自李永强、马慧玥：《论中国科举制度对西方文官制度的影响》，《中国人民大学

学报》,2008 年第 1 期

材料二: 比起贵族等级制或君主赐官制等选官制度来,科举取士无疑具有其优越性。科举考试制度虽然产生于等级森严的中国传统社会,但其标榜和体现的"公开竞争、平等择优"精神却具有超越时代的特性。在西方社会倡导"自由、平等、博爱"的启蒙时期,科举制体现出的"机会均等"原则曾使许多人大为惊叹,使伏尔泰、孟德斯鸠、狄德罗、卢梭等一代哲人心悦诚服,法国重农主义经济学家奎奈还曾直接主张欧洲引进中国的科举考试制度……西方的文官考试吸取了科举制的合理内核,即考试的平等竞争原则和择优录用方法,而舍弃了科举考试空疏无用的古代经典内容。

——摘自刘海峰:《科举制对西方考试制度影响新探》,《中国社会科学》,2001 年第 5 期

导读提示

材料一表明中国的科举制度由西方的传教士通过著述的方式介绍到西方国家,广为流传,日渐丰富,最终为欧洲知识界普遍知晓。材料二论述了西方国家看到了科举制度的优越性,中国科举制度"公开竞争、平等择优"原则是其被西方借鉴的根本原因,他们借鉴科举并非生搬硬套,而是取其精华,弃其糟粕。

阅读时,应认识到:科举考试之于中国是一种传统,之于西方则为一种变革,它的西传是中国对世界文明进程的一大贡献。这种官员选任办法促进了社会阶层流动,同时可以保证行政管理人员维持较高的文化素质,进而提高政府工作效率。考试选才的公平客观性又可以排除人情关系对官员任用的困扰,因此引起西方人的兴趣并受到赞誉。西方国家对于中国考试制度并不是全盘照搬,而是予以适应性改造,并添加了许多现代元素,使之逐渐发展成为当今通行世界的文官制度。

通过阅读两则材料,可以深刻理解中国科举制度与西方文官制度之间存在渊源关系。古老的科举制度移植到西方的文化土壤中后,它所倡导的平等竞争、公开公正的文化传统,为西方社会向近代化转型提供了典范,尤可为现代社会所传承。西方各国结合本国的国情,化腐朽为神奇,为各国的政治制度开创了新局面。

12. 怎样认识西方文官制度确立的原因?

材料一: 在英美两国文官制度建立以前,英国政府对官吏的选拔,早期的时候仍然沿用封建时代承袭下来的"恩赐官职制"。政党制度出现以后,新上台执政的政党都会把官职当作肥缺分发给本党党员,特别是分发给那些在竞选中出力较大的本党党员,于是产生了"政党分赃制"。美国建国初期,在官员选拔上实行"官职轮换制",在政党制度出现以后,又开始盛行"政党分赃制"。这一时期英美两国政府选拔官员的做法,不仅缺少法律和制度上的保障,而且缺少公平竞争机制。其结果是营私舞弊、卖官鬻爵、贪污腐败等现象盛行一时。

——摘自石庆环、王铭:《论英美两国文官制度的基本特征及其历史成因》,《辽宁大学学报(哲学社会科学版)》,2010 年第 1 期

材料二: 在"政党分赃制"的政治环境下,所有的政府官员都带有浓厚的政党或政党政治的背景。特别是伴随两党轮流上台执政,每次大选过后,不仅政治家大换班,而且那些从事具体事务工作的官员也随之更迭。政府官员的大换班,不仅引起了政府经常性和周期性的动荡,而且严重地影响了政府的稳定和政策的连续性。

——摘自石庆环、王铭:《论英美两国文官制度的基本特征及其历史成因》,《辽宁大学

学报(哲学社会科学版)》,2010年第1期

导读提示

材料一阐述了英国中世纪及近代早期采用“恩赐官职制”,政党政治出现后采用“政党分赃制”,缺少法律保障和公平竞争机制。材料二则论述了政党分赃制下,政府官员拥有政党背景,大换班引起政局不稳定。

阅读时,应认识到:困扰英美两国政府最大的问题是“恩赐官职制”和“政党分赃制”及其所带来的政府不稳定,这两个历史遗留下来的制度无法保证优秀人才进入政府,进而造成政府行政工作效率低下,工作积极性不高。在此情况下,英美两国确立了西方近代文官制度。

通过阅读两则材料,可以深刻理解西方文官制度的确立,都是从历史的实践中总结经验。它们在改革旧有官吏制度和建立近代新型培养选拔官员制度中,注重政务透明和官员质量,把确立“公开考试与择优录用”这一原则当作首要任务来抓,着力保证政府的稳定和政策的连续性。

二、西方文官制度的建立

【核心概念】

核心概念1: 文官制度

文官制度是指资本主义国家对各级文官的考试、录用、考核、奖惩、待遇、培训、晋升、调动、解职、退休、保障以及分类管理等作系统规定的规章制度和管理体制。目的在于选贤任能,提高行政效率。现代西方国家的文官制度开始于英国,英国文官制度是英国行政管理制度的一个重要组成部分。伴随着英国现代选举制度、现代政党制度和内阁制的产生,现代文官制度应运而生。文官制度具有法制化、知识化、专业化、职业道德化等特点。文官只对法律和法定职权负责,通过公开考试择优录用的方式产生,保持政治中立。英国的文官制度是现代公务员制度的范本,为许多国家所仿袭,各国在建立文官制度时都十分注重结合本国历史的发展和现实状况。文官制度体现了“机会均等”“自由竞争”和“在法律面前人人平等”的原则,对维护社会的整体利益起到了较大的作用。

核心概念2: 政务官

政务官是民主政治制度下享有政治地位的非职业政府公职人员,或直接由选举产生,或由选举中的获胜者提名、任命产生,有权依法行使国家权力并负有政治责任。其任职主要以政治背景、党派关系、政治主张为据,不注重特殊技能与专门知识。政务官没有资格的限制,与其上级长官共进退,并得以随时被任用、免职,其身份不受法律之特别保障。

核心概念3: 事务官

事务官为文官公务员系统成员。相对于政治系统中的政务官而言,事务官在政治上必须保持政治中立,任期不受选举和党派转换所影响。事务官为行政专门化,需要通过一定的考核及格始可,有一定的任用资格限制,但享有一定的任用保障。身份上,非依照法律及法定程度,不得任意免职,并享有身份保障权。此外,事务官还享有法定退休制度,其惩戒则有撤职、休职、降级、减俸、记过及申诫等六种。

核心概念4：考试录用制

即“考任制”，是权力机关根据法律和法规的规定，通过公开竞争考试和择优录取的方式录用国家公务员的制度。在西方国家通用于业务类公务员（事务官）的录用，在中国则主要用于国家机关和政党机关的非领导职务公务员的录用。在“公开考试与择优录用”的总原则之下，英美两国特别强调“机会均等”“公开”和“择优”等几个原则。所谓“机会均等”，就是对申请文官职位的候选人一视同仁，主要以其品行、能力和考试成绩作为衡量和录取标准。所谓“公开”，就是指政府对各种文官录用考试，都要公告通知，公开进行。所谓“择优”，是指政府对文官的选拔主要根据考试成绩，并参考个人资历、学历、品德和身体状况，择优录用。

【史学导读】

1. 如何理解英国文官制度的确立？

材料一：在历史上，英国的行政管理制度经历了三次重大变革：第一次发生在11世纪诺曼征服时期，威廉一世将欧洲大陆的行政管理制度带到英国，建立中央集权性质的封建集权制，国王及其家族成为国家的管理者，所有贵族都成为国王的附庸，消灭了原先的封建割据制，使得国家管理体系在国王的集权之下走向统一和制度化。第二次发生在16世纪30年代的都铎行政革命时期，亨利八世废止以皇家和贵族家族管理为核心的行政管理体系，代之以行政官僚为主体的国家各部，削弱了封建贵族的权力，进一步加强了国王对国家行政管理的控制，开始了英国行政管理的近代化、专门化进程。第三次发生在19世纪。以1832年议会改革为发端，英国政治制度和行政管理制度的现代化拉开序幕。这次在维多利亚女王时代的行政管理制度变革，不仅扫除了中世纪遗留的残余，结束了王权对国家行政管理的控制，而且建立了以政府各部对议会负责的新的行政管理制度。

——摘自潘兴明：《英国文官制度及其改革》，《欧洲研究》，2004年第6期

材料二：19世纪40年代，英国完成了工业革命，而欧洲大陆的工业革命在1815年以后才开始，使英国成为世界上最先进的强国，在工业上堪称“世界工厂”。1832年英国议会改革后，工业资产阶级参预了政权，代表工业资产阶级利益的自由党开始长期执政。……1870年6月，格莱斯顿政府又颁布了第二个改革文官体制的法令，该法令规定大部分文官均需通过公开竞争考试，择优录用。这样一来，剥夺了贵族垄断官职的特权，提高了政府的行政效率。这次文官制度的改革，最终确立了英国文官制度，这也是世界上创立的第一个较为完整的现代的文官制度。

——摘自王铭：《英国文官制度述论》，《辽宁大学学报（哲学社会科学版）》，2007年第1期

导读提示

材料一论述了英国行政管理制度经历的三次重大变革过程。材料二指出了工业革命大背景下，文官制度正式确立的标志，即开始公开竞争考试，择优录用。

阅读时，应认识到：英国文官制度的确立不是一蹴而就，而是循序渐进的。它是英国行政管理制度的一个主要组成部分，是英国行政管理制度变革的结果，随着现代选举制度、现代政党制度和内阁制的产生而产生。同时，它的确立是为了适应工业革命大背景下生产力的发展，提高政府部门的工作效率，更是工业资产阶级在上层建筑领域里反对封建残余势力

和资产阶级保守势力的一次巨大胜利。

通过阅读上述材料，可以深刻理解英国文官制度的形成和确立经历了长期、曲折和复杂的过程，其建立过程与英国的政治体制变化紧密相关，适应了历史发展的工业化潮流，维护了英国工业资产阶级的利益。

2. 如何理解英国文官制度确立后的改革?

材料一： 第一次世界大战以前，英国文官的分类还比较简单，只有第一级与第二级以及后来的前两者之间的中间级的划分。第一次世界大战期间，行政事务日趋繁杂，文官人数激增。于是，主持文官体制改革的格莱斯顿委员会鉴于文官工作性质的不同，建议把文官结构分成五级：即从事协助政策制定与修改有关规章、决议和惯例的行政级和执行级；从事日常或机械性工作的办事员级、速记员级和打字员级。这一建议被1920年的政府改组文官的方案所采纳。

——摘自石庆环：《英美文官制度的模式差异及其历史影响》，《世界历史》，2001年第6期

材料二： "二战后，英国的国际地位进一步下降，经济发展一直较为缓慢，所谓的'英国病'更加引人瞩目。人们对高级文官缺乏专业知识和管理才能的现象越来越不满。"1966年，威尔逊政府任命富尔顿委员会对文官体系进行全面调查。调查报告指出，现行的"文官制度建立在'崇拜通才'的理论基础上，低估了专业技术的作用"，"把具有真才实学的专业技术人员排除在高层决策和管理工作之外"。

——摘自肖俊：《渐进的制度文明：英国文官制度的历史与贡献》，《中国行政管理》，2005年第1期

导读提示

材料一反映的是一战以前和一战期间英国文官分类的变化，文官品类在一战后有了明显增加。材料二则指出，二战后英国政府注重文官的专才与素质，富尔顿的调查报告为文官制度的进一步改革提供了现实依据。

阅读时，应认识到：英国文官制度确立后，品类不断细化，愈加注重文官素质、专业化，其内核就是浓厚的等级意识。英国社会生活的各方面都浸透着等级精神，赋予了英国文官制度分工日渐细化，人才不断专业化的发展趋势。

通过阅读上述材料，可以深刻理解英国文官制度确立后，历次文官体制改革，并没有完整的理论指导和他国的经验可以借鉴，而是在传统的自由主义基础上，结合本国实际，注重实践，与时俱进，以不断适应时代发展的需要，具有原创性、连续性和渐进性的特点，更展现了独特的制度文明和精神价值。

三、西方文官制度的特点和影响

【核心概念】

核心概念1：文官中立

由于英国文官必须服务于不同党派的连续政府，所以他们被要求严格保持政治中立。

文官不能参与政治活动，或在正式场合公开批评政府，无论任何政党执政都必须无所偏袒地忠实执行政府的各项政策。同时，文官的职位也不能因为供职者的政治信仰而受到妨碍。由于文官自身的优势与文官在政治结构中的特殊地位，完全使文官与政治分离是不可能的，即文官的“中立”是名义上的而非实质性的。

核心概念 2：文官常任

英国常任文官亦称“事务官”“业务官”，是除政治或司法职务以外，以文职资格录用的、直接由议会通过款项支付全部报酬的中央国家行政机关的公职人员。军官、警察、地方政府和公法人的职员不属于常任文官。在民主政治制度下，常任文官是辅助政务官决策并执行政策的职业政府公职人员。任职不受政府选举的影响，地位由法律保障，不能任意免职。这个特点叫文官常任。

核心概念 3：两官分途

英国是世界上最早确立两官分途原则的国家。两官，指政务官和事务官；两官分途，指政务官和事务官在产生方式、任用条件、管理形式、职责范围、职务履行等方面区别对待、分类管理，两类公职人员不能交替任职，其职能不能代替履行。它的核心是保持文官的“政治中立”和“职务常任”，在一定程度上保障了西方文官队伍的稳定性和延续性，避免了任人唯亲和官员裙带关系现象的蔓延。

【史学导读】

1. 英美近代文官制度的共同特征是什么？

材料一：在“公开考试与择优录用”的总原则之下，英美两国特别强调“机会均等”“公开”和“择优”等几个原则。所谓“机会均等”，就是对申请文官职位的候选人一视同仁，主要以其品行、能力和考试成绩作为衡量和录取标准。所谓“公开”，就是指政府对各种文官录用考试，都要公告通知，公开进行。考试合格名单，必须张榜公布，并通知本人。所谓“择优”，是指政府对文官的选拔主要根据考试成绩，并参考个人资历、学历、品德和身体状况，择优录用。

——摘编自石庆环、王铭：《论英美两国文官制度的基本特征及其历史成因》，《辽宁大学学报(哲学社会科学版)》，2010 年第 1 期

材料二：英美两国文官制度建立以后，都在法律上保障从事政府事务性工作的官员“无过失不受免职处分”，即“职务常任”原则。根据“职务常任”原则，政务官实行职务任期制，与政党共进退；事务官实行职务常任制，不与政党共进退，这就避免了政府在大选期间的震荡和瘫痪。同时，在“职务常任”原则下，由于文官长期在岗和任职，使其有更多的时间和机会熟悉政府业务，积累工作经验，这不仅保证了文官的高素质，而且也保证了政府的工作效率。

——摘编自石庆环、王铭：《论英美两国文官制度的基本特征及其历史成因》，《辽宁大学学报(哲学社会科学版)》，2010 年第 1 期

材料三：英国政府规定，凡是文官，必须忠于国家。无论何时，只要国家需要，即应为国家效劳。政府要求文官忠实可靠，像司法官员那样，给人以公正不阿的印象，维护政府的尊严、信誉和良好形象。美国政府通常要求文官在任职以前对国家口头宣誓或者在文字上签署忠于国家的誓言。

——摘编自石庆环、王铭：《论英美两国文官制度的基本特征及其历史成因》，《辽宁大

学学报(哲学社会科学版)》,2010 年第 1 期

导读提示

材料一谈的是英美两国文官制度“公开考试与择优录用”的基本特征。材料二则论述了英美两国文官制度“职务常任与政府连续和稳定”的基本特征。材料三则论述了英美两国文官制度“官纪官风与道德建设”的基本特征,着重强调忠诚原则。

阅读时,应认识到:英美两国属于同源文化,它们有着相近的社会与经济制度。在一个多世纪的演进中,英美两国的文官制度逐渐形成了一些带有共性的基本特征。这些基本特征的形成与早期英美两国政府在选拔官吏中所采用的“恩赐官职制”和“政党分赃制”及其造成的负面影响密不可分。

通过阅读上述材料,可以将英美近代文官制度作比较,充分理解追求政治的连续与稳定以及行政官员的高素质与行政工作的高效率,是英美两国文官制度基本特征形成的关键因素。英美两国文官制度共性中所体现的法治精神,公平、公开、公正、竞争的原则,忠于国家的职业道德,有利于保证相关政策的连续有效执行,保证政府职能的高效运营,也为其他国家的文官制度改革提供了典范与借鉴。

2. 怎样看待近代文官制度对资本主义发展的作用?

材料一:“1855 年文官改革令在英国政治史上占有重要的地位,它是以择优取士的方式取代官职恩赐的重要起点,因而也是不列颠现代文官制度的起点”。近代的文官制度改革在获得了相对于国王的独立性之后,需要逐步清除制度中的贵族色彩,逐步减少品位在文官体系中的比重,使文官逐步职能化、职业化、去价值化。

——摘自肖俊:《渐进的制度文明:英国文官制度的历史与贡献》,《中国行政管理》,2005 年第 1 期

材料二:英国这两次文官制度改革的共同价值取向也正是效率与廉洁,即都是为了建立一支讲求效率、廉洁奉公的文官队伍,使国家官僚机器正常有序地运转,以适应不同时代社会发展的需要。廉洁和效率是社会对文官素质的基本要求,也是文官制度的根本价值所在。

——摘编自张延华:《廉洁与效率:英国两次文官制度改革的共同价值取向》,《山东师范大学学报(人文社会科学版)》,2002 年第 1 期

导读提示

材料一指出英国的近代文官制度改革开始由择优取士取代官职恩赐,逐步清除贵族色彩。材料二则对英国近代文官制度改革的价值取向做了说明,讲究效率与廉洁,适应不同时代社会发展需要。

阅读时,应认识到:英国的文官制度是资本主义制度下的行政管理制度,它的改革实际上是改革中世纪以来不适应社会发展的因素,以保障官僚体制的高效、廉洁运转,提高西方国家的治理水平。契合西方社会的现代化进程,是西方制度文明发展的必然。

通过阅读上述材料,可以深刻理解英国文官制度改革清除了封建特权残余,改变了旧时文官队伍腐败、混乱、低效的状况,创建了一套崭新的、相对廉洁和高效的近代文官制度,适应了工业革命后资本主义生产力和社会发展的要求。

荐读书目

阎照祥著:《英国政治制度史》,北京:人民出版社,2012 年

[英]玛格丽特·撒切尔著,李宏强译:《唐宁街岁月》,北京:国际文化出版公司,2009 年

程汉大著:《英国政治制度史》,北京:中国社会科学出版社,1995 年

第 7 课　近代以来中国的官员选拔与管理

一、晚清选官制度的变革

【核心概念】

核心概念 1:学堂选官制度

科举制废除后,学堂选官为选官正途。清末学堂选官的主要对象是归国留学生和普通高校生,由于清末新学制的施行与科举废除几乎同步,国内合格的高校生尚少,而以速成科、预科生为选官的首要对象,归国留学生则比速成科、预科生更早进入仕途。学堂选官较之科举取士是一个历史性进步。学堂选官是由科举制通向现代文官制度的桥梁和中介,它决定了清末高等教育的内部结构和特色,使其成为选官制度的附庸。

核心概念 2:留学生毕业选官制度

清末,遴选一大批具有西学经历,了解西方政治法律制度以及科学技术的留学生进入官僚队伍的制度。为此,清廷参照近代西方文官制度,不仅建立了初步的考试任用和培训机制,还建立了专门的拣选制度,成为清末政治改革的一大亮点,开启了中国近代公务人员选考制度的先河,并对传统的官制有所触及。但是,近代化的职务晋升和监督管理机制未能建立,世袭制度和宗室特权依然存在,民族、出身、性别诸方面的歧视随处可见。因此,传统官制文化仍在其中留下了浓重的印迹。

核心概念 3:清末新政

清末新政,又称庚子新政、庚子后新政,是清朝末年开展的一场经济和政治体制改革运动,也是中国现代化的重大事件之一。1900 年,庚子事变爆发,慈禧太后率光绪皇帝等百位皇亲在忠臣随扈下出宫避祸西安。回銮之后,接受八国联军提出的《辛丑条约》,此举对中国打击甚大,因此朝廷保守派主动进行变法。1901 年,在慈禧太后的默许下,清政府进行改革,改革内容多与光绪二十四年(1898 年)的戊戌变法近似,但比戊戌变法更广更深,还涉及废除千年仕宦之道的科举制度。清廷力图在军事、官制、法律、商业、教育和社会方面进行一系列系统性改革,改革也波及了内地和东北、蒙古、西北和西藏各地。由于改革政策的“支离、拖沓”和一些官员的“敷衍”,没有取得太大进展。但是,“新政”一定程度上推动了中国社

会的现代化，也为辛亥革命的兴起提供了准备条件。

【史学导读】

1. 如何理解清末中国科举制度废除的原因？

材料一：清季从改科考到废科举，取士的标准有一个变化的过程。废科举前的十余年间，取士的标准已是鼓励新旧学兼通。科举考试内容的改变，其实已带有质变之意。从文化竞争的长远视角看，中国读书人主要思想资源从孔孟之道向新学的转变（更多是在意识层面，潜意识即通常所谓的安身立命之处则基本未变）的影响所及，恐怕不亚于后来科举制的废除。如果从新政需要新式人才的角度考虑，考取之士既然以新学为重，当能应付政府暂时之急需；而更广大的读书人阶层也势必随之修改他们的治学之路。“官不如绅”的现象在晚清已渐形成，咸同时办团练是一个“上进”的捷径，而团练是地方性的，只能由在籍的绅士办理。在教育方面，书院虽由地方官控制，但山长却必须由士绅担任。从社会层面言，后者所得是实利。到清季实行新政时，更常常是任用绅士多于任用官员。

——摘编自罗志田：《清季科举制改革的社会影响》，《中国社会科学》，1998 年第 4 期

材料二：清廷认为他们的奏议“不为无见”，此后不久，端方与袁世凯的废科举的建议被清廷采纳。清袁世凯、端方等人之所以要求迅速废除科举，其理由是，由于人心恋旧，从而妨碍了新制度的建立与开展。他们认为，在危机深重的情况下，只有迅速地取消科举制，才能釜底抽薪地消除人们对旧制的依恋，迫使绅士知识分子接受新的教育制度。

这种“先破后立”的观点，反映了当时主流精英中普遍存在的一种思想方法。他们注意到了科举制度的固有惰性对变革的阻力，并且以此作为彻底废除科举的理由，而又以中国所面临的危机压力作为迅速废除这种制度的根据。

——摘自萧功秦：《从科举制度的废除看近代以来的文化断裂》，《战略与管理》，1996 年第 4 期

导读提示

材料一表明晚清科举制度从改革到废除，取士标准和考试内容都发生了改变，绅士地位日益超过官员。材料二论述了清末主流精英对废除科举的看法，即科举制度阻碍了发展新式教育的变革，必须废除人们对旧制度的依恋。

阅读时，应认识到：科举制是一项集文化、教育、政治、社会等多方面功能的基本体制，它上及官方之政教，下系士人之耕读，使整个社会处于一种循环的流动之中，在中国社会结构中起着重要的联系和中介作用。然而鸦片战争后，随着国运日趋乖蹇，科举制也步入日暮途穷之境了。在强邻相逼的窘迫环境下，民族危机日益严重。科举制已不适应晚清社会的发展，阻碍着中国社会的现代转型，不利于开学堂，启民智。随着社会危机的加剧，以及清朝统治者试图通过改革挽救危殆局面的力度加大，科举制的废除便势在必行了。

通过阅读两则材料，可以深刻理解在晚清时期，在中国近代社会转型的大背景下，随着欧风美雨的入侵，西学的兴起与发展，读书人的地位日益下降，并与社会、政治明显疏离与脱节，科举制不能适应近代社会的进步，清廷不得不改革选官制度以适应时代的需要和社会生产力的发展。

2. 怎样认识清末选官制度的内容？

材料一：从统治者的初衷和当时的社会状况而言，主要还是以改革的精神与魄力，打破

旧制度，创立新模式。所沿用的旧有选官模式，只不过是新选官模式的补充，是在特定历史条件下，清朝统治者不得已的选择。新选官制度无论从考录的内容（考察学生的实用技术知识，如工商、农业、制造、法律、军警和医学等），还是从考录的形式（完全抛弃了八股文程式，考试程序也大大简化），都完全迥异于以往的选官模式，可以说实现了制度上的突破……在新的选官制度下，大批知识分子和读书人出国留学或转向新式教育，新知识的熏陶使他们许多人的思想发生突变。就留学选官而言，许多留学生，在中西对比之下，他们感悟振兴中华的最大障碍是列强的侵略和清政府的专制腐败统治，因而走上立志推翻清王朝的斗争，不再以功名利禄为目的。

——摘自鞠方安：《试论清末选官制度的改革》，《北京社会科学》，2000 年第 2 期

材料二：但就仅制度而言，清末选官制度还有如下的弊端：

第一，急功近利，欲速不达。十年树木，百年树人。清末官制改革中的学堂育才不能收立竿见影之效，于是搞速成式的留学选官。

第二，新旧杂陈，吏治混乱。清末在建立新选官制度的同时，还面临解决昔日大量科举士子出路的难题，以及稳定社会、笼络人心、消弭革命的更大难题，因而不得不保留和沿用前述旧有的选官方式。在客观上造成选官制度的新旧杂陈，甚至不伦不类。

第三，权限不清，职责不明。近代西方国家行政运作的基本要求和原则，是分权定限，职责明晰，监督有力，廉洁高效。清政府在改革官制时，也以“廓清积弊，明定责成”为目标，但由于急功近利，不能解决吏治混乱的积弊，使改革背离原有目标。

——摘自鞠方安：《试论清末选官制度的改革》，《北京社会科学》，2000 年第 2 期

导读提示

材料一阐述了清末新政中的选官制度打破旧制度，创立新模式，留学生思想发生突变。材料二论述了清末新政中的选官制度存在的弊端。

阅读时，应认识到：清末十年是中国社会政治、经济诸方面大转型的时期，由传统转向现代，由专制转向开明，由独裁转向民主。清末选官制度的改革，是这一社会转型的必然产物，是清政府被迫进行的改革。它既有形式上的创新，又有内容上的承袭，让读书人接受新思想。同时，它的急功近利、新旧杂陈、权责不明等弊端，加速了清朝的灭亡。可以说，这是一场失败的选官制度改革。

通过阅读两则材料，可以深刻理解清朝选官制度的改革，各有利弊，旧瓶装新酒，治标不治本，保留了不少封建残余势力，未能实现实质性的突破，最终以失败告终。从长远来看，这项改革启动了中国现代教育制度的进程（如癸卯学制），开创了中国现代科学技术事业，形成了以新式学堂的学生和出国留学生为主的新式知识分子群体。

二、民国时期的官员选拔制度

【核心概念】

核心概念 1：五权宪法

五权宪法是孙中山提倡的实行“五权制度”的宪法原则。五权制度即“五权分立”的国家

机构的组织原则，将国家的立法、行政、司法、考试、监察这五种治权分别由立法、行政、司法、考试、监察五院独立行使，以防止政府之专权；而同时将选举、罢免、创制、复决四种"政权"由人民掌握，实行所谓的"权能划分"。五权宪法的基本原则是以欧美资本主义国家宪法的基本原则——"三权分立"原则为基础，结合我国封建时代的考试、监察二权而成的。孙中山认为，五权宪法的五权制度的宪法原则，可以补救"三权宪法"的三权制度的宪法原则的不完备之处，从而使五权宪法成为实行民治的根本大法。

核心概念 2：文官考试思想

孙中山取舍西方资本主义公务员考试的观念和方法，主张考试权独立，所有官员候选人都应考试的思想。其中，考试权独立是文官考试思想的核心，为国举才、德才兼备是文官考试思想的核心理念。文官考试的对象，只包括少数政务官的考试。孙中山的文官考试思想，是孙中山对我国文官制度的理论创新，完成了从科举考试到文官考试的对接，提高了行政效率，奠定了民主政治的基础。

核心概念 3：民国公务员制度

中华民国政府依据孙中山的"五权宪法"思想，吸收中国古代官吏制度和西方文官制度的经验而建立的选任官员的制度，亦称考铨制度。"考铨"含考选铨叙之意，即通过考试，按照资历或实绩核定官职的授予或升迁。1912 年 1 月 1 日中华民国建立后，南京临时政府、北洋政府、广州国民政府都设置了考铨机构，颁布了一些人事法规。但因军阀混战，政局动荡，并未建立起系统的公务员制度，那时对公职人员还称"官吏"。南京国民政府成立后，重新设计官制，陆续颁布和修正了一系列考铨法规，公务员制度才逐步建立起来，从 30 年代开始，逐渐以"公务员"的名称代替"官吏"。

核心概念 4：国民政府考试院

是国民政府选拔人才的机构，负责国家人才的考选与任用，凡国家官员、政府公职人员、各专业部门专业人员，都通过考试院考试选拔。1928 年至 1948 年，考试院院长一职均由戴季陶担任。考试院内部建设初具规模后，戴季陶着手建立规章制度。1929 年拟订《公务员任用条例》，1933 年由国民政府公布时称《公务员任用法》。还先后颁布《现任公务员甄别审查条例》《官吏服务规程》《文武官员宣誓令》《公务员奖惩条例》《文官考试法》等。

【史学导读】

1. 如何理解孙中山的文官考试思想？

材料一：考试权独立，是孙中山"五权宪法"学说的一个组成部分。所谓考试权独立，就是把考试权提高到与司法、立法、行政、监察权同等重要的地位，用考试制度选拔和录用文官，这是文官考试思想的核心。孙中山认为，推翻帝制，实行民主国家后，治理国家和建设国家的关键在于选拔官吏。官吏的好坏，德才的有无，能力的高低，称职与否，直接关系到能否建设一个既民主又高效的近代国家的首要问题。为此，政府官员必须经过精心挑选。孙中山认为只有限制被选举人的资格，最好的方法就是增加考试权，并使考试权独立。

孙中山认为：国家的兴盛，有赖于人才。在全国普及教育，教养有道，是培养人才的根本途径。选拔了文官如何任用？孙中山除了提出分清"任官与赏功之界限"、厚俸养廉等思想外，最重要的就是任人唯贤、用人所长、任用得法。此外，他还认为，权力是需要制约的，因此必须设立监察制度。孙中山的文官监察思想,除了建立独立的监察制度外,还体现在保障人民的监察权和政党的监察权等三个方面。建立监察制度,体现了"要防止滥用权力,就必须以权力约束权力"的思想。

——摘编自房列曙:《论孙中山的文官考试思想》,《安徽史学》,2006年第6期

材料二: 科举制度废除的一段时间里,我国一直未能重新建立起公开、刚性和程序化的选官制度。当时,我国官员选拔制度甚至倒退到科举以前诸形态,废科举这项巨大的社会工程,也由于操作环节的失误,使政府的绩效付出了高额代价。直到孙中山文官考试理论和实践的形成,文官选任制度的真空才得到填充。孙中山对中国考试制度的主要贡献,是完成了从科举考试到文官考试的对接。

我国文官考试,始于民国时期,民国文官考试制度的理论是孙中山确立的。孙中山的文官考试思想和他下令规划、公布的考试法规,不少重要内容后来为北京政府和南京国民政府所沿用。例如南京临时政府时期的文官考试委员会,就是考试院的前身。但是民国建立后,无论南京临时政府还是北京政府,都没有把考试权独立出来,这是因为当时人们不懂得孙中山的"五权宪法"理论。到了南京国民政府时期,成立了"行宪"前的考试院和"行宪"后的考试院,考试权才真正独立起来。可以说,北洋政府和南京国民政府在确定文官制度时,有的是孙中山下台前已产生了草案尚未来得及咨交参议院审议,后来被北洋政府所承认;有的是孙中山公布的文官考试法规;有的是孙中山文官考试思想的重要内容,被南京国民政府所采纳。

——摘编自房列曙:《论孙中山的文官考试思想》,《安徽史学》,2006年第6期

导读提示

材料一论述了孙中山文官考试思想的核心及运行机制。材料二中指出了孙中山的文官考试思想的贡献。

阅读时,应认识到:孙中山指出选举制、委任制有弊端,主张以考试制度补救之,也就是在"五权宪法"的框架中,国家建立考试院,主管人才的选拔和任用。同时,完善国家政治制度,建立文官的培养、任用、监察等运行机制。孙中山文官考试思想的理论创新,奠定了我国文官制度的基础,为我国文官制度的近代化做出了重要贡献。

通过阅读上述材料,可以深刻理解孙中山的文官考试制度是在我国科举制度废除的大背景下产生的,注重选拔文官,体现了分权与制衡的原则、资产阶级民主共和的价值取向,革除了科举传统中选官考试和学历考试合二为一的一些弊端。这项制度体现了孙中山洋为中用、古为今用的优良品质,也展示了他打破旧世界、建立新社会的革命家气概。

2. 如何理解民国选官制度的运作?

材料一: 在考试内容方面,民国时期效仿西方,也增加了与实际工作密切相关的自然科学和社会科学类的科目,如根据1915年的《文官高等考试令》后所附的《文官考试第二试、第三试科目表》,文官高等考试共分为政治、经济、法律、文学、物理、数学、测量、化学、地质、采矿、冶金、机械、造船、造机、土木工、建筑、电工、医学、制药、农学、农艺化学、林学、兽医等23个专门学科,分科相当细致。

民国时期的文官制度还效仿西方,试图通过考试任职实现政治与行政两分。南京国民政府在1930年5月发布的《规定政务官事务官之界限令》中声明:"凡经国民党中央政治会

议议决任命的官员或已经国务会议议决任命但尚须经国民党中央政治会议作最后审核才得正式公布的官员，均称政务官，除此之外的官员，即为常务官或事务官(公务员)。”1935 年修订颁布的《考试法》施行细则申明“任命人员，谓政务官以外之公务员”。因为民国时期的民主政治并不成熟，因此这种简单的照搬并没有达到西方国家的实践效果。

——摘自徐萍：《从进士科举到文官考试——中国选官制度在民国时期的制度逻辑》，《教育与考试》，2012 年第 2 期

材料二： 南京国民政府时期，绕开考试任用文官的名目更加繁多。一方面是为国民党员进入公务员队伍大开绿灯。这就使得国民党内一些既无学术专长，又无行政管理工作经验，甚至缺乏中等文化水平的国民党员，凭一份党证或一个老党员的介绍证明，即可取得任官资格。国民政府还以“甄别审查”和“从政考试”的方式，为党务人员向公务人员转化提供种种方便。通过“甄别审查”，纯粹党务出身的人员即可具备政府公务员的任职资格，可以随时进入政府充任相应级别的公务员，而且按照规定，党务人员只需很短的任职年限(在中央党部担任一定职务者只需两年)即可获得很高的文官任用资格(简任或荐任)。另一方面是为退伍军人和军官佐进入政府提供便利。根据国民政府的有关规定，曾任军职人员皆可以其军职官等“比照文官简、荐、委认定资格”，从而直接在军队官等和政府官等之间划了等号，免除了考试和训练两个重要环节，为军人进入文官队伍打开了方便之门。

——摘自李里峰：《民国文官考试制度的运作成效》，《历史档案》，2004 年第 1 期

导读提示

材料一反映的是民国选官制度借鉴西方近代文官制度建立。材料二则指出南京国民政府时期，民国选官制度实际运行中的弊端。

阅读时，应认识到：不管是学习西方，还是继承传统，民国文官制度都是以服务于资产阶级统治为目的的。由于民国时期的民主政治并不成熟，因此这种简单的照搬并没有达到西方国家的实践效果，在民国中后期，出现了文官考试与任用之间的脱节现象。

通过阅读上述材料，可以深刻理解民国选官制度，借鉴西方文官制度，在几十年的发展过程中建立了一整套考试法规体系，具备了比较多的现代性特征。但是从实际运作情况来看，民国文官考试制度由于受到种种体制和人为因素的干扰，在其基本功能即“为国求贤”方面所发挥的功效却极其有限，无法实现孙中山先生一切文官皆经考试及格的想法。从公平性和对知识分子的吸引力来看，与科举制度相比，不能不说是一种倒退。

三、中华人民共和国的干部制度和公务员制度

【核心概念】

核心概念 1：党管干部原则

党管干部原则是干部工作的根本原则，规定了干部工作的主体和体制。主要内容包括：由党制定干部工作的路线、方针、政策；由各级党委管理和推荐重要干部，加强领导班子和干部队伍建设；党指导干部人事制度改革，改进党管干部方法，努力实现干部工作的制度化、规范化、科学化；加强对干部人事工作的宏观管理和检查监督，保证干部工作的健康有序进行。

党管干部原则是党的领导在干部人事工作中的重要体现，是巩固党的执政地位、履行党的执政使命的重要保证。

核心概念 2：干部制度

干部制度是干部管理体系、管理制度及其工作机制的总称。它为干部队伍建设提供制度保证，为实现党的政治任务服务。中国共产党的干部制度，是在革命战争年代逐步形成的。新中国成立后，经过不断的调整、补充和发展，中国共产党逐渐形成了与高度集中的计划经济相适应的党委领导下高度统一的干部人事管理制度。这一干部制度曾在过去长时期内对党的干部队伍建设起了积极的作用。

核心概念 3：公务员制度

国家公务员制度，是指党和国家对国家公务员进行管理的有关法律、法规、政策等的统称或总称。其中包括《国家公务员暂行条例》和录用、考核、奖励、纪律、职务升降、培训、交流、回避、工资、保险、福利、辞职辞退、退休、申诉、控告等单项制度及实施办法、实施细则等。我国国家公务员制度，是具有中国特色的、适应建立社会主义市场经济体制需要的、政府机关工作人员的管理制度。

【史学导读】

1. 怎样理解党管干部原则的内涵？

材料一：战争年代，党管干部原则的内涵便是中央及各级党委的组织部门统一任命、调配所有的干部。这种“一揽子”管理干部的方式与体制，是与党所进行的革命战争相适应的，也就是用军事命令的手段与方式来任命、指派、调动、交流干部；同时，又与党所实行的“一元化领导”方式相适应。

建国以后，随着社会主义经济建设的大规模展开，干部数量急剧增长，干部种类趋于复杂化，干部专业化程度不断提高。从 20 世纪 50 年代初开始，党就提出改革原有的党组织“一揽子”管理干部的方式与体制，建立起在中央及各级党委统一领导下，在中央及各级党委的组织部统一管理下的分部分级管理干部的制度。这种与高度集中的计划经济体制、政治体制相适应的分部分级管理干部的制度，便成为改革开放以前，党管干部原则内涵的具体内容和方式。

改革开放以来，随着社会主义市场经济体制的建立，随着社会主义民主政治的发展，新时期党管干部原则的内涵是：加强党对干部工作的领导，制定干部工作的方针、政策，推荐和管理好重要干部，指导干部人事制度的改革，做好对干部人事工作的宏观管理和监督。

——摘编自梁妍慧：《党管干部原则内涵探析》，《中国党政干部论坛》，2005 年第 7 期

材料二：总结建党 90 年和执政 60 多年的干部队伍建设经验，党管干部原则的基本内涵主要有四层涵义：一是党提出和制定干部路线、方针和政策。也就是在干部队伍的建设问题上，由党中央统一决定干部工作的路线、方针和政策，制定干部的管理制度、原则和办法。二是党组织负责向各级国家机关推荐并管理重要干部。党在政治上的领导核心地位使党承担着向各级国家机关推荐重要干部的责任，也就是主要推荐各级人大负责人和各级政府的主要领导人选，以及通过法定程序进行选举或依法任命。三是党组织负责干部工作的管理和监督工作，保证干部工作的健康有序运行。四是指导和推进干部人事制度改革，把党管干

部和依法管理以及党管干部的科学方式有机地结合起来，逐步实现干部管理的规范化、法制化和科学化。

——摘编自林学启：《党管干部 90 年：模式演变与价值追求》，《理论学刊》，2011 年第 4 期

导读提示

材料一论述了在三个历史时期，党管干部原则的不同模式。材料二则论述了党管干部原则从干部队伍建设经验上得出的四层内涵。

阅读时，应认识到：在不同的历史时期，由于党所面临的环境与任务不同，这一原则所体现的内涵便具有了相应的内容和实现方式，它必须随着形势与任务的变化而变化，体现了党管干部科学化、民主化、制度化的基本趋势。

通过阅读两则材料，可以将革命、建设、改革三大历史时期，党管干部原则的不同模式作比较，充分理解这一原则坚持一切从实际出发，与时俱进。党管干部原则，是我们党长期坚持的一项重要原则，是党的组织路线为政治路线服务的一项有力保障。

2. 怎样看待新时期中国的公务员制度？

材料一：十九大报告首次将党的政治建设确立为党的建设首要任务和统领。报告提出要“增强干部队伍适应新时代中国特色社会主义发展要求的能力”，这就要求公务员具备综合全面的才能，尤其是政治能力。十九届四中全会的决定对中国特色社会主义制度建设作出了战略部署。其中，中国特色社会主义公务员制度不可或缺。一方面，公务员是干部队伍的重要组成部分，是社会主义事业和国家治理体系的中坚力量。坚持新时代党的组织路线，就要健全党管干部、选贤任能制度。只有建立起一支高素质专业化的公务员队伍，才能在国家治理体系的各领域发挥中流砥柱的作用。另一方面，公务员的政治能力直接影响着国家治理能力现代化的水平。十九届四中全会决定要求“把制度执行力和治理能力作为干部选拔任用、考核评价的重要依据”，而且“把提高治理能力作为新时代干部队伍建设的重大任务”。政治能力是治理能力的内涵之一，也是治理能力全面展现的前提。

——摘自唐璨：《论公务员政治能力建设与制度保障》，《理论视野》，2020 年第 3 期

材料二：建立职务与职级并行制度的基本目的，首先主要在于健全和完善中国公务员管理的激励保障机制，是在进一步强化现行《公务员法》比较而言不够充分的中国公务员权利保障体系。在福利国家政策阶段，国家或政府活动的最大特点是平均供给的公共服务出现较大增幅，因此，对公务员特别是对广大基层公务员的基本要求就是要长期严格保持公共权力公平公正行使的常态化。建立职务与职级并行制度的基本逻辑，更在于通过对公务员激励保障机制的改革和完善，形成对公务员全体的持续激励，进而广泛调动“广大公务员的积极性、主动性和创造性”，不仅要实现长期严格保持公共权力公正公平行使的常态化，同时还要促进中国公务员专业化职业发展和分类管理的完善，让公务员群体更加积极作为，为现代化发展作出最大贡献。

——摘编自白智立：《推行职务与职级并行制度应避免的误区》，《中国党政干部论坛》，2019 年第 5 期

导读提示

材料一从新时期党的政治建设出发，探讨公务员政治能力建设的迫切性。材料二则从

新时期公务员制度框架出发，探讨职务与职级并行制度的有效性。

阅读时，应认识到：新时期，党的政治建设是党的建设的首要任务和统领，公务员的政治能力建设是党的政治建设的必然要求。只有提高公务员的政治能力，建立起一支高素质专业化的公务员队伍，才能提升国家治理能力的现代化水平。进入 21 世纪后，我国已经开始了从"经济国家"建设向实施"福利国家"政策的公共政策转型，这一宏观公共政策环境将长期不变。职务职级是公务员制度框架的核心，推行职务与职级并行制度，把激励干部新担当新作为摆在首位，才能保持公共权力公正公平行使的常态化，促进公务员专业化职业发展，完善公务员分类管理。

通过阅读上述材料，可以深刻理解新时期的公务员制度，迫切需要建立一支忠诚干净担当的高素质专业化公务员队伍，推进公务员政治能力建设、职务与职级并行、职级与待遇挂钩，能有效激励公务员整体素质的提升，政治过硬。只有具有鲜明政治方向的国家治理才能巩固我们自己的国体，发挥制度优越性。

荐读书目

刘海峰，李兵著：《中国科举史》，上海：东方出版中心，2004 年
邓嗣禹著：《中国考试制度史》，长春：吉林出版集团有限责任公司，2011 年
舒新城著：《近代中国留学史》，上海：上海科学技术文献出版社，2014 年
房列曙著：《中国近现代文官制度》上、下，北京：商务印书馆，2016 年
李俊清著：《现代文官制度在中国的创构》，北京：生活·读书·新知三联书店，2007 年
李如海著：《公务员制度(2007 年版)》，北京：高等教育出版社，2007 年

第三单元

法律与教化

第 8 课　中国古代的法治与教化

一、先秦时期的德治与法治

【核心概念】

核心概念 1：敬天保民

西周初期周公旦倡导的社会政治主张。周代统治者鉴于殷王朝覆灭的惨痛教训，为了维护周王朝的统治，在取得政权伊始，就倡导敬天保民的主张。周公认为，殷人耽于逸乐，所以失去天命；周人勤俭有德，最终获得了天命。"皇天无亲，惟德是辅"，上天神灵不偏不倚，只佑助有德之人，依据人们是否有德来判定天命的归属。敬天保民的思想将天和民相联系，意味着人民地位的提高，这对于维护和巩固西周政权的统治起到了积极的作用。同时，它也为后来儒家"德治"思想的形成和发展起了先导作用。

核心概念 2：法家

战国时期提倡以法治为核心思想的重要学派。法家兴起于战国初期，其渊源可以上溯到春秋时期的管仲、子产。法家思想是由儒家和道家分化发展而来的。战国时期法家主要有两派：一派以李悝、吴起、商鞅为代表，他们主张用法治代替礼制，强调法的重要性；另一派以申不害为代表，他们主张"循名责实"，要求统治者以权术控制臣下，统治百姓。韩非在总结两派观点的基础上，吸收荀子的某些思想，构建了一套法、术、势相结合的君主集权理论。他主张君主要依法治国，利用权术驾驭大臣，以绝对的权威来震慑臣民，提出了系统的法治理论。法家把君主的权力提高到极点，迎合了建立大一统专制国家的历史发展趋势。

核心概念 3：《法经》

是我国封建社会最早的一部初具体系的法典，成为以后历代法典的蓝本。《法经》是战国初期李悝制定的，它是封建生产关系日益发展的产物。李悝曾在魏文侯的支持下进行变法，推行新政。春秋战国以来，随着土地私有制的出现，一家一户的小农经济不断发展，逐渐确立了封建制的统治。在这种情况下，为了保证变法的顺利进行，保护经济、政治改革所取得的成果，维护新兴地主阶级所取得的利益，李悝在变法过程中制定了《法经》。《法经》既是变法的重要内容之一，又是对变法成果的肯定。它初步确立了封建法制的基本原则和体系，对当时各国立法产生很大影响，同时在整个中国法制史上也具有重大意义。它对当时封建经济的形成和巩固，起到了一定的积极作用。它的颁布，是封建制度胜利的标志。

【史学导读】

1. 如何认识儒家的德治思想？

材料一： 孔子在一定程度上肯定刑罚的作用。但是，孔子认为，用刑罚来统治老百姓，只能做到暂时避免他们犯罪，如果用道德来引导、教化，他们就能自我约束，纠正自己的错误。所以，孔子极力倡导用“德”治理国家，主张把刑罚放在“德”之下。战国时期，儒家学派孟子和荀子继承和发展了孔子为政以德的思想。孟子提出性善论和仁政说，倡导王道，反对霸道，但他并不否认刑、法的作用。孟子对德法关系的论述表现为德主法辅、先教后刑。而荀子认为人性恶，同孟子人性善的学说形成尖锐的对立，在荀子看来，正因人性本恶，才使礼和法的产生成为必然。荀子倡导通过“礼”来指导国家的政治生活，划分社会的不同等级，约束人们的道德行为，达到治国的目的。

——摘编自杨共乐主编：《历史长河中的人类社会》，北京：北京师范大学出版社，2019年，第144页

导读提示

孔子明确提出为政以德的理念，强调道德对政治生活的决定作用。他认为用道德和礼教来治理国家是最高尚的治国之道。这种治国方略也叫“德治”，就是以道德去感化教育人。孟子和荀子继承和发展了孔子德治的思想，他们崇尚礼治与明德慎罚的为政之道。儒家注重通过道德礼仪教化民众，重视民意，有利于缓和社会矛盾，实现社会的稳定，具有进步意义。

阅读时，应认识到：儒家重视德政，认为教化比刑罚更易于得到民众的拥护而起到治理的效果。但是，儒家学说具有多面性，它并不完全排斥法律和刑罚。儒家提倡的“礼”本身也有一定的约束力。

通过阅读该则材料，可以深刻理解儒家的德治思想。儒家的德治思想虽然在春秋战国时代难以落到实处，但它对后世却产生了深远的影响。德主刑辅的思想成为中国政治思想的主流，深刻地影响了中国政治与历史的发展。

2. 战国时期法家的法治思想为何更符合各国的需要？

材料一： 法家名副其实，主张法治。法家的法治是“统治者以法治民”的意思，所以并不同于现代“法律的统治”。法家持历史进化论和“性恶论”，认为治国不能靠道德说教，而要靠强权与峻法。然而这“法治”还含有一种“理性行政”精神，即通过可计算、可预测的和运用合理技术的手段去达致政治行政目标。在这方面儒家就相形见绌了。因为早期儒家关注的是社会正义，不怎么研究兵刑钱谷；而法家的最高目标，是建立一个强大精密的国家机器，它对内能把社会管理得井井有条，对外能兼并称霸，所以法家对可操作的行政技术，不能不全力探讨。由此法家也成了国家主义者，只把人民看成是“耕战”工具。学术研究既无助于富国强兵，就应禁止；不耕不战的学士，干脆被说成是社会的蠹虫。拥有专业训练的文法吏，才是法家所相中的治国人选。

——摘编自阎步克编著：《波峰与波谷：秦汉魏晋南北朝的政治文明（第二版）》，北京：北京大学出版社，2017年，第68—69页

导读提示

春秋战国时期，礼崩乐坏，原来的社会秩序已经被打破。在追求富国强兵的君主们看来，儒家的仁政与德治思想不合时宜。相反，由于法家多是变法运动的倡导者，其理论偏重于政治权力的运用，又从实践中总结出一套行之有效的政策思想，注重通过农战而富国强兵，结果运用到现实政治领域大多获得了成功。因此，法家理论深受战国时期各国统治者的青睐。

阅读时，应认识到：法家不仅是言者，而且是行者。春秋战国时期法家依法治国的方案，是基于特定的社会发展的需要而出现的，它的成功是时代演进的必然结果。秦的强盛和统一，从一定意义上来说正是法治理论成功实践的结果。

通过阅读该则材料，可以深刻理解战国时期法家法治思想为何更符合各国需要。法家的法治思想更符合战国时期各国富国强兵、政令统一的需要。正是在法家思想的指引下，秦国最终统一六国，建立了中国历史上第一个君主专制中央集权的国家。

二、秦汉至隋唐时期的法律与教化

【核心概念】

核心概念 1：律令儒家化

将儒家的道德精神注入法律、法令，使封建法律具有了伦理法的性质，即以儒家思想为立法、注律，以及司法实践中定罪、量刑的指导思想和基本原则。自汉代春秋决狱开始，中国法律走上了儒家化的道路。中国法律的儒家化从总体而言，就是通过引经决狱，引礼入律的方式，将儒家思想贯彻到立法、司法、守法的整个法律实施过程中，使儒家思想成为刑事的、民事的、婚姻家庭的、行政的、诉讼的等各个法律部门的基本原则和灵魂，也就是说儒家伦理道德获得法律上的效力和权威。中国法律的儒家化，形成了礼法合一的特色，影响深远。

核心概念 2：《唐律》

《唐律》是唐代法律的总称。主要是《永徽律》，还包括《武德律》《贞观律》等法典。唐朝法律体系包括律、令、格、式。律是定罪量刑的刑典，令是行政制度与规则，格是相对律令而言的补充意义的法典，式是关于实施律令的细则法规。《唐律》首先把谋反、谋大逆、谋叛等定为“十恶”罪，犯者不得赦、减或赎免。其次，保护封建土地所有权，严禁妄认、盗卖、盗耕公私田。再次，竭力维护各种封建性的等级特权，皇族、官僚、富人犯法可以通过各种方式减刑或免刑，奴婢、部曲犯法则比“凡人”加等论罪。《唐律》还起着调整统治阶级内部各集团之间、各成员之间的关系，以及保证统治机构正常运行的作用。《唐律》是传世的中国古代最早、最完整的一部法典。它对亚洲许多国家产生过显著影响。

核心概念 3：中华法系

以中国古代伦理法为基础，以《唐律疏议》为代表的中国法律和仿照这种法律而制定的东亚、东南亚等封建国家法律的总称。中国古代封建法律经过 2 000 多年的发展，形成了沿革清晰、独树一帜的法律体系，被世界推崇为五大法系之一。中华法系的特点是突出成文法典；以儒家思想为理论基础，强调礼法结合；维护封建伦理，家族法占有重要位置；是皇权至上的专制主义法系，皇帝垄断立法和司法权；融合了以汉民族为主体的各民族的法律意识和法律原则；诸法合体而又并用，行政机关兼理司法。中华法系的萌芽可以远溯夏商时期，在唐朝臻于成熟，在宋元明清时期也有新的发展与变化，在清末修律以及民国初年从西方移植新的法律制度之后，逐渐解体。

【史学导读】

1. 汉代以后，为什么法律与儒学的结合越来越紧密？

材料一：强盛的专制主义中央集权的两汉建立以后，需要一种统一的学说作为国家的指导思想，以纳全国民众的思想行为于一轨，不允许战国时期百家并起、诸说纷呈的状态再继续下去。因此，汉武帝罢黜百家，独尊儒术，表现了驾驭历史潮流的高超见解和伟大的魄力。经过一千多年的统治，使统治者有可能立足现实，认真总结历史的经验，"外儒内法"就是汉初统治者综合儒法两家之长的精彩概括。儒家以礼、德、仁政、爱人为其学说的支撑点。法家以一断于法，君主独治，术势并重为其学说的特征。外儒即以儒家学说作为外饰，这是因为儒家的理论符合中国的传统国情，有着极深厚的文化底蕴，可以赢得民心，稳定社会，便于统治。以法家学说为内涵，有利于皇帝的专制统治和发挥法律的治世功能，可以收到急功近利之效。外儒佯宽，内法实猛，外儒内法就是宽猛相济的一种表现形式。儒家讲尊尊，旨在确立君主、皇帝的最高权威。法家不仅同样讲尊尊，而且是极端专制主义的鼓吹者，主张皇帝的谋略政机应该深不可测，不仅不为百姓所知，也不应该为群臣所知。儒法两家在维护君臣上下长幼的等级制度上，二者是完全一致的。儒家虽然重视礼禁，但也同样主张以法惩乱止恶。

——摘编自张晋藩著：《薪火集：中国法制史学通论》，厦门：鹭江出版社，2003 年，第 379—380 页

导读提示

根据材料可知，礼法合流有其深刻的社会原因。其一是封建大一统国家的需要。其二，统治阶级认识到，儒法两家学说各有长短，需要博采其长，整合两种思想资源。其三，儒法两家学说不仅同源，在为现存政权服务的政治目的上也是相通的。

阅读时，应认识到：礼法虽然各自独立，但礼所具有的规范人们行为，调整社会秩序的特殊功能，使得礼入于法不仅是必要的，也是可能的。经过春秋战国、秦汉，作为差别性行为规范的礼，逐渐与公允性行为规则的法交融渗透，以至合流。

通过阅读该则材料，可以深刻理解儒法合流的社会原因。从儒法对立到儒法合流具有历史的必然性和主客观基础。儒法互补可以推动国家机器的有效运转，以礼入法是中国古代法律最主要的传统。

2. 如何理解唐律是礼、法结合的典范？

材料一：唐律实行"一准乎礼"的方针，体现了封建伦理的基本精神，即完全以儒家礼教纲常作为立法的指导思想和定罪量刑的理论依据。《唐律疏议》标榜其以礼作为指导思想，"德礼为政教之本，刑罚为政教之用"，即礼是本，是纲，而刑不过是礼的辅助。因此，礼的核心——三纲五常便成为唐律的立法根据。凡是违背礼仪规定的，都要严加惩处。如《唐律·名例律》规定："祖父母父母在，(子孙)别籍异财者"，列为"十恶"的"不孝"重罪，加以严惩，用以维护尊长亲属对于子孙及其财产的支配权。唐律的疏议部分以概念准确、阐述详细、语言

凝练、逻辑严谨著称，而长孙无忌等人注疏唐律，往往直接引证于礼。如《名例律》疏解“大不敬”罪曰：“礼者，敬之本；敬者，礼之舆。”故《礼运》云：“礼者，君之柄，所以别嫌明微，考制度，别仁义。责其所犯既大，皆无肃敬之心，故曰‘大不敬’。”

——摘编自曾宪义主编：《中国法制史（第三版）》，北京：北京大学出版社，2013年，第171—172页

导读提示

从西汉武帝时起，便奉儒家思想为指导思想，由此开始了法律儒家化的过程。从西汉到唐朝经过800多年的时间终于定型。唐律是礼法合一的典范，是汉代以来“引礼入法”历程的升华。唐代继承发展了以往礼法并用的统治方法和立法经验，使法律内容“一准乎礼”，实现了礼与法的统一。法的强制力加强了礼的束缚作用，礼的约束力增强了法的震慑力量，从而构建了严密的统治法网。

阅读时，应认识到：唐律体现了“礼法合一”，主要从以下几个方面来看：以礼作为立法依据；以礼作为定罪量刑的标准；以儒家经义注释法律条文。

通过阅读该则材料，可以深刻理解唐律是礼法结合的典范。唐代以礼为修律的指导原则，礼的基本原则取得了法律的形式，构成了封建法律的主要内容。

三、宋元至明清时期的法律与教化

【核心概念】

核心概念1：《吕氏乡约》

乡约是传统社会乡民基于一定的地缘和血缘关系，为某种共同目的订立的共同遵守的规约。北宋时期儒家士大夫吕大钧为了推动乡村、宗族的治理，建立起一种乡村自治的乡规民约，于神宗熙宁年间（1076年）制定和实施了中国历史上最早的乡约，后来称之为《吕氏乡约》。《吕氏乡约》提出了“德业相劝、过失相规、礼俗相交、患难相恤”四个纲领，每个纲领之下又分若干细目，用以规定人们处理邻里关系的基本行为准则和礼仪规范。到南宋时，朱熹对此做了一些修订，从而形成了《增损吕氏乡约》。由于朱熹的推广，《吕氏乡约》对后世乡约的实施有深远的影响，也向外影响了朝鲜的乡约实施。

核心概念2：《大明律》

明代的基本法典，由明太祖朱元璋总结历代法律施行的经验和教训详细制定而成。明太祖惩元末法制松弛之弊，重视法制。1367年，命左丞相李善长为律令总裁官，刘基等二十人为议律官，议律令。不久，律令草创。以后几经修改和朱元璋的亲自裁酌，至洪武三十年（1397年），大明律正式颁示天下。全律分7篇30卷460条。首篇是总则《名例律》，下面按六部政务范围分为吏、户、礼、兵、刑、工六律。《大明律》的制定比较慎重，太祖又严禁嗣君变乱成法，故历代相承，不敢轻易做出改动。有明一朝，《大明律》一直是中外决狱依据的大法。以后即使因时势需要有所变动，也只是作为诏令，或发于朝廷奏议，或制定条例，辅律而行。《大明律》的出现，不仅标志着明代封建立法的成就，而且影响了清代立法格局。

【史学导读】

1. 明朝在司法实践中为何特别重视“例”？

材料：明太祖时期，在《大明律》《大明令》《大诰》之外，还有“条例”的法律形式。明初的条例是一种尚未系统化的因时制宜的法律形式，没有律所具有的不可改的稳定性。明初的条例一般是由臣下议定，皇帝批准实施。条例或因案而生，或因事而生。其制定程序比较简便，可以补充律文的不足，减少律不可更改的弊端，提高统治的效能和灵活性。所以，条例数量增加很快，其前后混杂矛盾的地方也越来越多。明宪宗时期，朝臣已要求将数量众多的条例进行整理修订。明代君臣经过长达一百余年的立法实践，到弘治时，已形成一套相当成熟的律例关系理论，“依律以定例，定例以辅律”“律例并行”，被确认为制例的基本指导原则。依据这一立法原则，明中后期各朝进行了大量的制例、修例工作，其有史可查的重要条例有数十种。定例的案牍之繁，以数百万字计。

——摘编自张晋藩主编：《中国法制通史·第七卷·明》，北京：法律出版社，1998 年，第 20—24 页

导读提示

以例或条例作为断案的根据，以补法律之不足的做法，到明代愈益发展。其主要原因是明太祖有训，不可擅改《大明律》。但是随着社会关系的不断变化，为了使法律更有效地调整社会关系，就必须进一步发挥例的作用。明代统治者为了克服这种混乱的局面，即着手删修条例。

阅读时，应认识到：法律在实施的过程中难免会存在与现实脱节的情况，断案时为适应社会变化，就难免要参照旧例。明朝曾多次重修条例，最终开创了律例合编的体例。

通过阅读该则材料，可以深刻理解明朝在司法实践中特别重视“例”的原因。明代删修条例是一项重要的立法活动。这种做法，既保持了明律所应具有的权威性和稳定性，又利于国家法律的实施。

2. 宋朝以后，理学对社会基层教化产生了怎样的作用？

材料一：宋明以来中国宗族制度与乡族组织的这种文化合理性，基本上是在宋代理学家们倡导下、由民间社会自行施行并得以发展兴盛起来的。国家政府不但始终处于一种被动应付的状态，甚至在不少的场合加以禁止和干扰。政府往往从强化专制统治的思维出发，认为民间宗族制度与乡族组织的发展坐大，很有可能危及政府的社会治理，从而屡屡试图予以控制和限制。尽管如此，在强大的民间社会面前，这种不具有制度化的控制和限制，毕竟无法有效地影响明清时期宗族制度与乡族组织的发展，明清时期中国的宗族制度与乡族组织的兴盛，一直延续到 20 世纪中叶。

——摘自陈支平：《朱子学·理学：唐宋变革与明清实践》，《厦门大学学报(哲学社会科学版)》，2014 年第 3 期

材料二：家训家规一方面提倡《四书》学的基本思想和教育理念，故而从《四书》原典和宋儒的诠释中大量吸收思想营养；另一方面，家训家规的对象不是专门的读书人，而是家族内部全体成员，为了让这些文化水平不一致的不同人员能够理解、记住这些家训家规的诸多条目，为了使家训家规能够深入人心和广泛普及，儒家士绅制定的各种家训家规均具有语言

简洁明白、易背易记的形式特点。我们会发现，在家谱族谱中的家训家规，大量是以三字句为条目之题，十分简洁而且易记。

——摘自朱汉民：《宋代儒家经典与民间教化——从〈四书〉学到家训家规的生成》，《文史哲》，2020年第4期

导读提示

材料一指出宋明以来中国宗族制度与乡族组织在理学家的倡导下得以发展兴盛起来，在基层治理中发挥了重要的作用。材料二指出宋代儒家士绅将儒家经典大量引入到家训家规中，家规家训变得通俗易懂、好读好记了。

阅读时，应认识到：儒学不仅包含文化精神的层面，还包括宋代理学家所倡导设计的基层社会管理与民间礼仪的层面。从完整意义上说，宋代理学应该包含道德倡导与社会建构两个方面的内容体系。在儒家士绅的努力下，儒家思想逐渐被整合为全社会的主流思想，中国古代乡村基层组织又得以兴盛起来。

通过阅读该则材料，可以深刻理解理学对社会基层教化产生的作用。宋明以来儒家士人投身基层教化，把儒家经典普及到民间社会和家族基层，理学逐渐成为社会大众和普通家族所接受的共同价值。理学对基层教化所产生的作用，可以弥补国家立法的不足，有利于基层社会的和谐稳定。

荐读书目

曾宪义主编：《中国法制史(第三版)》，北京：北京大学出版社，2013年
瞿同祖著：《中国法律与中国社会》，北京：中华书局，1981年
张晋藩著：《薪火集：中国法制史学通论》，厦门：鹭江出版社，2003年
杨共乐主编：《历史长河中的人类社会》，北京：北京师范大学出版社，2019年

第9课　近代西方的法律与教化

一、近代西方法律制度的渊源及发展

【核心概念】

核心概念1：《十二铜表法》

也称《十二表法》，是现在所知罗马共和国最早的较完整的立法。《十二铜表法》主要是对王政前后罗马社会习惯的整理编订，同时也吸收了一些希腊法律规定，故可以说它是一部成文的习惯法，是典型的罗马城市法。共和国早期，随着奴隶制经济的发展，平民和贵族的矛盾日益尖锐，那种由贵族垄断立法与司法权，随意解释习惯法的局面再也维持不下去了。公元前450年，罗马颁布了成文法，因这部法刻在十二块青铜板上，所以被称为《十二铜表

法》。《十二铜表法》涉及诉讼程序、所有权和债务权、宗教法等内容，使量刑定罪有了文字依据，在一定程度上遏制了贵族对法律的曲解和滥用。《十二铜表法》在罗马法律史上具有重要意义，为罗马法的发展奠定了基础。

核心概念 2:《罗马民法大全》

拜占庭皇帝查士丁尼(527—565 年)主持编纂的，包含《查士丁尼法典》《查士丁尼学说汇编》《查士丁尼法学总论》和《查士丁尼新敕》，上述四部律书统称《查士丁尼民法大全》或《罗马民法大全》。它是罗马法的集锦和精粹，对于欧洲资本主义各国的法律，特别是民法的发展具有重大影响，它的颁布标志着罗马法已经发展到完备阶段，也是古罗马法律的最高成就和近代西方法律制度的渊源。恩格斯称之为“第一个世界性法律”。

核心概念 3: 日耳曼法

它不是一部具体的法律，而是中古早期各日耳曼人国家中适用于日耳曼人的法律的总称。公元前 5 世纪到公元前 4 世纪末，受匈奴西迁的影响，日耳曼人开始了民族大迁徙，其直接结果是西罗马帝国的消失和日耳曼王国的建立。这些日耳曼人国家处于国家的早期阶段，文化发展缓慢，制度建设落后，尚无成文法。通过长期以来约定习俗来处理人与人之间的纠纷和部落之间的关系，这就是所谓的习惯法。后来，随着日耳曼人国家社会经济的发展，需要处理的关系日益增多，国家的管理职能不断扩展，而且日耳曼人国家中仍有许多罗马人使用罗马法，这些因素促使日耳曼人国家统治者制定成文法。这些法典是日耳曼人国家在习惯法的基础上参照罗马法制定而成，在历史上被称为“日耳曼法”或“蛮族法典”。这些法典的内容大多很具体，主要集中在对人身和财产的保护方面，大多数用拉丁文写成，这反映了当时日耳曼人国家社会、经济、文化发展的程度。在日耳曼王国中，尽管罗马法和日耳曼法并存，但当罗马人与日耳曼人发生纠纷时，则以日耳曼法为准。

核心概念 4: 教会法

又称“寺院法”或“宗规法”，泛指罗马天主教、东正教及基督教的其他一些教派的各种法规。教会法产生与发展始终与基督教相联系。教会法形成于 4—9 世纪。9 世纪中叶，随着法兰克王国的解体，西欧进入了封建割据时期。统一的、集权的教会乘机扩张自己的势力，到 10 世纪，教会的势力大增，教会法也进入鼎盛时期。15 世纪后，随着欧洲民族国家的兴起和王权的加强，教会势力下降，教会法也日趋衰落。教会法实际上包含了宗教和法律两部分规则。教会法主要是关于教会本身的组织、制度和教徒个人的品德、生活守则的一些宗教规则、章程和法规。同时，教会法对教会与世俗政权的关系，以及土地、婚姻家庭与继承、刑法、诉讼都有所涉及，这些内容通常也被看作教会法的组成部分。教会法与罗马法、日耳曼法相并列，成为欧洲前近代三大法律之一。教会法很多具体内容和原则后来渗透到近代西方法律中，对近代以来西方法律的形成和发展有着重要的影响。

核心概念 5: 英美法系

又称“普通法系”“英国法系”“判例法系”“海洋法系”，是以英国普通法为基础发展起来的法律的总称。指英国从 11 世纪起主要以源于日耳曼习惯法的普通法为基础，逐渐形成的一种独特的法律制度以及仿效英国的其他一些国家和地区的法律制度。产生于英国，后扩大到曾经是英国殖民地、附属国的许多国家和地区。是西方国家中与大陆法系并列的历史悠久和影响较大的法系，注重法典的延续性，以传统、判例和习惯为判案依据。

核心概念6：大陆法系

指欧洲大陆上源于罗马法、以1804年《法国民法典》为代表的各国法律，所以大陆法系也称罗马法系或民法法系。属于这个法系的除法国、德国两国外，还有奥地利、比利时、荷兰、意大利、瑞士、西班牙、明治维新后的日本以及亚、非、拉部分法语国家或地区的法律。

【史学导读】

1. 欧洲国家为什么在11世纪后出现了研究和宣传罗马法的运动？

材料一：中世纪后期，西欧各城市国家的兴起和商品经济的进一步发展，在封建社会内部孕育着资本主义生产关系和新兴的市民阶级，它们都要求有新的法律来调整不断扩大的商业贸易关系。在当时西欧各国的国王和市民阶级都希望实行集中的王权，建立统一的民族国家，因此，他们把罗马法作为反对封建割据势力的理论依据。在罗马法衰落的中世纪时期，统治整个欧洲思想或精神世界的无疑是基督教思想。但自公元11到18世纪，欧洲经历了文艺复兴、宗教改革、启蒙运动等精神洗礼，这些思想的历史和观念渊源又都是古希腊的自然法思想，这就使得这些精神运动同罗马法之间存在天然的联系。这些运动日益深入的发展，也就表示着对罗马法的需求日益强烈。

——摘编自蒙振祥、陈涛、律璞主编：《罗马法（第2版）》，北京：中国政法大学出版社，2011年，第37—38页

导读提示

查士丁尼以后，罗马法长期不受重视。11世纪末，西欧社会生产力有了长足的发展，手工业从农业中分离出来，商业日见活跃。作为手工业和商业中心的城市在罗马时代完全没落数百年以后，又重新出现在历史舞台上。由此，引起生产关系的潜移默化，进一步要求能够适应新的社会状况的法律，罗马法最初的复兴就是以此为背景的。

阅读时，应认识到：罗马法的复兴主要有三个方面的原因。首先是社会经济发展的需要，其次是政治发展的需要，最后是精神观念发展变化的需要。

通过阅读该则材料，可以深刻理解罗马法复兴的历史背景。罗马法的复兴一方面取决于它固有的法律精神和生命活力，另一方面又依赖于特定的历史条件。

2. 1804年《法国民法典》为何具有生命力？

材料：法国民法典是世界范围内民法典的杰出典范。在1804年法国民法典制定时，法国资产阶级革命刚刚完成，法国正处在由封建领主制经济向土地私有化的过渡阶段，法国民法典的编纂推进了土地私有化，为资本主义经济关系的壮大和发展提供了保护。其“自由、平等和政教分离的思想巩固了法国大革命所取得的成果，昭示着自由个人主义取得了胜利”。这一时期确立的绝对所有权、契约自由和过错责任原则，为社会经济的发展提供了制度性保障；物权法定原则以法律的形式消灭了土地上的封建特权，促进了资本主义经济的发展；婚姻制度的确立使得婚姻从教会的垄断之下解放出来，具有了世俗性。这些成果使得法国民法典成为资本主义民法典的典范。

——摘自王利明：《彰显时代性：中国民法典的鲜明特色》，《东方法学》，2020年第4期

导读提示

1804年《法国民法典》产生的直接原因是法国大革命。《法国民法典》在内容和形式上都具有很强的革命性，它以法律的形式将大革命以来建立的资本主义经济关系确定下来，保护资本主义私有制的不可侵犯性，维护了法国大革命的成果。

阅读时，应认识到：民法典作为上层建筑，是由经济基础决定的。优秀的民法典能够集中折射时代精神的发展方向。《法国民法典》之所以产生了广泛的影响，就是因为它反映了当时社会的时代精神和时代特征，符合当时社会和经济发展的方向。

通过阅读该则材料，可以深刻理解民法典具有生命力的原因所在。1804年《法国民法典》既是时代的产物，也推动了时代的发展。《法国民法典》是时代的缩影，保持时代性是它具有生命力的原因所在。

二、近代西方法律制度的基本特征

【核心概念】

核心概念1：三权分立

三权分立是资本主义国家基本政治制度的建制原则。其核心是政府机构由彼此平等而又独立的立法、行政和司法三个部门组成，相互制约和平衡。17世纪的英国政治学家洛克最早提出分权学说，法国启蒙思想家孟德斯鸠明确提出三权分立的理论。三权分立制度在西方各国的具体模式不尽相同，但其体现的基本精神是一致的，即分权与制衡。三权分立制度对于防止专制独裁，保障资产阶级民主具有进步意义。

核心概念2：程序正义

程序正义是指裁判过程（相对于裁判结果而言）的公平和法律程序（相对于实体结论而言）的正义，是英美法系国家的一种法律文化传统和观念。程序正义根植于古罗马的"自然正义"，近代程序正义观念产生并完善于英国法，又为美国法所继承与发展。英美法律制度在其发展的早期就有注重法律程序的传统，这与英美长期形成的遵循先例的传统有关，也体现了英美运用法律程序对政府权力加以制约的思想。程序正义被视为"看得见的正义"，通俗的解释，就是案件不仅要判得正确、公平，并完全符合实体法的规定和精神，而且还应当使人感受到判决过程的公平性和合理性。

核心概念3：无罪推定原则

简单地说是指被告人在未经证实和判决有罪之前，应视其无罪。因此，无罪推定所强调的是对被告人所指控的罪行，必须有充分、确凿、有效的证据。如果审判中不能证明其有罪，就应推定其无罪。无罪推定是一种典型的直接推定，无须基础事实即可证明无罪这一推定事实的存在。换言之，证明被告犯罪的责任由控诉一方承担，被告人不负证明自己无罪的义务。无罪推定最早是在启蒙运动中被作为一项思想原则提出来的。这一原则对于保障被告人的诉讼权利、诉讼地位发挥了巨大的作用。因此，世界许多国家都在宪法或宪法性文件及刑事诉讼法典中规定了无罪推定原则。

【史学导读】

1. 如何认识美国联邦宪法体现的分权制衡原则?

材料一:根据宪法规定,国会通过法律,必须得到参、众两院的同意。两院通过的法律,如果总统不同意,可以行使否决权,总统对国会通过的法案还有搁置否决权。总统及其政府的活动经费必须由国会通过预算法案;国会可以三分之二的多数票推翻总统的否决权;国会可以弹劾总统;总统与外国签订条约、任命联邦高级官员须经参议院同意。联邦法院法官由总统取得参议院同意后才能任命;国会可弹劾法官,可通过法律来决定法院的编制;联邦最高法院对国会通过的法律和总统发布的命令有权进行司法审查并宣布违宪。在联邦和州的关系上,联邦权力和州权力相互制约,它们中的任何一方都不享有完全的、绝对的权力。

——摘编自何勤华主编:《外国法制史(第六版)》,北京:法律出版社,2016 年,第 194—195 页

导读提示

美国联邦宪法是一部典型的资产阶级宪法,它以法律的形式巩固了美国独立革命的民主成果。它依据分权制衡原则设计了一个联邦制共和国,行政、立法、司法三权分立,总统、国会与最高法院及其相关机构各司其职,相互制衡;联邦政府与州政府分享权力。

阅读时,应认识到:美国联邦宪法的分权制衡原则,充分体现了制宪者们对“绝对权力”的高度戒备。它不仅表现在联邦政府行政、立法、司法的权力分立上,而且表现在联邦政府与州政府的权力分配上。

通过阅读该则材料,可以深刻理解美国联邦宪法体现的分权制衡原则。美国联邦宪法将孟德斯鸠的横向分权思想和杰斐逊地域纵向分权理论写入其中,还通过比例制和平等制相结合的设计思想,对立法权进行再度分割,试图防止任何一个政治势力单独控制全国的政治生活。

2. 近代西方为何注重保护个人权利?

材料一:对政府不信任的另一面是对一般人的信任。自由主义把人视为有理性的成熟的人,相信个人有选择自己生活的能力。这种信任带来个人生活的自主(人权)和集体生活的自治(民主)。对个人的信任胜于对政府的信任,或者说,既然政府不值得信任,那就不如把命运掌握在自己手中。这种观念也源于基督教。基督教信仰也产生了人民控制政府的愿望和需要。历史上,基督教一直作为政府的对立物,合法地承担着监督、限制、控制、制约政府的功能,具有高于政府的道义上的权威。它在赋予君主权力神圣性质的同时,也在不断揭露其世俗性的缺陷,因而为其附加了各种限制,使其神圣性具有可以撤销的特点。这种政教关系与近代的立宪主义有着明显的历史联系。直到 18 世纪,美国宪法的制定者还说:“政府本身不是对人性的最大耻辱,又是什么呢? 如果人都是天使,就不需要任何政府了。如果天使统治人,就不需要对政府有任何外来的或内在的控制了。”

——摘自丛日云著:《西方政治文化传统》,长春:吉林出版集团有限责任公司,2007 年,第 492 页

导读提示

自由主义是西方近代文化的典型表现。它把个人视为国家的基础和终极价值,把国家

视为服务于个人的工具，在个人与国家之间划出界限，限制国家权力的范围，维护个人权利。基督教的产生与发展对于西方个人自由意识的萌生有着相当重要的作用。

阅读时，应认识到：自由主义对个人权利范围与国家权力界限的观念起源于基督教。表面上看，自由主义是作为基督教神学的对立物出现的，然而在深层里它却是悠久的基督教传统的产物。

通过阅读该则材料，可以深刻理解近代西方重视个人权利的原因。正是在基督教信仰的温床上，自由主义意识形态扎下了它深深的根。以往教会对政府的监督和制约已经转换为社会和人民对政府的监督和制约。

三、宗教伦理与教化

【核心概念】

核心概念 1：基督教伦理

基督教伦理是指为实现人类的救赎，以上帝为信仰对象，以耶稣的伦理教导为基础，以《圣经》、教会传统与教会训导为理论来源的诫命、教义、教规的总称。教士们搜集和抄录经典，保存了一些宝贵的古典文化，但最重要的任务是宣传教义，告诫人们必须孝敬父母，不许盗窃、奸淫、杀人等，要求人们逆来顺受、忍受世间的一切痛苦。在基督教会的控制下，违背基督教伦理的行为为社会所不容，为此建立了宗教法庭与宗教裁判所。基督教的宗教伦理不仅强化了教会对人们的控制，也具有一定的社会教化功能，深刻影响了人们的思想意识和日常行为。

核心概念 2：新教

16 世纪欧洲宗教改革运动中产生的新教派（路德教、加尔文教等），以及随后又从这些宗派中不断分化出来的更多宗派。因新教对罗马天主教持抗议态度，不承认罗马主教的教皇地位，故西方一般称新教为“抗议宗”。新教提倡简化宗教仪式，反对罗马教廷的权威，宣称《圣经》为信仰的最高原则，不承认教会享有解释教义的绝对权威，强调教徒个人与上帝的直接相通，鼓励人们现世的积极进取精神。这些主张迎合了新兴资产阶级的需要，从道德和教化层面加强了资产阶级统治下的社会治理，促进了资本主义的发展。但是，新教仍然坚持基督教的基本教义。

核心概念 3：加尔文派

基督教新教主要宗派之一，以加尔文神学思想为依据的各教会团体的总称。16 世纪，在德国宗教改革的时候，瑞士各个阶层也展开了反对罗马天主教会的斗争，影响较大的是加尔文的宗教改革。加尔文出生于法国，早年在巴黎大学学习语言学和神学，思想深受马丁·路德学说影响，曾在法国宣传路德的主张，受到迫害后流亡国外。流亡期间，他发表了神学著作《基督教原理》，对新教的改革主张作了系统而又清晰的阐发。加尔文赞同路德的“善行无用论”，在此基础上又进一步提出“先定论”，认为上帝创世前对每个人都有一个判决，选民或弃民都是上帝预定的、不可改变的，任何人为的善功和圣事都不能影响上帝的预定。这种预定论一方面否定了神职人员和教皇的作用；另一方面鼓励信徒在现世尽力获得成功，以证明得到上帝的恩典。这样，中世纪以清贫为美德的观念被破除，财富不仅不是罪恶，反而成为“选民”的标志。这种理论对于那些谋求进取和发展的个人或阶层，特别是对当时新兴资产阶级具有巨大的吸引力。

【史学导读】

1. 基督教在中世纪的欧洲发挥了怎样的作用？

材料一：教父和中古早期的教会学者熟悉希腊古典文化，他们大多数人认为研究古典文化对他们理解《圣经》有帮助，希望能建设一个有文化的教会，赞成编写教授古典文化的教科书。6世纪时的意大利罗马贵族卡息奥多拉极富文才，他依据自己对古典文化体系的理解，为修士规定了学习内容，后演变为所谓“七艺”：文法、逻辑、修辞、算术、几何、天文和音乐。“七艺”是中古西欧学校开设的主要课程。从上古到中古，古典文化像泉水一样渗滤过来。象都尔的主教格里哥利的《法兰克人史》这类的文史作品，受古典拉丁文学的一定影响，但已开始形成中古拉丁文学的独特风格。中古早期的动乱在毁坏物质财富的同时，也严重破坏文化。加洛林王朝统治时，政治稍安定，文化又呈现发展的趋势，这时教育和文化知识为人数不多的教士所垄断。9至11世纪的西欧文化人并不热衷于在学理上和精神上理解古典文化，他们最强烈的自觉意识是进一步改造古典文化，把它变成封建教会进行宗教活动和封建国王治理国家的工具，正如查理曼所说的，教士不会书写就不能理解《圣经》，“而书写字句的错误固然危险，错误的理解更危险”。在神学的桎梏之下，当然不可能有动人的诗文和思想，学术活动集中在为读通《圣经》而进行的烦琐考证上。

——摘自吴于廑、齐世荣主编：《世界史·古代史编》下卷，北京：高等教育出版社，2011年，第150页

导读提示

在蛮族大入侵所造成的“黑暗时代”中，基督教会无可争议地扮演了一个文化接力手和文明教化者的角色。教会一方面顽强地保存和传承着古典文明的火种，另一方面在与封建王权争权夺利的同时创造了一种独具特色的基督教文化。在中世纪早期，文化教育几乎全部为教会所垄断。基督教的宗教伦理和教化作用强化了教会对人们的控制，深刻影响了人们的思想意识和日常行为。

阅读时，应认识到：西欧中世纪文化本质上是上帝的文化。基督教至高无上的地位，使宗教神学观念渗透到社会生活的各个领域，中世纪文化教育成为神学的附庸。基督教的宗教伦理在强化宗教信仰的同时，客观上也有利于对社会大众的教化。

通过阅读该则材料，可以深刻理解基督教会在中世纪欧洲发挥的作用。基督教的宗教伦理一方面禁锢了人们的思想，另一方面也推动了文明进程和社会进步。

2. 宗教改革对近代西方价值观有怎样的影响？

材料一：一个既兴盛又信奉宗教的自由民阶层，一定会为自己不断增长的财富寻求宗教认可，这是一个必然的现象。马克斯·韦伯在《宗教伦理与资本主义精神》中的分析最具代表性：新教徒把成功的经济活动看作是获救的证据；商人们把获取最大利润的冲动看作是上帝的直接意愿；工人们以劳动为天职，为了信仰而劳动，把劳动看作确信恩典的唯一手段。在西方社会从中世纪向现代社会转型的过程中，财富在不断地增加，新教的世俗禁欲主

义对抗了自发的奢靡，促进了积极进取的精神。新教精神对近代西方价值观的影响是我们理解西方个人主义的关键。在新教精神中培育出的个人主义不是崇尚金钱和物质享受，不是个人的肆意妄为，而是对自己确信的理想和信仰的不懈追求。新教反对教士独身，反对违背人性的禁欲主义，认为人世的一切活动，人的追求和享受都是神赐的。教士结婚是宗教改革中具有重要影响的一项革命。

——摘自崔存明等著：《西方文化思想史》，北京：北京师范大学出版社，2013 年，第 103—104 页

导读提示

16 世纪欧洲开始宗教改革，打破天主教会的权威，形成了基督教的新教派。新教徒们重新解释和发展了基督教的一些教义，形成了符合资本主义发展的新教伦理。新教伦理赞扬劳动，主张合理地追求财富，合理地进行消费，它深刻地影响了西方资本主义的生活方式。新教精神对近代西方价值观的影响是我们理解西方个人主义的关键。

阅读时，应认识到：新教伦理被转化为社会道德，它以宗教的方式确认了正当追逐财富的合法性，并鼓励人们不断创造财富，限制消费，促进资本的积累。这些构成资本主义精神的核心内容，成为推动资本主义发展的强大动力。

通过阅读该则材料，可以深刻理解宗教改革对近代西方价值观的影响。新教为人们在现实中获取成功提供了信心和动力，确认人的物质欲望和自然属性，深刻影响了近代西方文化精神的形成。

荐读书目

何勤华主编：《外国法制史(第六版)》，北京：法律出版社，2016 年
崔存明等著：《西方文化思想史》，北京：北京师范大学出版社，2013 年
杨共乐主编：《历史长河中的人类社会》，北京：北京师范大学出版社，2019 年
丛日云著：《西方政治文化传统》，长春：吉林出版集团有限责任公司，2007 年

第 10 课　当代中国的法治与精神文明建设

一、新中国的法制进程

【核心概念】

核心概念 1：社会主义法制

社会主义法制通常指社会主义国家的法律和制度，或者指社会主义民主的制度化、法律化。2018 年 3 月 11 日，第十三届全国人民代表大会第一次会议通过的宪法修正案，将“健全社会主义法制”修改为“健全社会主义法治”。社会主义法治是在打碎旧的国家机器、废除旧

的法制体系的基础上建立的。代表了社会主义国家全体人民的最大利益和意志。它包括立法、执法、守法三个方面，要求做到“有法可依，有法必依，执法必严，违法必究”。其基本原则主要有社会主义民主，法律由国家统一制定和实施，法律面前人人平等，等等。社会主义法治的前提和基础是社会主义民主，社会主义法治是社会主义民主的保障。坚持和不断健全社会主义民主和法治，对建立有效的社会主义法治国家和发展社会主义事业有重要意义。

核心概念 2：依法治国

依法治国就是依照宪法和法律来治理国家，是中国共产党领导人民治理国家的基本方略，是人民当家作主的根本保证。依法治国要求国家的政治、经济运作，社会各方面的活动通通依照法律进行，而不受任何个人意志的干预、阻碍或破坏。依法治国是发展社会主义市场经济的客观需要，也是社会文明进步的显著标志，还是国家长治久安的必要保障。

核心概念 3：中国特色社会主义法律体系

中国特色社会主义法律体系是立足中国国情和实际、适应改革开放和社会主义现代化建设需要、集中体现中国共产党和中国人民意志，以宪法为统帅，以法律为主干，以行政法规、地方性法规为重要组成部分，由宪法相关法、民法商法、行政法、经济法、社会法、刑法、诉讼与非诉讼程序法等多个法律部门组成的有机统一整体。中国特色社会主义法律体系，是新中国成立以来特别是改革开放 40 多年来经济社会发展实践经验制度化、法律化的集中体现，是中国特色社会主义制度的重要组成部分，具有十分鲜明的中国特色社会主义特征。中国特色社会主义法律体系，是中国特色社会主义永葆本色的法制根基，是中国特色社会主义创新实践的法制体现，是中国特色社会主义兴旺发达的法制保障。它的形成，是中国社会主义民主法制建设的一个重要里程碑，体现了改革开放和社会主义现代化建设的伟大成果，具有重大的现实意义和深远的历史意义。

【史学导读】

1. 如何理解“全面依法治国是国家治理的一场深刻革命”这一论断呢?

材料一：从历史看，中国的国家治理并非法治而是人治。……马克思主义唯物史观告诉我们，评价一个社会的上层建筑，根本的是要看它与社会生产力、生产关系包括经济基础是否相适应。中国的人治传统本身就是中国农业社会的产物，它所依赖和体现的是仁君之治、明君之治是很正常的。……到了近现代，我们的经济逐步地过渡到工业经济、商品经济、市场经济，情形就大不一样了。……

从未来看，中国的国家治理必须法治化。未来，中国的生产力只能是现代工业、现代商业、现代市场经济。在现代市场经济的基础上，我们的国家治理必须也只能是法治。市场经济的核心价值观是什么？其实就是自由、平等、法治。这也是我们社会主义核心价值观的重要内容。再者，我们未来的政治是什么？是人民当家作主的民主政治。作为与民主政治相匹配的国家治理方式，也只能是法治。人民的意志通过什么来表达？通过什么来统一？回答，只能是法律。市场经济的逐步完善、民主政治的逐步建立都对中国提出了急迫的法治要求。

——摘自卓泽渊：《全面依法治国是国家治理的一场深刻革命》，《学习时报》，2017 年 11 月 10 日

导读提示

材料共二段，分别从历史、未来两个维度说明了全面依法治国是一场深刻的革命。第一段侧重用唯物史观分析了古代“人治”的根源，据此也说明了近代随着经济基础的变化，“人治”必须被“革命”。第二段从现实经济发展等要素角度论证了实行法治的必然。

阅读时，应认识到：全面依法治国符合马克思唯物史观的基本原理，是我国历史和社会经济发展的必然要求，是中国社会的深刻革命。

通过阅读材料，可以深刻理解全面依法治国是新时期国家治理的必然之路。作为新时代的公民，要积极遵纪守法，做好自己的“革命”。

2. 怎样概括新中国建设社会主义法治国家的立法历程？

材料一：新中国成立特别是改革开放以来，立法经历了一个从无到有，从小到大，从填补空白、注重立法数量到日益成熟、注重立法质量的过程，形成了以宪法为统帅，以法律为主干，以行政法规、地方性法规为重要组成部分，由宪法相关法、民法商法、行政法、经济法、社会法、刑法、诉讼与非诉讼程序法等多个法律部门构成的中国特色社会主义法律体系。这一有机统一整体涉及的领域涵盖了社会关系的方方面面，从而将国家各项工作和社会各个方面纳入了法治化轨道。

——摘编自王农媛：《新中国的法治道路：访中共中央党校谢春涛教授》，《红旗文稿》，2013 年第 2 期

导读提示

材料高度概括了新中国社会主义法治国家的立法历程，并显示了我国建设社会主义法治历程的典型特点，即从无到有、从小到大、从填补空白到注重数量到日益成熟形成体系、形成了有机统一的整体、涵盖了社会关系的方方面面。

阅读时，应认识到：新中国的法治建设是一个长期的历史过程，因为我国是社会主义国家，因此新中国的立法首先历经了一个从无到有的过程。其次，随着我国社会经济的发展和社会主义建设的推进，我国的立法工作也逐渐丰富起来，形成了中国特色的社会主义法律体系。

阅读时，应结合新中国法治道路的典型特点，认识到新中国法治的道路和西方法治道路的不同，从而更好地认识新中国的法治建设乃至新中国的政治建设。

二、社会主义精神文明建设

核心概念 1：爱国主义

爱国主义是指个人或集体对祖国的一种积极和支持的态度，揭示了个人对祖国的依存关系，是人们对自己家园以及民族和文化的归属感、认同感、尊严感与荣誉感的统一，是中华民族精神的核心。它是个历史范畴，在当代中国，爱国主义与社会主义在本质上是统一的。要实现“两个一百年”奋斗目标，就必须弘扬以爱国主义为核心的民族精神和以改革创新为核心的时代精神。在经济全球化的背景下，澄清关于爱国主义问题的思想是非，弘扬爱国主义精神，对中华民族的伟大复兴具有重大意义。

核心概念 2：社会主义公民道德建设

社会主义公民道德建设是以为人民服务为核心，以集体主义为原则，以爱祖国、爱人民、爱劳动、爱科学、爱社会主义为基本要求，以社会公德、职业道德、家庭美德为着力点的思想道德建设。在新的历史条件下，从公民道德建设入手加强社会主义思想道德建设，继承中华民族几千年形成的传统美德，发扬党领导人民在长期革命斗争与建设实践中形成的优良传统道德，借鉴世界各国道德建设的成功经验和先进文明成果，努力建立与发展社会主义市场经济相适应的社会主义道德体系，对形成追求高尚、激励先进的良好社会风气，保证社会主义市场经济的健康发展，促进整个民族素质的不断提高，全面推进建设中国特色社会主义伟大事业，具有十分重要的意义。

核心概念 3：社会主义精神文明建设

社会主义精神文明建设以马克思主义为指导，是适应社会主义现代化建设的需要，以培育有理想、有道德、有文化、有纪律的社会主义公民，提高整个中华民族的思想道德素质和科学文化素质为目的。社会主义精神文明建设包括思想道德建设和教育科学文化建设两个方面，渗透在整个物质文明建设之中，体现在经济、政治、文化、社会生活的各个方面。在社会主义条件下，努力改善全体公民的素质，必将使社会劳动生产率不断提高，使人和人之间在公有制基础上的新型关系不断发展，使整个社会的面貌发生深刻的变化。这是我国社会主义现代化事业获得成功的必不可少的条件，对我国社会主义建设有重大意义。

【史学导读】

1. 新中国是怎样开展精神文明建设的？

材料一：新中国成立初期，党中央就十分重视精神文明创建活动。早在 1950 年 6 月，毛泽东同志就强调了要对“旧有学校教育事业和旧有社会文化事业”进行改革。……1951 年底，党中央决定开展“三反”“五反”运动。这次运动不仅清除了不法资本家的污毒，也及时纠正了部分国家工作人员的错误思想，起到了移风易俗的作用。1963 年 3 月，毛泽东同志发起了“向雷锋同志学习”的号召……这一活动影响了一代又一代的中国人，对社会主义精神文明的创建起到了重要的促进作用。总的来说，在新中国成立初期，毛泽东同志……首创了中国特色社会主义精神文明建设思想。

——摘编自吴宗伟：《新中国成立 70 年来社会主义精神文明建设的基本经验》，《厦门特区党校学报》，2019 年第 4 期

材料二：改革开放新时期，随着我国对“什么是社会主义”这个问题认识的不断深化，国家领导人对精神文明创建活动愈加重视。1980 年 12 月，邓小平同志概括了精神文明建设的深刻内涵，即：“所谓精神文明不但是指教育、科学、文化（这是完全必要的），而且是指共产主义的思想、理想、信念、道德、纪律，革命的立场和原则，人与人的同志式关系，等等。”……1981 年 2 月，在党中央的领导下，我国开展了以“五讲、四美、三热爱”为主题的社会主义精神文明创建活动……成为了人民群众广泛参与的全国性精神文明创建活动。1984 年 1 月，中共中央办公厅下发了《关于转发〈全国文明村（镇）建设座谈会纪要〉的通知》……拉开了乡村（镇）文明创建活动的序幕。

——摘编自吴宗伟：《新中国成立 70 年来社会主义精神文明建设的基本经验》，《厦门

特区党校学报》,2019 年第 4 期

导读提示

材料从理论和实践两个维度分别展示了新中国成立初期和改革开放初期的精神文明建设历程。材料一主要显示了新中国成立初期的精神文明建设活动和毛泽东在实践的基础上形成了精神文明建设理论。材料二显示了改革开放时期我国在新中国成立初期的基础上，进一步从城市到乡村开展精神文明的实践。

阅读时，应认识到：精神文明建设作为上层建筑，必然会由经济基础所决定，同时精神文明建设这一上层建筑能够对经济基础起到能动的反作用。我国精神文明建设与物质文明建设一样，都属于社会主义建设的重要组成部分。这是我国建设社会主义精神文明的理论基础。

通过阅读材料，可以深刻地理解我国在社会主义建设中对马克思主义理论的创造性发展和实践。新中国在成立初期和改革开放两个时期的精神文明建设实践都对当时的社会发展产生了积极影响，这也生动体现了精神文明建设的重要意义和精神文明建设对经济发展的反作用。

2. 社会主义精神文明建设有哪些特点？有什么重要意义？

材料一：中共中央、国务院充分肯定了精神文明建设的群众性活动，并认真总结经验，于 1982 年 3 月开展了第一个“文明礼貌月”活动。活动主要抓三件事，即搞好环境卫生，解决一个“脏”字；整顿公共秩序，解决一个“乱”字；提高服务质量，解决一个“差”字。……2 月 28 日，胡耀邦等党和国家领导人同首都 200 多万群众走上街头，打扫卫生，宣传文明礼貌，拉开了活动的序幕。……1983 年，第二个文明礼貌月中，北京把“五讲四美”和“三热爱”紧密联系，同学习雷锋活动结合起来，把整个活动提高到一个新水平。后来在学习雷锋 20 周年的纪念大会上后，数以千万的青年、解放军等走向社会，开展各种科学、文化、卫生活动，以困难户、五保户、烈军属等为对象的包户、助耕活动也逐渐走向制度化、经常化。……通过活动，共产主义精神得到了进一步的传播和发扬，社会治安和社会秩序有所好转，城市净化、绿化、美化工作有所起步，社会风气向好的方面转化。

——摘编自当代中国研究所著：《中华人民共和国史稿》第四卷，北京：人民出版社，2012 年，第 261—263 页

导读提示

材料显示了我国 20 世纪 80 年代开展的精神文明建设中的丰富群众性活动。从材料中可知，这时主要开展了“五讲四美三热爱”“文明礼貌月”等大型群众活动。这些活动由政府组织，领导人亲自垂范，以解决改革开放初期的典型问题为主，逐渐形成了经常化和制度化的特点，起到了良好的社会作用。

阅读时，应认识到：精神文明建设与物质文明建设有着互相促进的关系，即我国改革开放时期强调精神文明与物质文明互动发展，两个文明都要建设。这是社会主义的典型特色之一。

通过阅读材料，可以深刻地理解改革开放初期的物质文明建设和精神文明建设的关系，深刻理解精神文明建设的必要性和重要意义。

荐读书目

王桧林主编：《中国现代史（第 4 版）》，北京：北京师范大学出版社，2018 年

中共中央党史研究室著：《中国共产党历史：1949—1978》第二卷，北京：中共党史出版社，2011 年

中共中央党史研究室著：《中国共产党的九十年》，北京：中共党史出版社，2016 年

王岩著：《新时代中国精神文明建设研究》，北京：中国社会科学出版社，2020 年

黄亚洲著：《雷锋》，北京：天地出版社，2020 年

当代中国研究所著：《中华人民共和国史稿》第四卷，北京：人民出版社，2012 年

本书编写组编：《中国共产党简史》，北京：人民出版社、中共党史出版社，2021 年

第四单元

民族关系与国家关系

第 11 课　中国古代的民族关系与对外交往

一、秦汉时期的民族关系

【核心概念】

核心概念 1：大鸿胪

职官名。秦朝时本名典客。汉武帝太初元年(公元前 104 年)改名大鸿胪，意指“郊庙行礼赞九宾，鸿声胪传之也”，主掌接待宾客、承办礼仪事务。在当时，被皇帝视为宾客的有诸侯王、列侯和各属国的君长，以及外国君主或使臣。各少数民族在接受封号或朝见皇帝时，以及外国使臣来贡等，都由大鸿胪承办礼仪事务。因此，大鸿胪实际上也负责管理民族事务。魏晋之后大鸿胪职掌屡有变化。唐宋鸿胪卿恢复礼宾事务，兼主皇室、大臣之凶仪。金、元不设此官。明、清两代基本恢复南朝梁陈之制，鸿胪卿专掌一般殿廷礼仪，而民族事务则转移至理藩院。

核心概念 2：和亲政策

所谓和亲，一般是指中原王朝与边疆少数民族首领缔结的婚姻关系，这种关系是从汉高祖与匈奴的和亲开始的。汉初，天下初定，士卒疲于征战，刘邦采用娄敬建议，以汉朝宗室女嫁给匈奴单于为阏氏，岁送一定量的絮、缯、酒、食等给匈奴；双方约为兄弟；开放“关市”，两族人民互通贸易。后来，少数民族的统治者也利用和亲来达到其某种政治目的，逐渐成为我国各族统治者处理民族关系的一种政策。和亲从根本上来说，是为历代统治者自身的统治目的服务的，但客观上或多或少地有利于缓和国内的民族矛盾，有利于国家的统一和民族的团结，对促进各民族之间的经济文化交流起着一定的作用。

核心概念 3：西域

地理方位词，在中国古代文献中多指中国玉门关、阳关以西的诸多国家和地区。狭义上指玉门关、阳关以西，葱岭以东、巴尔喀什湖东、南及新疆广大地区，最终为新疆及更远的地方。而广义上则是指凡是通过狭义西域所能到达的地区，包括亚洲中、西部，印度半岛，欧洲东部和非洲北部都在内。根据考证，公元前 17 世纪西域地区已出现基本的国家形态。在公元前 5 世纪左右，西域地区开始逐渐繁荣，西域各国利用地处东西方交往要道的地理优势逐渐发展。至西汉，在行政机构西域都护府管辖下各国的经济文化得到极大发展。

核心概念 4：屯戍政策

指军队驻守边境。汉朝政府在边疆推行屯戍政策，与当地民族共同开发边疆，向北方大量移民屯田；在西域也设置田官，督帅戍卒屯田。该政策加强了中央与周边民族的交往交流交融，也促进了边疆的开发。

【史学导读】

1. 如何理解秦汉时期在民族关系处理上的方式？

材料一： 秦始皇三十三年(公元前 214 年)，"发诸尝逋亡人(逃离原有户籍而出外游食之民)赘婿、贾人……以適遣戍"，在直抵阴山的地方置"四十四县"，又派遣蒙恬率兵三十万北逐戎狄。

——摘编自许嘉璐主编：《二十四史全译・史记》第一册，上海：汉语大词典出版社，2004 年，第 80 页

材料二： (汉元帝竟宁元年)正月，匈奴呼韩邪单于来朝，自言愿婿汉氏以自亲。帝以后宫良家子王嫱字昭君赐单于。

——摘编自许嘉璐主编：《二十四史全译・汉书》第一册，上海：汉语大词典出版社，2004 年，第 1894 页

导读提示

材料一表明，在秦始皇统治时期，秦皇嬴政在处理民族关系上主要有三种方式：其一是移民戍边；其二是在周边地区设置管理机构；其三则是通过战争驱逐戎狄。而材料二描写的则是，汉元帝将宫女王昭君嫁给呼韩邪单于，通过和亲的方式处理民族关系。

阅读时，应该认识到：不同的朝代，面对不同的对象，国家在处理民族关系的角度上，内容也会有所不同。秦在处理和外族的民族关系上，采用较为强硬的手段；而汉在处理与匈奴的民族关系时，则采用较为怀柔的手段。

通过阅读上述材料，我们可以清晰地得知，秦汉时期处理民族关系的方式大致有四种，即移民戍边、设置管理机构、战争与和亲，其中既有强硬的手段也有和平的手段。这也是中国古代在处理民族关系上的两类主要方式，有战有和，其中以和为主。

2. 如何理解民族之间的交融对中华民族发展的影响？

材料一： (汉)灵帝好胡服、胡帐、胡床、胡饭、胡箜篌、胡笛、胡舞，京都贵戚竞为之。

——摘自许嘉璐主编：《二十四史全译・后汉书》第一册，上海：汉语大词典出版社，2004 年，第 330 页

材料二： 孝文帝："雅好读书，手不释卷。'五经'之义，览之便讲，学不师授，探其精奥……"

——摘编自许嘉璐主编：《二十四史全译・魏书》第一册，上海：汉语大词典出版社，2004 年，第 150 页

导读提示

材料一表明汉灵帝喜欢胡人的文化，爱好胡人的衣服、床饰、饭食和乐器等，京城贵族也效仿他；材料二则表明，身为胡人的孝文帝十分喜欢中原文化，爱好五经。胡汉两族都对彼

此的文化很感兴趣。

在阅读时，应该认识到：胡汉两族都对彼此的文化很感兴趣。所以，在民族交融的过程中，是互相渗透，取长补短的，是“胡文化”和“汉文化”的一个双向交融过程。

通过阅读这两则材料，我们可以清楚地看出，民族之间的交融，缩小了民族之间的差异，为全国大一统奠定了坚实的基础，为中华文化的传承与发展注入了新的活力。

二、隋唐至两宋时期的民族关系

【核心概念】

核心概念 1：都护府

“护”意为总监，都护府是唐朝设置在边疆少数民族地区的军事行政机构。唐代都护府有大、上之分。大都护府由亲王遥领大都护，另置副都护主管府事。都护府内设有都护、副都护、长史、司马等职。自唐太宗贞观十四年(640 年)创建安西都护府起，终唐一代，建置时有变化改易，著名的有安西、北庭、燕然(后改为瀚海、安北)、安东、安南、保宁都护府。

核心概念 2：羁縻

历代中央王朝在多民族国家里对社会发展落后的少数民族地区所采取的一种民族政策。所谓羁縻，“羁”就是用军事和政治的压力加以控制，“縻”就是以经济和物质利益给以抚慰，即在少数民族地区设立特殊的行政单位，保持或基本保持少数民族原有的社会组织形式和管理机构，承认其酋长、首领在本民族和本地区中的政治统治地位，任用少数民族地方首领为地方官吏。除在政治上隶属于中央王朝、经济上有朝贡的义务外，其余一切事务均由少数民族首领自己管理。这一特殊的行政管理政策，曾为中国这一多民族国家的形成和发展作出巨大贡献。

【史学导读】

1. 怎样理解唐太宗处理民族关系的方式?

材料一：唐朝初年，边患严重。太宗时期，为解决边疆问题，实现长久稳定，重点打击突厥贵族侵扰，消除最大边患。同时，对少数民族采取了比较灵活、友好的政策，缓和了民族矛盾，加强了内地与边疆的联系。

——摘自赵毅、赵轶峰主编：《中国古代史(第二版)》下，北京：高等教育出版社，2010 年，第 36 页

材料二：贞观十五年，太宗以文成公主妻弃宗弄赞(松赞干布别名)，令李道宗持节送公主于吐蕃。弄赞平其部兵亲迎于河源。见道宗，执子婿之礼甚恭。既而叹大国服饰礼仪之美，俯仰有愧沮之色。及与公主归国，谓所亲曰：“我父祖未有通婚上国者，今我得尚大唐公主，为幸实多。当为公主筑一城，以夸示后代。”遂筑城邑，立栋宇以居处焉。公主恶其人赭面(把脸涂成红色)，弄赞令国中权且罢之，自亦释毡裘，袭纨绮，渐慕华风。仍遣酋豪子弟，请入国学以习《诗》《书》。

——摘编自许嘉璐主编：《二十四史全译・旧唐书》第六册，上海：汉语大词典出版社，2004 年，4489 页

导读提示

从材料一中我们可以看出，唐太宗在面对少数民族时，以“朕独爱之如一，故其种落皆依朕如父母”的态度，实行的是较为宽厚的羁縻政策；而材料二则是唐太宗将自己的女儿文成公主嫁给了吐蕃首领松赞干布，促进了两族关系的和谐。

阅读时，应该认识到：唐太宗的确实行的是宽厚的民族政策，正是因为这样，他才被各民族称为“天可汗”，受到尊敬。

通过阅读这两则材料，可以清楚地看出唐太宗在处理民族关系上，尊重和团结少数民族；采取“战而后和”的策略，对不同的民族地区采取不同的统治措施。同时除了与吐蕃和亲，文成公主入藏外，还有击败东突厥后，设置羁縻府州；在西突厥地区设置安西都护府管辖西域地区。正是因为他这样的处理方式，才使得唐成为一个百花齐放的多民族国家。

2. 怎样理解南北面官制?

材料一： 辽朝在成功地推行部族制和州县制，建立起对各地的有效统治基础上，为了进一步理顺统治秩序，采取了“因俗而治”的治国方针，在中央设置了“以国制待契丹，以汉制待汉人”的北南面官制。北面官“治宫帐、部族、属国之政”，这是辽朝最高权力机关。

——摘自赵毅、赵轶峰主编：《中国古代史(第二版)》下，北京：高等教育出版社，2010年，第110页

材料二： 南面官制是辽朝为了统治汉人而制定的特殊官制，其职掌是“治汉人州县、租赋、军马之事”。这种官制的设立，是辽朝因俗而治统治方针的集中体现。

——摘自赵毅、赵轶峰主编：《中国古代史(第二版)》下，北京：高等教育出版社，2010年，第111页

导读提示

材料一和材料二主要讲述的内容就是辽朝的南北面官制度，这是辽朝因俗而治方针的体现。

阅读时，应该认识到：因俗而治方针的实施和南北面官制的设置，使得契丹的国家体制得以包容不同的生产、生活方式。

通过阅读这两则材料，我们可以看出南北面官其实也是一种民族政策，同时开创了一种较为成熟的民族管理制度，对多民族国家的治理具有借鉴作用，巩固了辽朝疆域，有利于维护国家政权的稳定和国内的安定；缓和了民族矛盾，有益于增进契丹族、汉族等民族间的交融；传承了中华文化，有助于推动辽朝的封建化进程。

三、元明清时期的民族关系

【核心概念】

核心概念 1：元朝四等人制

蒙古统治者为了保持特权地位，推行民族压迫和民族分化政策，根据民族和被征服的先

后把全国各族人口分为蒙古、色目、汉人和南人四等。四等人在法律和权利上是不平等的,蒙古人地位最高,南人地位最低。在官吏任用和科举考试中,汉人、南人受到压制。

核心概念 2: 理藩院

清代官署名。理藩院是清代管理边疆少数民族地区事务的机关,其体制同于六部,地位列于工部之后。职官有尚书一人,左、右侍郎各一人,额外侍郎一人,其下又有属官若干人。主要官员由满洲、蒙古人担任,属官亦有少数汉军旗人担任。理藩院的职务是掌管内外蒙古及青海、新疆、西藏等地区的蒙、维、藏族事务,诸如政令、爵禄、朝会、刑罚等等。此外,理藩院也掌管一部分外交事务。凡与俄罗斯交涉事宜,皆归理藩院办理。光绪三十二年(1906年),改为理藩部。对巩固清政府在边疆少数民族地区的统治起了重要作用。

核心概念 3: 改土归流

清代改土司为流官的政治举措。西南地区是我国少数民族分布最多的地区,长期实行土司制度。随着历史的发展,土司制度的弊端和危害日益明显。顺治、康熙时期,清政府在部分地区实行改土归流。雍正年间,在云贵总督鄂尔泰的提议下,清政府在西南地区大规模地进行改土归流。运用政治手段辅之以武力废除土司制度,分别设立府、厅、州、县,委派流官进行统治。各项制度与措施大体与内地保持一致。这是清政府的一项重大改革。它打击了土司割据势力,减少了叛乱因素,加强了中央政府对边疆的统治,一定程度上废除了土司、土官凌虐属民的制度,有利于少数民族地区社会经济文化的发展。

【史学导读】

1. 怎样理解元宣政院和清理藩院这两个机构在统一多民族国家中所起到的作用?

材料一: 宣政院初名总制院,设于至元元年(1264 年),“掌僧徒及吐蕃之境而隶治之”。至元二十五年(1288 年),更名为宣政院。以帝师领院事,设院使等官。为长者用朝廷大臣,第二位者用僧侣,从帝师中辟举。宣政院为从一品衙门,与中书省同为四大中央政府机构,官吏铨选、机务处理都直接对皇帝负责,不必通过中书省。用人行政原则是“军民通摄,僧俗并用”。遇吐蕃有重大问题,则派设行宣政院官员前往该地处理。

——摘自赵毅、赵轶峰主编:《中国古代史(第二版)》下,北京:高等教育出版社,2010年,第 248 页

材料二: 理藩院原来掌管蒙古事务,入关后,随着边疆的统一,回部、番部(藏族)以及与俄罗斯、廓尔喀外交事务也归理藩院管理。理藩院级同六部,设尚书、侍郎各官,仅用满、蒙族。理藩院的设置,使清朝实现了对边疆地区的有效管辖,对统一多民族国家的发展发挥了积极作用。

——摘自赵毅、赵轶峰主编:《中国古代史(第二版)》下,北京:高等教育出版社,2010年,第 342 页

导读提示

从材料一中我们可以看出,宣政院是一个和中书省同级的机构,主要管理的是宗教事务,以及管辖西藏地区;而理藩院则是一个和六部同级的机构,主要管理一部分外交事务和边疆地区的少数民族事务。

阅读时,应该认识到:虽然机构的等级不同,管理和负责的一部分内容不同,但是元朝

的宣政院和清朝的理藩院都是法定的中央机构，都是统一多民族国家中管理少数民族事务的重要机构。

通过阅读这两则材料，我们可以看出宣政院和理藩院都表明了元和清重视少数民族事务的管理，而这两个机构的设置，进一步促进了民族间交流、交往与交融，进一步巩固了中华民族的多元一体格局，同时也进一步加强了大一统的国家观念。

2. 怎样认识改土归流这一民族政策？

材料一： 在少数民族集中的云、贵、广西等西南地区，土司对土民任意科派，夺人子女，生杀任情，还常常互相进攻，与政府对抗。基于这种现实，为加强边疆地区的统治，雍正帝决心改革现状……雍正四年，鄂尔泰对贵州广顺州的长寨用兵，事定后设立长寨厅，将少数民族世袭的土司改设流官。这是改土归流的开端。

——摘编自朱绍侯、齐涛、王育济主编：《中国古代史（第5版）》下册，福州：福建人民出版社，2010年，第327页

材料二： 改土归流并非一帆风顺，清朝相应地采取了恩威并用手段。鄂尔泰曾向雍正皇帝提出，对各土司“计擒为上策，兵缴为下策；令自投献为上策，勒令投献为下策”。有的土司主动纳土，得到朝廷褒奖；抗拒者，则遭武力镇压，在有些地方甚至发生了残酷的镇压。

——摘自赵毅、赵轶峰主编：《中国古代史（第二版）》下，北京：高等教育出版社，2010年，第348页

导读提示

材料一指出，由于土司制度的落后，加上统一多民族国家统治的需要，清朝统治者采用改土归流政策；而材料二则指出，改土归流并不是一帆风顺的，其中清朝付出了很大的努力。

阅读时，应该认识到：改土归流是当时处理民族关系的一种必然手段，在统一多民族国家的政治局面下，土司制度已经不适应发展。

通过阅读上述材料，我们认识到改土归流措施，消除了土司的割据状态，有利于我国统一的多民族国家的巩固与发展，这是我国地方政治制度史上的一项重大改革。虽然这种改革还保留了旧土司的某些权益，但对各民族间经济、文化联系的密切和中央对边疆地区的管理的加强产生了积极作用。

四、中国古代的对外交往

【核心概念】

核心概念1：统一多民族国家

我国是一个统一多民族国家，这既是历史事实，也是现实基本国情。历史上，秦朝建立起第一个统一的中央集权国家，包含了境内多个民族，标志着统一多民族国家的形成。经魏晋南北朝，到隋唐再度统一，统一多民族国家得到发展。经宋朝与北方民族政权的对峙时期，到元明清时期，统一多民族国家获得巩固。历史表明，中国自秦汉以来就是一个统一多民族国家，尽管其间出现短暂的分裂，各民族之间也曾发生过战争，但统一和团结是主要的，

各民族之间的交往交流交融从未停止。无论哪个民族入主中原，都把自己建立的王朝视为统一多民族国家的正统。在历史上，中央集权的政治制度、经济的交流与互补、文化上的大一统观念，是统一多民族国家得以发展的重要因素。

核心概念 2：马戛尔尼访华

马戛尔尼（1737—1806 年）是英国外交官，曾任驻俄公使、印度马德拉斯省总督。1792 年 9 月，马戛尔尼受英国国王乔治三世的派遣，率领正式代表团前来中国，次年 8 月抵达天津、北京，之后首往热河行宫谒见乾隆皇帝。在觐见皇帝的礼仪上，马戛尔尼与中国官员之间产生了分歧，中国官员主张马戛尔尼在觐见皇帝时行双膝跪拜叩头的礼仪，而马戛尔尼坚持行单膝跪拜礼。中方记载多数认为马戛尔尼最终向皇帝行了双膝跪叩之礼，英国方面的记载则认为马戛尔尼最终只行单膝跪拜礼。马戛尔尼来华，代表英国提出派公使驻北京、租借中国舟山一小岛、中国开放通商口岸、降低关税、自由传教等五项要求。然而，当时的清朝政府仍然坚持在对外关系中实行朝贡体制，对外通商只开放广州、澳门等地，视马戛尔尼的出使为朝贡，视英王乔治三世送来的礼物为贡品。乾隆皇帝在上谕中说："天朝物产丰盈，无所不有，原不籍外夷货物以通有无。"这表明当时的清朝统治者仍然秉持闭关锁国的政策。1816 年英国再次派阿美士德使团来访中国时，由于之前礼仪之争的影响，当时清嘉庆皇帝拒绝了阿美士德的觐见请求，没有亲自接见阿美士德使团。

核心概念 3：朝贡体制

朝，就是指臣下觐见君主；贡，就是指臣下向君主献纳礼物。朝贡最早是先秦时期形成的天子与诸侯之间隶属关系的表现，但在秦汉以后被推广运用到处理与域外关系上，成为历代王朝处理对外关系的基本模式。历代王朝都秉持这种朝贡体制。按照这种模式，外国使节来华被视为前来"朝贡"，即承认中国为宗主，自己是藩属，外国使节觐见中国皇帝时也必须行臣属之礼，他们的礼物被视为贡品，而中国君主会"册封"那些国家的统治者各种名号，"回赐"各种礼物；中国派往各国使节的主要任务是册封名号和赏赐礼品，以建立宗藩关系；与中国有朝贡关系的国家可以到中国进行贸易。因此。朝贡体制也可以称为"封贡体制"，反映到经济上便是"朝贡贸易"。古代中国对存在"朝贡"关系的国家，并不干涉其内政，在经济上也往往给以优厚的"赏赐"。

【史学导读】

1. 如何认识中国作为统一多民族国家的发展历程？

材料一： 秦汉时期是中国统一多民族国家的重要奠基时期，也是中华文明史上一个新时期的开始。具有标志性的发展有以下几点：多民族大一统国家的形成；分封制的废除和郡县制的建立；文字的统一。魏晋南北朝是这个时期的第二阶段，北方和西方众多少数民族进入中原，接受了汉族的文明，从而促成了历史上第一次的民族大融合。

——摘编自袁行霈、严文明、张传玺、楼宇烈主编：《中华文明史》第一卷，北京：北京大学出版社，2006 年，第 16 页

材料二： 隋唐是第三期的开始，具有标志性的发展有以下几个方面：国家再一次由分裂走向统一，南北文化在统一的国家中互相补充，中外文化在开放的局面下广泛交流。作为边疆民族建立的王朝，辽、夏、金、元在边疆开拓方面取得了显著成绩，为中国作为统一多民族

国家的历史发展做出了重要贡献。明清时期，中国的辽阔版图基本奠定。在治理多民族大一统国家方面，清朝积累了不少成功的经验。

——摘编自袁行霈、严文明、张传玺、楼宇烈主编：《中华文明史》第三卷，北京：北京大学出版社，2006 年，第 266 页

导读提示

材料一表明秦汉时期是统一多民族国家的奠基时期，三国两晋南北朝时期则是高潮阶段；材料二则表明隋唐时期统一多民族国家得到发展；材料二表明，宋元时期各民族进一步融合，到了明清时期中国的辽阔版图基本奠定。

阅读时，应该认识到：中国作为一个统一多民族的国家，其形成不是一蹴而就的，而是在不断的历史发展中逐步演变到最后确立的。

通过上述材料，我们可以看出，从秦汉到明清时期，我国统一多民族国家的发展源远流长，具有明显的阶段性；同时，我国的 56 个民族各自有自己的发展历史，而各民族之间的交流使得中华民族的共性发展成为可能，可见我国统一多民族国家的发展也有多元一体的特点。

2. 如何理解中国古代处理对外关系的基本体制——朝贡体制的影响？

材料一：武帝时，身毒国献连环羁，皆以白玉作之，玛瑙石为勒，白光琉璃为鞍。鞍在闇室中常照十余丈，如昼日。自是，长安始盛饰鞍马，竞加雕镂。

——摘自（晋）葛洪撰，周天游校注：《西京杂记》，西安：三秦出版社，2006 年，第 79 页

材料二：自古以来，中国对外交往的核心区域是东亚、南亚、东南亚和中亚。尤其是与朝鲜、日本、越南、泰国、缅甸等有经常性的经贸文化往来。中国独特的自然地理环境和文化传统，使其自成一体，长期未遭到另外一种高度文明的持续性竞争，形成了开放程度有限的文明体系和自我中心的世界观念。在这种文明和体系和世界观念指导下，建立起宗主国和藩属国的关系，维持这种对外关系体系的便是勘合贸易朝贡制度。宗主国不干预藩属国内部事务，也不追求更高的经济利益。藩属国要凭勘合，依照贡期、贡道、贡使人数和贡舶数量来朝，献上属国的土特产品，领取价值远远超过贡品价值的赏赐物品。

——摘自赵毅、赵轶峰主编：《中国古代史（第二版）》，北京：高等教育出版社，2010 年，第 397 页

导读提示

材料一讲的是汉武帝时期，身毒国（即现在的印度）就向汉朝进献了珍宝“连环羁”，这是朝贡贸易的一种；而材料二主要讲的是关于朝贡贸易制度的一个总体介绍，这也是古代中国对外交往的一种主要形式。

阅读时，应该认识到：朝贡贸易来源已久，先秦以来视中国为天下之中的观念构成了中国传统对外关系的基本理念，决定了中国封建王朝在对外关系中的角色，也决定了中国古代处理对外关系的基本模式——朝贡体制。

通过上述材料以及所学知识，我们可以得知中国古代处理对外关系的朝贡体制，给中国带来了不利影响：以天朝上国自居，视其他国家为朝贡国，按朝贡仪式处理国与国的关系，妨碍了古代中国对外部世界的认识。在明初、清初实行海禁政策后，中国更是力求将

对外贸易纳入“朝贡贸易”的范围。统治者盲目自大，故步自封，使得中国逐渐落后于世界潮流。

荐读书目

吕思勉著：《中国民族史》，北京：东方出版社，1987 年
翁独健主编：《中国民族关系史纲要》，北京：中国社会科学出版社，2001 年
王钟翰主编：《中国民族史》，北京：中国社会科学出版社，1994 年
中国社会科学院组织撰写：《中国历代民族史》，北京：社会科学文献出版社，2007 年
卢勋、杨保隆主编：《中华民族凝聚力的形成与发展》，北京：民族出版社，2000 年

第 12 课　近代西方民族国家与国际法的发展

一、近代西方民族国家的产生

【核心概念】

核心概念 1：《至尊法案》

是 1534 年英国国王亨利八世促使国会通过的有关宗教改革的法令。宣布国王为英国教会的首领，拥有任命教会各种神职和决定教义的权力，拒绝接受这一法案者以叛国罪处死。改革后的英国教会摆脱罗马教皇的控制，称英国国教会，亦称安立甘教会。国王既是世俗领袖，亦是宗教领袖。1559 年女王伊丽莎白一世重申这一法案。以此法案为标志的英国宗教改革对英国教育产生影响。

核心概念 2：英法百年战争

1337—1453 年英法两国之间的战争。战争因双方争夺英王在法国境内的领地和富饶的佛兰德尔而引起。战初，英军不断取胜，先后在克勒西和普瓦提埃大败法军。14 世纪 70 年代，法国进行改革，一度转败为胜。但后来封建主内讧，英军乘机再次大举进攻。1415 年，英军在阿金库尔大败法军，占领法国北部全境，并南下围攻奥尔良。这时，法国人民爱国热情高涨，女英雄贞德率法军在奥尔良重创英军。奥尔良战役成为抗英斗争的转折，此后，法军不断取胜，最后夺回了除加来港以外英国在法国境内的全部领地。英法百年战争给两国人民带来了巨大的灾难，战争期间，法国和英国先后爆发了大规模的农民起义。战后，两国都发展成为中央集权的国家。

核心概念 3：法国大革命

法国大革命，是 1789 年 7 月 14 日在法国爆发的革命，统治法国多个世纪的波旁王朝及其统治下的君主制在三年内土崩瓦解。法国在这段时期经历了一个史诗式的转变：过往的贵族和宗教特权不断受到自由主义政治组织及上街抗议的民众的冲击，旧的观念逐渐被全

新的天赋人权、三权分立等民主思想所取代。关于法国大革命结束的时间，世界史学界看法众多，难成共识。在法国，普遍将热月政变作为大革命结束的标志，热月政变推翻了雅各宾派的激进集权统治。政变中建立了以热月党人为代表的政权。法国历史进入维护大革命成果时期。1794 年 7 月 27 日，法国大革命中的市民革命宣告结束。1830 年 7 月，巴黎人民发动七月革命，建立了以路易·菲利浦为首的七月王朝，至此法国大革命才彻底结束。

【史学导读】

1. 如何理解教权与皇权之间的斗争？

材料一： 萨克森王朝时期，国王依靠教会封建主的支持，加强王权，削弱地方封建主的力量。主教和修道院长由国王直接任命的，受王权的控制……德国国王对教会的控制并不限于国内，而且直接干预教皇的废立和选举。俗权超过了教权。

——摘编自朱寰主编：《世界上古中古史》下册，北京：高等教育出版社，2010 年，第 85 页

材料二： 1075 年，格里哥利七世（1073—1085 年在位）召开宗教会议，规定世俗国王不得有主教授职权，指责德皇亨利四世（1056—1106 年在位）属下的几位贵族和主教犯有买卖圣职罪。次年 2 月，教皇又下诏将拒不退让并谋废黜教皇的亨利四世开除出教，废止其“统治德意志王国和意大利”的权力，宣布任何基督徒对亨利的宣誓效忠无效。10 月，德国反皇帝一派的主教和贵族集会，赞同教皇褫夺亨利教籍，要求亨利放弃帝位。亨利迫于形势不得不向教皇求免，于 1077 年 1 月到意大利教皇居住的卡诺莎城堡前赤足哀求三天得以晋见，教皇表示同意恢复亨利四世的教籍和统治权力。

——摘自吴于廑、齐世荣主编：《世界史·古代史编》下卷，北京：高等教育出版社，1994 年，第 142 页

导读提示

从材料一中我们可以看出，在早期，俗权是高于教权的，国王将教会等力量视作自己统治国家、加强权力的一种倚靠；而在材料二中描述的是“卡诺莎之辱”，在经过教会改革运动后，罗马教廷的势力有所增强，德皇亨利四世不得不向教皇和国内诸侯低头。

阅读时，应该认识到：从奥古斯丁的《上帝之城》到丕平献土建立教皇国的基础，再到之后教皇与世俗君主的权力争夺，教权与皇权斗争的来源已久，教俗争斗，是当时西欧国家一个很重要的特点。

通过阅读这两则材料，我们可以看出皇权与教权斗争，其背后隐藏的是对物质利益的争夺。政教之争不可调和，斗争胜负完全取决于实力的对比和当时国内和国际形势。皇权与教权的斗争严重动摇德国皇权统治基础，反映出“神圣罗马帝国”空有其名，不堪一击；但是教皇与英法国王打交道很少占上风，最终失掉对英法教会的控制，并且在阿维农之囚事件中屈从于法国国王。这一结局表明，西欧封建王权终将压倒教皇，教会终将归属国家，体现了政教分离的现代性。

2. 如何理解近代西欧民族国家的兴起？

材料一： 1337—1453 年，英法之间的“百年战争”，唤醒了两国人民之间的民族感情，对西欧民族国家形成和民族意识觉醒产生了巨大影响。从 14 世纪开始，西欧各国出现了使用

本民族语言的浪潮，用英语翻译的《圣经》奠定了英国民族语言的基础。恩格斯说："语族一旦划分……这些语族就成了建立国家的一定基础。"14 世纪末，欧洲的封建体制向近代政府体制过渡，民族国家化("民族"从它的自然状态转化为"国家"的政治形态)的进程启动了。在这些新型国家中，君主是国家权力的金字塔顶，"君主的利益不再只与贵族的利益相吻合，而是扩展到与全民的利益相吻合"。随着民族国家兴起，从前那种只知有教，不知有国的情况发生变化。中世纪文明那种孤立性、分散性的特点，开始朝全国性、统一性，以及以公利和公权为主的方向演变。

——摘编自李肇忠著：《近代西欧民族主义》，北京：人民出版社，2011 年，第 46,50 页

材料二：中世纪时，大多数人认为自己首先是基督教徒，其次是某一地区的居民，最后才是法兰西人或英吉利人。在教会与君主权力的斗争中，近代欧洲君主的权力大多得以加强。18 世纪末叶以前，人们一直把国家与君主本人混为一谈，国王成为民族国家的象征。例如，路德认为"主教们和诸侯们"构成了德国，而路易十四则声明法兰西国家"完全属于国王本人"。直到 18 世纪，西欧资产阶级通过革命等方式开始分享或获得全部权力时，民族主义才呈现其近代的形式。在人们的思想观念中，国家不再是国王、国王的领土和国王的臣民，国家这时由公民组成。

——摘编自[美]斯塔夫里阿诺斯著，董书慧等译：《全球通史》下，北京：北京大学出版社，2005 年，第 528—529 页

导读提示

从材料一种我们可以看出，西欧民族国家的兴起，主要得益于：英法百年战争唤醒了两国人民之间的民族感情：民族语言的使用为民族国家兴起奠定了基础，同时宗教改革运动推动了民族国家的兴起；而从材料二中我们可以看出，近代西欧民族国家的兴起，改变了人们的思想观念，同时也推进了国家发展。

阅读时，应该认识到：近代西欧民族国家的兴起，其原因有很多，在其兴起后，也在一定程度上改变了当时人们的思想，促进了发展。

通过阅读这两则材料，我们可以看出近代西欧民族国家的兴起，使得中央王权兴起，君主专制加强，打破了以贵族为中心的政治格局；教会在政治上的影响削弱；公民利益和权利受到关注。

二、国际法的形成与外交制度的建立

【核心概念】

核心概念 1:《战争与和平法》

《战争与和平法》是荷兰法学家格劳秀斯创作的政治类著作，分三卷，1625 年首次出版。该书从立法的角度探讨如何消灭战争，以实现全人类的和平和幸福。书中格劳秀斯第一次完整地提出国家主权"对内最高，对外独立"的原则，主权国家是国际法的主体，奠定了国际法的基础。

核心概念 2：三十年战争

发生于 1618 到 1648 年欧洲的大战，是欧洲封建时代向资本主义时代跨进，中世纪国际关系向近代国际关系交替时期在欧洲发生的第一次大规模战争，是在神权受到削弱的条件下，欧洲世俗专制政权之间争夺权力与财富的集中体现。神圣罗马帝国皇帝镇压捷克新教徒是战争爆发的直接原因，“掷出窗外事件”成为“三十年战争”的导火线。战争逐渐从德国内部的教派之争发展为争权夺利、扩疆拓土的混战。其中一方以法国为首，包括瑞典、丹麦以及德意志新教诸侯；另一方以神圣罗马帝国为首，包括西班牙、奥地利以及德意志天主教诸侯。战争持续三十年，历经四个时期，最终法国、瑞典获得了优势。三十年战争破除了中世纪以来形成的以罗马教皇为中心的神权政治体制，确立了主权平等和独立的民族国家所组成的国际社会，在欧洲形成了一个相对均势的政治格局。

核心概念 3：《威斯特伐利亚和约》

《威斯特伐利亚和约》是象征欧洲三十年战争（1618—1648 年欧洲爆发的大规模国际战争）结束而签订的一系列和约，1648 年 10 月 24 日签订的《西荷和约》，正式确认了威斯特伐利亚这一系列和约。《威斯特伐利亚和约》削弱了哈布斯堡王朝的统治，加深了德意志政治上的分裂，划定了欧洲大陆各国的国界，改变了欧洲政治力量对比。《威斯特伐利亚和约》建立起来的威斯特伐利亚体系是近代意义上的第一个国际关系体系，开创了用国际会议和通过谈判达成协议的形式解决国际争端、结束国际战争的先例，确认了缔约国必须遵守条约，各缔约国可以对违约国集体制裁的国际基本法则。

核心概念 4：维也纳体系

19 世纪初拿破仑帝国崩溃后，以英、俄、普、奥为首的战胜国通过维也纳会议在欧洲大陆上建立的新均势体系。拿破仑一世战败后，参战国于 1814 年 10 月 1 日至 1815 年 6 月 9 日在奥地利首都维也纳举行会议。会议通过的《维也纳会议最后议定书》及有关条约、宣言和文件构成了维也纳体系。它以均势原则、正统主义和补偿原则为指导思想，在拿破仑帝国瓦解后的欧洲，建立起新的政治均势，并暂时维持了欧洲列强之间的和平与协调。1853 年克里米亚战争爆发后，维也纳体系彻底瓦解。

【史学导读】

1. 怎样理解国际会议和订立条约对国际外交的影响？

材料一：1944 年 7 月在美国新罕布什州布雷顿森林召开讨论战后世界金融问题的国际会议。美英苏中等 44 个国家的代表和专家与会，会议通过了《联合国货币金融会议最后决议书》《国际货币基金协定》和《国际复兴开发银行协定》。

——摘自金重远、冯玮、李海东著：《世界现当代史》，上海：复旦大学出版社，2004 年，第 108 页

材料二：1951 年 4 月 18 日，法国、联邦德国、意大利、比利时、荷兰和卢森堡在巴黎签订了《欧洲煤钢联营条约》，决定把各自的煤钢工业置于共同管理之下，建立欧洲煤钢联营。……1991 年 12 月 9 日和 10 日欧洲理事会在马斯赫里赫特举行了第 46 届年会，签署了《欧洲联盟条约》……1993 年 11 月 1 日条约生效，欧盟正式成立。

——摘编自王斯德、钱洪主编：《世界当代史：1945—2000（第三版）》，北京：高等教育

出版社，2008年，第183页、384—385页

导读提示

从材料一可以看出，这是美国所引导召开的布雷顿森林会议，由于其经济强大，所以想要确立世界经济中的霸权地位。而材料二则写的是，关于西欧众国之间通过召开会议，签署合约，最后结成“欧洲联盟”。

阅读时，应该认识到：国家与国家之间通过国际会议和订立条约来协商解决国家之间的分歧与问题，谋求合作与发展，是近代以来国际外交的一种重要手段。美国通过布雷顿森林会议，形成了以美元为中心的国际货币金融体系，有利于美国的经济扩张；而欧洲各国通过各种会议和合约形成“欧洲联盟”，适宜世界多极化的发展。

通过阅读这两则材料我们可以看出国家与国家之间通过国际会议和订立条约来协商解决国家之间的分歧与问题，谋求合作与发展，是近代以来国际外交的一种重要手段，条约的订立与修改反映了国际地位的变化，条约的稳定有赖于缔约国双方权利与义务的平等，经济全球化趋势下各国合作不断加强，同时，大国往往在国际会议中处于主导地位。

2. 如何理解《威斯特伐利亚和约》?

材料一：三十年战争是以法国和瑞典的胜利而告终，合约充分保障了两国的利益。法国得到阿尔萨斯的大部分，同时还追认了法国在1552年占领的麦茨、土尔、凡尔登等洛林土地。此外在莱茵河东岸还得到菲力普斯堡和布雷萨克等重要城市，使法国向莱茵地区扩张的野心得以实现。瑞典获得整个西波美拉尼亚和东波美拉尼亚靠近奥得河下游地区，还包括维斯马城以及不来梅和凡尔登两个主教区。

——摘编自朱寰主编：《世界上古中古史》下册，北京：高等教育出版社，2010年，第329—330页

材料二：合约的主要内容是……在德国内部，几个强大的诸侯都获得新领土，勃兰登堡得到波美拉尼亚东部和马德堡大主教管区等地；萨克森合并了鲁沙提亚；巴伐利亚得到上巴拉丁，仍保有选帝侯的地位，腓特烈之子继承下巴拉丁，列为帝国的第八选帝侯。

——摘编自吴于廑、齐世荣主编：《世界史·近代史编》上卷，北京：高等教育出版社，2001年，第121页

导读提示

材料一主要讲的是三十年战争结束后，各国缔结的《威斯特伐利亚和约》，法国和瑞典在其中得到了极大的利益；而合约使得德国的分裂更加严重。

阅读时，应该认识到：在三十年战争后，各国签订了《威斯特伐利亚和约》，划定了欧洲大陆各国的国界，开创了国际会议解决国际问题的先例。

通过阅读这两则材料我们可以看出，《威斯特伐利亚和约》是欧洲中世纪与近代史时期之交的第一个多边条约，是国际法发展过程中的一个重要里程碑，它既是近代国际法的实际源头，又是国际关系史上的一个里程碑。《威斯特伐利亚和约》建立起来的威斯特伐利亚体系是近代意义上的第一个国际关系体系，开创了国际会议解决国际问题的先例，确认了缔结国必须遵守条约、各缔结国可以对违约国集体制裁的国际法基本原则。

三、20 世纪国际法的发展

【核心概念】

核心概念 1：凡尔赛—华盛顿体系

在第一次帝国主义大战以后，第一次世界大战战胜国（主要是英国、法国、美国和日本）建立的一种新的国际关系制度。帝国主义在全球范围内对一战后列强关系的调整和对世界秩序的重新安排，它构成了帝国主义国际关系的新格局。是一战后对于世界格局的重新安排，是战胜国对战败国遗产的重新分赃，是对殖民地半殖民地人民的重新奴役。

核心概念 2：国际联盟

世界上第一个由主权国家参加的政治性国际组织，简称国联。《凡尔赛条约》签订后组成的国际组织。成立于 1920 年 1 月 10 日，解散于 1946 年 4 月。其宗旨是减少武器数量、平息国际纠纷、提高民众的生活水平以及促进国际合作和国际贸易。其存在的 26 年中，国联曾协助调解某些国际争端和处理某些国际问题。国际联盟被英国和法国控制，美国始终不是国联成员，苏联加入很晚，国联缺乏普遍性和权威性。它规定了形成决议的"全体一致"原则，使之难以履行制止战争、维护世界和平的国际责任。

核心概念 3：雅尔塔体系

第二次世界大战后根据一系列重要国际会议的宣言、公告、协议等形成的世界政治经济体系。因美、英、苏三国首脑在雅尔塔举行的会谈及其诸文件最为重要，故名。概括说来，雅尔塔体系的内容主要包括四个方面：①如何最后打败法西斯，如何处置战败国，防止法西斯主义东山再起；②重新绘制战后欧亚地区的政治地图；③建立维持战后和平的联合国组织；④原则上承认被压迫民族的独立权利，对德、日、意的殖民地和国际联盟的委任统治地实行托管。由于大国之间特别是苏美之间的矛盾，由于战后新的政治力量的崛起，雅尔塔体系在形成后、甚至于在形成过程中就不断地被修正，雅尔塔体系的具体内容也在不断地变化。雅尔塔体系作为第二次世界大战这场具有反法西斯性质的正义战争的产物，具有其历史进步性。首先，它大力倡导并在一定程度上遵循了和平、民主的原则，以民主原则对战败国进行了改造，承认了被压迫民族的权利。其次，它承认了不同社会制度国家的和平共处，对于巩固和扩大社会主义阵营在客观上起到了促进作用。然而，雅尔塔体系带有明显的大国强权主义色彩，导致了以美苏为首的两大阵营的形成。1991 年苏联解体，标志着以两大军事集团对峙为基本特征的国际格局发生了根本的变化，雅尔塔体系瓦解。

核心概念 4：《联合国宪章》

1945 年 4 月 25 日至 6 月 26 日，在美国旧金山，联合国国际组织会议制订并签署的文件，10 月 24 日生效，共 19 章 121 条。规定联合国的宗旨是：维护国际和平与安全；发展国际间以尊重各国人民平等权利及自决原则为基础的友好关系；促进国际合作。会员国应遵循的原则是：各会员国主权平等；以和平方式解决国际争端；会员国忠实履行应承担之义务；会员国不得以不符合联合国宗旨的任何方式进行武力威胁或使用武力；各会员国对联合国依照宪章采取的任何行动应给予一切协助，不得给予正在被联合国采取防止行动或强制行动的国家以协助；联合国不得干涉在本质上属于任何国家内管辖的事项。6月26日被定为“宪章日”，10月24日被定为“联合国日”。该宪章生效，标志着联合国正式成立。由于《联合国宪章》已基本为世界上绝大多数国家所承认，大量的国际文件和国际裁决都援用《联合国宪章》的规定及精神，因此，它已成了当代国际社会广泛接受的国际法基本原则之一。

【史学导读】

1. 如何理解《非战公约》？

材料一：《洛迦诺公约》在当时给人们留下了深刻的印象。张伯伦表达了那时普遍存在的一种观点。他宣称，公约标志着“和平年代和战争年代之间的真正的分界线”。同样，白里安也发表了有关“洛迦诺精神”的动人演说：“洛迦诺精神”禁止了战争，用“调解、仲裁与和平”代替了战争。在这种乐观主义的余晖中，美国国务卿弗兰克·凯洛格按照白里安的建议，提出各国保证抛弃战争、不把战争当做“推行国策的一种工具”。这一建议得到了实施，1928年8月27日，《凯洛格—白里安公约》（又称《非战公约》）签订。由于公约只拒绝战争并未规定制裁措施，它很快就得到60多个国家的签署。虽然公约只依靠世界舆论这种道义上的压力，但仅如此多的国家签署公约这一事实足以促成国际紧张局势的进一步缓和。

——摘自[美]斯塔夫里阿诺斯著，董书慧等译：《全球通史》下，北京：北京大学出版社，2005年，第682页

材料二：但是，《非战公约》的条文措辞十分抽象，没有区分侵略战争、自卫战争。对废弃战争、维护和平没有规定任何明确的责任，也不要求各国为此做出实际的牺牲……后来的历史证明，正是这种所谓的“自卫权”成了帝国主义发动战争的借口。《非战公约》仍然是一个重要的国际文件，它第一次正式宣布在国际关系中放弃以战争作为实行国家政策的工具，和平解决国际争端，在国际法上奠定了互不侵犯原则的法律基础，成为确定侵略战争为非法方面的重要法律依据之一。

——摘编自《世界现代史》编写组编：《世界现代史》上册，北京：高等教育出版社，2013年，第133页

导读提示

材料一反映的是在一战结束后，欧洲的安全问题并未解决，《洛迦诺公约》的签订，推动了法德关系的改善。在和平主义思潮盛行下，推动了《非战公约》的签订。材料二则讲述了《非战公约》的意义和实际作用。

阅读时，应该认识到：《非战公约》的签订有其独特的历史背景，在当时且具有独特的意义。

在阅读完这两则材料后，我们可以清楚地看出《非战公约》是国际法重要的发展之一，有利于促成国际紧张局势的进一步缓和；为国际法中互不侵犯原则的确立奠定了法律基础。但由于公约只拒绝战争并未规定制裁措施，对侵略者并没约束力。

2. 如何理解第二次世界大战后，国际法对世界的影响？

材料一：经三十年战争后，《威斯特伐利亚和约》对国际法的发展具有划时代的意义，它

对国际法的影响是多方面的。合约承认国家主权平等原则，具有里程碑的意义；同时开创了以国际会议的方式解决国际争端的先例，奠定了国际法的基础。一战后，《凡尔赛和约》体系标志着国际法的许多发展与创新，其中有关于国际法的最重要政治革新，是关于成立国际联盟的《国际联盟盟约》。国际联盟是人类历史上国际社会组织化的第一次尝试。

——摘编自杨泽伟著：《国际法史论》，北京：高等教育出版社，2011 年，第 56—57，145 页

材料二： 二战后，50 个国家的代表签署了《联合国宪章》，与现代国际法中的《国际联盟盟约》相比，当代国际法——《联合国宪章》中的集体安全制度有了显著进步。首先，联合国在其宪章中宣称，决心“欲免后世再遭今代人类两度身历惨不堪言之战祸”，重申“采取有效集体安全办法，以防止且消除对于和平之威胁，制止侵略行为或其他和平之破坏”。即确定了和平解决国际争端和制裁侵略的机制；同时，宪章包含了一些有关集体安全保障的基本条款，它主要集中在第七章。宪章第 39 条规定：“安理会应断定任何和平之威胁、和平之破坏或侵略行为之是否存在。”这条规定意味着赋予安理会这个以大国为重心的机关以国际裁判官的地位。同时，国际社会组织化趋势进一步增强，国际组织的数量呈爆炸性增长，其活动范围不断扩大、职能日益膨胀。各种类型的国际组织活跃在国际社会的众多领域。无论是政治、经济、军事，还是教育、科技、文化、卫生等各个方面，都成了国际组织工作的对象。

——摘编自杨泽伟著：《国际法史论》，北京：高等教育出版社，2011 年，第 271，308，309 页

导读提示

材料一反映的是从三十年战争到 19 世纪后国际法的发展以及影响。而材料二则指出在二战后，国际法影响着国际关系的处理，各类国际组织和国际公约应运而生。

阅读时，应认识到：在西欧近代民族国家逐渐形成后，国际法在逐渐发展并影响着全世界。

通过阅读上述材料，可以看出在第二次世界大战后，国际法使得世界各国形成了调整国与国关系的基本准则，建立了国际问题的解决机制，有利于维护世界和平，同时促进了国际贸易的发展，推动经济全球化，但是，因单边主义和强权政治的存在，国际法的实际作用被削弱。

荐读书目

[美]斯塔夫里阿诺斯著，董书慧等译：《全球通史》下，北京：北京大学出版社，2005 年
吴于廑、齐世荣主编：《世界史・近代史编》上卷，北京：高等教育出版社，2001 年
王黎著：《欧洲外交史(1494—1925)》，天津：天津人民出版社，2011 年
方连庆、王钢元、刘金质主编：《国际关系史》近代卷，北京：北京大学出版社，2006 年
杨泽伟著：《宏观国际法史》，武汉：武汉大学出版社，2001 年

第13课 当代中国的民族政策

【核心概念】

核心概念1：民族区域自治制度

我国是由56个民族组成的统一的多民族国家。基于国情，为了实现民族平等、民族团结和各民族共同繁荣，1949年共同纲领明确规定，在"各少数民族聚居的地区，应实行民族的区域自治"。1954年宪法正式确认，民族区域自治制度为我国的一项基本政治制度。基本含义就是在国家统一领导下，各少数民族聚居的地区设立自治区域和自治机关，由当地民族当家作主，管理本民族地方性的内部事务，行使自治权利。1947年，内蒙古自治区成立。后来，我国共成立了五个自治区、一百多个自治州、自治县(旗)，满足了少数民族自己当家作主的愿望，实现了民族平等，也保证了祖国统一和民族团结。

核心概念2："五个认同"

"五个认同"是习近平总书记提出的理论，是铸牢中华民族共同体意识的核心，指对伟大祖国的认同，对中华民族的认同，对中华文化的认同，对中国共产党的认同，对中国特色社会主义的认同。"五个认同"是国家统一、领土完整、民族团结、社会稳定的思想基础，是坚定中国特色社会主义道路、弘扬中国精神、凝聚中国力量的源泉。只有不断增强各族人民的"五个认同"，才能促进各民族和衷共济、和睦相处、和谐发展，进一步巩固和发展安定团结的大好局面。

核心概念3：铸牢中华民族共同体意识

铸牢中华民族共同体意识是维护国家统一的思想基础，要引导各族群众牢固树立正确的国家观，深刻认识国家统一是各民族最高利益，铸牢共同维护国家统一的思想根基；是促进民族团结的必要条件，要在尊重差异、包容多样中实现各民族文化交融共生、和谐发展，形成各民族同呼吸、共命运、心连心的强大精神纽带；是实现中华民族伟大复兴的必然要求，实现中华民族伟大复兴的中国梦是全国各族人民的伟大梦想、共同愿景，要打牢各族人民团结奋斗的政治基础、思想基础和社会基础。

【史学导读】

1. 我国为什么要实行民族区域自治制度?

材料一：(中国共产党)在领导抗日战争的过程中，一方面，中国共产党人在实践中深切感受到深受日本帝国主义压迫的中国各民族谁也离不开谁，必须团结一致，并肩作战，从而形成了中国各民族都是中华民族大家庭中的成员的认识；另一方面，所领导的革命力量在抗日战争中迅速壮大，从而使中国共产党有了问鼎全国政权的实力和气魄。另外，在个别地区进行的民族区域自治的试验取得的成效也强化了中国共产党人对民族区域自治的认识。在这样的情况下，中国共产党人越来越多地强调民族区域自治的政策，主张在统一的国家内通过实行民族区域自治的方式来保障少数民族"自己管理自己的事务"的权利，与此同时，党的文献和党的抗日政府的文献中有关民族自决和联邦制的提法便越来越少了，逐步淡化了民族自决和联邦制的主张。在抗战胜利以后，民族自决和联邦制问题就没有再被提及，民族区域自治已经成为中国共产党基本的民族政策。

——摘自周平:《民族区域自治制度在中国的形成和演进》,《云南行政学院学报》,2005年第4期

材料二: 历史发展给我们造成了另一种条件,就是中国各民族杂居的条件,这种条件适宜于民族合作,适宜于实行民族区域自治。一个民族不仅可以在一个地区实行自治,成立自治区,而且可以分别在很多地方实行自治,成立自治州、自治县和民族乡。我们根据我国实际情况,实事求是地实行民族区域自治,这种民族区域自治,是民族自治与区域自治的正确结合,是经济因素与政治因素的正确结合,不仅使聚居的民族能够享受到自治权利,而且使杂居的民族也能够享受到自治权利。从人口多的民族到人口少的民族,从大聚居的民族到小聚居的民族,几乎都成了相当的自治单位,充分享受了民族自治权利。这样的制度是史无前例的创举。

——摘自周恩来:《关于我国民族政策的几个问题》,《周恩来选集》下,北京:人民出版社,1984年,第257—258页

导读提示

材料一指出在抗日战争时期中国共产党关于民族区域自治政策初步形成,一方面是由于抗战时期中国各民族建立了休戚与共的亲密关系,形成了互相离不开的政治认同,另一方面是中共的实力增强和民族区域自治试验成功,逐步放弃了民族自决和联邦制的主张。材料二指出我国实行民族区域自治制度是历史条件、地理条件、经济文化交流等因素综合作用的结果。

阅读时,应认识到:民族自决(当地人民可以自由决定他们的政治地位,并自由谋求他们的经济、社会和文化的发展)和联邦制(是由两个或两个以上的政治实体结合而成的一种国家结构形式,联邦成员原为单独享有主权的政治实体,加入联邦后把一部分权力交给联邦政府,同时保留部分管理内部事务的权力)主张都不符合我国国情,终究被时代抛弃,选择实行民族区域自治制度是符合国情、符合时代发展的伟大创举。

2. 民族区域自治制度的主要特点是什么?

材料一: 第六章　民族政策

第五十条　中华人民共和国境内各民族一律平等,实行团结互助,反对帝国主义和各民族内部的人民公敌,使中华人民共和国成为各民族友爱合作的大家庭。反对大民族主义和狭隘民族主义,禁止民族间的歧视、压迫和分裂各民族团结的行为。

第五十一条　各少数民族聚居的地区,应实行民族的区域自治,按照民族聚居的人口多少和区域大小,分别建立各种民族自治机关。凡各民族杂居的地方及民族自治区内,各民族在当地政权机关中均应有相当名额的代表。

第五十二条　中华人民共和国境内各少数民族,均有按照统一的国家军事制度,参加人民解放军及组织地方人民公安部队的权利。

第五十三条　各少数民族均有发展其语言文字、保持或改革其风俗习惯及宗教信仰的自由。人民政府应帮助各少数民族的人民大众发展其政治、经济、文化、教育的建设事业。

——摘自:《共同纲领》,中共中央文献研究室编:《建国以来重要文献选编》第一册,北京:中央文献出版社,1992年,第12页

材料二： 在中国这个民族大家庭中，我们采取民族区域自治政策，是为了经过民族合作、民族互助，求得共同的发展、共同的繁荣。中国的民族宜和不宜分。我们应当强调民族合作，民族互助；反对民族分裂，民族“单干”。我们民族大家庭采取民族区域自治制度，有利于我们普遍地实行民族的自治，有利于我们发展民族合作、民族互助。我们不要想民族分立，更不应该想民族“单干”。这样，我们才能够真正在共同发展、共同繁荣的基础上，建立起我们宪法上所要求的各民族真正平等友爱的大家庭。

——摘自周恩来：《关于我国民族政策的几个问题》，《周恩来选集》下，北京：人民出版社，1984 年，第 261 页

材料三： 我国各兄弟民族经过民主改革和社会主义改造，早已陆续走上社会主义道路，结成了社会主义的团结友爱、互助合作的新型民族关系。各民族的不同宗教的爱国人士有了很大的进步。在实现四个现代化进程中，各民族的社会主义一致性将更加发展，各民族的大团结将更加巩固。

——摘自邓小平：《五届全国政协二次会议上的开幕词》，《西藏工作文献选编（一九四九—二〇〇五年）》，北京：中央文献出版社，2005 年，第 298 页

材料四： 坚持和完善民族区域自治制度，要做到“两个结合”。一是坚持统一和自治相结合。团结统一是国家最高利益，是各族人民共同利益，是实行民族区域自治的前提和基础。没有国家团结统一，就谈不上民族区域自治。同时，要在确保国家法律和政令实施的基础上，依法保障自治地方行使自治权，给予自治地方特殊支持，解决好自治地方特殊问题。二是坚持民族因素和区域因素相结合。民族区域自治，既包含了民族因素，又包含了区域因素。民族区域自治不是某个民族独享的自治，民族自治地方更不是某个民族独有的地方。这一点必须搞清楚，否则就会走到错误的方向上去。

——摘自习近平著：《习近平谈治国理政》第二卷，北京：外文出版社，2017 年，第 300—301 页

导读提示

材料一是 1949 年 9 月 29 日，中国人民政治协商会议第一届全体会议通过《共同纲领》，规定了“中华人民共和国境内各民族一律平等”等民族政策及民族区域自治制度。材料二是周恩来总理对《共同纲领》的民族政策进行了阐释，说明了民族区域自治制度是实现民族平等、民族团结、民族共同繁荣的强力保障。材料三是 1979 年 6 月 15 日，邓小平同志在五届全国政协二次会议上的开幕词，指明了民族区域自治制度有着与时俱进的优势，在经济快速发展，实现四个现代化进程中，各民族之间将建立更紧密的政治认同。材料四是 2014 年习近平总书记指出新时期要继续坚持和完善民族区域自治制度，怎么样坚持和完善？就是要坚持统一和自治相结合、坚持民族因素和区域因素相结合。

阅读时，应认识到：第一，民族区域自治是党和政府保护所有少数民族利益而采取的自治形式。民族区域自治不单是针对某一个或某一部分少数民族，而是为了保证所有民族一律平等，共同发展的基本国策。为了确保所有少数民族不论聚居还是散居，都能实现真正的自治，可以根据少数民族居住的情况分别设立自治区、自治州、自治县以及民族乡。这既有利于所有少数民族公民行使自治权，也有利于形成平等、团结、互助的民族关系。第二，民族自治地方必须服从中央政府的领导，在重大问题上服从国家的整体利益。在这一前提下，民

族自治地方设立自治机关，行使除外交、国防之外的自治权，实现各民族人民自主管理本民族内部事务。

3. 实行民族区域自治制度有哪些伟大意义？

材料一：民族区域自治是解决中国民族问题的基本政策，《民族区域自治法》是国家的一项基本法律。实行民族区域自治，就是让少数民族真正当家做主，使自治机关真正行使自治权利，充分调动人民群众和自治地方的积极性。党中央、全国人大常委会和国务院都很关心《民族区域自治法》的实施，希望内蒙古自治区在这方面能有新的建树。要把《民族区域自治法》的精神与本区的政治、经济、文化和民族特点紧密结合起来，制定自治条例和单行条例，并认真贯彻实施。实施《民族区域自治法》的一个重要方面，是解决好经济权益问题。自治区一定要热情支持和帮助中央各部门在本地区开发资源，兴办企业，组织有关方面和群众做好服务工作，积极同中央企业发展横向联系，在服务和联合中加快自己的发展。中央有关部门及其设在民族自治地方的企事业单位，都应当结合民族自治地方和少数民族的特点，制定出切实执行《民族区域自治法》的办法与措施，处理好同民族自治地方的经济权益问题，并采取培训人才、技术支援等多种形式，带动地方的经济发展，帮助群众致富。实施《民族区域自治法》的另一个重要方面，在于培养民族干部，充分发挥民族干部的作用。在坚持干部"四化"的前提下，既要注意培养党政管理干部，又要注意培养多学科、多层次的专业技术人才，以适应经济文化事业日益发展的需要。

——摘自习仲勋：《在庆祝内蒙古自治区成立四十周年干部大会上的讲话》，中共中央统战部、中共中央文献研究室编：《习仲勋论统一战线》，北京：中央文献出版社，2013年，第497—498页

导读提示

阅读上述材料，我们可知实行民族区域自治制度的意义主要有：第一，让少数民族真正当家做主，使自治机关真正行使自治权利，充分调动人民群众和自治地方的积极性。第二，实行民族区域自治制度，有利于维护国家统一和安全。民族区域自治以领土完整、国家统一为前提和基础，是国家集中统一领导与民族区域自治的有机结合。第三，有助于把国家的方针政策和少数民族地区的具体特点结合起来。第四，保障少数民族合法权益，有助于实现民族地区经济社会事业加快发展。第五，民族区域自治制度有助于发展平等团结、互助和谐的社会主义民族关系，铸牢中华民族共同体意识。第六，有助于把各民族热爱祖国的情感和热爱本民族的情感结合起来。

总之，民族区域自治制度有利于促进社会主义现代化建设事业蓬勃发展。

荐读书目

李俊清著：《新中国民族关系的回顾与前瞻》，北京：人民出版社，2021年

冯雪红等著：《民族关系的新视角与新探索》，上海：上海人民出版社，2015年

贺琳凯著：《新中国民族关系与民族政策的互动研究》，昆明：云南大学出版社，2011年

第14课　当代中国的外交

一、开创独立自主的和平外交

【核心概念】

核心概念1：外交

主权国家政府之间的交往或交涉活动。其特点是通过机智灵活的手法，处理国家利益之间的相互关系，在最大程度保护本国利益的基础上，通过妥协互让，达到国家的互惠互利、和平共处。独立自主的外交权是主权国家的标志之一，外交的主导原则是主权平等。

核心概念2：独立自主的和平外交方针

第二次世界大战以后，世界形势发生深刻变化。以苏联为首的社会主义阵营和以美国为首的资本主义阵营之间的对立和激烈斗争，成为国际关系最突出的特点。在这样的国际形势下，新中国诞生。毛泽东主席向全世界宣布，中华人民共和国中央人民政府是中国唯一的合法政府。凡愿遵守平等、互利及互相尊重领土主权等项原则的任何外国政府，新中国都愿意与它们建立外交关系。新中国奉行独立自主的和平外交方针，毛泽东形象地把它概括为“另起炉灶”“打扫干净屋子再请客”和“一边倒”。独立自主是我国外交政策的基本立场。

核心概念3：《中苏友好同盟互助条约》

1950年2月14日，中苏两国签订《中苏友好同盟互助条约》，签字仪式在莫斯科克里姆林宫举行。《中苏友好同盟互助条约》的要旨是：“加强中华人民共和国与苏维埃社会主义共和国联盟之间友好与合作，共同防止日本帝国主义之再起及日本或其他用任何形式在侵略行为上与日本相勾结的国家之重新侵略，亟愿依据联合国组织的目标和原则，巩固远东和世界的持久和平与普遍安全。”该条约在一定程度上为新生的中国提供了一个有利的外部环境，并促使中苏两国关系向良性方向发展。60年代起，中苏两国关系恶化，该条约名存实亡。1980年，废止。

核心概念4：和平共处五项原则

新中国积极同邻近国家和新兴的民族独立国家发展友好关系。1953年12月，周恩来在接见印度代表团时，第一次提出了和平共处五项原则，即“互相尊重领土主权、互不侵犯、互不干涉内政、平等互惠、和平共处”。① 第二年，周恩来访问印度和缅甸，又分别与两国总理发表联合声明，一致同意以和平共处五项原则作为指导中印、中缅关系的基本原则。和平共处五项原则的提出，标志着新中国外交政策的成熟。它超越了意识形态和社会制度的差异，以其包容性和开放性逐渐得到了国际社会的广泛认可，成为解决国与国之间问题的基本

① 和平共处五项原则后来在措辞上作了修改，把“平等互惠”改为“平等互利”；把“互相尊重领土主权”改为“互相尊重主权和领土完整”。

准则。

核心概念 4:“求同存异”方针与“万隆精神”

1955 年的万隆会议是第一次没有西方殖民国家参加的亚非国际会议,针对会议期间帝国主义的干扰和破坏,以及与会国之间因社会制度和意识形态产生的矛盾分歧,周恩来总理提出“求同存异”的方针。“同”是指都曾遭受过殖民主义的压迫,都面临民族独立、发展经济的任务,都有维护和平的愿望;“异”是指社会制度和意识形态不同,宗教信仰、文化传统不同,社会发展阶段、经济发展水平不同等。“求同存异”就是要超越社会制度、意识形态的差异,为了共同的利益加强团结和合作。这一方针的提出促成了会议的圆满成功,加强了我国同亚非各国的联系,会后我国与更多的亚非国家建立了外交关系。会议期间倡导的反帝反殖、争取民族独立,建立友好、团结和合作关系,共同维护世界和平的“万隆精神”,产生了深远的影响。

核心概念 5: 外交关系

外交关系主要是国家之间在外交活动中形成的一种关系。国际法意义上的外交关系,主要是指国家之间通过互访、谈判、缔结条约、互派常驻外交代表机构、参加国际会议和国际组织等方式进行交往所形成的关系。国家间的外交关系可以分为正式外交关系、半外交关系、非正式外交关系。正式外交关系也称为正常的外交关系,以双方互派常驻使节(大使)为主要特征。半外交关系也称为不完全的外交关系,以双方互派代办级外交使节为主要特征。非正式外交其特征是两个没有正式建交的国家直接进行外交谈判,并互设某种联络机构保持相互接触。

【史学导读】

1. 如何理解新中国建国初期制定的外交方针及原则?

材料一: 在执行和平政策中的外交方针是:第一,“另起炉灶”;第二,“一边倒”;第三,“打扫干净屋子再请客”;第四,“礼尚往来”;第五,“互通有无”;第六,团结世界人民。

——摘自周恩来:《我们的外交方针和任务》,《周恩来选集》下卷,北京:人民出版社,1984 年,第 85—88 页

材料二: 中国共产党在建国初期的对外政策设想中,在提出“一边倒”的同时,所提出的与资本主义国家建交的方针的主要目的是想提高中国在国际社会上的地位,尤其是为参加联合国等国际组织准备必要的条件。其战术是采取与美国为首的西方大国“和平共处”的方针,这一点苏联也未予否认。因此,《中国人民政治协商会议共同纲领》中的相关规定可以说是中国“和平共处”对外方针的雏形。在朝鲜战争进入对峙状态后,苏联提出召开五大国外长会议解决朝鲜半岛问题和印度支那问题,其原则是“和平共处”,中国对此一贯予以支持。五大国外长会议以日内瓦会议得以实现。会议期间,中国分别向印度以及缅甸这两个非社会主义国家提出“和平共处五项原则”,作为处理双边关系的准则。这一原则不仅与建国以来的方针密切相关,与苏联为了呼吁和平与缓和国际紧张局势,提出的在“和平共处”方针的基础上,提倡召开的五大国外长会议的关系尤其密切相关。后来,“和平共处五项原则”不仅在 1955 年的争取第三世界国家的亚非会议上发挥了显著的成效,还得以推广到中苏关系以及社会主义国家之间的关系之中。这对于巩固“和平共处”方针,提高中国的国际地位起到

了巨大的历史作用。

——摘自[日]吉田丰子：《试析建国初期中国的"和平共处"政策与苏联》，载徐蓝主编：《近现代国际关系史研究》第九辑，北京：世界知识出版社，2016年，第99页

导读提示

材料一主要内容是建国初期政务院总理兼外交部长周恩来对建国初毛泽东主席总结的外交方针的归纳，"另起炉灶"指对原国民党政府同各国建立的外交关系一律不予承认，对旧中国同外国签订的一切条约和协定要重新审查处理，不承认国民党时代一切卖国条约的继续存在，同世界各国建立新的外交关系。"打扫干净屋子再请客"在当时主要是指清除帝国主义在我国的残余势力，取缔帝国主义在华的一切特权，以巩固新中国的独立和主权，并为我国与世界各国建立平等互利的外交关系奠定基础，然后再考虑与西方国家建立外交关系的问题。"一边倒"指倒向社会主义苏联一边。"礼尚往来"针对的是资本主义国家，你对我好，我也对你好；你对我不好，我也对你不好。"互通有无"指的是我们开国以来就根据平等互利的原则同外国做买卖，不能像过去那样把中国作为它们的消费品市场。美国对我国搞禁运，我们就以货易货，用农产品去换取工业设备，有利于打破资本主义国家对我国的禁运。"团结世界人民"指的是对原殖民地半殖民地国家，对资本主义和帝国主义国家的人民也要团结争取，以巩固和发展国际的和平力量，扩大新中国的影响。这些都有利于贯彻我国独立自主和平外交的总方针。

材料二主要讲了和平共处五项原则提出的背景、实践和意义。关于背景方面可知，1953年3月，斯大林去世，赫鲁晓夫上台提出和"资本主义国家和平相处"的外交策略。1953年7月，《朝鲜停战协定》签署。两大阵营对抗较之前相对缓和。我国也在为即将展开的大规模经济建设创造和平的国际环境考虑，所以提出了和平共处五项原则。1954年的日内瓦会议和1955年的万隆会议都是和平共处五项原则成功实践。和平共处五项原则的提出，标志着新中国外交政策的成熟，从"一边倒"的注重意识形态外交到注重国家利益的国家外交转变。因此，它超越了意识形态和社会制度的差异，以其包容性和开放性逐渐得到了国际社会的广泛认可，成为解决国与国之间问题的基本准则，也提高了新中国的国际地位。

阅读材料时，还需注意，实行"一边倒"方针与独立自主的和平外交方针是不违背的。倒向社会主义阵营，并不等于断绝与资本主义国家的外交，这体现了我国外交的灵活性与智慧性。

2. 中美关系开始走向正常化的原因是什么？

材料一：进入70年代，国际形势经过战后20多年的发展，发生了巨大变化，新的国际格局初露端倪。这主要表现在：中国成为国际舞台上一支不与任何大国或集团结盟的独立的政治力量；随着西欧和日本的快速发展，美国在西方联盟中的经济地位有所削弱，并且深陷越南战争的泥潭；苏联不断强化它在美苏争霸中的地位，并对中国形成巨大压力；中国以外的其他亚非拉国家的力量和影响也有了进一步增长。毛泽东、周恩来审时度势，适应形势变化的需要，及时对外交工作作出富有远见和胆略的重大决策。局势转变的关键一环，是中国同美国关系的缓和。新中国成立后，美国对中国采取敌视政策长达20年之久。在变化了的国际形势下，中美两国政府领导人都认为有必要也有可能进行改善两国关系的谈判，实现两

国关系正常化。在美国看来，美苏对立一直是它所面对的严重问题，而此时世界上已出现几个力量中心，中国是其中的一个重要力量。美国要尽快消除越南战争败局造成的影响并维持它在世界上的霸权地位，要对付苏联的挑战，迫切需要改善同中国的关系。中苏关系恶化的加剧使他们感到这种设想具有现实的可能性。就中国方面来说，要着重对付苏联当时对我国安全所构成的直接和严重的威胁，要解决台湾问题以实现国家统一大业，要恢复和扩大国际交往、积极参与国际事务，也需要缓和同美国的关系。

——摘编自中共中央党史研究室著：《中国共产党的九十年(社会主义革命和建设时期)》，北京：中共党史出版社，2016 年，第 605—606 页

导读提示

以上材料从中国和美国角度分析了中美关系正常化的原因，从中国角度上说，第一，中国综合国力、国际地位提高，1971 年新中国恢复在联合国的一切合法权利；第二，中苏关系恶化，苏联构成对中国安全的直接威胁；第三，解决台湾问题实现国家统一大业，恢复和扩大国际交往、积极参与国际事务的需要。从美国角度上来说，第一，美国自身经济实力下降，资本主义世界霸权地位相对衰落；第二，深陷越南战争的泥潭不能自拔；第三，霸权地位受到苏联挑战，长期敌视中国政策失败。从根本上来说，是中美两国国家利益共同要求的结果。

阅读材料及所学，需注意，1972 年中美关系开始走向正常化直接推动了中日建交，由此掀起了建交高潮。中美正式建交的时间是 1979 年。

二、改革开放后的外交成就

【核心概念】

核心概念 1：全方位外交

全方位外交，是中国自改革开放以来，即同世界所有重要力量都发展关系，同步前进。不与任何大国或大国集团结盟，不依附任何大国或大国集团，不支持任何大国或大国集团反对另一国或集团。其主要内容包括：第一是反对强权政治，维护世界和平；第二是促进世界各国的合作与发展，繁荣人类和社会的经济；第三是维护我们自己的国家安全和稳定，为我们国家的内政提供坚强的外交保障；第四是维护国家主权、内政和领土完整，促进祖国的统一大业；第五是为我们的继续改革开放和经济建设服务，为改革和建设提供坚实的外交基础。

核心概念 2：中国—东盟(10＋1)领导人会议机制

20 世纪 90 年代后期，在经济全球化浪潮的冲击下，东盟国家逐步认识到启动新的合作层次、构筑全方位合作关系的重要性，并决定开展“外向型”经济合作。中国—东盟(10＋1)领导人会议是指文莱、印度尼西亚、马来西亚、菲律宾、新加坡、泰国、越南、老挝、缅甸、柬埔寨与中国领导人间举行的会议。中国—东盟(10＋1)领导人会议机制以经济合作为重点，逐渐向政治、安全、文化等领域拓展，已经形成了多层次、宽领域、全方位的良好局面，已发展成为东亚合作的主要渠道，被认为是亚洲地区的发展方向和振兴的重要标志。

核心概念 3：上海合作组织

中国积极发展与周边国家的睦邻友好关系，以建设和平的周边环境。2001年，中国、俄罗斯、哈萨克斯坦、古尔吉斯斯坦、塔吉克斯坦、乌兹别克斯坦六国在上海签署了《上海合作组织成立宣言》。上海合作组织是一个以互信求安全、以互利求合作的新型区域合作组织，对加强中国与俄罗斯及中亚各国的政治和经济合作，起到重要作用。中国积极参与上海合作组织的活动，并发挥了主导作用。

【史学导读】

1. 如何理解改革开放后，中国遵循和平发展理念、开展全方位外交？

材料一： 现在世界上真正大的问题，带全球性的战略问题，一个是和平问题，一个是经济问题或者说发展问题。和平问题是东西问题，发展问题是南北问题。概括起来，就是东西南北四个字。南北问题是核心问题。

——摘自邓小平：《维护世界和平，搞好国内建设》，《邓小平文选》第三卷，北京：人民出版社，1993年，第57页

材料二： 中国的对外政策，主要是两句话。一句话是反对霸权主义，维护世界和平，另一句话是中国永远属于第三世界。中国现在属于第三世界，将来发展富强起来，仍然属于第三世界。中国和所有第三世界国家的命运是共同的。中国永远不会称霸，永远不会欺负别人，永远站在第三世界一边……中国的对外政策是独立自主的，是真正的不结盟。中国不打美国牌，也不打苏联牌，中国也不允许别人打中国牌。中国对外政策的目标是争取世界和平。在争取和平的前提下，一心一意搞现代化建设，发展自己的国家，建设具有中国特色的社会主义。

——摘自邓小平：《维护世界和平，搞好国内建设》，《邓小平文选》第三卷，北京：人民出版社，1993年，第57页

导读提示

材料一为1985年邓小平提出了和平与发展是当代世界两大问题的科学论断，这一论断成为新时期中国对外方针的出发点。和平与发展是当今世界的两大主题。和平问题反映的是不同社会制度国家之间关系的问题，发展问题则是不同发展水平国家之间关系的问题。在和平与发展两大问题中，发展问题是关键。

材料二主要说明进入20世纪80年代，由于国际形势的变化，中国独立自主的外交方针具体表现为不结盟政策，即在中美苏大三角关系中不再联合一方反对另一方，主张从中国以至世界人民的根本利益出发看待和处理一切国际事务，同时超越社会制度和意识形态的干扰，积极发展同一切国家的友好关系。

阅读材料时，要注意：第一，中国的外交政策，一是反对霸权主义，维护世界和平；二是永远属于第三世界，永不称霸。第二，中国独立自主的外交政策具体表现为不结盟政策。第三，增强与第三世界的团结合作是中国对外政策的基本立足点。

总之，中国主张国与国的关系应当超越社会制度和意识形态，在和平共处五项原则的基础上发展同任何国家友好合作关系。

三、中共十八大以来的中国特色大国外交

【核心概念】

核心概念 1：习近平外交思想

党的十八大以来，以习近平同志为核心的党中央深刻把握新时代中国和世界发展大势，在对外工作上进行一系列重大理论和实践创新，形成了新时代中国特色社会主义外交思想，即习近平外交思想。习近平外交思想的精髓主要有十个方面：第一，坚持以维护党中央权威为统领加强党对对外工作的集中统一领导；第二，坚持以实现中华民族伟大复兴为使命推进中国特色大国外交；第三，坚持以维护世界和平、促进共同发展为宗旨推动构建人类命运共同体；第四，坚持以中国特色社会主义为根本增强战略自信；第五，坚持以共商共建共享为原则推动"一带一路"建设；第六，坚持以相互尊重、合作共赢为基础走和平发展道路；第七，坚持以深化外交布局为依托打造全球伙伴关系；第八，坚持以公平正义为理念引领全球治理体系改革；第九，坚持以国家核心利益为底线维护国家主权、安全、发展利益；第十，坚持以对外工作优良传统和时代特征相结合为方向塑造中国外交独特风范。

这十个方面亦即十个"坚持"，既有立足全球的宏伟设计，也有求真务实的具体举措，是构建中国特色大国外交深刻的理论与实践基础。

核心概念 2："亲、诚、惠、容"理念

2013 年 10 月，在周边外交工作座谈会上，习近平总书记对"亲、诚、惠、容"作了具体阐述。"亲、诚、惠、容"是新形势下中国坚持走和平发展道路的生动宣言，是对多年来中国周边外交实践的精辟概括，反映了中国新一届中央领导集体外交理念的创新发展，有利于深化同日本、韩国、东盟各国等周边国家的关系。

"亲"，就是要坚持睦邻友好，巩固地缘相近、人缘相亲的友好情谊。"诚"，就是要诚心诚意对待周边国家，坚持以诚待人、以信取人的相处之道。"惠"，就是要本着互惠互利的原则，履行惠及周边、互利共赢的合作理念。"容"，就是要倡导包容的思想，展示开放包容、求同存异的大国胸怀。

核心概念 3："真、实、亲、诚"原则

2013 年 3 月 25 日在坦桑尼亚尼雷尔国际会议中心发表演讲时，习近平总书记以"真、实、亲、诚"四字概括中国对非关系。习近平总书记强调，对待非洲朋友，我们讲一个"真"字；开展对非合作，我们讲一个"实"字；加强中非友好，我们讲一个"亲"字；解决合作中的问题，我们讲一个"诚"字。无论中国发展到哪一步，中国永远都把非洲国家当作自己的患难之交。中国的发展离不开世界、离不开非洲，世界和非洲的繁荣稳定也需要中国。

【史学导读】

1. 如何理解当今我国外交坚持以维护世界和平、促进共同发展为宗旨推动构建人类命运共同体？

材料一： 纵观近代以来的历史，建立公正合理的国际秩序是人类孜孜以求的目标。从

360 多年前《威斯特伐利亚和约》确立的平等和主权原则，到 150 多年前日内瓦公约确立的国际人道主义精神；从 70 多年前联合国宪章明确的四大宗旨和七项原则，到 60 多年前万隆会议倡导的和平共处五项原则，国际关系演变积累了一系列公认的原则。这些原则应该成为构建人类命运共同体的基本遵循。主权平等，是数百年来国与国规范彼此关系最重要的准则，也是联合国及所有机构、组织共同遵循的首要原则。主权平等，真谛在于国家不分大小、强弱、贫富，主权和尊严必须得到尊重，内政不容干涉，都有权自主选择社会制度和发展道路。在联合国、世界贸易组织、世界卫生组织、世界知识产权组织、世界气象组织、国际电信联盟，万国邮政联盟、国际移民组织、国际劳工组织等机构，各国平等参与决策，构成了完善全球治理的重要力量。新形势下，我们要坚持主权平等，推动各国权利平等、机会平等、规则平等。

大道至简，实干为要。构建人类命运共同体，关键在行动。国际社会要从伙伴关系、安全格局、经济发展、文明交流、生态建设等方面作出努力。坚持对话协商，建设一个持久和平的世界；坚持共建共享，建设一个普遍安全的世界；坚持合作共赢，建设一个共同繁荣的世界；坚持交流互鉴，建设一个开放包容的世界；坚持绿色低碳，建设一个清洁美丽的世界。

中国人始终认为，世界好，中国才能好；中国好，世界才更好。面向未来，很多人关心中国的政策走向，国际社会也有很多议论。在这里，我给大家一个明确的回答。第一，中国维护世界和平的决心不会改变。第二，中国促进共同发展的决心不会改变。第三，中国打造伙伴关系的决心不会改变。第四，中国支持多边主义的决心不会改变。

——摘自习近平：《共同构建人类命运共同体》，《习近平谈治国理政》第二卷，北京：外文出版社，2017 年，第 539 — 547 页

导读提示

材料主要说明了推动构建人类命运共同体是历史必然、大势所趋，在新形势下，我们要坚持主权平等，推动各国权利平等、机会平等、规则平等，勇敢行动以及中国坚定的决心。

阅读材料时，需知道构建人类命运共同体是一个伟大的历史命题，在国际上有很高的认同度，也是一个可以避免战争和冲突的好目标。

荐读书目

石善涛著：《新中国外交理论与实践(1949—2019)》，北京：当代中国出版社，2020 年
赵进军主编：《新中国外交 60 年》，北京：北京大学出版社，2010 年
齐鹏飞等著：《改革开放 40 年的中国外交》，北京：中共党史出版社，2018 年
金灿荣著：《中国智慧：十八大以来中国外交》，北京：中国人民大学出版社，2017 年

第五单元

货币与赋税制度

第 15 课　货币的使用与世界货币体系的形成

一、中国货币的演进历程

【核心概念】

核心概念 1：秦半两

战国时期到秦代使用过的金属货币，形状基本呈现出方型圆孔的特点，货币表面有“半两”字样，表明每一枚货币的重量为半两。秦半两最早出现在战国时期的秦国，目前有据可查的始铸时间为秦惠文王二年（公元前 336 年）。秦统一后，废除六国货币，统一钱币，把钱币分为两等，黄金为上币，以镒为单位；铜钱为下币，以半两为单位，即秦半两钱。秦朝币制的统一，便利了各地区的商品交换和经济交流，同时秦半两钱的出现也标志着中国古代币制逐步走向成熟，是中国货币发展过程中的一大里程碑。

核心概念 2：汉五铢

汉武帝即位之初沿用了前代帝王的铸币政策，允许地方郡国自己铸造钱币，由于地方自铸的货币大小、重量、规格、各不相同，造成了市场混乱的情况，对经济产生了极为不利的影响。汉武帝元鼎四年（公元前 113 年），下令取消地方上郡国私自铸钱，将钱币的铸造权收归中央，成立了由钟官、辨铜、技巧三官负责铸造五铢钱。因为钱币上有“五铢”两字，故称为五铢钱。由于五铢钱标准统一、铜质较好、使用方便，所以沿用时间最长，从汉武帝至唐高祖铸“开元通宝”，使用时间长达 700 多年。

核心概念 3：交子

北宋时期流通在四川地区的一种纸质货币。宋代由于商品经济发展，商品交换频繁，市场上出现了金属货币不够使用的“钱荒”现象。在这种情况下，宋真宗时期，四川成都地区的 16 家富户在政府的许可下，主持印造了一种纸质的货币，代替金属货币在四川地区的流通，时人称为“交子”。这是世界上目前发现的最早纸币。宋仁宗时期，官方收回“交子”的发行权，设立本钱，定期限额发行，发行区域仍然在四川地区。宋徽宗时期，“交子”改名为“钱引”，扩大了流通领域，而且不备本钱，取代了早期的“交子”。

核心概念 4：白银货币化

明代白银成为主要货币，在社会经济生活中起了重要作用。在中国漫长的历史岁月中，作为经济活动的重要载体和体现，货币经历了各种不同的形态演变。自明朝中期起，白银逐渐成为国家财政和民间交易的基本支付手段。清朝完全承认白银的法定货币地位。白银货币化是商品经济发展的需要，在某种程度上它也昭示和催生着一定社会的转型。白银货币化推动了商品经济的进一步发展，冲击着人们的观念，松动了封建社会的生产关系，推动了社会的发展。

核心概念 5：法币改革

1935 年南京政府宣布，以中国银行、中央银行、中国农民银行、交通银行发行的钞票为法币。法币本身没有法定的含金量，其价值由英镑及美元汇率来表示。法币正式发行后，国家的完粮纳税，公私款收付，一律使用法币，废除了过去银两、银元、纸币等并行流通的现象。南京政府规定所有白银都要在限定时间内兑换成为法币，历史上称之为“法币改革”。1935 年的“法币改革”是中国币制史上的一次大进步，促进了全国货币统一，同时防止了白银外流。

核心概念 6：人民币

人民币是中华人民共和国的唯一法定货币，它的设计、印制、发行都是由中国人民银行负责。截至目前，从第一套人民币发行开始，我国共发行了五套人民币。其中，第一套人民币发行于 1948 年，由于当时解放区的扩大，且货币使用情况混乱，1948 年 12 月 1 日，中国人民银行成立的当日便发行了第一套人民币，人民币的统一发行，促进了人民解放战争的全面胜利，并在建国初期经济恢复时期发挥了重要作用。

【史学导读】

1. 怎样看待货币在中国古代社会发展中的历史作用？

材料一：秦汉的钱币，通常在钱文中都明确标明钱的重量，如“半两”“五铢”，唐高祖武德四年(621 年)，统一铸造“开元通宝”钱，此后我国铜钱不再用文字标重量，都以通宝、元宝相称。北宋时期的四川地区首先出现了纸币——交子。明初，白银普遍流通，一两白银值铜钱 1 000 文。明清时晋商在全国开设了许多票号经营汇兑、借贷等业务。

——摘编自千家驹、郭彦岗著：《中国货币演变史》，上海：上海人民出版社，2014 年，第 244 页

材料二：最初的交子并非由政府，而是由商人发行的……无固定的时间、限额、发行人数，于是高额铸币税导致私交子的过度发行……不久即发生了信用日降和挤兑风潮……政府反复衡量行用交子利害关系后。仁宗天圣元年(1023 年)设置益州官交子务，官交子于第二年二月二十日开始发行。与私交子相比，官交子的管理更为完善……只允许在四川流通，三年为一界，发行利润统一归交子务等。

——摘编自管汉晖：《宋元纸币流通及其在世界货币史上的地位：兼论中西方货币史演变路径的差异》，《经济资料译丛》，2016 第 3 期

导读提示

材料一反映的是中国古代货币在不同时期的典型特征和显著改变，如秦、汉、唐时期的统一金属货币“秦半两”“汉五铢”“开元通宝”，宋代的纸质货币“交子”，明、清时期的白银和票号出现。材料二则详细地指出宋代纸币的产生原因和使用情况。

阅读时，应认识到：中国古代钱币的使用趋势是随着经济发展情况而不断演变与发展，大体上经历了在货币发行上由混乱到统一；在货币材质上，由铜铁等金属货币转向纸质货币

的趋势。同时，还应看到白银在明清时期开始扮演更为重要的角色。

通过阅读上述材料，可以归纳总结中国古代货币的演进特点，进而深刻理解货币在社会发展中承担的重要历史作用。从货币类型演变的角度来看，由金属货币到纸质货币，货币能够促进商品流通，具有推动商品经济发展的重要作用。从政府发行货币方式的角度来看，货币既有增加政府收入，维护社会安定的实际作用，还有推动社会发展的历史作用。

2. 如何理解影响我国古代货币发展演变的因素？

材料一：宋朝从1024年正式发行交子起，历经钱引、关子、会子等各种名目的纸币，到南宋灭亡止，有250多年的历史。因缺乏有效的制度限制纸币的发行，因此纸币总是引起高通胀和恶性通胀。元朝也有130多年的纸币发行史，最终结果是同样的。但唯一的亮点仍然是白银。宋以前的价值尺度是铜钱，“自元代起，中国改用白银为价值尺度，并且逐渐发展到用白银为流通手段”。

——摘编自杜恂诚、李晋：《白银进出口与明清货币制度演变》，《中国经济史研究》，2017年第3期

材料二：明初，曾设局铸钱。至洪武七年，卒因铜之不给，罢铸钱局而行钞。大明宝钞，以千文准银一两，四贯准黄金一两。后因钞价下落，屡次鬻官物，或税收限定必纳宝钞以收钞。然终于不能维持。至宣宗宣德三年，遂停止造钞。其时增设新税，或加重旧税的税额，专收钞而焚之。钞法即平之后，有些新税取消，税额复旧，有的就相沿下去了。钞关即是其中之一。自此租税渐次而普遍收银，银两就成为通用的货币了。

——摘编自吕思勉著：《中国通史》，北京：群言出版社，2016年，第194页

导读提示

材料一反映了宋代和元代都曾有使用纸质货币的情况，其中重点提及由于纸质货币没有受到政府有效监管而造成了一系列的经济问题，并指明由于纸币的使用问题最终使得白银逐渐成为了流通货币的趋势。材料二则详细地说明明代从金属货币演变为纸币，再由纸币演变为白银的情况和原因。

阅读时，应认识到：中国古代货币的演变趋势为铁或铜制金属货币到纸质货币，从纸质货币再到白银为主的金属货币。同时，在演变趋势中，商品经济的发展不断推动着货币的演变，但政府的监管不力，使得纸质货币虽有兴盛但最终又被白银所取代。

通过阅读上述材料，可以深刻理解商品经济的发展影响着货币的演变，正是商品交流的扩大，使得货币需求增多，纸币便应运而生，金属货币向纸质货币演变。同时，国家的政治状况和政府的经济政策也同样对货币的使用和演变起着引导性的作用。由于政府的监管不力，封建王朝重农抑商政策的实施，纸质货币的滥发造成经济秩序混乱，最终白银成为了流通货币。

二、世界货币体系的形成

【核心概念】

核心概念1：金本位制

是以黄金为本位币的货币制度。1916年，当时最强大的资本主义国家英国制定法案，

实行金本位制。在金本位制下，每单位的货币价值等同于若干重量的黄金(即货币含金量)；当不同国家使用金本位时，国家之间的汇率由它们各自货币的含金量之比——金平价来决定。金本位制的实行，促进了资本主义生产和世界经济的发展。

核心概念 2：布雷顿森林体系

二战后以美元为中心的世界货币体系。1944 年 7 月，西方主要国家的代表在联合国国际货币金融会议上确立了该体系。由于此次会议是在美国新罕布什尔州布雷顿森林举行的，故称“布雷顿森林体系”。该体系是以美元和黄金为基础的金融汇兑本位制，实质是建立一种以美元为中心的国际货币体系，基本内容包括美元与黄金挂钩、其他国家的货币与美元挂钩以及实行固定汇率制度。该体系促进了战后资本主义世界经济的恢复和发展。因美元危机与美国经济危机的频繁爆发，以及制度本身不可摆脱的矛盾性，该体系于 1973 年宣告结束。

核心概念 3：国际货币基金组织

与世界银行同时成立，并列为世界两大金融机构。1944 年在布雷顿森林会议上，参会国家讨论并同意建立一个国际性质的经济合作组织，并要求该组织建立的目标是避免出现类似 20 世纪 30 年代爆发的全球性金融危机和政策的重演。1945 年 12 月 27 号，29 位国家政府代表齐聚华盛顿签署了《国际货币基金协定》，国际货币基金组织(IMF)最终成立，并于 1947 年 3 月开始正式的金融运作。国际货币基金组织的成立，为美国主导的布雷顿森林体系的建立与发展奠定了组织基础。在国际货币基金组织的运行中，该组织对成员国的国际货币收支进行监督，并提供信用、贷款、技术等方面的帮助。

核心概念 4：世界银行

1944 年召开的布雷顿森林会议上通过了《国际复兴开发银行的协定》，准备在会后建立国际复兴与开发银行，简称世界银行。1945 年 12 月世界银行正式建立，并于第二年开始运营。1947 年世界银行成为联合国的专门金融机构，总部设在美国的华盛顿，中国是该银行的创始国之一。世界银行的主要功能是向会员国提供长期贷款，促进战后经济的复苏，帮助发展中国家的资源开发与生产发展，与国际货币基金组织起配合作用。建立之初，主要是为西欧国家的战后重建与经济恢复，现在主要转向为亚、非、拉发展中国家提供中长期贷款，促进其经济发展。

【史学导读】

1. 如何理解 17—19 世纪世界货币体系的变化与原因?

材料一：明初推行宝钞，禁用金银交易。后由于政府滥发宝钞，民间开始自发使用白银，官方赋役也逐渐改为白银上缴，白银逐渐成为流通领域中的主要货币。到 16 世纪中叶，明政府停发宝钞，并正式确立了白银的官方合法地位。但明朝银矿稀缺，国内开采的白银不足以应付政府开支。面对银荒危机，从 16 世纪中后期开始，明政府开放海禁。通过对外贸易，相当大部分美洲白银流入中国。作为当时世界上最大的经济体，中国以白银为主要货币，从而促使白银成为世界货币。围绕白银，形成了一个世界贸易网络。

——摘编自万明：《明代白银货币化：中国与世界连接的新视角》，《河北学刊》，2004 年第 3 期

材料二：1816 年英国在世界上首先实行金本位制，在 19 世纪 70 年代之后，各主要资本主义国家相继实行了金本位制，英镑成为国际货币体系的中心货币。英国在 19 世纪的国际货币关系中占有统治地位。二战后，国际货币体系再一次发生变迁。

——摘编自黄鸿春：《金本位制到布雷顿森林体系的演变》，《广西师院学报（哲学社会科学版）》，1997 年第 2 期

导读提示

材料一指出明代出现纸质货币向白银的转变，且确定白银的合法流通地位。同时，该时期的中国也以白银作为对外贸易的主要货币并逐渐促成世界货币向银本位制的转变。材料二指出英国最早实施金本位制度，随着英国国力的崛起，19 世纪后期西方国家陆续采用金本位制方式，世界货币体系发生改变。

阅读时，应认识到：明代产生的银本位制的时间早于英国实施的金本位制时间。在明代，中国是当时世界最大的经济体，以中国为中心的世界贸易网络促成了世界范围内的银本位制建立。在 19 世纪的西方，以英国为代表的金本位制建立，并且取代了银本位制，世界货币体系发生变化。

通过阅读两则材料，可以深刻理解 17—19 世纪的世界货币体系出现了由银本位制向金本位制的重大转变。应当明确，在明代，中国是世界的最大经济体，所以中国推行的银本位制影响了世界贸易。在 19 世纪，英国由于工业革命、殖民扩张等方式，国力迅速上升，英国首推的金本位制，才逐渐为世界各国接受。因此，经济实体的改变，世界贸易的需求、国家利益的维护都影响着 17—19 世纪世界货币体系的转变。

2. 如何理解美国领导的布雷顿森林体系走向崩溃的主要原因？

材料一：自 20 世纪 50 年代末期以来，随着经济的恢复，西欧国家的实力明显增强，日本也走上复兴之路。与此同时，面对巨额军费开支和国际收支状况的恶化，美元的国际地位以及美国的货币政策开始面临挑战。1958—1959 年间，美国的经常项目首次出现赤字，美元赤字取代美元短缺成为一个普遍关注的问题。1960 年，美元发行总量超过美国的黄金储备，美元与黄金的可兑换性及美元信用开始动摇，最终导致了 1960 年 10 月第一次美元危机。

——摘编自舒建中：《试论美国与布雷顿森林体系的解体》，《西南大学学报（社会科学版）》，2017 年第 3 期

材料二：随着美国实力地位的相对下降，美元霸权地位逐渐受到动摇，到 60 年代末和 70 年代初，在美元频频爆发危机的情况下，美国政府于 1971 年宣布停止美元兑换黄金。从此，以美元为中心的资本主义世界货币体系瓦解。由于西方工业国家货币采用浮动汇率制取代固定汇率制，国际储备货币随之多元化，因而造成国际货币关系的极度混乱和国际金融市场的激烈动荡。

——摘编自佟福全、李玉平主编：《当代资本主义宏观经济调节》，北京：中国物价出版社，1992 年，第 108 页

导读提示

材料一表明 20 世纪 50 年代末西欧与日本经济快速恢复，国力大增，陆续开始寻求在国际舞台上的话语权。同时期的美国受冷战影响，为争夺世界霸权，经济开始逐渐恶化，并于

60 年代发生了美元危机，经济霸权开始动摇。材料二则详细说明了由于美国国力的下降，经济发展滞缓，难以维持美元与黄金的兑换，最终导致布雷顿森林体系瓦解。

阅读时，应当认识到：布雷顿森林体系的重点是美元的双挂钩，即美元与黄金挂钩，各国货币与美元挂钩，进而确定美元世界货币的地位。还应看到 60 年代后，西欧和日本等资本主义国家强势崛起，不断冲击和挑战美国的霸主地位，同时，美国自 60 年代开始，经济下滑，实力下降，难以支撑美元与黄金兑换的固定汇率制。这些都共同推动了以美元为中心的资本主义世界货币体系瓦解。

通过阅读两则材料，可以深刻理解美国领导的布雷顿森林体系瓦解的主要原因。在西欧与日本等国家崛起后，世界趋向多极化发展，以美元为中心的固定汇率制度难以满足多极化、全球化的经济发展。60 年代后，美国经济下滑，国力下降使得自身难以维持美元与黄金的固定兑换，最终放弃自己建立起来的布雷顿森林体系。

荐读书目

[美]万志英著，崔传刚译：《剑桥中国经济史》，北京：中国人民大学出版社，2018 年

彭信威著：《中国货币史》上下册，上海：上海人民出版社，2007 年

[美]约翰·肯尼斯·加尔布雷恩著，苏世军、苏京京译：《货币简史》，上海：上海财经大学出版社，2010 年

[英]安格斯·麦迪森著，伍晓鹰译：《世界经济千年史》，北京：北京大学出版社，2003 年

高德步、王珏著：《世界经济史》，北京：中国人民大学出版社，2001 年

全汉昇著：《中国经济史研究》，北京：中华书局，2011 年

[德]贡德·弗兰克著，刘北成译：《白银资本：重视经济全球化中的东方》，北京：中央编译出版社，2008 年

第 16 课 中国赋税制度的演变

一、中国古代的赋役制度

【核心概念】

核心概念 1：田赋

中国旧时政府对土地征收的税。春秋时期，鲁宣公十五年(公元前 594 年)“初税亩”，即开始按土地亩数对土地征税。鲁哀公十二年(公元前 483 年)“用田赋”。战国时代，“訾粟而税”，是按土地上种植的粮食作物产量征课收益税。秦汉魏晋南北朝称土地税为田租。此后，官田称租，私田称税。魏晋南北朝实行租调制。唐代不仅田有租，而且还征地税。租庸

调制终止后，田租及庸、调列入户税；地税和各种附加合并，分夏秋两次征收。

核心概念 2：人头税

国家对人身课征的一种税。早在罗马帝国时就有此税。在中国，秦代以前也已存在，秦代以后的课税均有人头税性质。由于人头税很不公平，现代国家几乎都不再征收。

核心概念 3：徭役

中国古代统治者强迫平民从事的无偿劳动，包括力役、杂役、军役等。古代，凡国家无偿征调各阶层人民所从事的劳务活动，皆称为徭役，包括力役和兵役两部分。

核心概念 4：租庸调制

唐朝在隋朝的基础上，以轻徭薄赋的思想改革赋税体制，发展继承了隋朝的租调制，实行租庸调制，针对 21—59 岁之间的成年男子征收。租庸调制以均田制为基础，向劳动人民征收的赋役包括三个方面。“租”即田赋，以人丁为本；“调”即户税，相当于秦汉的人头税；租调之外的役，可以用“庸”代替，即缴纳一定的绢或者布来替代徭役。即“有田则有租，有家则有调，有身则有庸”。租庸调制在唐前期发挥了积极的作用，农民生产时间较有保证，赋役负担相对减轻，使许多荒地开垦出来；政府的赋税收入有了保障，府兵制也得到巩固。这些都使国家富强起来。武周后由于人口增加，又不断土地兼并，均田制被破坏，男丁所得土地不足，又要缴纳定额的租庸调，使农民无力负担，大多逃亡。安史之乱后，朝廷负担剧增，租庸调制难以为继。

核心概念 5：两税法

唐朝中期，土地兼并导致均田制遭到破坏。780 年，唐朝废除租庸调制，改行两税法，即将征收谷物、布匹等实物为主的租庸调法改为征收金钱为主，一年两次征税。以国家财政支出确定赋税总额，然后将总额分解到各地，按田亩征收地税，按人丁、资产征收户税，分夏、秋两次征收。实质上就是以户税和地税来代替租庸调的新税制，这是古代赋役制度的重大变革。两税法改变了自战国以来以人丁为主的赋税制度，而“唯以资产为宗，不以丁身为本”，使古代赋税制度由“舍地税人”到“舍人税地”方向发展，使赋役负担趋于合理。在一定程度上减轻了广大贫苦人民的税收负担，同时简化了税目和手续。调动了劳动者的生产积极性，解放了生产力，促进当时社会经济的恢复发展。两税法的部分内容超越了客观条件，没有得到长期的推行。

核心概念 6：一条鞭法

一条鞭法是明代嘉靖时期确立的赋税及徭役制度，之后张居正于万历九年（1581 年）推广到全国。一条鞭法实行赋役合并、一概折银。即不但赋税折银征收，而且役也改由丁、田共同承担，折成银两，统一征收。政府所需的役，由政府从税银中拿出一部分统一雇人。明政府为摆脱日益严重的财政危机是一条鞭法产生的直接原因，而明代商品经济的日益活跃是决定性的物质条件。一条鞭法的实行，增加了政府的财政收入，缓解了经济危机，缓和了政治危机，减轻了人民的负担。在中国赋役制度史上是一件划时代的大事，它改变了历代“赋”与“役”平行的征收形式，统一了役法，简化了赋役制度，标志着赋税由实物为主向货币为主、征收种类由繁杂向简单的转变。

核心概念 7：摊丁入亩

摊丁入亩，草创于明代，是清朝政府将历代相沿的丁银并入田赋征收的一种赋税制度。

康熙皇帝时为减轻百姓负担下旨以1712年前一年的丁银为定额，此后“滋生人丁，永不加赋”。雍正即位以后，将这笔丁银分摊到田亩中，称为“摊丁入亩”。其主要内容为废除人头税，是中国封建社会后期赋役制度的一次重要改革，将中国实行两千多年的人头税（丁税）彻底废除。由于征税的对象是土地，政府放松了对户籍的控制，增加了可以自由流动的劳动力，推动了商品经济的活跃；无地少地的农民摆脱了丁役负担，不再被强制束缚在土地上，进一步放松了农民对封建国家的人身依附关系；刺激了人口增长，对当时的社会经济，特别是对资本主义萌芽的发展，起到了积极作用。这次赋役制度改革有助于缓和社会矛盾、释放社会活力、促进生产发展。但摊丁入亩政策仍有其明显的局限性。它没有消除反而强化了封建土地所有制，没有也不可能消除社会中的阶级矛盾。从根本上讲，它维护的仍是统治阶级的利益。

【史学导读】

1. 如何理解中国古代赋役制度的演变及发展趋势？

材料一：秦汉时期的赋役，主要分为三部分：田赋、人头税和徭役。秦朝田赋税率极高，除此之外还有极重的人头税。秦汉徭役有更卒、正卒、戍卒三种。从东汉末年，曹操颁行租调制到唐中叶租庸调制瓦解，中国赋税制度的发展进入了一个新阶段，这个阶段赋税制度变化的基本特点是：旧的人头税为新的从户税、从丁税所代替，并开始向资产税转化，秦汉时期土地税加人头税的田赋结构为田租户调制所取代了。

——摘编自张守军著：《中国古代的赋税与劳役》，北京：商务印书馆，1998年，第28页

材料二：两税法开始了中国赋税发展史的一个新阶段。这个阶段田赋制度主要表现出以下两个基本特点：第一，资产税开始取代人丁税。第二，货币税逐渐取代实物税。这一取代过程，虽然经过多次反复，但在中国封建社会后期却一直贯彻着，是田赋制度发展的一个趋势。

从唐中叶两税法开始，中间经过北宋中叶王安石变法，明中叶张居正推行一条鞭法，到清中叶摊丁入亩改革，这种取代终于最后完成了。至此，封建制度下，按资产纳税的原则得到了切实的贯彻，劳役税和实物税，最终合成了单一的货币税。

——摘编自张守军著：《中国古代的赋税与劳役》，北京：商务印书馆，1998年，第59页

导读提示

材料一表明秦汉到唐前期田赋，人头税较高，以土地税加人头税为主要赋税结构。唐朝租庸调制的实行，推动旧的人头税为新的从户税、从丁税所代替，并开始向资产税转化。材料二表明自唐推行两税法以来，推动税制改革走向资产税逐步取代人丁税，货币税逐渐取代实物税。并贯穿整个封建社会后期。

阅读时，应认识到：古代赋役比较沉重，封建国家对农民的人身控制从强到逐步减弱。整体趋势是征收的标准由人丁向田亩、资产过渡；征收的方式由实物地租转向货币地租；征收的名目由多种成分转向单一货币；征收的时间由不定时转向定时。

通过阅读两则材料，可以深刻理解中国赋役制度的演变趋势以及特点。虽然历朝历代依据不同的社会生产力发展水平、具体的现实情况做了赋役制度的调整。但古代赋役制度的剥削本质没有改变，没有根本上减轻百姓负担，不可能消除社会中的阶级矛盾。从根本上

讲，它维护的仍是统治阶级的利益。

2. 如何理解中国古代主要赋役思想?

材料一：横征暴敛是中国古代赋税和徭役的一个基本特征。各种正税之外的额外加征历朝不断，使正税之下本来已难以维持生计的人民群众变得无以为生，饥寒交迫，流离失所，甚至起义造反，把斗争的矛头直接指向封建国家的压迫和剥削，从根本上危及地主阶级的统治。中国历史上多次农民起义的导火线，都是由于封建国家赋役沉重引起的，因此，封建社会的思想家们普遍反对横征暴敛，主张轻徭薄赋。

但是，历朝轻徭薄赋政策实行的时间都不长。一般政局稍见稳定，封建统治集团的贪欲就会放纵开来，横征暴敛的现象就会重新出现。这是封建国家的剥削阶级本质决定的。中国历史上轻徭薄赋的呼声之所以不断，就是因为封建国家对人民的横征暴敛，从来也没能在较长时间内杜绝过，横征暴敛始终不断，轻徭薄赋的各种具体主张从来也没有完全实现过。这是轻徭薄赋思想在中国封建社会赋税思想史上贯穿始终的客观原因。

——摘编自张守军著：《中国古代的赋税与劳役》，北京：商务印书馆，1998 年，第 141—147 页

材料二：古代国家加在劳动人民头上的徭役比赋税更难以忍受，徭役极为沉重，摧残劳动力，不仅服役时间漫长，而且多死而不归。其他的力役也十分的沉重，往往在征发时不顾农时，在大忙季节征发男丁，严重影响农业生产的正常进行。导致田地无人耕种，大片荒芜，不仅造成百姓饥寒交迫，而且国家赋税来源也失去了保证。因此，要求徭役“勿夺农时”就成为历代思想家一项重要的主张。

在封建社会的前中期，历代思想家主要是靠劝导统治者认识勿夺农时的重要性，从而减少对农民的劳役征发，但是这种劝导收效甚微。从封建社会中后期起，一些理财家和思想家则开始从改革劳役制度，变劳役税为实物税和货币税方面来解决劳役侵夺农时的问题。由于隋唐以来封建社会商品、货币经济空前发展，租佃关系和雇佣关系日益普遍，从而使这一变革有了客观的基础和实现的可能。

——摘编自张守军著：《中国古代的赋税与劳役》，北京：商务印书馆，1998 年，第 147—154 页

导读提示

材料一表明“轻徭薄赋”是古代赋役主要的思想。横征暴敛导致农民起义会从根本上危及地主阶级的统治。材料二表明古代主要赋役思想的另一个主题是“勿夺农时”。大量征发徭役不仅造成百姓饥寒交迫，而且也使得国家赋税来源失去了保证。

阅读时，应认识到：由于封建国家的剥削阶级本质决定的赋役制度，使轻徭薄赋的各种具体主张从来也没有完全实现过。由于隋唐以来封建社会商品、货币经济的发展，租佃关系和雇佣关系日益普遍，推动赋税改革变劳役税为实物税和货币税方面来解决劳役侵夺农时的问题。

通过阅读两则材料，可以深刻理解中国赋役思想的主要主张。轻徭薄赋、勿夺农时都是“仁政”“以民为本”思想的体现。虽然其本质是维护封建社会统治，但这些思想的出现对调整赋税制度、减轻百姓负担、推动社会生产力进步和发展起了积极作用。

二、关税与个人所得税制度的起源与演变

【核心概念】

核心概念1：关税

海关依据国家的关税政策、税法及进出口税则，代表国家对进出关境的物品征收的税，称为“关税”。关税在各国一般属于国家最高行政单位指定税率的高级税种，对于对外贸易发达的国家而言，关税往往是国家税收乃至国家财政的主要收入。中国的关税起源于西周，在关税出现后很长的一段历史时期里，存在着国内关税与国境关税并立的现象。中国直到1937年才正式宣布废除国内关税，实行统一的国境关税。但中国在鸦片战争后，丧失了关税自主权。关税自主是一个国家独立自主制定本国关税，管理本国的海关和处理海关收支的权力。关税自主也是一个国家主权独立的标志。在近代人民反帝爱国斗争中，收回关税自主权成为一项重要的任务。直到中华人民共和国成立，中国才真正收回了关税自主权。新中国成立后，不断调整关税制度，对国民经济发展和对外贸易起到了重要促进作用。

核心概念2：个人所得税

个人所得税是以纳税人个人取得的各项应税所得为征收对象的税种。我国的个人所得税起源于民国时期。中华人民共和国成立后在计划经济下，没有征收个人所得税。1980年，全国人民代表大会通过了《中华人民共和国个人所得税法》，我国的个人所得税制度正式确立。实行个人所得税制度，是为了调节社会总体收入水平，确保社会公平和国家有序发展。随着国民经济发展和社会进步，个人所得税法的内容也不断调整，以不断适应国家新的发展需求。

【史学导读】

1. 如何理解近代中国收回关税主权的意义和启示?

材料一：清朝后期，西方资本主义列强通过一再发动侵华战争，强迫清政府签订了一系列不平等条约，在此基础上逐步将一整套以片面协定关税税则为核心的海关关税计征和管理制度强加给中国。关税主权是国家主权的重要组成部分。关税是国家财政收入的重要来源，关税主权事关国家财政收入的取得和国家利益的维护。

——摘编自陈争平：《不平等条约下近代关税制度的形成及对中国经济的影响》，《近代中国(第十五辑)》，2005年

材料二：近代中国关税自主权的收回，不仅标志着列强在中国统治的终结，而且也标志着中国海关迎来了新的历史时代，翻开了新的历史篇章。近代以来，中国社会各阶层和爱国人士纷纷进行探索，提出各种收复关税主权的主张并将之付诸实践中。直到中华人民共和国成立后，中国才真正收回了关税的自主权。

近代中国关税主权的丧失及收复关税主权的多次失败表明：国家实力是国家利益的根本保障，关税亦是如此。近百年来，中国社会各阶层和爱国人士为收回海关主权作出了各种不同程度的努力，这在一定程度上打击了帝国主义，维护了国家利益。回顾整个近代中国革

命史，人民群众都展现出巨大的革命性力量。尤其是中国共产党成立后，坚定反帝反封建的革命立场，正确领导人民群众参与关税主权的斗争活动，极大地推动了中国近代民族革命高潮的到来，为社会主义新海关的建立奠定了坚实的基础。

——摘编自滕淑娜、李明慧：《失去与收复：近代中国关税主权变迁探析》，《聊城大学学报(社会科学版)》，2021 年第 2 期

导读提示

材料一表明鸦片战争后，西方列强通过不平等条约，破坏中国的关税自主权。关税自主权的丧失，加深了中国经济的殖民地化程度。关税主权是国家主权的重要组成部分，关税主权事关国家财政收入的取得和国家利益的维护。材料二表明国家实力是国家利益的根本保障，人民群众是近代中国收回关税主权的重要力量，先进政党的正确领导是近代中国收回关税主权的重要依托。

阅读时，应认识到：一百多年前，帝国主义轰开了古老中国的大门，攫取了中国的关税主权。追其原因，除了列强的野蛮侵略，还需看到自身的不足。要想实现民族的独立与复兴，必须推翻帝国主义、封建主义的和官僚资本主义制度的束缚，打破自我封闭的格局，不断地进行自我革新发展。

通过阅读两则材料，可以深刻理解我国收回关税自主权的意义和启示。今天，在全球化和经济一体化的国际大背景下，在新时代的中国特色社会主义的国内环境中，我们要“不忘初心，牢记使命”，建立与时俱进的现代化关税体制，推进国家治理体系和治理能力现代化。

2. 如何理解确立个人所得税制度的意义？

材料一：备受关注的个人所得税法修正案草案提请十三届全国人大常委会第三次会议审议，这是个税法自 1980 年出台以来第七次大修。此次改革的重点包括了：工资薪金、劳务报酬、稿酬和特许权使用费等四项劳动性所得首次实行综合征税；个税起征点由每月 3 500 元提高至每月 5 000 元(每年 6 万元)；首次增加子女教育支出、继续教育支出、大病医疗支出、住房贷款利息和住房租金等专项附加扣除；优化调整税率结构，扩大较低档税率级距……此外，为堵塞税收漏洞，个税法修正案草案拟首次增加反避税条款，针对个人不按独立交易原则转让财产、在境外避税地避税、实施不合理商业安排获取不当税收利益等避税行为，赋予税务机关按合理方法进行纳税调整的权力。

——王亚宏：《个税法第七次修改！起征点由每月 3500 提至 5000，还有哪些亮点？》，央广网，2018 年 6 月 19 日

材料二：个人所得税的发展源远流长，随着时代特征不断地进行着改革，适应着时代需要。每次改革和调整都反映了当时经济社会的实际情况，但每次变化始终都核心突出了“个人”，以人民为核心。个人所得税使我们国家财政收入得到了稳定的保障，一直以来关乎国计民生。加之我们国家的人均生产总值较高，因此，个人所得税是我们国家十分重要的一个税种。征收个人所得税有利于稳定经济，让国家在大局上进行把控，实现宏观调控，也让税收收入更好地“取之于民，用之于民”。

——摘编自李然：《个人所得税的发展变化及意义》，《财富生活》，2020 年第 8 期

导读提示

材料一表明个税法自 1980 年诞生以来，伴随生产力发展变化进行了七次大修，起征点也在不断提高，细节也在不断完善，切实考虑了民生大计。材料二表明“个税”改革的核心是“以人为本”。

阅读时，应认识到：个人所得税对初次分配后的收入进行了再次调节，可以减少社会分配的不公平。可以使社会更加稳定，缓解社会矛盾，让中低收入者有更多的消费权，同时也调动了劳动的积极性。有利于深化改革，促进可持续发展，构建和谐社会。

通过阅读两则材料，可以深刻理解个人所得税制度从调研到推出，每一步都充分地听取了群众的心声，每一次改革都依据不同的生产力发展水平做了及时的调整。

荐读书目

张守军著：《中国古代的赋税与劳役》，北京：商务印书馆，1998 年

黄仁宇著：《十六世纪明代中国之财政与税收》，北京：生活・读书・新知三联书店，2015 年

黄天华著：《中国税收制度史》，北京：中国财政经济出版社，2009 年

吴兆莘著：《中国税制史》上、下，北京：商务印书馆，1998 年

梁方仲著：《明代赋役制度》，北京：中华书局，2008 年

徐晔、袁莉莉、徐战平著：《中国个人所得税制度》，上海：复旦大学出版社，2010 年

第六单元

基层治理与社会保障

第17课　中国古代的户籍制度与社会治理

一、历代户籍制度的演变

【核心概念】

核心概念1：户籍制度

户籍制度，是一项基本的国家行政制度。传统户籍制度正式确立于商鞅变法，是与土地直接联系的，以家庭为本位的人口管理方式。户籍制度主要包括两方面的内容：一是登记制度；一是管理制度。它是统治者征调赋役、落实行政管理、执行法律的主要依据，也是封建统治者对民众实行道德教化、经济剥削、人身控制的重要途径，具有明显的地域性、等级性、世袭性和社会治安功能。现代户籍制度是国家依法收集、确认、登记公民出生、死亡、亲属关系、法定地址等公民人口基本信息的法律制度，以保障公民在就业、教育、社会福利等方面的权益，以个人为本位的人口管理方式。

核心概念2：编户齐民

汉武帝时期推行的户籍管理制度。政府把其控制的人口的姓名、年龄、籍贯、身份、相貌、财富情况编成户籍，作为征收租赋、征发徭役和兵役的根据。编户的身份都是平等的，不属于豪强的依附人口，而是向国家承担赋役义务的自由民。编户齐民是古代赋役主要的承担者，主要有田租（土地税）、算赋或口赋（人头税）、徭役和兵役四项。国家掌握编户齐民的数量，直接关系国家财政的筹划与管理。

核心概念3：主户与客户

北宋时期，政府把全国的户籍分为主户和客户两类：主户拥有土地和资产，并承担国家赋税和徭役；客户指没有土地的佃户。客户与主户间的关系，是封建剥削的租佃契约关系，即私人土地或国家土地出租给佃户，由佃户独立经营，地主或国家凭借土地所有权向佃户征收地租，分割佃户的劳动产品。这种契约租佃关系，其土地所有权和经营权分离得比较彻底，既维护了主户对土地的所有权，又确定了佃农相对独立的经营权。

核心概念4：黄册

明清为征派赋役编造的户口簿册。明初，朱元璋命各州县分“里”（一百十户为一里）编造以户为主，详列姓名、籍贯、丁口、田产以及应负赋役的簿册四份，分存各级政府，作征收赋役根据。命名用意，一说男女始生为黄，黄代表人口；一说因送户部的簿册封面为黄色，故称黄册。每十年编订一次，与以丈量土地为基础的鱼鳞册，合为明代赋役制度的主要根据。黄册的编制加强了中央对地方的统治。

【史学导读】

1. 中国古代户籍制度呈现哪些特点？

材料一：创立于战国的士、农、工、商的户口类别体系，沿袭于整个封建社会。这一户类体系中社会成员的职业世代相传，不得擅自改变，即"士之子恒为士""农之子恒为农""工之子恒为工""商之子恒为商"。汉代的班固曾将此作为圣王之道加以总结，提出"士、农、工、商，四民有业。学以居位曰士，辟土殖谷曰农，作巧成器曰工，通财鬻货曰商"。唐宋至明清，统治者都念念不忘这一圣王之道，屡屡榜喻天下："其令四民，务在各守本业。"并在户口登记中加以固定化……户类体系，宏观上把全社会成员框定在各自有限活动的那个领域内，使整个社会分工成为一个有高低之分、少变化之道的封闭、静止的单循环体系。

——摘编自宋昌斌著：《中国户籍制度史》，西安：三秦出版社，2016 年，第 401—402 页

导读提示

材料指出，中国古代士、农、工、商的户籍分类贯穿于整个封建社会，并受到历代统治者的推崇。在这一体系之中，社会成员职业世袭，世代相传，使整个社会处于封闭、静止的单循环体系之中。

阅读时，应认识到：中国古代户籍制度具有严格的等级性、世袭性和地域性，限制了人口流动，是社会阶层相对凝固化的产物。另一方面，户籍制度也充分反映出专制统治的静态性。

通过阅读上述材料，可以把握古代户籍制度的特点，并理解历代统治者为何重视户籍制度的建设与管理。户籍制度有利于稳定统治秩序，促进经济发展，是维护统治的理想途径。但是，不利于社会成员的全面发展，以及在此基础上的社会文明的进步。

2. 如何理解户籍制度三位一体的嬗变？

材料一：诸男夫十五以上，受露田四十亩，不栽树者谓之露田。妇人二十亩，奴婢依良。丁牛一头受田三十亩，限四牛。

——摘自：《通典》卷 1

材料二：海宇承平已久，户口日繁，若按见（现）在人丁加征钱粮，实有不可。人丁虽增，地亩并未加广，应令直省督、抚，将见（现）今钱粮册内有名丁数，勿增勿减，永为定额。其自后所生人丁，不必征收钱粮。

——摘自：《清圣祖实录》卷 249，白寿彝主编：《中国通史》第 10 卷，上海：上海人民出版社，2004 年，第 632 页

导读提示

材料一说明土地制度与户籍制度紧密结合，均田制中严格的还授规定是建立在户口登记的基础上的。材料二说明康熙时期实行"滋生人口，永不加赋"的规定，户籍制度与赋役制度的联系降低。

阅读时，应认识到：中国古代户籍制度、土地制度和赋税徭役制度是紧密结合在一起

的，户籍制度其实是把土地制度与赋税徭役制度涵盖在内，通过户籍制度分配和调节土地占有，然后再通过户籍征发赋税徭役。

通过阅读上述材料，要深刻理解户籍制度三位一体的功能贯穿整个封建社会的发展过程。其总体趋势是户籍制度逐渐与土地制度和赋税徭役制度逐渐分离，户籍制度的财政功能逐步减弱，直至户籍制度与土地制度和赋役制度完全脱离，独立成为一种户籍管理制度。

二、历代基层组织与社会治理

【核心概念】

核心概念 1：乡里制

为实现对基层百姓的有效控制和稳定基层社会秩序，秦汉时期建立和完善乡里控制体系。乡设有三老，掌教化；设啬夫，掌狱讼、赋税；设游徼，掌捕盗。里设有里正、伍长以及里父老共同负责秩序。乡、里之外有亭，设亭长，负责传递政令和维护治安。这些基层组织共同构成权力中介，通过户籍管理来实现人身控制，通过摊租征税实现对百姓的经济控制，职能涵盖百姓的人身、赋役、治安和思想各个领域。秦汉的乡里制度，为后世基层政权建设建立了基本的组织模式，从秦至清 2200 多年，这种基层组织结构没有发生根本性变化。

核心概念 2：保甲制

宋朝时开始出现带有军事管理的户籍管理制度。乡里组织在唐末藩镇混战和农民大起义中瓦解。在乡村组织体系中，取而代之的是源于北宋的“保甲制”。保甲制就其实质而言与乡里制并无不同，但又有自己的特点：它建立了一个更加严密的社会治安网络，对内加强了对人民的统治；寓兵于民，加强对壮丁的军事训练，强化了国家防御力量；重视农业生产和建设。乡里制注重编审户籍人丁，并以此催征赋税和征用劳役，保证国家的经济来源，更注重经济功能；而保甲制更多地具有军事和治安功能。清朝时期推行的编制严密的保甲制，使兼具区划和户籍管理性质的乡里制与注重维护社会治安的保甲制合一。一直到 20 世纪上半叶，国民党执政时保甲制仍在断断续续地实行。

核心概念 3：十家牌法

王阳明任南赣巡抚时推行的基层民众自我管理与相互监督机制。明中期以来，赣南社会流动人口增多，社会成分复杂，盗贼横行，严重影响了赣南地区的统治稳定。王阳明为消弭地方普遍为盗之风，控制基层社会大量流动人口，因此推行十家牌法。具体内容为：每十家为一牌，每户门前置一小牌，牌上注明各家的丁口、籍贯、职业等，规定每日每人执牌挨户察纠情况，随时报官，轮流巡查。一家隐匿盗贼，其余九家连坐。由于当时社会大多数人户都有隐匿人口、规避赋役的行为，因此十家牌法实际执行的情况并不理想，但十家牌法推动了保甲制度走向成熟。

【史学导读】

1. 如何理解中国古代双轨政治体制？

材料一：中国传统政治结构是有着中央集权和地方自治的两层。中央所做的事是极有限的，地方上的公益不受中央的干涉，由自治团体管理。表面上，我们只看见自上而下的政治轨道执行政府命令，但是事实上，一到政令和人民接触时，在差人和乡约的特殊机构中，转入了自下而上的政治轨道，这轨道并不在政府之内，但是其效力却很大的，就是中国政治中极重要的人物——绅士。绅士可以从一切社会关系：亲戚、同乡、同年等等，把压力透到上层，一直可以到皇帝本人。自治团体是由当地人民具体需要中发生的，而且享受着地方人民所授予的权力，不受中央干涉。

——摘编自费孝通著：《乡土中国 生育制度 乡土重建》，北京：商务印书馆，2011年，第136页

导读提示

材料指出，中国传统政治结构是“双轨政治”：一轨是自上而下的专制皇权轨道，通过行政命令的手段来实现；一轨是自下而上的绅士自治轨道，绅士通过其社会关系影响上层的决策。中央对地方的影响有限，乡村处于士绅自治状态。

阅读时，应认识到：专制皇权轨道的形成是专制主义中央集权制度的内在要求。而绅士自治轨道的形成是由于中国疆域广阔、交通不便、机构庞大、人口众多以及封建小农经济的封闭保守性等多种因素共同导致的。

通过上述材料，可以从一个新的视角来认识中国传统乡村社会和政治结构。中国传统乡村社会由绅士自治团体管理，拥有足够的自主权，来维持社会的平稳运行。而绅士也成为联系社会上下层之间的中间阶级，获得特权，在维护封建秩序与乡土社会安定的同时，又在一定程度上代表了下层平民的诉求和地方的总体利益。

2. 古代乡村治理变革有何发展趋势？

材料一：中国古代曾经长期实行以乡里制度和保甲制度为代表的乡村治理制度。乡村治理制度经历了三个主要的变迁阶段：一是自夏商周到春秋战国直至隋文帝时期的乡官制时期，乡官主要由官派产生，辅以民间推选，乡村社会基本处于半自治状态；二是隋唐两宋时期，这一时期是乡里制向保甲制、乡官制到职役制的转折时期，乡和里的地位逐渐沦落，官方的控制与统治逐渐增强，乡村权力越来越多地被上调到州县官吏手中；三是从王安石变法至清代，乡里制转变为职役制，保甲对乡里的控制更加严密，乡村自治的色彩越来越弱。

——摘编自唐鸣、赵鲲鹏、刘志鹏：《中国古代乡村治理的基本模式及其历史变迁》，《江汉论坛》，2011年第3期

导读提示

材料指出中国古代乡村治理经历三个主要的变迁阶段，即：乡官制时期，乡村社会处于半自治状态；乡里制向保甲制、乡官制向职役制转折时期，官方控制逐渐增强；职役制时期，政府对乡里控制更加严密。

阅读时，应认识到：古代乡村治理变革的基本趋势是由乡里制向保甲制、乡官制向职役制转变；国家对乡村的干预和控制逐步增强；乡村自治功能逐步减弱。

通过阅读上述材料，应深刻认识到国家政权对乡村治理的介入逐渐增强，其背后折射的是专制主义中央集权制度的强化，是封建社会王权的扩张。而随着社会的发展，古代乡村治理模式的这种发展也愈加不适应社会现实，最终被乡镇地方自治所取代。因此，乡村治理不

应该被过多限制，国家政权对乡村社会治理的介入应当适度。

三、历代社会救济与优抚政策

【核心概念】

核心概念1：常平仓制度

常平仓是古代国家为调节粮价、备荒赈恤而设置的粮仓，其实质是国家以财政补贴的形式惠农。粮价在古代是一个非常敏感的问题，有“谷贱伤农，谷贵饿民”的说法。汉代就已建立了较正规的仓储制度。西汉孝宣帝时，大司农中丞耿寿昌建议在边郡筑仓，谷贱时增价收进，谷贵时减价卖出，以惠民利农，名为“常平仓”。后来被推广到全国各地，成为历代王朝备荒救灾的重要措施。常平仓制度历代大同小异，或设在州县，或设在乡村（通常称“社仓”），但都由地方官府统一管理。常平仓具有政府调节、干预经济的作用，是能履行经济管理职能和社会管理职能的制度设施。

核心概念2：荒政制度

荒政是国家防灾救灾措施的统称，中国历代王朝都极为重视荒政。历代王朝对荒政的重视主要是基于三个现实考虑。首先，作为封建王朝主流意识形态的儒家学说要求统治者实行仁政，仁政的核心就在于以民为本，以民为本的关键又在于保障小农经济以“制民之产”。二是天人感应的谶纬之学，使自然灾害成为对皇帝本人的政治压力。三是自然灾害对农业生产的破坏导致农民抛荒、逃荒，由此产生了严重的流民问题。经过历代的发展，古代中国形成了以仓储、水利为核心，以一整套技术手段和制度安排作为要素的荒政体系，内容规模之大、体系之全、要求之细都是世所独有。

核心概念3：鸠杖

鸠杖又称王杖，起源可追溯到图腾信仰，早期衍生为部落首领及氏族长一类人物的权杖，再普及为老者手扶之拐杖。汉代提倡孝治天下，在此基础之上，汉代朝廷颁行赐杖之制，明确规定年满七十以上的老人能被授予“王杖”。鸠杖制度不仅仅是尊敬老人而已，持杖人还被授予一定特权。如持杖人可自由出入官府，外出时可走驰道，经商免税，犯罪从轻处理。有人殴打、侮辱老人，毁坏王杖可判死罪。鸠杖制度体现了国家对老人的优待，对于提升整个社会敬老爱老的风气具有积极意义，也推进了汉代以孝治理天下的历史进程。

【史学导读】

1. 如何理解古代社会救助与优抚政策的多方面保障功能？

材料一：九惠之教：一曰老老，二曰慈幼，三曰恤孤，四曰养疾，五曰合独，六曰问疾，七曰通穷，八曰振困，九曰接绝。

——（唐）房玄龄注，（明）刘绩补注，刘晓艺校点：《管子》，上海：上海古籍出版社，2015年

材料二：（庄昶）予读钱君依所谓范文公义田记，未尝不叹文正之贤仁于其族；而又不能

不慨于先王之道不能行于天下，而使文正之得以行其私也。

——《古今图书集成·家范典》

导读提示

材料一中管子认为在刚刚主持国政时，要力行“九惠之教”，就是九种惠民政策，分别是老老、慈幼、恤孤、养疾、合独、问病、通穷、振困和接绝（对死于战事或国事的人，拨一定经费给生前旧故完成祭祀之事）。材料二中明代学者庄昶一方面称赞北宋范仲淹兴办义田的义举，另一方面也指出范办义田的最初动机在于为一家族之私。

阅读时，应认识到：中国古代承担社会保障的主体是政府，其救济措施根据内容的不同，可分为灾害性救济、日常贫困救济、养老保障、医疗保障、古代军人优抚保障及其他社会保障，如材料中慈幼、恤孤、合独。另外，民间社会救济作为辅助力量，也发挥了重要作用，尤其是宋代以后兴起的宗族内部救助活动，有效维持了族人的基本生存及宗族社会秩序的稳定，实现了宗族社会持续的惯性发展。

阅读上述材料，应深刻理解中国古代社会保障源远流长，呈现政府救助与民间救济相结合的特点。这些社会救济及优抚措施，主观上来说是统治阶级为稳定社会秩序，巩固统治所采取的政治措施，但客观上对农耕经济进行了适时保障，促进了社会经济发展。同时，弘扬了传统道德，一定程度上有助于中华民族凝合力和内聚力的形成。

2. 如何理解“以民为本”是传统社会救济的思想基础？

材料一：先秦时期百家争鸣，政见歧出，但有识之士对“民生之多艰”大都有深刻认识，同情民众疾苦，要求统治者施行仁政，体恤民生。当时很多思想家都有自己的仁政蓝图，既然是仁政，其中必有社会保障。孔子的仁政理想是“大同社会”，大同社会里的社会保障应当是“使老有所终，壮有所用，幼有所长，矜（鳏）、寡、孤、独废疾者皆有所养”。

——摘自李昌宝、叶世昌：《略论先秦时期的社会保障思想——中国古代社会保障思想的初步形成》，《财经问题研究》，2011 年第 2 期

导读提示

材料指出，春秋战国时期是民本思想的确立和发展时期，民本思想以亲民、爱民重视民意为主。各思想家们尽管政见歧出、学说不同，但在重视对民的研究、强调民的作用和地位方面则是一致的。

阅读时，应认识到：孔子民本思想指导下的仁政蓝图——大同社会，是中国历代统治者所追求的政治理想。要实现这种政治理想，统治者就得重民、惠民、保民、安民，为百姓的基本生活提供社会保障。

通过上述材料，应深刻理解民本思想是中国古代社会保障制度形成的思想基础。民众既是国家政权的统治对象，又是社会赖以存在的基础。民为邦本，要想统治长治久安，必须实施有益于百姓的政策，保障其基本生活，才能稳定社会，巩固政权。

荐读书目

费孝通著：《乡土中国　生育制度　乡土重建》，北京：商务印书馆，2011 年

王子今等著：《中国社会福利史》，武汉：武汉大学出版社，2013 年
宋昌斌著：《中国户籍制度史》，西安：三秦出版社，2016 年
王威海著：《中国户籍制度：历史与政治的分析》，上海：上海文化出版社，2006 年
[法]魏丕信著，徐建青译：《18 世纪中国的官僚制度与荒政》，南京：江苏人民出版社，2003 年

第 18 课　世界主要国家的基层治理与社会保障

一、西方主要国家基层治理的历史与特点

【核心概念】

核心概念 1：西欧庄园制

庄园也叫采邑村庄，它是中世纪西欧封建农业经济的基本组织形式和封建制度的基础。庄园的全部土地属于封建主，封建主可以是国王、大贵族，也可以是一个骑士。庄园以农业为主，手工业为辅，其性质属自给自足的自然经济。劳役地租是庄园的典型剥削方式，庄园的土地一般分为领主自营地和农奴份地两部分，两者呈条状交错在一起。领主自营地要由依附农奴耕种，收获全归领主；农奴则依靠自己份地的收获为生，份地的所有权归领主，农奴子弟继承份地要先向领主交纳继承金。庄园主人的领主地位和农奴的人身依附关系，都是不可改变的身份，世世代代承袭下去。同时，庄园又是一个集政治、宗教、军事、经济等多种性质为一体的组织，庄园的领主对庄园内的农民享有司法权、征税权和政治统治权。随着西欧城市的兴起特别是大规模的农奴起义不断，封建庄园制度逐渐解体。

核心概念 2：西方近代市镇自治

市镇自治，指城市或乡镇实行地方自治制度。产业革命以后，新兴的工业城市兴起，城市人口骤增，地方自治进一步发展。19 世纪，伴随着近代西方政治发展的进程，地方自治先是在意大利各城市发展，然后向北蔓延，出现了近代各国地方自治运动的高潮。1835 年，英国颁布法律，确立了英国近代自治市制度。这一运动的实质是迫使贵族和其他显贵与市民分享权利，并且最终由后者掌握完全的权利。因此，市镇自治是近代西方政治发展的有机组成部分，是全国层次上的代议制的补充。市镇的自治，缓和了中央与地方政府之间的关系，加强了对基层治理的管理；市镇议会的建立也缓解了各郡乡绅之间的争斗，保证了地方政府的相对稳定。

核心概念 3：自治市制度

自治市制度是对地方自治传统的继承与发展，自治市的政府和议会都由当地选民选举产生。在很长历史时期内，英国的地方自治实际上是地方精英或乡绅为了荣誉职位而参与自治体的管理，没有实现地方自治与地方行政的一体化。在英国“光荣革命”之后，随着宪法和法治的推行，地方自治进一步得到发展。1835 年，英国颁布法律，确立了英国近代自治市

制度。自治市制度是资产阶级加强对基层社会权力掌控的重要举措，与资产阶级革命以来中央集权化趋势并行，一定程度上是资产阶级革命在政治上的延续。

核心概念 4：社区治理

社区治理是一个上下互动的管理过程，主要通过合作、协商、确立伙伴关系、确立认同或共同的目标等方式实施对社区公共事务的管理。随着工业革命的开展，城市人口激增，为解决城市弱势群体的住房、治安、环境等问题，政府进行了强力干预，把城市分成若干小区，分区进行救济，形成了以政府为主导的社区治理模式。二战后，以社区居民、志愿团体和居民自治组织为代表的民间力量不断发展壮大，成为政府行动的有力合作者，许多国家开始建立政府与社区共治、多种民间力量参与的社区治理模式。社区实行居民自我管理，不仅提供生活服务、教育、休闲娱乐、福利、卫生保健等，还参与地方政府的决策。社区治理缓和了社会矛盾，维护了社会秩序和政治稳定，使基层治理效率更高、成本更低。

【史学导读】

1. 西方国家基层治理从传统到现代的转变有何特点？

材料一：安格鲁—萨克逊是日耳曼人的一个部落，原始日耳曼就有自由传统。9 世纪英国各镇有镇民大会，选任官员，主持全镇事务。各邑有邑议会，最高地方政府郡有郡议会、警察和郡法院。1215 年大宪章规定国王无自由决定臣民的权力，国王行事要经过贵族议会的同意。资产阶级革命胜利后，英国 1834 年修正《济贫法》，1835 年通过《市制案》，1888 年通过《地方政府案》，各级议会的议员的社会基础更加广泛。1930 年实施《地方自治法》，英国近代自治制度得以普遍确立并逐步完善。

——摘编自白贵一：《论英国地方自治的演进、影响与宪政价值》，《河南师范大学学报(哲学社会科学版)》，2006 年第 1 期

材料二：西方国家地方自治模式可分为两种：一是由本国内部逐渐演变而来的，可称为先天自发型模式，如英美国家；二是由实践政治思想家的民主思想产生的结果，可称为后天习得型模式，以法国为典型。西方国家地方自治具有许多共同点，表现为：以宪法和法律明确划定地方自治权的范围；地方居民对地方事务具有较高程度的参与；地方自治政府的职能主要是社会管理和公共服务；地方政府上下级之间没有行政隶属关系，只有法律上的平等关系和实际管理中的指导关系。

——摘编自吴爱明主编：《地方政府学》，武汉：武汉大学出版社，2009 年，第 341—342 页

导读提示

材料一介绍了英国基层治理从传统到现代的发展脉络，英国的基层治理始终蕴含着浓厚的地方主义色彩。其地方自治传统可谓是历史悠久，并在其后的英国政治中发挥了重要作用。材料二指出西方地方自治模式可分为先天自发型和后天习得型两种，并总结了这两种地方自治模式所具备的共同点。

阅读时，应认识到：西方基层治理的发展过程中，地方自治色彩始终贯穿其中，并在近现代通过立法的方式不断明确地方自治权的范围，推动基层治理向着规范化和法制化的方向发展。

通过阅读两则材料，可深刻理解西方基层治理的主要特点就是实现基层自治。政府实施宏观管理，通过立法和财政对地方实施监督；具体运作由地方政府或基层组织来完成。这是一种逐渐的权力下放机制，增强基层政府在处理本地事务方面的主动权。

2. 西欧城市自治运动产生的根源在哪里?

材料一： 13世纪西欧争取自治的政治斗争植根于封建社会经济的发展中，土地制度的变革，生产力的发展，促进了社会经济流通形式的改变，货币走上了社会经济舞台，才使市民阶层能够借助货币的力量铲除封建特权强加于自由经济活动道路上的障碍。共同的经济利益把自由的各个单一的市民组织成为一个整体，为了共同的政治要求以团体的组织形式与强大的城市封建领主进行斗争，甚至是暴力的斗争，并在此过程中制定了维系这个整体的法律，设立了自治的管理机构，由此加强了城市自治的政治权力。

——摘自王亚平：《13世纪西欧城市自治运动发生的历史原因》，《东北师大学报(哲学社会科学版)》，1996年第2期

导读提示

材料指出，中世纪西欧城市自治运动产生的根本原因在于社会经济的大变革。市民为了自身的政治和经济利益，在同封建领主斗争的过程中，完成了自治管理机构的设置与法律的制定，加强了城市自治。

阅读时，应认识到：小农耕作的出现、农业生产工具的革新、远程贸易的复苏，使农业产品进入到交换流通轨道，自给自足的庄园经济受到冲击。而产品的交换使城市成为社会的经济中心，打破了土地资本的垄断地位；货币的价值提高，增强了城市市民的经济实力，从而推动其争取相应的政治地位。

通过上述材料，要深刻认识到中世纪的城市自治运动，是从封建社会生产出来的，城市反对封建主义的一种表现。它是封建社会经济发展的必然产物，也只有在封建经济发展的前提下，城市自治才能有保证。

二、现代社会保障制度的建立与发展

【核心概念】

核心概念1：现代社会保障体系

现代社会保障制度是随着人类社会从农业社会向工业社会的迈进而形成发展的，是社会前进的产物。工业革命提高社会生产力的同时，也带来社会风险的多样化、复杂化和常态化。为保障劳动者在疾病、工伤、残疾、失业、生育、年老、死亡等不幸发生时的基本生活，保障机器大生产的劳动供给，制度化保障成为必然选择。现代社会保障制度主要由社会救济、社会保险、社会福利、社会优抚和商业保险五部分组成。其发展大致经历了四个时期：一是英国颁布施行《新济贫法》的萌芽时期；二是德国出台社会保险法的初步建立时期；三是美国颁布《社会保险法》的正式确立时期；四是“福利国家”建立的发展时期。现代社会保障制度是资本主义社会生产力发展到一定阶段的产物，改善了广大人民群众的生活，缓和了社会矛盾，有利于经济的发展。但是，过度的社会保障加重了国家财政负担，容易助长懒惰行为。

核心概念 2：福利国家

福利国家是指承担维护和增进全体公民基本福利或社会福利职责的国家。福利国家的实质是一种国民收入再分配形式，即国家运用社会保障政策和社会服务开支，来保障个人和家庭的最低收入，保证所有公民能享受到较好的社会服务。资金主要来源于国家补贴、企业缴纳和个人缴纳。福利国家采取的政策具有以下特征：累进税制与高税收；普遍覆盖于全民共享；政府负责与保障全面；社会保障的“高水平性”。福利国家促进了经济的稳定与发展，缓和了社会矛盾，稳定了社会秩序，缩小了贫富差距，维护了资本主义制度。但是，也造成了失业率居高不下，出现养懒人的情况。同时，削弱了企业竞争力，导致逃税、资本和人才外流以及国家财政不堪重负等情况。

核心概念 3：中国特色社会保障体系

我国所构建的社会保障制度是社会保障制度一般的本质特征与中国社会主义基本经济制度相结合的产物，有不同于西方社会保障制度的特殊性。中国社会保障制度受到国家政权代表全国人民根本利益所进行的指导和约束，受到公有制为主体和按劳分配原则约束，要让全体人民共享经济发展的成果，突出社会保障的人民性，这是社会主义保障制度的本质特征。我国的社会保障制度经历了从计划经济时代到改革开放和现代化建设时代的曲折发展。前期为“国家—单位保障制”，其特点为国家负责、单位包办、全面保障、封闭运行，但缺乏效率；后期为“国家—社会保障制”，是政府主导、责任共担、合理保障、多层次的社会化保障制度。目前，我国已初步形成一个以社会保险、社会福利、优抚安置、社会救助和住房保障为主要内容的具有中国特色的新型社会保障体系，彰显了中国特色社会主义的优越。

【史学导读】

1. 现代社会保障制度形成过程有何特点？

材料一：德国是最早实行社会保险制度的国家。1883 年德国颁布《疾病保险法》，对工资劳动者实行强制疾病保险，费用由雇主承担 30%，雇工承担 70%。1884 年又颁布《工伤保险法》，推行费用全部由雇主承担的工伤保险制度。1889 年的《养老保险法》规定，对 75 岁以上的工人及公务员提供养老金，费用由国家、雇主及雇工三方分担。

——摘自丁建定：《试论近代晚期西欧的社会保障制度》，《史学月刊》，1997 年第 4 期

材料二：大危机促使美国政府致力于社会保障事业，1933 年在罗斯福的倡议下国会通过了《联邦紧急救济法》，拨款 5 亿美元补助各州进行劳动救济和失业救济，1935 年通过的《社会保障法》是第一个由联邦政府承担义务的、全国性的、以解决老年和失业问题为主体的社会保障立法。此后的半个世纪中，历届总统又有许多新的倡议，于是医疗保健、教育、住宅等方面的社会保障也逐步建立起来。

——摘编自陈宝森：《美国经济与政府政策：从罗斯福到里根》，北京：世界知识出版社，1988 年，第 754 页

导读提示

材料一说明了德国是最早实行社会保险制度的国家，通过强制实行医疗保险、工伤保险、养老保险，建立起德国现代社会保障体系。材料二说明罗斯福新政时期建立起了一个以失业和老年保险以及救济为主的社会保障制度，确立起了美国现代社会保障制度，并在之后

不断完善。

阅读时，应认识到：德国社会保险制度的出现是现代社会保障制度产生的标志。它将社会保险纳入制度化保障机制，完成了由济贫时代的不确定性、临时性到稳定性、经常性的转变。另外，雇员、雇主和国家共同出资，真正确立了社会责任与风险的共同分担机制。罗斯福《社会保障法》的出台，以立法的形式确认了政府在社会保障中应承担的责任与义务，实现了由之前的单纯救济行为向社会保障的转变。

阅读这两则材料，应深刻理解现代社会保障制度，改变了传统社会济贫的恩赐性质，已经成为现代社会中政府的责任与义务。保障的项目从过去的分散、零星转向全面、系统的保障。社会保障的对象也从传统社会中的贫民转向全体雇佣劳动者，再转向全体国民，实现对全体社会成员的普遍保障。

2. 中国社会保障制度对社会主义现代化建设有哪些作用？

材料一：劳动者是家庭收入和社会财富的创造者，国家通过立法，建立社会保障基金，对劳动者在因年老、失业、疾病、工伤、生育而退出劳动领域或减少劳动收入时，给予经济补偿，降低劳动风险，为劳动者及其家庭编织了一张社会安全网。社会保障属于国民收入的二次分配，更注重公平原则，以缩小社会收入分配差距。这对快速发展变革的社会尤为重要，是实现社会主义本质中“消除两极分化”的重要举措。社会保障制度是经济社会运行的“减震器”。特别是在经济增长出现大的波动时，它通过保障低收入群体的基本生活来防止出现大规模的对前途失望的群体，从而减少可能引发的社会震荡。

——摘编自胡晓义：《中国社会保障制度析论》，《中国社会科学院研究生院学报》，2009年第5期

导读提示

材料从三个方面归纳了中国现代社会保障制度的功能。中国现代社会保障制度是劳动者及其家庭的“完全网”，是国民收入分配的“调节器”，是经济社会运行的“减震器”。

阅读时，应认识到：中国现代社会保障制度关系着亿万劳动者的切身利益，通过社会保障建立起来的社会安全机制，减少社会动荡，为社会主义现代化建设提供稳定的社会环境；对国民收入的分配与再分配，缩小贫富差距，彰显社会主义的本质，对经济社会的全面协调可持续发展有重要作用。

通过阅读上述材料，可以深刻理解中国社会主义保障制度在社会主义现代化建设中的多方面功能：政治上实现社会稳定；经济上调节收入差距；社会上促进社会公平，实现社会和谐。

荐读书目

陈国申著：《从传统到现代：英国地方治理变迁》，北京：中国社会科学出版社，2009年
[法]托克维尔著，董果良译：《论美国的民主》，北京：商务印书馆，1989年
姚玲珍编著：《德国社会保障制度》，上海：上海人民出版社，2011年
丁建定著：《西方国家社会保障制度史》，北京：高等教育出版社，2010年
李琮主编：《西欧社会保障制度》，北京：中国社会科学出版社，1989年

选择性必修二

经济与社会生活

第一单元

食物生产与社会生活

第1课　从食物采集到食物生产

一、人类早期的生产与生活

【核心概念】

核心概念1：食物采集者

食物采集者是指早期人类和动物一样，靠在荒野中猎捕动物、采集食物为主，完全依赖大自然的恩赐生存。在一个地区，人类无法获得足够的食物，必须分成小群生活。人类在长期的食物采集中，逐渐熟悉植物、动物周期性生活，并逐渐观察到这种规律，为后来农业与动物的驯养提供了必要可能。

核心概念2：食物生产者

人类开始有意识地管理动植物，干预其自然的生长周期，就是从事食物生产活动。开始的食物生产是低水平的，很大程度上还要依赖渔猎和采集的食物维持生存。发展后期则有半数以上的食物来自农耕加畜牧，或只是农耕，或只是畜牧，人类才真正成为了食物生产者。

核心概念3：农业革命

人类开始栽培农作物与饲养家畜的崭新的劳动实践活动，以及由此引起的在生产生活方式乃至整个社会制度、思想文化上所产生的一次巨大变革。农业的出现使人类从食物的采集者转变为食物的生产者，初步改变了人类纯粹依赖自然资源的状况，导致了社会分工形态的变化，使人类有条件从事各种物质文化活动，为阶级的产生奠定了基础，铺平了向国家发展的道路，人类进入文明社会。

【史学导读】

1. 如何理解农业的出现是多种因素的结果？

材料一：农业(确切地说是农耕和畜牧)是在特定条件下和特定地域内才能产生的。其特定条件是：更新世冰期的影响不能太强也不能太弱。太强则使人类无法生存，如欧洲北部及美洲北部地区……因此，农耕的产生只能在特定的地域——第四纪冰川期影响适度的地球中纬度地区，这一地区包括西亚两河流域、南美安第斯山地区、黄河及长江流域。这里的冰期作用适度，既导致人类食物来源减少，同时又没有欧美北部那样的严寒而使人类不能生存。这里的人们在食物相对多一些的季节采集一些食物以备乏食季节需要的过程中，对植物有了一些新的认识，又在贮藏过程中将食物尝试种植，从而萌发了农业行为。

——摘编自徐旺生：《农业起源和传播对中西早期文明发展影响的比较研究》，《古今农业》，1997 年第 1 期

材料二：不断增加的人口(伴随着环境变迁和变化了的社会环境条件)可以或多或少地造成持续不断的适应策略调整，人口在时间上的任何一点都可以在几种适应策略中选择，但只有一种策略即通过使用农业技术增加资源，从长时期来说是大多数群体的可行选择，其他选择不是提供暂时性的解决办法，延缓而不是阻止农业的到来，就是走向进化终点。

——摘自[美]马克·纳森·科恩著，王利华译：《人口压力与农业起源》，载《农业考古》，1990 年第 2 期

导读提示

材料一表明原始农业的出现是在特定时空条件下发生的，由于第四纪冰期的到来导致人类食物来源减少，迫使人类必须用新的方式来解决食物短缺的问题，而地球中纬度地区又不是过于寒冷，人类勉强能生存，会在食物相对多一些的季节采集一些食物以备乏食季节需要，这一过程中人类萌发了农业行为。材料二则表明农业的出现是因为人口的大量增长，迫使人类改变原有的采集渔猎方式维持生存。

阅读时，应认识到：农业的出现既是自然环境发生巨变的结果，同时也是因为当时人口压力接近载能，旧的平衡模式被打破，为提高生产力而改造和控制环境的做法被优先选择，从而推动农业出现的结果。

通过阅读两则材料，可以深刻理解农业的出现原因的复杂性，是多重因素的结果，不是单一因素的结果。

2. 怎样认识农业革命的影响?

材料一：农业的诞生为人类社会文明的确立奠定了坚实的物质基础。农业诞生后，人类在稳定的农业与畜牧业生产中获得了稳定的、较充裕的生活资料来源，人类开始定居下来，逐渐形成村落和城镇；人口数量也由此而急剧增长，分布的区域空前扩展，社会分工与产品交换也相继出现。人类剩余产品的积累和集中产生了前所未有的物质文明，使得一批人能够脱离物质生产领域而从事脑力劳动进行精神文明的创造。随着农业生产剩余产品的不断积累，社会成员之间产生了贫富分化，从而导致阶级压迫的出现，不同的社会等级与阶级也就产生了，进而导致了具有管理社会生产生活与调节社会成员之间冲突职能的国家政治制度的问世。

——摘编自李世安、孟广林等著：《世界文明史》，北京：中国人民大学出版社，2002 年，第 6 页

材料二：农业一直被当作定居生活的必要条件。对人来说，流浪生活不值得效法，农业的发明与定居生活使人口增加，由此才开辟了通往文明的道路等。这些都是 19 世纪的学者们的想法。但是在现代正进行着狩猎采集活动的流浪性民族看来，定居才是真正的疯狂。……的确，定居给人类生活带来了一些好处。但与此同时，由于垃圾及废弃物被丢在居住地附近，啮齿类动物及昆虫滋生，危害人类的野生动物亦在周围徘徊。再者，天花、麻疹、霍乱及其他的传染病亦容易发生。可以说，对于人类，定居生活并不是只有好的一面。

——摘编自[日]森本和男，宋小凡译：《农耕起源论谱系(上)》，《农业考古》，1989 年第 1 期

导读提示

材料一论述了农业的出现不仅使人类获得了稳定的生活来源，人口大量增长，有了定居生活，城镇得以出现，还为精神文明的创造奠定了基础，推动了国家的出现，人类得以跨入文明时代。材料二则论述了农业的出现，定居生活的开始也给人类带来环境危害、疾病等方面的负面影响。

阅读时，应认识到：农业是文明产生的物质基础，剩余产品的出现促进了私有制产生、阶级的分化、国家的产生，也推动了人类精神文明的发展。与此同时，伴随着农业产生、定居生活的开始，环境、疾病等问题也开始困扰着人类。

通过阅读两则材料，可以深刻理解任何事物的产生发展都有其两面性，即使是农业革命这样对人类有如此大作用的事件都有其消极影响，人类应尽可能将其负面影响降到最低，为可持续发展而努力。

二、不同地区的食物生产与社会生活

【核心概念】

核心概念1：灌溉农业

通常指以水利灌溉设施为保障，是一种能排能灌，满足作物对水分要求以获得稳产高产的农业。灌溉的作用除满足水分的需要外，还可以调节土壤温度、湿度、土壤空气和养分，并提高土地的生产能力，是相对旱作农业（无补充灌溉水源的地区高效利用自然降水，包括通过集雨措施以达到有限增产的农业）而言。西亚的两河流域、非洲的尼罗河流域、南亚的印度河和恒河流域、中国的黄河和长江流域，灌溉农业发达。

核心概念2：水利工程

为消除水害和开发利用水资源而修建的工程。按其服务对象分为防洪工程、农田水利工程、水力发电工程、航道和港口工程、供水和排水工程、环境水利工程、海涂围垦工程等。古代主要是农田水利工程，由于没有输水管道，只能是通过水渠引水，水利工程修建之后，就可以使得大量的农田得到充足的水源，这是粮食产量的根本保证。古代人类史上很多文明古国都重视水利工程，如古埃及、古印度及中国。

核心概念3：精耕细作

中国古代农业的生产模式，指的是在一定面积的土地上，投入较多的生产资料、劳动和技术，进行细致的土地耕作，最大限度提高单位面积产量。铁农具的使用和牛耕的推广是精耕细作技术发展的基础。耕作技术的进步，水利设施逐渐完善也是推动精耕细作发展的重要条件，主要以家庭为单位进行耕作。萌芽于夏商周时期，成形于战国、秦汉、魏晋南北朝时期，扩展于隋唐宋辽金元期，深入发展于明清时期。

【史学导读】

1. 如何理解农业起源地的多元性？

材料一：在农业起源地方面，历来有多元论和一元论之争。多元论认为，世界各地均有独立的农业起源地。除苏联植物学家瓦维洛夫通过对大量栽培物种变异形成中心的研究，发现世界上有八个栽培作物起源中心地区之外，美国植物学家哈兰则将世界主要农耕起源地划分为六个。两人都将中国划为一个独立起源中心。以美国地理学家索尔代表的一元论者主张农业首先在某一特定的区域发生，再向世界各地传播。中国的学者大多主张多元论，特别拥护中国是独立的农业起源地的学说。其中何炳棣在1969年出版的《黄土与中国农业的起源》，以大量的文献资料和科学论据雄辩地论证中国的农业起源于黄土高原，成为中国农业本土起源论的杰出代表。

——摘编自古为农：《中国农业考古研究的沿革与农业起源问题研究的主要收获》，《农业考古》，2001年第1期

材料二：农业起源无疑是人类史前史的重大事件，它标志着人类从食物采集向食物生产的过渡，Gordon Childe将农业起源视作"新石器革命"中最重要的构成要素之一。目前确认近东地区、中国、中美洲、南美洲、美国东部五个地区为农业起源的原生区。此外，还有四个"候选"地区(非洲萨赫勒地带、热带西非、埃塞俄比亚、新几内亚)。

——摘自彭鹏：《试论近东地区的农业起源——以植物的栽培和驯化为中心》，《四川文物》，2012年第3期

导读提示

材料一指出不论是美国还是苏联的植物学家都认为农业起源地是多元的，且中国都被视为农业起源中心之一，尤其是中国学者何炳棣用大量的文献资料和科学论据雄辩地论证中国的农业起源于黄土高原。材料二中也认为世界有多个农业文明起源地，中国也是其中之一。

阅读时，应认识到：农业文明起源地是多元的，不是单一的，有大量证据证明中国就是农业起源地之一。

通过阅读上述材料，可以深刻理解中国是人类农业起源地之一，在这个过程中逐渐形成了定居的农业部落，中华文明由此产生。由此，可以证明中国具有悠久的历史文化传统。

2. 如何理解中国史前农业在世界史前农业中的地位？

材料一：中国以长江、黄河两大流域为基础，南北形成稻作粟作史前两大农业系统的格局，这在世界史前农业史上是独一无二的。相对于世界其他国家或地区而言，中国无疑是自成完整体系的农业起源重要中心之一，也是史前农业地理分布广阔、保持着持续性发展的一个国家。……整治旱田长期采用火耕(烧田)耜耕相结合的方式，整治水田长期采用火耕、踏耕、耜耕相结合的方式，水稻种植中又较早出现了田间小型灌溉系统。诸方面都显示出鲜明的本土特征和历久性传统，其中一些项目或品种属于中国首先起源或原产，有的还向世界逐渐传播，产生了较深远的影响。

——摘编自任式楠：《中国史前农业的发生与发展》，《学术探索》，2005年第6期

材料二：就史前农业的发展来看，中国的史前农业在世界上有着突出的地位。中国南北地区不仅早就有了不同的粮食生产，而且掌握了多种作物的栽培技术和驯养了多种家畜，考古发现出土史前农作物的地点之多和数量之大，不仅都是世界考古中最多的，而且是独一无二的；农作物最早的年代也是属于世界考古中年代最早之列，其时间跨越之长、延续之久，在世界史前农业中是罕见的。

——摘自吴耀利：《中国史前农业在世界史前农业中的地位》，《农业考古》，2000年第

3 期

导读提示

材料一指出中国是史前农业地理分布广阔、保持着持续性发展的一个国家，已具备田间小型灌溉系统，有鲜明的本土特征，有的项目或品种属于中国首先起源或原产，有的还向世界逐渐传播，产生了较深远的影响。材料二则指出中国不仅早就有了不同的粮食生产，而且掌握了多种作物的栽培技术和驯养了多种家畜，考古发现的史前农作物的地点之多和数量之大，都是世界考古中独一无二的。

阅读时，应认识到：中国史前农业地理分布广阔、掌握了多种作物的栽培技术和驯养了多种家畜，有了田间灌溉系统，并向世界其他地区扩展，中国史前农业在世界史前农业中地位突出。

通过阅读上述材料，可以深刻理解中国不仅是人类农业起源地之一，且中国史前农业在世界史前农业中地位是突出的，对人类文明的发展具有很大贡献。

三、生产关系的变化

【核心概念】

核心概念 1：生产关系

人们在物质资料的生产过程中形成的各种经济关系和社会关系。包括生产资料所有制形式、人们在生产中的地位和相互关系、产品分配形式，其中生产资料所有制形式是生产关系的基础，决定生产关系的性质。

核心概念 2：阶级

社会生产发展到一定阶段的产物。由于农业的出现，生产力有了极大进步，人类生产的产品有了剩余，氏族内部出现了贫富分化，在经济上处于不同地位的社会集团或人群共同体形成了不同的阶级。阶级的划分是由人们在特定的社会经济结构中所处的不同地位和结成的不同关系决定的。

核心概念 3：国家

经济发展到一定阶段而必然使社会分裂为阶级时的产物。国家不是从来就有，而是社会分裂为不可调和的对立面而又无力摆脱时的产物。国家是从社会中产生又居于社会之上，并日益同社会脱离的力量，但同时又是整个社会的正式代表。国家具有调和阶级矛盾和冲突的职能，是阶级统治的暴力机构，但同时也具有社会职能，如进行公共工程建设等经济职能。

【史学导读】

1. 如何理解国家是阶级矛盾不可调和的产物？

材料一：国家是维护一个阶级对另一个阶级的统治的机器。当社会上还没有阶级的时候，当人们还在奴隶制时代以前，在较为平等的原始条件下，在劳动生产率还非常低的条件下从事劳动的时候，当原始人很费力地获得必需的生活资料来维持最简陋的原始生活的时候，没有产生而且不可能产生专门分化出来实行管理并统治社会上其余一切人的特殊集团。只有当社会划分为阶级的第一种形式出现时，当奴隶制出现时，当某一阶级有可能专门从事最简单的农业劳动而生产出一些剩余物时，当这种剩余物对于奴隶维持最贫苦的生活并非绝对必需而由奴隶主攫为己有时，当奴隶主阶级的地位已经因此巩固起来时，为了使这种地位更加巩固，就必须有国家了。

——摘自：《列宁选集》第四卷，北京：人民出版社，2012 年，第 31 页

材料二：由于产品交换的腐蚀作用，更由于剩余产品的增多使得剥削成为可能，一些氏族族长或首领不仅开始将一般产品化为私有，而且逐渐将某些生产资料占为己有。这样，这部分人就逐渐成为私家拥有土地、畜群的部落显贵，蜕变为富有的阶层。随之，他们开始将战俘与掠来的外族人口变为自己无偿劳动的奴隶。随着部落之间战争的不断增加与部落权贵对氏族公共财产的侵夺，大多数普通氏族成员日益贫困，有的甚至沦为债务奴隶。随着私有制的产生发展，在氏族成员内部所出现的贫富分化、贵贱差别，日益扩大。……氏族在部落内部贫富分化与阶级对立日益尖锐，外部战争日益扩大的情况下，作为新的社会管理机构与阶级压迫的工具国家，就在氏族部落机构之外建立起来。

——摘编自李世安主编：《世界文明史》，北京：中国人民大学出版社，2002 年，第 6 页

导读提示

材料一讲述了原始条件下，在劳动生产率非常低，还没有出现阶级的条件下，国家不可能出现。材料二则认为当氏族内部出现贫富分化与阶级对立时及外部战争日益扩大的情况下，国家就会产生。

阅读时，应认识到：只有当社会出现剩余产品，有了阶级分化后，才会出现一个暴力机器，即国家才会出现。

通过阅读两则材料，可以明白不管是私有制或者国家都是社会发展到一定阶段的产物，也必将随着生产力的发展而走向消亡。

2. 如何理解原始农业的出现对家庭的影响？

材料一：恩格斯发现家庭是“随着社会的发展而发展，随社会的变化而变化”的。他指出：早期社会人们共同生活，共同拥有财产，但受限于人们落后的生产力水平，所能得到的生活资料十分有限，人们共同拥有生活资料。但随着生产力水平的进步，人们拥有了更好的工具，可以获得更多生活资料，在满足正常的生存需求之外会产生剩余，这一部分生活资料的产生衍生出了私有制。早期社会男女分工是由女子负责采摘，男子负责打猎，在这种分工中，男子付出的体力与劳动更多，获得的生活资料也就更多。但在群婚制和母权制之下，无论一个男人拥有多少生活资料，一旦男女双方解除了伴侣关系，男性的一切财产都要归属于女子所在的氏族。私有制的产生突出了男人在劳动中的地位和重要性，于是在接下来的发展中母权制被废除，父系社会产生了。同时，为保证自己劳动所得的财产确凿无疑地被自己的亲生孩子继承，家庭婚姻形式成为了一夫一妻制。

——摘自万婷伟：《浅探恩格斯的家庭观——读〈家庭、私有制和国家的起源〉》，《青年与社会》，2020 年第 25 期

材料二：群婚制是人类处于捆绑着大量无序性关系的原初状态，随着社会规范的确立，群婚制向对偶婚制过渡。对偶婚制时期发生了“人类所经历的最深刻的革命之一”从母系氏

族向父系氏族的转变，这是由畜群和其他新的财富出现推动的私有财产确立和继承制构成的二重动力的统一。集生物性与社会性于一体的专偶制家庭是最高家庭形态，但其矛盾仍无法调和：男性对私产的绝对占有使他们为保障社会性支配而建立起男性统治的法律、宗教与道德，以剥夺女性的生物性权利。

——摘自彭秋尧：《论恩格斯对马克思历史唯物主义的阐发——〈以家庭、私有制和国家的起源〉为例》，《学理论》，2021 年第 4 期

导读提示

材料一认为早期社会人们共同生活，共同拥有财产，共同拥有生活资料，是没有家庭存在的。随着生产力水平的进步，人们拥有了更好的工具，可以获得更多生活资料，私有制产生，且由于男人在劳动中的地位和重要性，才有了以男人为重心的家庭产生。材料二则认为由于私有财产的确立，人类终于建立起了以男性为主的家庭。

阅读时，应认识到：由于原始农业的出现，人类由母系氏族向父系氏族的转变，人类建立起了以男性为主的家庭。

通过阅读上述材料，可以深刻理解由于生产力的进步，会极大改变人与人之间的社会关系，而生产关系的改变又会进一步推动生产力的进步。

荐读书目

马克垚主编：《世界文明史》，北京：北京大学出版社，2004 年

［美］威廉·麦克尼尔著，施诚等译：《世界史：从史前到 21 世纪全球文明的互动》，北京：中信出版社，2013 年

［美］汤姆·斯坦迪奇著，杨雅婷译：《舌尖上的历史：食物、世界大事件与人类文明的发展》，北京：中信出版社，2014 年

［美］保罗. 弗里德曼编，董舒琪译：《食物：味道的历史》，杭州：浙江大学出版社，2015 年

第 2 课　新航路开辟后的食物物种交流

一、美洲物种的外传

【核心概念】

核心概念 1：食物物种交流

食物物种交流主要是指农作物、家畜的长距离移动。原始农业产生前，物种交流都是罕见的，自人类开始驯化动物，并开始大范围迁移后，物种交流逐渐增多，但主要在邻近的地区或各大洲内部进行，也有少量跨洲的食物物种交流。直到 1500 年前后，由于新航路开辟，物种交流的全球化时代才真正到来，此后更快捷的交通和旅行持续推动着物种交流。

核心概念 2：新航路开辟

新航路开辟也俗称地理大发现，是 15 世纪末到 16 世纪初，欧洲人开辟的从欧洲绕道非洲到达东方和横渡大西洋前往美洲的航路。15 世纪的欧洲，商品经济快速发展，对货币的需求急剧增加，加之奥斯曼土耳其帝国控制了原有的亚欧之间通过地中海进行贸易的通道，从而使得欧洲新兴资产阶级迫切需要找到一条通往东方的新航路。新航路的开辟使人类第一次建立起跨越大陆和海洋的全球性联系。各个大洲之间的相对孤立状态被打破，世界开始连为一个整体。但另一方面，也给美洲和亚洲等国家带来了沉重的灾难。

核心概念 3：美洲

美洲的全称是亚美利加洲，是唯一一个整体在西半球的大洲。美洲在新航路开辟前不为亚欧人知晓，是一块神秘的大陆。1499 年，意大利航海家亚美利哥·维斯普奇随同葡萄牙人奥赫达所带领的船队沿着哥伦布所走过的航路向前航行，到达美洲大陆。亚美利哥对南美洲东北部沿岸作了详细考察，编制了最新地图，并撰写书籍，叙述“发现”新大陆的经过，并对大陆进行了绘声绘色的描述和渲染。亚美利哥向世界宣布了新大陆的概念，学者们就以亚美利哥的名字为新大陆命名，以表彰他对人类认识世界所做的杰出贡献。

【史学导读】

1. 如何理解美洲食物对世界发展的贡献？

材料一：玉米、土豆、甘薯三大粮食作物都具有产量高，生长快，对土肥水要求低，对气候适应性强，播种期长，耗功少，受病虫害的影响小，便于储藏，可多种加工等许多优点。它们的广泛传播和全面普及，极大地增加了粮食产量，养活了越来越多的人口。玉米在世界各地发挥的作用都很大，今天是仅次于小麦、大米(水稻)的第三大粮食作物。……土豆在西方发挥的作用比在东方大得多。……甘薯在东方所发挥的作用大于西方，在中国的作用则是最大的。甘薯特别适合中国的地形土壤气候条件和中国人的口味，加上中国人口最多，密度也最大，因而中国的甘薯产量和播种面积早已居世界首位。……总之，美洲三大粮食作物的传播在很大程度上推进了农业物质文明和饮食革命。

——摘编自张箭：《论美洲粮食作物的传播》，《中国农史》，2001 年第 3 期

材料二：尽管新世界植物物种在数量上少于旧世界，然而在这种全球性的互动、交流中新世界对旧世界最有价值、影响最大的食用作物主要有：玉米、豆类、番石榴、花生、马铃薯、甘薯、木薯、美国南瓜、菠萝、番茄、辣椒、可可等。而人类学家认为，原产美洲的玉米、马铃薯、木薯、甘薯、向日葵、花生、菜豆、烟草、可可豆和棉花 10 种作物已经迈入当今世界最重要的 30 种作物之列。美洲作物的确是人类潜在的能源宝藏，仅玉米、马铃薯、甘薯等高热量食物就足以让世界感恩的了，再加上番茄和辣椒、豆类等蔬菜作物乃至烟草、棉花等经济作物，所有这些美洲作物在旧大陆的扩散和传播，实现了空前的生态扩张和全球“生态农业革命”，它们的到来不仅大大促进了人口的增殖、改变了人类的生活方式，平衡了饮食结构和饮食口味，而且还益智健康，提升了精神愉悦，最终推动了欧洲和世界财富的巨大增长乃至欧洲 18 世纪中期以后取得世界经济优势和政治、军事霸权。

——摘自曹瑞臣：《作物改变世界——以马铃薯对爱尔兰的历史影响为例》，《生态经济》，2012 年第 8 期

导读提示

材料一表述了美洲的玉米、土豆、甘薯三大粮食作物产量高，生长快，生长条件又不高等优势，极大推动了世界范围内的农业物质文明和饮食革命。材料二则表明美洲的粮食作物、蔬菜作物，还有经济作物在旧大陆的扩散和传播，实现了空前的生态扩张和全球“生态农业革命”，不仅平衡了饮食结构和饮食口味，而且还益智健康，提升了精神愉悦，最终推动了欧洲和世界财富的巨大增长。

阅读时，应认识到：美洲人培育的食物物种对人类做出了巨大贡献。

通过阅读两则材料，可以深刻理解人类自古以来就是“命运共同体”，每一个地区的文明都在人类历史上留下过辉煌的印记，没有哪个地区或文明天生就是先进或落后的，我们应该尊重每一个文明，力图建立一个美美与共的人类命运共同体。

2. 如何理解辣椒传入中国的时间及路径？

材料一：

表 1　全国各省方志中辣椒最早记载情况表

省份	最早年份	所查方志
浙江	1671	《山阴县志》
辽宁	1682	《盖平县志》
湖南	1684	《邵阳府志》
河北	1697	《深州志》

——摘编自张慧媛：《辣椒在中国的选择性传播及其影响》，《现代食品》，2021 年第 4 期

材料二：华东沿海是辣椒传入中国的主要渠道之一。需要指出的是，虽然方志记载有一定的偶然性，但同一信息两地记载相差半个世纪以上，还是可以认定先后次序的。辣椒传入中国无非两条路径——陆路和海路，从海路上看，浙江辣椒种植比福建、台湾、广东、广西都要早 70 年以上，可以认定浙江是辣椒从海路传入中国的最早落地生根点，这是辣椒传入中国的第一条路径。

——摘自蒋慕东、王思明：《辣椒在中国的传播及其影响》，《中国农史》，2005 年 2 期

导读提示

材料一中叙述了各省方志中辣椒最早记载情况，可以发现处于沿海的浙江出现辣椒记载是最早的。材料二叙述了浙江是辣椒从海路传入中国的最早落地生根点。

阅读时，应认识到：辣椒是外来物种，且主要是从海路传入中国沿海，并传播到全国的。

通过阅读两则材料，可以深刻理解由于新航路开辟使得人类真正成为一个整体，全球物种进行了大交流，由美洲传入中国的花生、辣椒、马铃薯等物种大大丰富了中国的农作物品种，改变了中国人的饮食结构，还促进了中国粮食总产量的巨大增长。

二、其他地区物种在美洲的推广

【核心概念】

核心概念1：粮食作物

是对谷类、薯类及豆类作物的总称。粮食作物有营养，可以储存很长时间，其中小麦、水稻、玉米占世界食物的一半以上。粮食作物是世界上大多数人的食物来源。

核心概念2：经济作物

有某种特定经济用途的农作物。按其用途分为：蔬菜作物（西红柿、茄子、辣椒等）、纤维作物（棉花等）、油料作物（花生、油菜等）、糖料作物（甜菜、甘蔗等）、饮料作物（茶叶、咖啡等）、嗜好作物（烟叶）、药用作物（人参、灵芝等）。经济作物通常具有地域性强、经济价值高、技术要求高、商品率高等特点，对自然条件要求较严格，宜于集中进行专门化生产。

【史学导读】

1. 如何理解甘蔗在美洲传播所带来的影响？

材料一：由于欧洲人对蔗糖的需求源源不断，蔗糖很快在欧洲市场上获得了价格优势，种植园主们也顺应形势变化，逐渐转向种植甘蔗和生产蔗糖。“西印度人很快发现他们更大的利润来自甘蔗，因为烟草可以在弗吉尼亚大量种植并且在那里种植的烟草比在西印度任何地方种的都多。因此，尽管圣基茨、巴巴多斯和马提尼克这些地方最先种植的作物是烟草，但是到17世纪中期时，殖民者们已经普遍放弃它而选择种植甘蔗了。”……尽管种植甘蔗和生产蔗糖需要前期投入更多，但它却为种植园主们带来丰厚的利润回报。

——摘编自王倩：《“蔗糖革命”的历史考察》，《黑龙江史志》，2015年第2期

材料二：西班牙和葡萄牙的种植园主最初征募美洲劳动力，但疾病与过度工作引起的大量死亡让种植园主开始用非洲奴隶替换美洲土著。种植和收割甘蔗不仅需要艰辛的体力劳动，还需要仔细规划以求产量的最大化。甘蔗砍下后很快会变干，必须将其送到磨坊里，用巨大的碾子榨取汁液。到18世纪才开始使用机械力压榨甘蔗。娴熟的奴隶技工将甘蔗熬成糖浆，撇去杂质，然后倒入锥形的模具中。在干燥了几个星期之后，深色的糖会沉至底部，被用来制作朗姆酒，而上面白色的晶体则会留给欧洲市场。

——摘自[美]杰弗里·M. 皮尔彻著，张旭鹏译：《世界历史上的食物》，北京：商印书馆，2015年，第38页

导读提示

材料一叙述了甘蔗在美洲的传播，给种植园主们带来丰厚的利润回报且美洲种植园经济得到快速发展。材料二中则叙述了甘蔗种植及蔗糖生产过程中，美洲黑奴的悲惨命运。

阅读时，应认识到：甘蔗等作物在美洲的引种，不仅改变了欧洲的食物结构，也极大地推动了美洲种植园经济的发展，但却引发了大规模的黑奴贸易，黑奴遭受了残酷的折磨。

通过阅读上述材料，可以深刻理解物种的传播与交流，在推动区域经济发展的同时，也会带来了生产关系的巨大变化，会给某些人群带来巨大灾难。

2. 如何理解欧亚物种传入对美洲影响?

材料一: 美洲人没有太多驯养的家畜,而且他们已拥有的家畜也不擅长迁徙。与此不同,亚欧大陆的物种在被运到美洲后就繁荣兴盛起来。牛、山羊、绵羊、猪和马是引入的最重要的动物物种。它们在美洲都找到了空闲的生存空间,特别是牛和马可以在潘帕斯、利亚诺斯和佩利的广阔草原上自由生长。新的动物为美洲印第安人提供了新的动物蛋白质来源,而在1492年前印第安人都相对缺乏这些蛋白质。这些家畜还提供了皮革和羊毛。马和牛提供了重要的畜力,使人们第一次可以在美洲土地上开垦耕种。有轮子的车辆和更多种类的驮畜也提高了交通运输的可能性。这些变化扩展了美洲商业和专业化生产的潜能。

——摘自约翰·麦克尼尔:《世界历史中的物种交流》,《全球史论》第4辑,北京:中国社会科学出版社,2011年

材料二: 从中世纪晚期近代早期的15世纪下半叶至17世纪下半叶,发生了探险大航海和地理大发现。欧洲人向新发现地区大规模殖民和大量移民,从此开始了全球物种的大交流包括全球农业文明的交流。美洲特有的作物玉米、甘薯、马铃薯、烟草、橡胶等传入旧大陆,后来又传入大洋洲;旧大陆的作物水稻、小麦、油菜籽、甘蔗、麻类等,家畜猪、马、牛、羊、驴、骡、骆驼等,家禽鸡、鸭、鹅等也传入美洲。

——摘编自张箭:《人类食物结构演变初论》,《经济社会史评论》,2016年第1期

导读提示

材料一指出欧亚的动物物种传入美洲为印第安人提供了新的动物蛋白质来源、新的动物皮革和毛发,还提供了马和牛这样重要的畜力,提高了交通运输的可能性,这些变化扩展了美洲商业和专业化生产的潜能。材料二则指出因新航路的开辟,不仅是欧亚的粮食作物,还有大量的家禽牲畜也传入美洲,极大推动了美洲农业发展,改变了美洲的动物群落。

阅读时,应认识到:新航路的开辟使得大量欧亚物种传入美洲,改变着美洲这块新大陆的农业结构,改变了美洲的动物群落,影响着美洲人的社会生活。

通过阅读上述材料,可以深刻理解新航路的开辟就是一场全球物种的大交流,是双向的,不是单向的。我们不仅要看到美洲物种传播带给世界的震撼,同样不能忽视外来物种带给美洲的影响。

三、食物物种交流带来的影响

【核心概念】

核心概念1:水土流失

是指由于自然或人为因素的影响,雨水不能就地消纳,顺势下流,冲刷土壤,造成水分和土壤同时流失的现象。主要原因是地面坡度大、土地利用不当、地面植被遭破坏、耕作技术不合理、土质松散、滥伐森林、过度放牧等。水土流失的危害主要表现在:土壤耕作层被侵蚀、破坏,使土地肥力日趋衰竭;淤塞河流、渠道、水库,降低水利工程效益,甚至导致水旱灾害发生,严重影响工农业生产;水土流失对山区农业生产及下游河道带来严重威胁。中国是世界上水土流失最严重的国家之一。我国水土流失分为五个阶段:第一阶段在原始农业时

期，基本维持自然侵蚀；第二到第四个阶段在传统农业时期，人为导致水土流失，尤其是清中叶时适合于山地种植的玉米、花生等外来旱地农作物的普遍推广，水土流失更为严重；第五个阶段是现代农业时期，水土流失更为严重，但近期治理已初见成效。

核心概念 2：生态环境

是指影响人类生存与发展的水资源、土地资源、生物资源以及气候资源的数量与质量的总称，是关系到社会和经济持续发展的复合生态系统。生态环境保护主要包括自然环境、地球生物、人类环境三大类。2021 年中央一号文件有关生态环境保护部分，从大的框架来看，重点包括两方面：农业绿色发展、农村人居环境整治。其中，有耕地保护，加强水生生物资源养护；食品安全监管，发展绿色农产品；推进荒漠化、石漠化、坡耕地水土流失综合治理和土壤污染防治等重要内容。

核心概念：食物结构

人们消费的食物总量中不同种类食物的数量和比重。世界上各个国家，由于自然条件、经济发展水平、民族生活习惯各不相同，因而食物结构千差万别。合理的食物结构，既应做到满足人体各方面的生理需要，又不至于造成营养成分的浪费。新航路开辟前，世界各区域文明人群的食物结构相对单一。之后，全球物种大交流，很大程度上改变了人们的饮食习惯，改善了各地的食物结构，深刻影响着人类的日常生活。

【史学导读】

1. 如何理解新航路开辟对中国及世界经济贸易的影响？

材料一：开辟新航路的活动敲响了欧洲迈向资本主义新时代的钟声。新航路的开辟，使商路和商业中心转移，改变了西欧各国的经济地位。同时，它也加强了西欧与世界各地区、各民族之间的联系，贸易范围空前扩大，世界市场开始形成。欧洲人用横渡大西洋、太平洋和印度洋的航行代替了在地中海的航行，因而使世界贸易商路也从地中海区域转移到大西洋沿岸。地中海区域的意大利商业城市逐渐丧失了原来独占东方贸易的地位而日趋衰落；而位于大西洋沿岸的城市的经济地位却越来越重要。

——摘自杨凤霞、宁波：《对新航路开辟的历史影响的探析》，《牡丹江师范学院学报（哲学社会科学版）》，1999 年第 1 期

材料二：马尼拉大帆船输送到亚洲的商品除了白银之外，还有贸易价值不高但生态意义极大的物品，那就是玉米、红薯、花生、土豆、辣椒等美洲的农作物。它们被引进中国后，引起了中国的“第二次农业革命”，使中国的耕地面积和人口规模都增长了一倍，与种植水稻和谷子相比，美洲作物需要投入的劳动较少，因此，能腾出更多的劳动力生产丝绸、茶、糖等经济作物，同时，由于人口增加和内部移民，边疆地区的重要性也提高了。可以说广义的银丝贸易从根本上改变了中国的经济结构和中国的历史进程。

——摘自韩琦：《美洲白银与早期中国经济的发展》，《历史教学问题》，2005 年第 2 期

导读提示

材料一讲述了新航路的开辟改变了西欧各国的经济地位，使欧洲商路和商业中心发生转移，加强了西欧与世界各地区、各民族之间的联系，贸易范围空前扩大，世界市场开始形成。材料二则讲述了美洲作物的传入引起了中国的“第二次农业革命”，使中国的耕地面积

和人口规模都增长了一倍，在很大程度上改变了中国的经济结构和中国的历史进程。

阅读时，应认识到：新航路的开辟，由于全球物种的大交流、大交换，不仅影响着欧洲，使欧洲成为世界贸易的中心，同时也影响着中国，极大促进了中国商品经济的发展，也使得世界市场雏形开始形成。

通过阅读两则材料，可以明白新航路的开辟不仅是食物物种在全球范围内流通，改变人们的饮食结构，使世界人口激增，同时也推动了世界各地经济和贸易发展。在全球日益一体化的今天，中国应该抓住机遇，扩大开放力度，为建立新的国际经济秩序而努力。

2. 如何理解新物种的引进对生态环境的影响？

材料一：在巨大的人口压力下，全国各地都加大了对山地的开发强度，尤其是适于山地种植的玉米、花生、甘薯、马铃薯等外来旱地农作物在清中期普遍推广后，山地开发明显加速。一些地区“遍山漫谷，皆包谷矣”，甘薯“处处有之”，而马铃薯的传入更使高寒山地成为种植区，致使大量陡坡旱地、山坡地、丘陵地被开发，水土流失加重。至20世纪上半叶，社会矛盾尖锐激化，政局动荡变革，水旱灾害频繁，水土流失进一步加剧。

——摘自方修琦等：《中国水土流失的历史演变》，《水土保持通报》，2008年第1期

材料二：美洲土著人已经懂得他们要永远享有这些资源，就必须谨慎地使用，要利用资源，但不要把它耗尽。……接纳欧洲人的家养动物和基督教的到来，改变了直到那时还存在的人与自然之间的关系，欧洲模式建立起来了，自然生态系统逐渐失去了他们的价值……事实上，没有什么比在一定时期内破坏一片沼泽地或者平地上的森林更容易了。破坏这些地带是为了在那里建立牧场，而不是寻求改善这些自然环境的条件。

——摘编自[墨西哥]拉乌尔·巴拉德斯·阿苏亚，习文译：《欧洲人抵达前后中美洲的人和动物》，《第欧根尼》，1993年第1期

导读提示

材料一认为外来旱地农作物在清中期普遍推广后，山地开发明显加速，水土流失加重。材料二则叙述了新航路开辟前，美洲土著人对生态环境的呵护，之后由于大量外来动植物的引入，极大改变了美洲的生态环境，美洲生态遭到严重破坏。

阅读时，应认识到：全球物种的大交流、大交换不管是对亚洲的中国还是对美洲，都带来了一定的生态破坏。

通过阅读上述材料，可以深刻理解在全球化过程中，我们对外来物种的引进应该持谨慎态度，既要考虑到经济价值，也要考虑当地的可持续发展，要有生态保护意识。

荐读书目

陈良伟著：《世界近代前期生活习俗史》，北京：中国国际广播出版社，1996年。

柯大课编著：《世界中世纪生活习俗史》，北京：中国国际广播出版社，1996年。

[美]斯塔夫里阿诺斯著，吴象婴等译：《远古以来的人类生命线：一部新的世界史》，北京：中国社会科学出版社，1992年。

[美]拉尔夫等著，赵丰等译：《世界文明史》上卷，北京：商务印书馆，1998年。

[法]费尔南·布罗代尔著，顾良等译：《15至18世纪的物质文明、经济与资本主义》第

一卷，北京：生活·读书·新知三联书店 2002 年版。

第 3 课 现代食物的生产、储备与食品安全

一、食物生产的现代化

【核心概念】

核心概念 1：现代农业

现代农业是与传统农业相对应的发达农业，是历史的、动态的概念。现代农业以广泛应用现代科学技术、普遍使用现代生产工具为重要标志。2007 年中央一号文件对现代农业作出了科学的表述和概括：现代农业即“用现代物质条件装备农业，用现代科学技术改造农业，用现代产业体系提升农业，用现代经营形式推进农业，用现代发展理念引领农业，用培养新型农民发展农业”。现代农业的产生和发展，将大幅度地提升农业劳动生产率、土地生产率和农产品商品率，使农业生产、农村面貌和农户行为产生重大变化。

核心概念 2：农业现代化

农业现代化是传统农业通过不断应用现代先进科学技术，提高生产过程的物质技术装备水平，不断调整农业结构和农业的专业化、社会化分工，以实现农业总要素生产率水平的不断提高和农业持续发展的过程。农业现代化的内涵包括人均生产率的现代化、资源的利用效率现代化、产品质量的现代化和环境和谐的现代化。简而言之，农业现代化即是由传统农业向现代农业转化的历史过程，是繁荣国民经济的必由之路。

核心概念 3：杂交育种技术

是指对作物的不同品种间进行杂交，并对其杂交后代进行培育、选择以育成新品种的育种方法。遗传类型不同的生物体相互交配或结合而产生杂种的过程谓之杂交。由于杂交可以实现基因重组，能分离出更多的变异类型，可为优良品种的选育提供更多的机会。依据杂交时通过性器官与否，可分为有性杂交和无性杂交；依据杂交亲本亲缘远近不同，可分为远缘杂交和种内杂交。目前杂交育种多指种内品种间有性杂交育种。杂交育种是提高农作物产量和品质的主要技术，也是目前国内外育种者广泛应用且卓有成效的一种育种途径。

【史学导读】

1. 为什么说实现农业机械化对农业具有巨大的推动作用？

材料一：毛泽东同志早在农业合作化时期就指出：“中国只有在社会经济制度方面彻底地完成社会主义改造，又在技术方面，在一切能够使用机器操作的部门和地方，统统使用机器操作，才能使社会经济面貌全部改观。”

——摘自凌岩著：《农业现代化论》，上海：学林出版社，2000 年，第 186 页

材料二：农业机械化对实现农业现代化意义重大，首先它可以改善农业生产经营条件，

提高农业劳动力生产效率,减轻劳动强度,进一步提高可用耕地和劳动边际生产率,可以增强农业抗自然风险的能力;其次它能够提高农民生活水平,促进农民增收致富和推动农村劳动力转移就业,而农民收入的提高又能有效地促进农村经济的发展和农村社会的稳定;最后它促进了农业生产技术的提高和发展,可以实施保护性耕种,进而最大限度地减小土地荒漠化、玉米和小麦秸秆焚烧等破坏生态环境耕种方式和行为,起到改善农村生态环境的功效。

——摘自邹进泰、彭玮、肖艳丽著:《"四化"背景下的粮食安全问题研究》,武汉:湖北科学技术出版社,2014 年,第 212 页

导读提示

材料一中毛泽东同志指出在农业领域实现机械化操作将影响社会经济面貌改变。材料二直接指出农业机械化的实现对农业现代化的推进具有积极作用。

阅读时,应认识到:传统的农业作业主要靠人力和畜力来完成,耕作质量不高、效率低下,人力劳动强度又有限。农业机械化就是运用先进机械设备生产代替人畜力的手工劳动,实现农业机械化操作,可以解决人力和畜力在农业生产中解决不了的难题,对农业生产效率的提高无疑带来革命式的影响。

通过阅读上述材料,可以深刻理解农业机械化是农业现代化的物质基础,是改善农业生产条件、提高劳动生产率、增加农民收入等的重要途径。实现农业机械化是农业的根本出路。

2. 如何理解中国农业现代化发展的必要性和重要性?

材料一: 有数据显示,我国人均耕地面积不到世界平均水平的 40%,且中低产田占总面积的 2/3 以上;接受过系统职业技术教育的农民不足 5%;农业劳动生产率仅相当于国内第二产业劳动生产率的 1/8 和第三产业的 1/4 左右。然而,我国农业不仅要解决十几亿人口的吃饭问题,还要满足工业原料不断增大的需求。据估算,粮食需求每年增长 80—100 亿斤,而资源约束将更加突出。与此同时,农业还承担着农民增收、确保食品质量安全的任务。面对这些挑战,传统的农业增长方式显然难以应对。

——摘自靖宝庆主编:《现代农业与食品加工》,南宁:广西人民出版社,2010 年,第 27 页

材料二: 目前,我国正处于工业化中后期、城镇化加速推进的关键时期,农业占 GDP 的比例虽然仅为 10%左右,但农业的基础地位不仅不能改变,而且会更加突出和强化。农业的现代化发展关系着国家粮食安全,关系到 13 亿多人口的吃饭问题、6.4 亿农村人口的就业与增收问题,关系到我国工业化、城镇化、信息化发展的稳步推进,关系到统筹城乡、区域协调与可持续发展的长远战略。

——摘自刘彦随等著:《中国农业现代化与农民》,北京:科学出版社,2014 年,第 1 页

导读提示

材料一指出我国农业存在着人均耕地面积少,中低产田占比高,农业劳动力素质偏低和农业劳动生产率低下等问题,传统的农业增长方式难以应对现代经济发展带来的诸多挑战。材料二指明当前我国农业的现代化发展对整个国民经济具有重要的战略意义。

阅读时,应认识到:我国农业的现代化发展是国民经济现代化的安全基石。农业的现

代化既是促进粮食生产稳定发展和农民持续增收的必然要求，也能为工业化、信息化、城镇化提供物质、人力资源以及广阔的市场，是“四化同步”发展的重要基础。

通过阅读上述材料，可以深刻理解我国农业在国民经济发展中扮演着十分重要的角色。实现国家现代化，必须以农业现代化作为保障和前提；实现国民经济的快速发展，必须将农业现代化作为发展的基石。

二、食物储备技术的进步

【核心概念】

核心概念 1：粮食储备

粮食储备从广义上讲是指为了应对因粮食生产波动和规避市场价格波动风险而进行的粮食储存行为。联合国粮农组织（FAO）第 18 次会议曾给粮食储备下过定义：粮食储备指的是在新的作物年度开始时，可以从上一年底收获的作物中（包括进口）得到的粮食储备量，也称为结转储备量。按照储备主体的不同，我国的粮食储备可划分为战略储备、后备储备（专项储备）、周转储备和民间储备四大类型。其中，战略储备和专项储备的主体是政府，周转储备的主体是企业，民间储备的主体是农业生产者。粮食储备的功能包括调节市场、救灾备荒和应付战争等突发事件。粮食储备是保障粮食安全，稳定市场粮价的重要因素。

核心概念 2：低温储粮技术

低温储粮就是利用低温条件或机械制冷设备，降低仓内储粮温度，并对储粮进行隔热保冷，确保粮食在储藏期间的粮堆平均温度维持在低温（15℃）或准低温（20℃）以下的一种粮食储藏技术。低温储粮是一项无污染的科学、经济储粮方式，对改善稻谷和油类作物的储存品质，具有良好的保鲜作用。国家主管部门非常重视低温储粮的推广应用。低温储粮符合社会需求和发展，对提高我国粮食储藏保护技术水平，促使我国粮食储藏保护技术与国际水平接轨，确保我国的优质粮食在入市后开拓国际市场，均具有重要意义。

核心概念 3：冷链物流

冷链物流是指将易腐、生鲜食品在生产、储藏、运输、销售直到消费前的各个环节中始终处于规定的低温环境下，以保证食品品质、减少损耗、防止污染的特殊供应链系统。它是随着科学技术的进步、制冷技术的发展而建立起来的，以冷冻工艺学为基础、以制冷技术为手段的低温物流过程。冷链物流的特殊性体现在需要特别的运输工具，需要注意运送过程、运输形态、时间掌控等。与一般常温物流系统相比，冷链物流除具有动态性、增值性、面向用户需求等基本特点外，还具备复杂性、协调性和高成本性特点。冷链物流是物流业的重要组成部分，其发展不仅对国民经济的发展具有重要意义，而且对百姓的优质生活起到了直接的促进作用。

【史学导读】

1. 怎么从我国粮食储备制度的历史演进认识粮食储备的重要性？

材料一：据考证，我国粮食储备早在新石器时代就已开始。我国有文字记载的储备活动可以追溯到公元前，在出土的甲骨文中可以找到零星的记述。在夏朝，仓储制度开始成为国家的一项重要财政制度。商代国王武丁认为，惟事事，乃其有备，有备无患。到西周，储备的地位与作用已明确为统治者所认识，储备机构初具形态。粮食专仓储备制度创于春秋战国，秦继之，汉盛之，隋规模宏大，称之为"资储遍于天下"。

——摘自亢霞等著：《我国粮食现代储备体系建设探析》，北京：经济管理出版社，2019年，第18页

材料二： 1949年，新中国成立，由于政治经济形势不稳定，人民政权面临着各种反对势力的破坏，无良资本家又囤积居奇，不断抬高商品价格，粮食市场一日三价。为保障大城市的粮食供应，稳定粮食价格，党中央和人民政府通过调用政府储备粮干预市场。数据显示，1950—1952年三年间，粮食市场总交易量的30%—40%是政府储备粮。政府利用储备粮调控粮食市场打击了投机行为，有效平抑了粮食价格，稳定了社会，为新政权的巩固奠定了坚实的基础。1952年，随着农业生产的逐渐恢复，粮食生产得到发展，中央政府建立起较为稳定的粮食储备量以调剂市场与救灾之用。

——摘自刘颖等著：《新时期我国粮食储备政策与调控体系研究》，北京：人民出版社，2016年，第49—50页

导读提示

材料一表明我国粮食储备的历史悠久，统治者很早就认识到"积谷防饥"的重要性，先秦便开始建立起粮食专仓储备制度，历代沿袭。材料二指出新中国建立初期，党和政府利用政府储备粮调控市场，稳定了粮价和社会秩序，巩固了新生的人民政权。

阅读时，应认识到：在我国，不同历史时期不同政权都十分重视建立粮食储备制度。粮食储备是维护国家粮食安全的重要内容，有利于政府利用储备调控粮食供求，是保证经济秩序、维护政权稳定的基础条件。

通过阅读两则材料，可以看出从古至今我国的粮食储备制度经历了一个由简到繁，逐渐完善规范的发展过程。当前，我国从中央到地方已建立起规范化的粮食储备体系，为国民经济持续快速健康发展提供重要保障。

2. 建立农产品冷链物流体系的作用何在？

材料一： 由于没有完整的冷链物流体系，导致严重的农产品损失，每年腐败变质的农产品折合人民币达3.7亿元，这大大影响了农民的收入。发展冷链物流一方面有利于降低农产品的损耗，提高农民的纯收入；另一方面通过冷链流通的规范化发展，促进整个产业的发展，提高农业生产的效率，从而向市场提供更多更好的农产品，促进市场的繁荣，而市场的繁荣将更进一步激发农民的生产积极性，提升农业集约化水平，稳定供给，从而形成良性循环。

——摘自郭慧馨著：《中国农产品冷链物流产业发展问题研究》，北京：中国财富出版社，2012年，第10页

导读提示

材料表明农产品流通过程中极易产生腐败变质等情况，造成不必要的损失，影响农民的收入。建立农产品冷链物流体系既能增加农民收入，还能提高农业效率，促进城乡市场繁荣发展。

阅读时，应认识到：我国农产品在流通环节的损失率很高，对农民以及整个农业产业的发展都造成了巨大影响。农产品冷链体系的建立恰恰可以解决当前农产品流通过程中遇到的安全性、品质控制等一系列问题。

通过阅读该则材料，可以深刻理解农产品流通不畅日益成为现代农业和农村经济发展的重要制约因素。随着我国全面建成小康社会，人们对于鲜活农产品的需求量不断增加，对农产品的内在品质和流通过程控制也越来越重视，大力建设与完善农产品冷链物流体系已成为当前迫在眉睫的一项重要工作。

三、消除饥饿与食品安全

【核心概念】

核心概念 1：粮食安全

粮食安全是一个动态的、综合的国际性概念，包括国家、区域、家庭、个人的粮食安全，是由数量、质量、消费、生态等方面构成的广义的粮食安全。不同的国家在不同的历史发展阶段，对粮食安全的概念会有不同的理解。联合国粮农组织对粮食安全的定义具有广泛的通行性。1974 年，联合国在罗马召开世界粮食大会，第一次提出了粮食安全的概念，即"保证任何人在任何时候，都能得到生存和健康所需要的足够食物"。1983 年 4 月，联合国粮农组织粮食安全委员会通过了粮食安全的新定义，即"确保所有人在任何时候，既能买得到又能买得起他们需要的基本食物"。2001 年在德国波恩召开的世界粮食大会又提出了粮食可持续安全的概念，它要求粮食供给必须考虑消费者利益，确保人身健康和安全，在生产上不能只顾数量，要提高食物质量，丰富品种；不能滥施农药、化肥及各种激素，要向消费者提供无污染、无公害，能增强健康、延年益寿的粮食和其他食物；不仅要满足当代人的粮食供给和需求，还要顾及后代人的粮食安全，确保粮食可持续安全。由此可见，粮食安全问题已由单一的数量安全问题转变为数量安全问题、质量安全问题、消费安全问题、生态安全问题四者的相互叠加。

核心概念 2：食品安全

食品安全是指食品（食物或农产品）的种植、养殖、加工、包装、贮藏、运输、销售、消费等活动符合国家强制标准和要求，不存在可能损害或威胁人体健康的有毒有害物质以导致消费者病亡或者危及消费者及其后代的隐患。食品安全既包括生产安全，也包括经营安全；既包括结果安全，也包括过程安全；既包括现实安全，也包括未来安全。食品安全是国家安全的重要组成之一，关系到国家和社会的稳定发展，关系到每个公民的生命和健康。

核心概念 3：联合国粮农组织

是联合国粮食及农业组织（FAO）的简称，于 1945 年 10 月 16 日在加拿大魁北克正式成立，1946 年 12 月成为联合国专门机构，总部设在意大利罗马，现成员共有 194 个成员国、1 个成员组织（欧洲联盟）和 2 个准成员（法罗群岛、托克劳群岛）。该组织宗旨是提高人们的营养水平和生活标准，改进农产品的生产和分配，改善农村和农民的经济状况，促进世界经济的发展并保证人类免于饥饿。1979 年 11 月，第 20 届联合国粮农组织大会决定将 1981 年

10 月 16 日确定为首届世界粮食日，以后每年的这一天都作为“世界粮食日”，在该组织各成员国举行相关活动，以唤起世界对发展粮食和农业生产的高度重视。联合国粮农组织在加强世界粮食安全，促进环境保护与可持续发展，推动世界农业技术合作等方面发挥着重要作用。

【史学导读】

1. 如何理解粮食安全对国家安全具有重要战略意义?

材料一：在现代国际政治中，粮食一直是重要的政治筹码，它可以与军事、能源、金融等相配合，形成更为庞大的国家战略，在国际政治中发挥着巨大的作用。在物质文明高度发达的现代社会，粮食仍是保障国家经济安全的基础，保证国家主权安全的战略物资。

——摘自张型双、庞柏林著：《粮食是一种武器——粮食战略资源的经济理论分析》，北京：中国财富出版社，2016 年，第 2 页

材料二：1949 年，以美国为首的西方国家对中华人民共和国实行包括粮食在内的全面封锁和商品禁运政策，企图通过破坏粮食供给，引发社会动乱，颠覆新生的社会主义中国。1963 年，全球粮食危机，苏联粮食严重短缺，以美国为首的西方国家又对社会主义苏联实行最严厉的粮食封锁。1965—1967 年间，美国限制对印度的粮食出口，这一举措最终迫使印度在美国侵略越南战争中站在中立一方。20 世纪 80 年代，“粮食武器论”盛行，美国把限制粮食出口作为遏制苏联、争夺世界霸权的一大手段，使苏联在粮食危机中解体。随着全球经济一体化进程以及区域性、国家间贸易限制、经济摩擦和制裁等情况的频繁出现，粮食的政治属性更为凸显。

——摘自郭江平、吴国珍著：《新时代中国粮食安全研究》，武汉：武汉大学出版社，2018 年，第 18 页

导读提示

材料一指出在现代国际政治中粮食是重要的政治筹码，是保障国家经济安全的基础，是保证国家主权安全的战略物资。材料二表明粮食封锁禁运和限制进出口等方式成为一些西方大国在二战后经常使用的外交胁迫手段，粮食成为国际政治博弈的一种资本。

阅读时，应认识到：粮食既是维持人们生存的最基本的生活资料，又是事关国家安全的重要战略物资。国家安全是一个国家政治的根本，而粮食安全是国家安全体系的重要内容。粮食安全与经济安全、政治安全、社会安全、主权安全、军事安全、科技安全、生态安全、资源安全等都存在重要的依存关系，粮食安全已成为国家安全的基石和支柱。

通过阅读两则材料，可以深刻理解国家粮食安全的极端重要性。对于一国而言，必须把粮食安全作为政治经济生活中的头等大事抓紧抓好。正因如此，以习近平同志为核心的党中央立足世情、国情、粮情，始终把解决好吃饭问题作为治国理政的头等大事，强调“中国人的饭碗任何时候都要牢牢端在自己手上”“我们的饭碗应该主要装中国粮”，提出了“以我为主、立足国内、确保产能、适度进口、科技支撑”的国家粮食安全战略。

2. 怎样认识粮食安全与食品安全的关系?

材料一：食品安全与粮食安全的主要区别是：一是粮食与食品的内涵不同。粮食是指稻谷、小麦、玉米、高粱、谷子及其他杂粮，还包括薯类和豆类，而食品的内涵要比粮食更为广

泛。二是粮食与食品的产业范围不同。粮食的生产主要是种植业，而食品的生产包括种植业、养殖业、林业等。三是评价指标不同。粮食安全主要是供需平衡，评价指标主要有产量水平、库存水平、贫苦人口温饱水平等，而食品安全主要是无毒无害、健康营养，评价指标主要是理化指标、生物指标、营养指标等。

——摘自李锐等著：《中国食品安全发展报告·2017》，北京：北京大学出版社，2017年，第9页

导读提示

材料表明食品安全与粮食安全存在的主要区别，既包括基本概念内涵差异，又包括产业范围差异，还包括评价指标差异。

阅读时，应认识到：粮食安全和食品安全是既有联系又有区别的一对概念。粮食是主要的食品，粮食生产是食品生产的重要组成部分，但食品及食品生产的内涵还具有更广泛范畴。粮食安全侧重于数量安全，食品安全侧重于质量安全。

通过阅读该则材料，可以深刻理解粮食安全和食品安全是人类社会演进的不同阶段面临的两个历史性难题。粮食安全问题起源于食物匮乏，食品安全问题产生于食物中有害物质的存在。从历史发展的角度看，粮食安全问题先于食品安全问题。随着社会生产力的提升和粮食贸易的展开，粮食安全问题越来越缓和，但产业化和市场经济对食品生产、消费的日益渗透，食品质量的不安全因素却在逐渐增加。

荐读书目

凌岩著：《农业现代化论》，上海：学林出版社，2000年

耿明斋等著：《中国农业现代化：困惑与探索》，北京：社会科学文献出版社，2015年

刘颖等著：《新时期我国粮食储备政策与调控体系研究》，北京：人民出版社，2016年

尹成杰著：《粮安天下——全球粮食危机与中国粮食安全》，北京：中国经济出版社，2009年

武文编著：《民以食为天：粮食生产与粮食安全》，北京：中国民主法制出版社，2016年

赵士辉主编：《食品安全》，天津：天津古籍出版社，2012年

第二单元

生产工具与劳作方式

第4课　古代的生产工具与劳作

一、农业工具的变化

【核心概念】

核心概念1：生产工具

又称劳动工具，是人们在生产过程中用来对劳动对象进行加工的物件，它被用于劳动者和劳动对象之间，起传导劳动的作用。从原始人的石斧、弓箭，到青铜器、铁器，再到现代化的各种各样的机器、工具、技术设备、电子计算机等，都同样起着传导劳动的作用，均属生产工具。生产工具的先进和落后，反映了社会生产力的发展水平。生产工具的不断改进，标志着人类征服自然能力的加强。

核心概念2：刀耕火种

刀耕火种是新石器时代残留的农业经营方式，又称迁移农业，为原始生荒耕作制。刀耕火种是指，人们先以石刀、石斧把森林、灌木砍倒，然后放火焚烧，捡出树根和石块后，用尖头的木棒挖坑播种。

核心概念3：铁犁牛耕

春秋战国时期产生，是我国古代农业的最主要生产方式，推动了生产力的发展和井田制的解体。唐朝的农业迅速发展，其重要原因之一是铁犁牛耕进一步推广。在黄河流域乃至今甘肃、新疆地区，铁犁牛耕已普遍用于农业生产。

【史学导读】

1. 如何认识农业生产工具在社会生产发展中的作用?

材料一：春秋战国时期社会生产力的巨大发展即是从铁器的使用开始的。铁农具的产生标志着石器时代的彻底终结，是原始农业向传统农业过渡的决定性因素，其作用主要表现在以下三个方面：

（1）铁农具为兴修大型水利工程提供了物质上和技术上的基础；

（2）铁农具促进了粗放农业向精耕细作技术体系的转化；

（3）铁农具为封建帝国的发展和强大提供了强大的动力。

总之,铁农具伴随着人类社会从远古走来,从它诞生之日起,就以其极大生命力影响着农业生产,影响着人类社会的发展,为封建帝国的强盛做出了巨大的贡献。

——摘编自王宝卿:《铁农具的产生、发展及其影响分析》,《南京农业大学学报(社会科学版)》,2004 年第 3 期

材料二:唐代曲辕犁的普及,不仅促进了农业生产的发展,对以后我国犁耕的发展也有重要的、深远的影响。……唐代曲辕犁的出现,由于犁架变小和牵引方法的改进,使笨重的二牛抬杠发展为一牛挽拉,又大大地节省了畜力,这对推广和发展牛耕有深远的意义。

——摘编自宋兆麟:《唐代曲辕犁研究》,《中国历史博物馆馆刊》,1979 年第 7 期

导读提示

材料一表明铁农具产生的伟大意义,标志着石器时代的彻底终结,推动了原始社会向奴隶社会的转型。材料二则论述了唐代曲辕犁对后世农业的重要影响。

阅读时,应认识到:我国传统农业发展最核心的工具就是铁制农具和曲辕犁。而曲辕犁的普及,节省了畜力,对推广和发展牛耕有深远的意义;铁质农具的广泛使用影响着农业生产,影响着人类社会的发展,为封建帝国的强盛做出了巨大的贡献。

通过阅读两则材料,可以深刻理解农业生产工具在社会生产发展中的决定作用。

二、手工业工具的进步

【核心概念】

核心概念 1:纺织机

又叫纺机、织机、棉纺机等,古代的纺织机是依靠人力带动的织布机。纺织机就是把线、丝、麻等原材料加工成丝线后织成布料的工具全称。元朝后,纺织机成为农耕家庭不可或缺的生产工具。

核心概念 2:提花织机

是一种具有提花设备、能在织物上织出花纹的织机,最早运用于商周时期,汉代大量使用,考古发现的汉代提花织物主要是文绮、文锦和文罗。

核心概念 2:水排

古代一种利用水力推动革囊鼓风的冶铁装置。建武七年(公元 31 年),杜诗创造了利用水力鼓风铸铁的机械水排。最初的鼓风设备叫人排,用人力鼓动。继而用畜力鼓动,因多用马,所以也叫马排。直到杜诗时改用水力鼓动,称水排。

【史学导读】

1. 如何认识手工工具在手工业发展中的作用?

材料一:杜诗发明的“水排”,以河水为动力,通过机械装置,将水轮的圆周运动变为连杆的直线运动,往复循环,风囊连续开合,不断将空气送入冶炼炉内。该机具有动力、传动和工作三个主要机构……水排鼓风技术的广泛应用,不但把人力、畜力解脱了出来,而且提高功效好几倍,有力地推动了冶炼业的发展。对后代的机械设计和制造也产生了深远

的影响。

——摘自杨明扬：《水排和杜诗》，《中国水利》，1996 年第 6 期

材料二：多综提花装置是中国早期古代提花织机核心技术，在中国科技史上具有重要地位。成都老官山提花织机兼收并蓄了前人在提花织造方面的成功经验，是当时中国生产丝织品特别是锦的典型织机，是丝绸之路上中国织物的技术，后来随着丝绸的传播而传播，这对丝绸之路中国文化外传具有极为重要的意义。

——摘自龙博、赵丰：《中国古代早期提花织机的核心：多综提花装置》，《丝绸》，2020 年第 7 期

导读提示

材料一指出水排的发明用了河水作为动力，对冶炼业发展有巨大推动力。材料二中说明成都老官山提花织机在提花织造方面的成功经验，对丝绸之路中国文化外传具有极为重要的意义。

阅读时，应认识到：冶炼业与纺织业是我国古代手工业的典型代表，杜诗的"水排"用水力作为动力，用了机械装置，解放了人力、畜力，提高了功效；成都老官山提花织机在提花织造方面的改进，对织物技术进行了改进，有利于中国文化的外传。

通过阅读上述材料，可以深刻理解手工工具在手工业发展中的突出作用，这也是中国古代传统手工业长期以来领先世界的密码。我们要充分认识到，传承传统手工业工具的历史文化价值和意义。

三、劳作方式的发展

【核心概念】

核心概念 1：劳作方式

劳作方式泛指劳动方式。从广义上说，劳动方式是指劳动者在生产过程中所采取的劳动组织形式，具体包括劳动组织者之间和劳动组织内部的分工和专业化协作形式、劳动成员之间的关系，以及劳动组织的规模与状态等。从狭义上说，劳动方式即指劳动者个体进行生产活动时的行为方式或"操作"方式。农业家庭式劳作、农业庄园式劳作、手工业家庭式劳作与作坊式劳作是古代典型的劳作方式。

核心概念 2：男耕女织

指在一个经济实体中，男子从事农业，与女子从事纺织业相结合的生产方法。男耕女织的生产单位最初出现在原始社会末期，后来出现在奴隶主庄园以及个体农民家庭中。男耕女织是与手工劳动及低下的生产力相伴随的，在很长的一个历史时期里成为农业与家庭手工业结合的基础，成为自然经济的标志。

核心概念 3：农业庄园式劳作

农业庄园式劳作是指劳动者在封建主占有和经营的大片地产，包括一个或若干个村庄里进行劳动，仍然是自给自足的经济单位，劳动工具和劳动方式和男耕女织的农业家庭式劳作没有本质的差别。以欧洲中世纪早期的封建领主庄园式劳作最典型，我国封建时代皇室、

贵族、大地主、寺院等占有和经营的大田庄，也是农业庄园式劳作。

核心概念 4：官营手工业

官营手工业是指工匠集中在官府设立的作坊内，使用官府供给的原料，制作加工官府指定的产品。由政府直接经营，进行大作坊集中生产，凭借政府的权力，集中大量优秀工人，生产不计成本，采用上等原料，故产品大多美观。官营手工业一直在世界占据领先地位。也正由于它在生产上不计工本、浪费严重、极低的劳动生产率，又封锁工艺技术，极大地阻碍了民间手工业的发展，其官僚衙门式的经营管理，更是遗害深远。

【史学导读】

1. 中国古代农业的特点和意义是什么？

材料一：中国古代农业的特点：一是农业技术的主流是精耕细作；二是以种植业为中心、农牧结合、综合经营的广大农区与以游牧为主的广大牧区同时并存和相互补充；三是各地区、民族农业发展的不平衡。我国不同地区、不同民族存在着不同类型的农业文化，我国古代农业是在这些不同类型的农业文化的相互交流和融汇中向前发展的。中国古代农业是一个多元交汇的体系，多元交汇和精耕细作构成中国古代农业的基本特点。

——摘自李根蟠：《中国农业史上的“多元交汇”——关于中国传统农业特点的再思考》，《中国经济史研究》，1993 年第 1 期

材料二：农业是古代世界最重要的生产部门。社会的存在、文化的发展，有赖于农业基础的稳固。一个国家、一个民族，只有在其本身农业保持长盛不衰，或能够从外部取得农产品可靠供应的条件下，其文化和历史才能持续发展；如果农业衰落或中断了，其文化和历史就难以为继。

在中华民族的开化史上有发达的农业，它在农艺和单位面积产量等方面达到了古代世界的最高水平。它的一系列发明创造不但领先于当时的世界，而且对东亚和西欧农业的发展产生了深刻的影响。中国农业土地利用率很高，但耕地种了几千年而地力不衰，外国人叹为奇迹。

——摘编自李根蟠著：《中国古代农业》，北京：商务印书馆，1998 年，第 3 页

导读提示

材料一指出了中国古代农业的特点，尤其是多元交汇和精耕细作。材料二则论述了中国古代农业的地位和作用，以及对亚洲乃至对世界的影响。

阅读时，应认识到：对中国古代农业特点的归纳，既要结合中国地理环境的地区性差异，又要考虑农业本身的特点。关于农业的意义，突出了农业这个经济基础是中华文明的火炬何以长明不灭的重要原因，同时强调了我国农业的世界地位以及对世界的影响。

通过对两则材料的对比阅读，可以看出古代中国农业的特点与其历史地位之间的内在逻辑，要站在中国传统文化和历史的高度认识我国农业的地位。据此可知，结合中国特殊的国情，对古代农业的当代实践意义，要有新的认识。

2. 中国式小农经济的现代意义是什么？

材料一：今日之小农经济已远非传统小农经济，与大规模经营相比，其农业技术水平、农业机械化程度以及生产效率都大大提高。“半工半耕”的小农经济模式，是有利于农民的

生产模式，是农民自己的理性选择，它不但给农民保留了返乡的自由选择权，而且给转型期的中国带来足够的就业弹性空间和产业调整空间。以代际分工为基础的小农经济结构形塑了代际接力式的城镇化模式，它非但不是城市化的绊脚石，而且防止了过度的、非理性的城市化，保证了城市化的质量。

——摘自史明萍：《小农经济的优势及对城乡融合发展的促进作用》，《西北农林科技大学学报(社会科学版)》，2019 年第 6 期

材料二：应该立足于此之上，寻找一条更适合我国国情的发展之路：逐步进行市场化，增加农民的生活保障，进行住房、教育等方面的资助，促进农业科技的发展，促进农村和大型超市等的对接。

——摘自朱淋：《小农经济的历史进程及其未来的发展》，《经济视角》，2013 年第 11 期

材料三：中国农村的发展道路不在消灭小农户、小农业和小农村的(可以称作)"三小农"，不在模仿美国型的大农户、大农业和(从来就基本没有村庄的)大农村，而在"三小农"的进一步发展。认识到小农户对中国现代农业经济和国民经济已经做出的贡献，我们才能够真正设想一个彻底现代化的中国。

——摘自黄宗智：《资本主义农业还是现代小农经济？——中国克服"三农"问题的发展道路》，《开放时代》，2021 年第 3 期

导读提示

材料一明确指出小农经济对处在转型期中的中国经济具有重要的意义。材料二强调了小农经济的发展在立足国情基础上要有新的发展，并提出了一些建议。材料三则明确指出小农户发展需要建立中国式的发展道路。

阅读时，应认识到：充分认识我国目前农业经济发展中的新特点，无论是对农业发展还是对农民自身利益，还是对城乡融合发展，都很重要。同时，要逐渐探索适合我国国情的发展之路，在教育、科技、社会保障上进行全面思考。此外，不要盲目照搬其他国家的发展道路。

通过对三则材料的对比阅读，可以看出农业发展问题已经成为中国现代化进程中的突出问题。要使我国长期存在的小农经济适应现代化发展的要求，既要立足小农经济本身的特点，又要结合农业发展中的新情况，同时要广泛吸取其他国家的经验教训。

荐读书目

周昕著：《中国农具通史》，济南：山东科学技术出版社，2010 年

李根蟠著：《中国古代农业》，北京：中国国际广播出版社，2010 年

李根蟠著：《农业科技史话》，北京：社会科学文献出版社，2011 年

赵冈著：《中国经济制度史论》，北京：新星出版社，2006 年

黄宗智著：《中国的新型小农经济：实践与理论》，桂林：广西师范大学出版社，2020 年

第5课　工业革命与工厂制度

一、机器大生产与工厂制度

【核心概念】

核心概念1：机器大工业

是指以机器和机器体系从事社会化大规模生产的工业。它有两大基本特征：一是建立在高度的科学技术基础之上，并随着科学技术的进步不断更新自己的技术基础；二是高度的社会化大生产，表现为生产资料的使用、生产工艺过程和产品的市场实现过程的社会化程度日益提高。

核心概念2：工厂制度

是指资产的运营或经营活动主要以工厂为基本单位的企业组织制度或组织形式。工厂制使机械动力替代了人工劳动，生产效率大大提高；形成规模化生产，专业化分工，市场范围迅速扩大；形成了较为完整的管理系统，出现了职能化组织结构。工厂制度极大地促进了经济发展，使人们的生活方式发生了显著变化，人类由农业社会迈向工业社会，农业经济转向工业经济。

核心概念3：工业革命

指资本主义生产方式从工场手工业过渡到机器大工业的变革过程。工业革命是以机器取代人力，以大规模工厂化生产取代个体工场手工生产的一场生产与科技革命。18世纪60年代，英国首先发生产业革命，至19世纪中叶完成；法、德、美等国也相继于19世纪完成。工业革命使社会生产力迅速提高，同时也形成了资本主义社会的两个基本阶级——工业无产阶级和工业资产阶级。

核心概念4：实业救国论

是指中国近代以发展实业，主要以发展工业为中心，作为救国救民主要手段的经济思想。在19世纪末提出，风行于20世纪初，以张謇、康有为、梁启超等为主要代表。实业救国论者主张把发展实业放到首位，把经济建设作为国家富强的基础，同时否定采取革命手段的必要性，这是实业救国思想区别于其他救国方案的主要特征。

【史学导读】

1. 如何认识大机器生产的意义？

材料一：工业革命完成时，英国建成了纺织业、冶金业、煤炭业、机器制造业和交通运输业等五大工业部门。1820年，其工业生产占世界总产额的一半……这就为英国成为“世界工厂”奠定强大的物质基础。

——摘自庄解忧：《世界上第一次工业革命的经济社会影响》，《厦门大学学报（哲学社会科学版）》，1985年第8期

材料二：在《1857—1858年经济学手稿》《1861—1863年经济学手稿》《资本论》中，马克

思把机器大工业作为相对剩余价值生产的一种方式或阶段进行专门论述。……机器大工业积极作用：(1)提高劳动生产力；(2)加速资本集中；(3)降低商品价值；(4)引起产业变革；(5)开拓世界市场。……机器大工业消极作用：(1)使人成为机器的附属物；(2)对工人形成替代和排挤；(3)构成周期性危机的物质基础。

——摘编自韩保江、李娜：《马克思机器大工业理论及其现实意义》，《改革与战略》，2020 年第 6 期

导读提示

材料一表明在工业革命完成时，英国建立了完整的工业体系，为英国成为“世界工厂”奠定物质基础。材料二则明确指出了机器大工业的积极作用和消极作用。

阅读时，应认识到：在工业革命后，英国五大工业部门已经建立，而大机器生产在这些部门的广泛使用，是英国成为“世界工厂”的关键性因素。但对大机器生产的作用，也要有客观的认识。

通过阅读两则材料，可以深刻理解大机器生产的广泛使用给英国乃至对人类社会带来的深刻变化，但同时也要注意到，在认识机器大工业消极作用的同时，还要学会积极地应对这些问题。

2. 怎样认识工厂制度对工业生产的作用？

材料一：19 世纪中叶……工业革命所创造的新的工业制度——工厂制度获得了较大的发展。在工厂中，由于成套的机器设备的使用，工人的任务被降到简单操作的水平，妇女、儿童可以很快地掌握。

——摘自李宏图等著：《世界通史·第二编：工业文明的兴盛——16—19 世纪的世界史》，上海：华东师范大学出版社，2001 年，第 110 页

材料二：英国工业革命时期，随着工厂制度的确立，现代工厂的管理制度也逐渐形成。工厂主制定了严格的规章制度，并且通过罚款、解雇和体罚等强制措施迫使工人服从，从而保证了工厂的纪律。他们还运用复式簿记的方式实现了对生产成本和企业利润的核算；通过对产品质量的把关，确立了对生产过程的监督；通过制定恰当的销售方案，促进了市场的开发，这些都直接促使了工厂管理制度的建立。

——摘编自宋严萍：《英国工业革命时期的工厂管理及特点探究》，《徐州师范大学学报(哲学社会科学版)》，2007 年第 5 期

导读提示

材料一中指出，在工厂中，由于成套的机器设备的使用，工人任务趋于简单化，有利于生产力的发展。材料二则论述了工厂管理制度完善对市场开发的积极作用。

阅读时，应认识到：工厂制度及管理制度的巨大作用——大机器生产的发展，推动工厂制度这种生产组织形式的变化，生产过程的简单化和工厂管理制度的完善，极大地推动了经济的发展。

通过阅读两则材料，可以深刻理解工厂制度对工业生产的促进作用。新的生产力代表——大机器生产的广泛使用，新的生产组织形式——工厂的发展及其制度的完善，让工人的任务更加简单，生产过程更加规范，极大地推动了社会经济发展。

二、工业革命后生活方式的变化

【核心概念】

核心概念 1：城市化

也叫城镇化、都市化，指的是随着一个国家或地区社会生产力的发展、科学技术的进步以及产业结构的调整，农村人口不断向城镇转移，第二、第三产业不断向城镇聚集，从而使城镇数量增加、规模扩大的一种历史进程。

核心概念 2：义务教育

又称强迫教育和免费义务教育，是国家统一运用公共资源保障所有适龄儿童接受的教育。义务教育的三个基本原则是强制、普遍与免费。16 世纪欧洲宗教改革运动中，许多国家提倡广设教育。英、法、美等资本主义国家大多在 19 世纪 70 年代后实行义务教育。

核心概念 3：芝加哥工人大罢工

19 世纪 30 年代以后，美国阶级矛盾逐渐激化，工人斗争不断发生。进入 80 年代以后，工人为争取八小时工作制展开了声势浩大的斗争。1886 年 5 月 1 日，全国有 30 多万工人参加游行示威，在运动的中心芝加哥有 4 万多人罢工。这次为了纪念芝加哥工人的斗争，第二国际成立大会规定每年的 5 月 1 日为“国际示威游行日”。为永远纪念美国工人的英勇斗争，1889 年第二国际成立大会上通过了关于设立“五一”国际劳动节的决议。这次罢工在国际工人运动史上占有重要地位。

【史学导读】

1. 如何认识工业革命对生产力的影响？

材料一： 蒸汽机的历史意义，无论怎样夸大也不为过。它提供了控制和利用热能、为机械提供动力的手段。因而，它结束了人类对畜力、风力和水力的由来已久的依赖。

——摘自[美]斯塔夫里阿诺斯，吴象婴等译：《全球通史：从史前史到 21 世纪(第 7 版修订版)》下，北京：北京大学出版社，2006 年，第 412—413 页

材料二： 工业革命的……这些发明又被很快地应用到实际的生产中，并形成了大规模的生产组织形式——工厂制度。……工厂制生产具有这样鲜明的特点：一是使用机器特别是瓦特的“蒸汽机”代替了原来使用风力、人力等自然性资源；二是机器的使用突破了原来对建造工厂的种种自然条件的限制，改变了工厂的空间布局；三是工厂的规模不断扩大扩展，一些大型的工厂遍布全国，生产率也不断提高。

——摘编自李宏图：《英国工业革命时期的环境污染和治理》，《探索与争鸣》，2009 年第 2 期

材料三： 人口的分布也发生了很大变化。在新兴的工业区和城市，人口成倍地增长，而农村的人口却在不断地下降。18 世纪初，农村人口还占全国人口的 70%，到 1841 年下降到 22%。大批人口从东南乡村地区，流向新兴的西北工业城市，致使新兴的工业区人口迅速增加。

——摘自高海林、阎照祥主编：《世界通史》近代史卷，开封：河南大学出版社，2004 年，第 142 页

导读提示

材料一从蒸汽动力的角度强调对生产力发展的影响，材料二从生产组织形式——工厂的角度强调了对生产力发展的作用，材料三则从新兴的工业区和城市人口的增长角度突出了对生产力发展的影响。

阅读时，应认识到：工业革命对生产力的发展的影响是多方面的，而蒸汽机的广泛使用、工厂制的新发展、新兴的工业区和城市人口的迅速增加显得尤为突出。

通过阅读上述材料，可以深刻理解工业革命是从哪些方面对生产力影响的。但要注意，并不只有材料中的三个因素，还有其他因素的作用，如交通工具的发展、国家民主政治的影响。而且随着社会的发展，可能还会有其他因素也会对生产力带来影响。

2. 如何认识工业革命带来的社会问题?

材料一：英国城市大气污染由来已久。工业革命以后，这一问题日益严重。污染英国城市大气的主要物质是煤烟、酸性气体和各种难闻的气味等，这与工业化和城市化的发展密切相关。英国城市大气污染曾造成严重危害，不仅人们的健康和生命受到了威胁，而且花草树木、建筑物和气候等也深受其害。

——摘自梅雪芹：《工业革命以来英国城市大气污染及防治措施研究》，《北京师范大学学报(人文社会科学版)》，2001 年第 2 期

材料二：在工业革命期间，英国童工在各部门工人中占了很大的比重。1839 年，英国工厂工人共有 419 560 人，其中十八岁以下的少年和儿童即达 192 887 人。童工人数几乎占工厂工人总数的一半。据 1841 年调查，英国(不包括爱尔兰)在矿区劳动的二十岁以下的青、童工达 51 485 人，占矿工总数 193 825 人的 26.56%。

——摘自庄解忧：《英国工业革命时期童工的作用与地位》，《厦门大学学报(哲学社会科学版)》，1981 年第 4 期

材料三：(执政党)牺牲了对本土具有重要意义，但成本较大、经济利益较少的农业部门，把农业的赌注压在落后国家，特别是殖民地上，导致了本国农业的逐渐萎缩。(英国)社会财富的大部分被极少数人所垄断，多数人没有分享到应得的成果，甚至有一些人还受到工业化的危害，生活状况反而恶化了。工业革命时期的英国，贫富差距越拉越大；而且由于工业化带来的财富太多，这种差距比世界上其他任何地方都更为鲜明。

——摘自黄光耀、刘金源：《成功的代价——论英国工业化的历史教训》，《求是学刊》，2003 年第 4 期

导读提示

材料一反映的是工业革命所带来的城市大气污染问题的严重性，材料二则指出童工问题越来越突出，材料三则指出了工业化带来了农业的牺牲和社会两极分化越来越严重。

阅读时，应认识到：工业革命在推动生产力发展的同时，也带来了很多的社会问题，而这些问题的解决与否与解决的程度，对社会发展会带来决定性的影响。

通过阅读上述材料，可以深刻理解工业革命带来的社会问题。还要注意到，工业革命带来的社会问题不只是上述几点。对这些问题的认识，有助于我们更加全面地认识工业革命。而这种认识，对我国正在进行的社会主义现代化建设，无疑具有一定的借鉴意义。

荐读书目

[美]斯塔夫里阿诺斯著，吴象婴等译：《全球通史：从史前史到21世纪(第7版修订版)》下，北京：北京大学出版社，2006年

李宏图等著：《世界通史·第二编：工业文明的兴盛——16—19世纪的世界史》，上海：华东师范大学出版社，2001年

杜君立著：《历史的细节》，上海：上海三联书店，2016年

张跃发著：《近代文明史》，北京：世界知识出版社，2005年

刘祚昌、王觉非主编：《世界史·近代史编(第2版)》上卷，北京：高等教育出版社，2011年

高海林、阎照祥主编：《世界通史·近代史卷》，开封：河南大学出版社，2004年

第6课　现代科技进步与人类社会发展

一、新科技革命

【核心概念】

核心概念1：新科技革命

新科技革命是科学技术作为一个系统，在一定社会历史条件下，自组织演化的必然结果，是历史上两次科技革命的继续和发展。新科技革命主要指20世纪50年代以来(至今方兴未艾)，发源于美国，尔后迅速扩展到西欧、日本、大洋洲和世界其他地区，涉及科学技术各个重要领域即信息技术、生物技术、新材料技术、新能源技术、激光技术、新制造(加工)技术、空间开发技术、海洋开发技术等的高新科技革命。新科技革命促进了社会生产力的发展，使产业结构发生了重大变化。不仅带来了人类生活方式的现代化，还引发了人的观念和思维方式的更新。

核心概念2：人工智能

人工智能(Artificial Intelligence)，英文缩写为AI。它是计算机科学的一个分支，研究、开发用于模拟、延伸和扩展人的智能的理论、方法、技术及应用系统的一门新的技术科学。20世纪70年代以来被称为世界三大尖端技术之一(空间技术、能源技术、人工智能)，也被认为是21世纪三大尖端技术(基因工程、纳米科学、人工智能)之一。人工智能的研究包括机器人、语言识别、图像识别、自然语言处理和专家系统等。人工智能从诞生以来，理论和技术日益成熟，应用领域也不断扩大，可以设想，未来人工智能带来的科技产品，将会是人类智慧的“容器”。人工智能可以对人的意识、思维的信息过程进行模拟。人工智能不是人的智能，但能像人那样思考，也可能超过人的智能。人工智能对自然科学、对经济的影响、对社会的

影响都产生着重大影响。

核心概念3：航天技术

是探索、开发和利用太空以及地球以外天体的综合性工程技术。1957年10月4日，苏联成功发射了世界上第一颗人造地球卫星，标志着人类跨入了航天时代。它是高度综合的现代科学技术，它是许多科技最新成就的集成，其中包括喷气技术、电子技术、自动化技术、遥感技术、材料科学、计算科学、数学、物理、化学等等。空间活动是高投入、高效益、高风险的事业，具有很高的经济和社会效益，将为人类提供无限宝贵的种种资源。它对军事的影响产生着革命性的影响，它还带动和促进了众多学科的发展，对国家现代化、社会进步具有宏观作用。

【史学导读】

1. 第二次世界大战后，高新科技浪潮兴起原因是什么？

材料一：两次世界大战的直接推动、"冷战"时期的美苏空间争夺、和平条件下的激烈而广泛的国际竞争、垄断资本对超额利润的追求等，都对高新技术的发展提出强烈的要求；战后经济的恢复与发展为高新科技的兴起提供了坚实的物质基础；维护国际和平、谋求人类共同利益、确保可持续发展等世界性重大问题的出现，也对技术发展的方向、规模和速度产生了影响。……上述因素只是提供了必要条件或可能性，最直接的推动力还是现代科技创新体制的确立。

——摘自张建华主编：《世界现代史》，北京：北京师范大学出版社，2006年，第461页

导读提示

材料显示了战后新技术革命的兴起具有深刻的国际背景与社会根源，尤其是现代科技创新体制的确立是其最直接的推动力。

阅读时，应认识到：不同的因素共同作用影响着新技术革命的兴起，应从综合性的角度分析复杂的历史因素和社会根源。由于这些都是高新科技，国家主导非常重要，因此要注意国家推动的科技体制创新是其直接推动力。

通过阅读材料，可以深刻理解高新科技革命的兴起和对现代化的影响。迄今为止，人类经历了两次科学革命、三次技术革命，科技变革不断引领、推动现代化的潮流。新技术革命促进了信息革命与知识经济的兴起，推动了经济全球化的步伐，世界现代化进程由此进入了一个新的发展阶段。

2. 我国是怎样迎接高科技浪潮的？

材料一：20世纪50年代到70年代，日本采取吸收战略，大量引进欧美先进技术并加工综合，改造提高，创造出日本需要的新技术。……80年代初，日本确立了"科技立国"的发展战略。1983年4月，通过了《技术城市法》，即"产""学""住"三维一体代表21世纪的、生动活泼的新型地方城市。……为了加强领导，日本政府还确立了一个三级科技管理体制……

——摘编自马克垚主编：《世界文明史》，北京：北京大学出版社，2004年，第999—1000页

材料二：1985年3月13日，中共中央发出《关于科学技术体制改革的决定》，强调应当按照经济建设必须依靠科学技术、科学技术工作必须面向经济建设的战略方针，尊重科学技术发展规律，从我国的实际出发，对科学技术体制进行坚决的有步骤的改革。

——《中共中央关于科学技术体制改革的决定》，《人民日报》，1985年3月15日

材料三：1986 年 3 月，王大珩、王淦昌、杨嘉墀、陈芳允四位老科学家给中共中央写信，提出要跟踪世界先进水平，发展我国高技术的建议。这封信得到了邓小平同志的高度重视，小平同志亲自批示：此事宜速决断，不可拖延。经过广泛、全面和极为严格的科学和技术论证后，中共中央、国务院批准了《国家高技术研究发展计划(863 计划)纲要》。从此，中国的高技术研究发展进入了一个新阶段。

我国的 863 计划包括生物技术、航天技术、信息技术、激光技术、自动化技术、能源技术、新材料、海洋技术领域；原计划 15 年(1983—2001 年)投资 100 亿在重点领域取得突破。863 计划由我国政府主导，同时鼓励企业参与。

863 计划标志

——摘编自：863 计划国家高技术研究发展计划专题网站

导读提示

材料显示了在全球高新科技发展，尤其是近邻日本发展的启发下，中国大力奋起直追，在科技管理体制和国家重点战略计划上做好改革，迎接高新科技在中国的落地生根。材料一侧重介绍了日本的发展。材料二显示了中国开始进行科技管理体制的改革，这是高新科技发展的直接推动力。材料三显示了在科学家和国家领导人的推动下，我国启动高新科技国家战略计划。

阅读时，应认识到：在全球高新科技发展的历史背景下，我国在改革开放初期也拉开了高新科技建设的大幕，这给我国科技、教育、社会发展带来了重大影响，从侧面也说明了改革开放的重要意义。

通过阅读材料，可以深刻地理解在全球高新科技蓬勃发展时，我国抓住历史机遇，通过政府主导，改革科研体制，积极发展高新科技，为推动我国社会主义生产力的发展，改善人民生活，立足世界高新科技舞台提供了条件。

二、新科技革命的革命性意义

【核心概念】

核心概念 1：集约型经济增长方式

是一种与粗放型经济增长方式相对的经济增长方式，其实质是以提高经济增长质量和经济效益为核心。是指在生产规模不变的基础上，采用新技术、新工艺，改进机器设备、加大科技含量的方式来增加产量，这种经济增长方式又称内涵型增长方式。其基本特征是依靠提高生产要素的质量和利用效率，来实现经济增长。集约型经济增长方式消耗较低，成本较低，产品质量能不断提高，经济效益较高，是世界主要国家推动经济发展的基本方式。

核心概念 2：产业结构

是指农业、工业和服务业在一国经济结构中所占的比重，亦称国民经济的部门结构。产业结构，从部门来看，主要是研究农业、轻工业、重工业、建筑业、商业、服务业等部门之间的关系，以及各产业部门的内部关系。世界各国在工业化阶段，工业一直是国民经济发展的主导部门。在经济成长的过程中，服务业的重要性通常会与日俱增，服务业的比重会日益扩大。发达国家在完成工业化之后逐步向"后工业化"阶段过渡，高技术产业和服务业日益成为国民经济发展的主导部门。产业结构调整对于转变经济增长方式，推进产业结构优化升级，保持国民经济平稳较快发展具有重要意义。

【史学导读】

1. 高新科技有哪些典型的特点？

材料一：第三次科技革命中的各项技术都是知识密集性、战略性、时效性、风险性强的新技术，没有大规模、多学科的有机配合和国家的统一组织、规划和投资是很难完成的。……第三次技术革命的代表电子计算机从 1946 年正式问世，仅仅 30 年就经历了五代，每六年其运转速度就提高 10 倍，存贮量增加 20 倍。如果与第一台电子计算机相比，80 年代生产的电子计算机运转速度增加 30 多万倍，体积缩小到三万分之一。

——摘编自吴于廑、齐世荣主编：《世界史 · 现代史编》，北京：高等教育出版社，1994 年，第 292—293 页

材料二：1950 年，人们认识的化合物只有 100 万种，到 20 世纪 90 年代初就达到 400 多万种。20 世纪 60 年代以来，科技新成果比以往 2 000 多年的成果总和还多……据统计，从 1945 年到 20 世纪 80 年代末，全世界平均每年发表的科学论文……平均每天分别为 1.3 万—1.4 万篇……科学知识的不断积累，科学、技术、生产的一体化趋势，科研成果应用周期和专门知识服务周期的缩短，使科学技术对社会生产的推动形成乘数效应，促进了生产能力的成倍提高。

——摘编自张建华主编：《世界现代史》，北京：北京师范大学出版社，2006 年，第 460 页

材料三：科学技术转化为直接生产力的能力加强、速度加快。目前的世界强国、经济强国都是科技强国。现代经济的发展在很大程度上依靠科技发展，科技先行、科技先导已经成为战后发达国家快速发展经济的一条重要经验。……20 世纪 70 年代以来，随着以微电子与信息科学技术为核心，以生物技术、新材料和新能源技术、空间和海洋科学技术为主体的高新科技的兴起，一方面学科越来越多、分工越来越细、研究越来越深入，另一方面学科之间的联系越来越密切，出现了"多学科集合体"的趋势。正如美国物理学家温伯格和科学社会学家普赖斯所说，现代科学的基本形态正由"小科学"向"大科学"转变。到 20 世纪 80 年代，科学已经发展为由大约 5 000 门学科组成的大系统。其中，交叉学科达 2 500 门，文理交叉学科

达 300 门，包括许多边缘学科和横断学科。

——摘编自张建华主编：《世界现代史》，北京：北京师范大学出版社，2006 年，第 460 页

导读提示

材料一显示了高新科技的两大特点。从其发展的投入看，政府加大对科技研究的投入，扶持和推进其发展，也反映出这个时期的科技社会化的典型特点。从发展的速度看，科技发展进程高速化。材料二显示了科学技术及其所推动的生产力的发展体现出持续性和加速发展的趋势。材料三显示了科学技术发展出现整体性趋势。

阅读时，应认识到：高新科技的发展促进了二战以来世界经济发生了深刻的变化，由于经济和科技上的差异，各国的发展水平也极其不平衡。美国等经济科技大国率先进入知识经济时代，中国也在奋起直追，在很多领域取得了显著的发展。

通过阅读材料，可以深刻地理解科技是第一生产力，理解科技对经济发展的直接推动作用。我们可以联系第一次工业革命、第二次科技革命的历史知识，形成对科技的相关知识更为完整的构建和认识。

2. 高新科技给哪些方面带来了显著的影响？

材料一：在食品方面，改良农作物的“绿色革命”和培育近海养殖业的“蓝色革命”掀起了饮食领域的一场革命，食品种类大大增加，饮食营养结构日趋合理。……在美国，80%的大学设有食品专业，专门从事食品的研究与开发。1946—1987 年，由于优化了食品结构，日本 20 岁男子的平均身高增加了 8.9 厘米，达 170.4 厘米；20 岁女子平均身高增加了 6.6 厘米，达 157 厘米；男子平均寿命达 76 岁，女子达 82 岁。

材料二：新技术革命还间接引发了人际关系的变化，尤其是婚姻、家庭关系的变化。科技发展带来了生产分工的专业化和生活节奏的加快，几代同堂的传统大家庭基本解体，由夫妻双方和少数子女组成的小规模家庭，即所谓“核心家庭”，成为第二次世界大战后所有工业国家家庭关系的标准模式。……在欧洲，单亲家庭占家庭总数的 5%，重组家庭超过 50%。欧盟国家中独居者人数约占总人口的 10%。美国单亲家庭最多，60 岁以上独居者也越来越多。

材料三：科学技术的发展推动了产业结构的变化，产业结构的变化又带动了就业结构和社会结构的变迁。科技进步带来的生产自动化、智能化趋势导致制造业对劳动力数量需求的减少和对劳动力素质要求的提高。掌握现代科技与管理技术的高级技术工人、中层管理人员越来越多，体力劳动者的数量相应减少。

材料四：科学技术所引发的最深层的变化体现为思维方式、价值观念领域的根本性变化。随着科学技术的发展，人类对自然界的了解与控制能力日益增强，对客观世界的神秘感、恐惧感消失了，代之以客观、理性地认识和理解，寻求更主动、更充分地把握自身的命运。……人们对多元文明持开放、包容的态度，独立、开放、理性、敏锐、乐观、宽容、尊重他人、适应性强、喜欢变动而富于创新意识成为现代人格的典型特征。

——均摘编自张建华主编：《世界现代史》，北京：北京师范大学出版社，2006 年，第 470—473 页

导读提示

材料集中显示了高新科技带来了对社会发展带来的显著影响。其中材料一、材料二侧

重描述了其对人们物质生活、人际关系等社会生活方面的影响；材料三显示了其对经济结构的影响；材料四显示了其对人们思维和价值观的影响。

阅读时，应认识到新科技革命的多维影响。通过阅读材料，可以深刻地理解高新科技革命对全人类物质与精神生活的基本面貌，对世界文明的未来走向，产生着巨大而深刻的影响，从而更好地认识其历史意义。

荐读书目

王桧林主编：《中国现代史（第 4 版）》，北京：北京师范大学出版社，2018 年

张建华主编：《世界现代史》，北京：北京师范大学出版社，2006 年

郑祖武编著：《城市道路交通（修订版）》，北京：人民交通出版社，1984 年

马克垚主编：《世界文明史》，北京：北京大学出版社，2004 年

吴于廑、齐世荣主编：《世界史》，北京：高等教育出版社，1994 年

第三单元

商业贸易与日常生活

第7课　古代的商业贸易

一、商业贸易的起源与发展

【核心概念】

核心概念1：工商食官

是商周时期的官营手工业制度。出现于商朝，盛行于西周。由于处于奴隶社会的大背景中，此时的手工业者都是官府的奴仆，他们必须按照官府的规定和要求从事生产和贸易，由官府供给衣食，为官府服务。春秋战国时期由于私商的出现，周王室衰微，工商食官制度衰落。战国后期，退出历史舞台。工商食官制度保证了在生产力低下的局面下奴隶主阶层的需要，从一定意义上保证了手工业生产的高质量和高技艺，给中华大地留下了灿烂文明。

核心概念2：坊市制

中国古代官府的市场管理和城市规划制度。坊是城市住宅区，市为城市商业区。从奴隶社会到唐代前期，坊市分离，并且市有严格的时间限制。随着商品经济的发展，到唐代后期，在邻近市场的坊里，出现商人摆小铺席或开饮食店、小手工业者在作坊前设店售货等商业活动。商业活动时间也有突破，扬州等大城市出现夜市。至北宋中叶，坊市空间限制和时间限制被彻底打破。坊市制严格的时间和地域限制便于封建政府管理市场，有利于稳固统治秩序。实行的直接后果是在一定程度上限制了商业的发展，到宋代随着生产力的进步和商业贸易的扩大，已不再适应生产力的发展。

核心概念3：商帮

商帮是明清之际在中国出现的一种特殊经济形态。它以地域为中心，以乡谊、血缘为纽带，以“乡亲相助”为宗旨，是一种既“亲密”而又松散的自发形成的商人群体。商帮产生于商品经济发展和封建体制压制的特殊环境之下，善于借助群体力量互相支持，和衷共济，增强外部竞争力。其中，比较著名的有十大商帮：晋商、徽商、陕商（秦商，关陕地区）、鲁商（齐商，山东地区）、苏商（包括洞庭东山和西山地区）、龙游商（浙江中西部地区）、江右商（赣商，江西地区）、宁波商（浙江宁波地区）、粤商（广东地区）、闽商（包括闽南和闽东地区）。商帮推动了中国商品经济、对外贸易和城镇的发展，丰富了中国的商业文化。

核心概念 4：丝绸之路

简称丝路，从广义上讲，包括陆上丝绸之路和海上丝绸之路两条。从狭义上讲，指陆上丝绸之路，即西汉（公元前 202 年—公元 8 年）时，张骞出使西域开辟的以长安（今西安）为起点，经甘肃、新疆，到中亚、西亚，并连接地中海各国的陆上通道。因为这条路上主要贩运的是中国的丝绸，故得此名。到公元前 60 年，汉朝正式在西域设置西域都护府，丝绸之路开始进入兴盛时期，直至魏晋南北朝。隋唐时期，丝绸之路畅通，达到了鼎盛的阶段，中西文化交流达到高潮。到唐安史之乱后，贸易交往受到了阻碍。五代十国、宋、辽、金、西夏诸政权分裂割据之时，陆上丝绸之路从鼎盛走向衰落，海上丝绸之路迅速发展，直到元朝，陆上丝绸之路有所复兴。通过丝绸之路，中国引进了很多新的物种和文化，中国的瓷器、茶叶、儒家文化等流行于亚、非、欧三洲，丰富了当地人们的生活。

核心概念 5：朝贡贸易

亦称“贡舶贸易”“随贡贸易”，是一种官方贸易手段，也是中国古代对外贸易的重要方式之一。宋代以后政府准许外国使节在进贡的前提下，随所乘车马、船舶携带商货来中国进行贸易。明朝以前，中外贸易主要是通过民间进行。周边小国时常派使节到中国觐见皇帝，但使节往往只进行朝贡，很少参与贸易。明太祖改变了朝贡与贸易分开的做法。他规定中外贸易只能由外邦使节团来中国朝贡时，在特定的时间和地点，在礼部官员或港口市舶司官员的监督下进行贸易。这一制度把中外贸易完全变成了政府的垄断事业。郑和下西洋时，得到了全面的贯彻实施。朝贡贸易彰显了明朝大国外交的气势和先进的生产技艺，有利于促进中外经济文化交流，丰富了各国人民的物质文化生活。但厚往薄来的赏赐贸易，消耗国力，难以持久开展。

【史学导读】

1. 如何认识商帮的作用？

材料一： 明代中叶以后，崛起了一些地区性的商帮，它们以地域为中心，以血缘、乡谊为纽带，以会馆为联系场所，相互帮助，相互提携，形成一支支颇有活力的生力军，纵横驰骋于商界，操纵着某些地区和某些行业的商业贸易。在这些商帮中，徽商活动范围极广，“尽天下通都大邑及穷荒绝徼，乃至外薄戎夷蛮貊，海内外贡朔不通之地”，“足迹无或不到”，他们经营对象品类繁多，有盐、粮食、木材、茶叶、陶瓷、纺织品、书籍、文房四宝等，其中以盐起家者尤多，开设典当铺、旅馆、仓库的徽商也为数极众。山陕商的活动地域最初局限于黄河流域，随着盐法的变化和实力的增强，逐步向南推移，终至“足迹遍天下”，经营项目也日益增加。主要有盐、粮食、棉布、丝绸、茶叶、铁器、木材、牲畜、陶瓷、金融典当等。

——摘编自白寿彝总主编：《中国通史 · 第九卷》上，上海：上海人民出版社，1999 年，第 345—346 页

材料二： 16 至 18 世纪大宗商品的远距离贸易，是徽商、晋商、闽商、粤商、江西商、洞庭商、山东商、龙游商等商帮众多商人的行为，与以往个别商人的经营活动，已不可同日而语。因商业资本的集中，在运河沿线，有临清、济宁、淮安等一批商业都会兴起；在长江和珠江沿线，有汉口、重庆、佛山等一批商业都会兴起；在沿海则有天津、上海、厦门的崛起。在社会上，传统的贱商、轻商观念有了明显的变化。当时，尤其是商品经济高度发展的江南地区和

珠江三角洲，商品交易市镇或专业市镇众多，市镇中商贾林立，商品远销四方。这就把市镇周边的小生产者卷入市场，从而导致小生产者的两极分化，出现了富裕手工工场主和贫穷的雇工。

——摘编自唐文基主编：《16～18世纪中国商业革命》，北京：社会科学文献出版社，2008年版，第2—13页

材料三：山西人重视经商，也重视教育，因此明清时期山西出现了许多儒贾并举、义利并存的商人家族，晋中一带的大商之家，留下了许多重视教育、热衷文化的佳话。榆次车辋常家就以重教育人而著称于世。常家是一个北方大族，晚清后期，常氏一族培养的各类人才完全可以同南方最著名的世族大家相媲美。从康熙年间的常吉入邑初为秀才，到光绪三十二年(1906年)废除科举的近200年间，常家一门考中秀才、贡生、举人、监生的学子多达176人，入仕者132人。常家人在发展商贸的同时，对文化教育极为关注。道光十七年(1837年)，常家捐助榆次书院，知县赠匾"崇文尚义"；光绪五年(1879年)，常家捐助山西官书局刻书，巡抚曾国荃赠匾"义关风雅"；光绪三十三年(1907年)，常赞春以藏书捐赠榆次学堂，山西巡抚恩寿赠匾"士诵清芬"。常氏在咸丰、同治、光绪年间办私塾17所，创下家族办学的记录。在他们开设的学校中，留下了山西最早的农村新学堂、山西最早的女子学堂等方面的记录。……常家的重教育人，推动了当地新式教育的兴起和发展，影响了一个地方的人才培养。

——摘编自孙丽萍：《论明清晋商对中国社会进步与发展的贡献》，《山西社会主义学院学报》，2009年第1期

导读提示

材料一表明商帮的发展以地域为中心，以血缘、乡谊为纽带，以会馆为联系场所。随着活动地域逐渐扩展，涉及领域逐渐扩大，实力不断加强。材料二论述了商帮的巨大作用，商帮推动了城市的商业化、专业化发展；冲击了传统的贱商、轻商的观念，商人地位有所提高；促进了资本主义萌芽的产生。材料三以晋商为代表，论证了商帮对推动地区文化进步，促进教育发展的巨大贡献。

阅读时，应认识到：商帮的发展是商品经济发展的产物，远距离贸易在明代的发展由民生用品替代了奢侈品和土特产品。商品流通的规模、数量、范围均前所未有。商帮在此过程中起到了巨大作用，产生了巨大的社会经济效应，诱发了资本主义萌芽，使封建生产关系发生了革命性变化。

通过阅读三则材料，可以深刻理解商帮的作用。商帮的出现和贡献体现了中国地域文化与家国情怀的侵染。在他们身上，可以看见商人的精明与同乡互助的情感，也可以看到商业资本集中带来的城市化发展、地区经济进步、资本主义萌芽、文化教育的进步。但是，在商业发展过程中没有发生资本的原始积累，没有为资本主义生产方式奠定基础，这种缺陷使得中国的商业革命止住了前进的步伐。

2. 如何理解丝绸之路的意义？

材料一：通过"丝绸之路"，我国与中亚、西亚、南亚诸国进行了频繁的经济、文化交流。中国的铁器、丝绸和养蚕、缫丝技术，以及铸铁术、穿井法、造纸术都先后西传。同时，中亚、西亚的良种马、植物等土特产，如毛织品、胡桃(核桃)、石榴、胡萝卜、胡豆(蚕豆)、大蒜、苜蓿

等陆续传到中国。当时，到达条支海滨的使臣甘英想远赴欧洲的大秦（罗马帝国），受阻于安息人，未达目的。但大秦“与安息、天竺交市于海中”，使东汉知道了“其王常欲通使于汉”的愿望。汉对大秦的社会情况也已有所了解，知道大秦是一个“土多金银奇宝”的西方大国。“丝绸之路”从西汉一直到以后的唐代一千多年中，始终是中西交通的要道，成为我国与中亚、西亚、南亚以及欧洲国家和人民加强联系，进行经济、文化交流的重要通道。

——摘编自白寿彝总主编：《中国通史·第四卷》上，上海：上海人民出版社，1999 年版，第 403—404 页

材料二：丝绸之路跨越尼罗河流域、底格里斯河和幼发拉底河流域、印度河和恒河流域、黄河和长江流域，跨越埃及文明、巴比伦文明、印度文明、中华文明的发祥地，跨越佛教、基督教、伊斯兰教信众的汇集地，跨越不同国度和肤色人民的聚居地。……

古丝绸之路不仅是一条通商易货之道，更是一条知识交流之路。沿着古丝绸之路，中国将丝绸、瓷器、漆器、铁器传到西方，也为中国带来了胡椒、亚麻、香料、葡萄、石榴。沿着古丝绸之路，佛教、伊斯兰教及阿拉伯的天文、历法、医药传入中国，中国的四大发明、养蚕技术也由此传向世界。更为重要的是，商品和知识交流带来了观念创新。比如，佛教源自印度，在中国发扬光大，在东南亚得到传承。儒家文化起源中国，受到欧洲莱布尼茨、伏尔泰等思想家的推崇。这是交流的魅力、互鉴的成果。

——习近平著：《习近平谈“一带一路”》，北京：中央文献出版社，2018 年，第 177—178 页

导读提示

材料一表明丝绸之路的开通提高了汉王朝的国际影响力，促进了物种传播和技术文化交流。材料二站在了全球视野，论述了丝绸之路的经济价值和文化价值。丝绸之路有利于中西文化的交流与传播、科学技术的相互借鉴和共同发展，丝绸之路影响着文明进程。

阅读时，应认识到：丝绸之路不仅仅是一条商路，更是一条文明之路。从中国的角度看，通过丝绸之路，国外的文化、艺术、宗教、自然物产等传播到了中国；从世界的角度看，中国带着自己先进的科技、理念、制度、文化等走向了世界。两者交相辉映、相得益彰。有形的事物和无形的精神都得到了丰富和发展。

通过阅读两则材料，可以深刻理解丝绸之路的意义。丝绸之路是一条贸易互惠之路、物种互通之路、宗教文化传播之路、科技文化交流之路。通过丝绸之路的发展，更要认识到，在中外文明的交流中，不同区域间互通有无，各自都以优势和特色文化向对方流动，印证了各种文明间交流具有双向性和互惠性。

二、货币、信贷、商业契约

【核心概念】

核心概念 1：飞钱

是中国历史上早期的汇兑业务形式。出现于唐代中期（唐宪宗年间），实际上是一种票证，类似于今天的银行汇票。唐代商品经济发展，外出经商的商人增加，往来频繁。商人带

上大量铜钱有诸多不便，便先到官方开具一张凭证，上面记载着地方和钱币的数目，之后持凭证去异地提款购货，此凭证即“飞钱”。“飞钱”的出现是商品经济发展的产物，便利了商品交换，扩展了商贸活动的领域，一定意义上改变了人们的生活方式和观念。

核心概念 2：契约

泛指证明出卖、抵押、租赁等权利义务关系的协议，有精神契约和文字合同契约之分，通常指文字合同契约。人类社会在出现私有制以后，人们在生产劳动、经济生活和人际交往中经常会发生对双方都有利的各种交换关系，这种交换关系后来发展为各种交换协议，用条文规定各自的权利、义务、责任、行为后果，达成的文字约定就是契约。契约是承诺也是惩戒，契约可以保证商业贸易的顺利进行，使人们形成诚实守信的契约精神。公元前 3000 年左右，契约在古埃及广泛使用，凡转让重要财产，都要在地方或中央官署达成书面契约。中国商周时期就出现了契约。

【史学导读】

1. 如何认识纸币的作用？

材料一：今秦蜀之中，又裂纸以为币，符信一加，化土芥以为金玉，奈何其使民不奔而效之也？

——苏轼：《关陇游民私铸钱与江淮漕卒为盗之由策》

材料二：纸币是补救“钱荒”之策中最为引人注目的。它产生于封建社会鼎盛时期的北宋时代，约在公元 1000 年左右，比西方纸币的产生约早六七百年。如前所述，当中国商业发展进入一个新的历史阶段之后，交换手段面临着双重的困难，一是流通量的不足；二是币值太低，不便大额贸易。而政府当局没有引入价值高的贵金属充当货币，反而向相反的方向倒退，巩固并扩展铁在充当货币中的地位。这虽然略有助于弥补货币量的不足，但不仅没有克服低值货币对大额贸易的困难，而是使矛盾更加严重和尖锐，特别对于商旅是个很大阻碍……弊端也十分彰显：使本来就很复杂而紊乱的货币体系更加紊乱，纸币发行量剧增，导致恶性通货膨胀，不仅没有为工业革命所需要的大批发商的发展成长创造更有利的条件和环境，反而加剧了他们的困难，使他们的利益更没有保障，竟出现了“商贾不肯将粮草卖给政府”的现象。

——摘编自李锦彰著：《货币的力量》，北京：商务印书馆，2004 年，93—96 页

导读提示

材料一表明纸币开始在四川民间使用，有极其重要的信用价值。材料二则论述了纸币产生的特殊背景和纸币的作用。纸币出现于宋代商品经济高度发展但存在“钱荒”的情况下。一方面，纸币的发行缓解了钱荒现象，弥补了铁钱流通量不足和币值太低的问题，便利了商业的发展，有助于缓解政府财政困难的问题。另一方面也要看到纸币发行量太多导致新问题的出现。

阅读时，应认识到：宋朝出现了商品经济高度发展和“钱荒”这一看似矛盾的现象。面对“钱荒”，政府出台了用铁钱代替铜钱的政策，反而加剧了经济发展与货币需求量之间的矛盾。方便携带的纸币在这种背景下应运而生，纸币缓解了币值与流通问题。但是，随着发行量增加，却带来了通货膨胀。从长远上看，不利于良性商业环境的营造。

通过阅读两则材料，可以深刻理解纸币的发行与时代需求的关系。当纸币的发行适合经济需求时，能起到推动经济发展的效果。纸币的运用没有满足变化发展时，又成为经济发展的阻碍。通过这两则材料，更加有利于理解和运用唯物史观分析问题和解决问题。

2. 如何理解契约对人们日常生活的影响？

材料一：自上世纪初以来，契约文书的不断发现为研究中国传统基层社会的制度、经济、文化等提供了珍贵的新材料。在一定意义上可以说，契约文书是中国历史变迁最生动的载体，是传统中国社会人们日常经济生活最真实的写照……以徽州为例，诸如祭祀、户婚、立嗣、赋役等民事纠纷多经宗族组织根据族规家法等进行公处、族论。除此之外，宗族组织还通过制定祖训族规家法、兴修族谱、开展各种活动等行为，将宗法规范化入族人观念意识之中。其中很多内容会涉及契约，尤其是土地的买卖，我们可以看到在很多土地买卖过程中往往有族长身份之人的出现。在商业领域，团行、会馆、公所、商会等组织的存在，不但有利于商人之间联络感情，更多的是为工商各业制定行业规则。另外在金融、体育和文娱等方面也存在着诸多组织，当这些组织参与到契约交易当中去时，其行为往往要符合行业规则才能被承认。

——摘编自王正华：《契约文书：中国传统社会日常经济生活的真实写照》，《北京日报》，2018 年 7 月 23 日

材料二：主上安东尼乌斯·凯撒第二十三年（公元 159 年）Hathyr 月十二日，罗马帝国埃及行省的 1 件租葡萄园契。阿库西劳斯之子——阿芙罗底西乌斯，租萨拉庇之子西罗（孩童），监护人西罗代斯之子伊斯奇里欧，孩童之母西罗伊斯葡萄园 2 年。每年帕尼月份（5—6 月）交纳租谷，每年应交纳租谷（不包括种子）四十阿尔塔布斗小麦（用每斗四升的量具）。每年向国家交粮的花费由阿芙罗底西乌斯负责，但其他国家摊派由希罗负担。阿芙罗底西乌斯将完成的每年作业为：维护地边的堤埂、灌溉、犁地、锄地、疏通水渠、播种、除草以及其他一应农事劳作，并均须在适当的农时自费完成，不得有任何损害活动。

——摘编自霍存福、武航宇：《敦煌租佃契约与古罗马租契的比较研究》，《法学家》，2005 年第 1 期

导读提示

材料一表明中国的契约体现的是一种重实用的实践逻辑，具有很强的世俗性，涉及民间日常生活的方方面面。婚丧嫁娶、祭祀服役、商业运行、金融体育等方面都会有契约的影子。材料二则展示了古罗马埃及行省的契约，涉及订立契约的双方，但是对租赁方的要求明确且较多。

阅读时，应认识到：各国的契约体现了不同的文化传统。中国的契约重视儒家伦理道德和宗法观念的影响，注重集体意志和规则意识，体现了中国人的行为方式和思维侧重点。埃及的契约可以体现出罗马帝国的扩张，农业的发展，还可以见到同中国“尊长”观念的不同，孩童也能居于契约之首。

通过阅读两则材料，可以全面认识契约对人们日常生活的影响。契约展现出不同时期、不同文化的属性和色彩。中国人的日常生活中家族意识、儒家思想、集体意识、规则意识浓厚，主张宏观的把控。罗马帝国的日常生活中个人意识强烈，注重权利义务的细节。

荐读书目

梁启超著：《饮冰室文集》，北京：北京日报出版社，2020年
千家驹、郭彦岗著：《中国货币史纲要》，上海：上海人民出版社，1986年
王晓明著：《世界贸易史》，北京：中国人民大学出版社，2009年
余鑫炎编著：《简明中国商业史》，北京：中国人民大学出版社，2009年
李锦彰著：《货币的力量》，北京：商务印书馆，2004年
杨建新、张毅、周连宽等编注：《古西域行记十一种》，乌鲁木齐：新疆美术摄影出版社，2013年

第8课　世界市场与商业贸易

一、世界市场的形成

【核心概念】

核心概念1：世界市场

指世界各国进行商品和劳务交换的场所，是世界范围内通过国际分工联系起来的各国市场以及各国之间市场的总和，包括商品交换背后的生产者之间的关系。15世纪末到18世纪60年代是世界市场的初级阶段，此时世界开始成为一个整体，世界市场初步形成。18世纪60年代到19世纪六七十年代是世界市场迅猛发展的时期。由于机器大工业的发展，工业资本取代了商业资本，在世界市场上居支配地位促进了国际专业化分工及国际贸易的深化，整个世界市场联系在一起。19世纪70年代到20世纪30年代是世界市场最终形成的时期，这一时期的世界市场，垄断资本占主导地位，形成了以金本位制为特征的世界货币和多边贸易体系。世界市场的规模不断扩大，商品种类不断增多。20世纪40年代以来，世界市场向多元化、多极化发展，出现经营全球化的特点。世界市场的形成和发展促进了世界各国社会生产力的蓬勃发展，进一步推动了西方资本主义的发展，客观上促使东方国家新的社会经济结构发展壮大。加强了世界各国社会经济的相互联系，促进世界经济体系的形成。

核心概念2：工业革命

工业革命通常指第一次工业革命，指的是以蒸汽动力的机器来取代人力，以大规模工厂化生产取代个体工场手工作坊生产的一场生产力与科技发展的革命。工业革命于1765年发源于英国，标志性事件是珍妮纺纱机的出现。随后，瓦特改良蒸汽机，蒸汽作为新的动力带动了棉纺织业、交通运输业、国际贸易的发展，英国成为“世界工厂”。之后，美国、法国相继发生工业革命。1840年，以机器生产机器成为工业革命完成的标志。工业革命极大地推动了生产力的发展，使社会面貌发生了翻天覆地的变化，开启了近代城市化进程。同时，工

业革命带来了工业污染,也带来了阶级对立问题,工业革命使社会明显地分裂为两大对立的阶级:工业资产阶级和工业无产阶级,无产阶级的壮大为资本主义最终战胜封建主义提供了坚实的阶级基础。

【史学导读】

1. 如何认识世界市场的形成过程?

材料一: 新航路的开辟带动了跨洋贸易,使商品和货物交换的范围越来越广阔,密切了世界各国的交往,成为世界市场形成的重要历史条件;工业革命进一步将不同发展阶段的国家卷入世界贸易和工业革命的旋涡,成为世界市场形成的重要原因;交通通信技术的发展为世界市场的形成提供了技术条件。纵观世界市场的发展变化,总趋势表现出国际分工格局逐步形成、世界市场规模逐渐扩大、贸易种类逐渐增多、贸易流向和结构不断变化、主要国家在世界市场中的地位发生变化等特征。

——摘编自王茜著:《马克思主义世界市场理论及其当代意义》,北京:中国社会科学出版社,2018 年,第 6 页

材料二: 在不同的世界市场发展阶段,资本主义国家开拓世界市场的方式不尽相同。资本主义生产方式准备时期,殖民掠夺和奴隶贸易是开拓世界市场的主要方式;自由竞争资本主义时期,经济剥削取代强征掠夺,使商品输出成为这一时期资本主义国家开拓世界市场的方式;帝国主义前期,随着资本的集中和垄断的发展,资本输出开始取代商品输出,垄断组织、金融寡头、国际垄断同盟日益成为帝国主义开拓世界市场的方式,这在地域上表现为最大的资本主义列强将世界市场上的领土瓜分完毕;到了国家垄断资本主义时期,帝国主义国家开拓世界市场的方式开始极端化,表现为战争和武力的方式,国家垄断资本主义也相应地呈现出军事性特征,贸易领域的新举措同样成为开拓世界市场的主要手段。第二次世界大战之后,跨国公司成为开拓世界市场的主要方式,发达国家、发展中国家、苏联等社会主义国家,包括中国,都通过跨国公司的发展,开拓了世界市场。

——摘编自王茜著:《马克思主义世界市场理论及其当代意义》,北京:中国社会科学出版社,2018 年,第 7 页

导读提示

材料一表明世界市场形成的过程是商品和物品交换扩大的过程,更是世界联系越来越紧密的过程。世界市场在形成的过程中带来了巨大的效应。国际分工、贸易种类、贸易流向和贸易结构、主要国家在世界市场中的地位等方面都发生了变化。材料二则从世界市场形成过程中各个国家开拓市场的方式出发,论述了世界市场形成过程中的阶段差异性,又进一步论证了世界市场的形成过程。

阅读时,应认识到:新航路的开辟,是世界市场形成的重要历史条件,殖民掠夺和侵略扩张是这一时期最主要的方式。工业革命是世界市场形成的重要原因,商品输出成为这一时期资本主义国家开拓世界市场的方式。第二次工业革命为世界市场的形成提供了技术条件,战争、武力、国家垄断资本主义成为开拓市场的手段。第二次世界大战后,随着殖民体系的瓦解、第三次科技革命和跨国公司的发展,世界市场向着深入发展。

通过阅读两则材料,可以深刻理解世界市场的形成是生产力发展的结果,在资本主义占

据主导地位的时期，带有侵略扩张的特征。同时，世界市场的发展也是世界殖民体系建立和瓦解的过程，更是经济全球化的重要组成部分。世界市场联系得越来越紧密，需要所有国家的共同维护和共同经营，才能实现和谐稳定和可持续发展。

2. 如何正确评价工业革命？

材料一： 英国各部门就业人员在劳动力总数中所占比例(%)：

年份	1841	1861
农业	22.3	18.8
工商运输业	48.5	55.7
其他	29.2	25.5

——摘编自钱乘旦著：《第一个工业化社会》，成都：四川人民出版社，1988 年，第 74 页

材料二： 1785 年，在英格兰和苏格兰，除伦敦以外，5 万人以上的城市只有 3 个；70 年以后(相当于一个人一生的时间)，这样规模的英国市已经有了 31 个。新兴城市群落是土褐色的，由于煤时代早期大量煤烟的熏染而变黑。工厂和工人住宅区也同样到处都是沉淀物。由于中部地区的气候很少晴天，这些地区在最好时也是阴暗的。工人的住房仓促地建造起来，拥挤在一起，并且与其他迅速发展起来的乡镇一样，总是缺乏供应……在许多新建工厂里，劳动机械化已经达到这样的程度，以致厂主经常宁肯使用年仅六岁的童工。还有女工，她们的工资也较低，她们通常比较擅长于掌握一个线轴的工作。从此，许多来自“村舍工业”的女织工变成了新兴工业的工人阶级。

——[美]R. R. 帕尔默、乔·科尔顿、劳埃德·克莱默，苏中友等译：《工业革命：变革世界的引擎》，北京：世界图书出版公司，2010 年，第 10—11 页

材料三： 工业资本是以投资于工业生产而获取高额经济利润为目的的资本。随着工业革命的爆发，工业生产领域成为新的投资方向，工业资产阶级的力量也逐渐壮大，它们为获取更多的经济利润和政治权利而主张自由贸易。于是，自由贸易政策在这一时期取代了重商主义政策，工业资本替代了商业资本的统治地位，英国也因最早发生工业革命而超越了荷兰在商业资本时期的优势地位。

——王茜著：《马克思主义世界市场理论及其当代意义》，北京：中国社会科学出版社，2018 年，第 67 页

导读提示

材料一中比较了英国工业革命前后各部门就业人员在劳动力总数中所占比例，第一产业和第三产业比例下降，第二产业比例上升。显示出工业革命对劳动力的巨大吸引力和社会主导性。材料二从英国整体面貌的改变反映了英国工业革命的巨大影响。材料三则从思想和国家政策层面透析了工业革命的作用。

阅读时，应认识到：工业革命使英国完成了从农业社会向工业社会的转变。工业生产中机器使用数量迅速增加，生产力大大提高。人口职业结构发生变化，第一产业人口下降，越来越低于第二、三产业人口。城市人口不断增加，城市化进程加快。自由贸易政策取代了

重商主义政策,工业资本战胜了商业资本成为时代的主流。但是,工业革命未能建立公正、合理的理想社会,贫穷分化问题、阶级对立问题、环境污染严重。

通过阅读两则材料,可以全面分析工业革命:工业革命带来了生产力的发展、城市化发展和人类的进步。但同时,也出现了环境污染问题、阶级对立和严重的贫富分化问题。这些问题都有形无形地被其他国家引以为戒,后来实行工业化的各个国家,都企图在英国的经验中取其所长,避其所短。

二、近代商业贸易的变化

【核心概念】

核心概念 1:资本原始积累

是指资本主义生产方式确立以前,通过暴力等非正当手段使生产者与生产资料分离,使生产资料聚集在少数人手里的过程。资本主义的缓慢萌芽不能满足 15 世纪以来地理大发现所造成的市场需求,新兴资产阶级和新的土地所有者便使用掠夺的手段,加速自由劳动力的产生和资本积累。殖民掠夺、海盗劫掠等都成为了资本原始积累的方式。最具代表性的还有英国的“圈地运动”。资本原始积累作为原动力,加速了资本主义生产方式的确立,从根本上动摇和瓦解了封建社会的经济基础。但其暴力掠夺的方式,又是资本主义发展史上充满血与火的一页。

核心概念 2:资本输出

是指资本主义国家的政府或个人为了获取高额利润或利息而对国外进行的投资和贷款。资本输出按其主体不同,可分为私人资本输出和国家资本输出。按照形式可分为借贷资本输出和生产资本输出。资本输出出现于自由资本主义阶段,但那时只是少量的个别现象。到 19 世纪末 20 世纪初,资本主义发展到了垄断阶段,少数国家中出现了大量的“剩余”资本,资本输出大规模地发展并成为普遍现象。第二次世界大战后,由于经济生活国际化和国家垄断资本主义发展,资本输出表现出新的特征,即国家在资本输出中占有重要地位、跨国公司成为资本输出的重要工具等。资本输出使帝国主义国家获得了大量财富,经济实力大增。另一方面,国内投资减少,造成本国经济发展的停滞和缓慢,造成了落后国家经济的畸形、缓慢发展,不利于社会进步。

核心概念 3:垄断

指少数资本主义大企业,为了获得高额利润,通过相互协议或联合,对一个或几个部门商品的生产、销售和价格进行操纵和控制。第二次工业革命中,新技术和新发明的广泛应用,推动着社会生产力的巨大发展;随着工厂规模的扩大,对资本的需求日益扩大,生产的社会化趋势日益加强。垄断组织产生,按照联合的种类进行划分,主要包括卡特尔、辛迪加、托拉斯、康采恩四种形式。垄断组织的出现适应了资本主义大生产的要求,对于改善管理、扩大生产规模、提高生产效率有一定的积极作用。但随着垄断资本家经济实力的增强,它们越来越多地干预国家的经济、政治生活,资本主义国家逐渐成为垄断组织利益的代表。垄断组织还要求从经济上瓜分世界,促使各国加紧了侵略步伐,资本主义发展到帝国主义阶段。

【史学导读】

1. 如何认识世界市场与商业贸易的关系?

材料一: 新航线的开辟后,美洲的烟草、咖啡,东方的茶叶、香料、大米、蔗糖等新产品源源不断地涌入欧洲国家,使各国经济联系更加紧密。地域分工由于民族特点和国民经济差异也有了新发展,出现了早期的世界市场。西欧国家不仅可以绕过非洲西海岸到达东方,也可以越过中南美抵达亚洲,对外商路由原来的地中海转移到大西洋、太平洋和印度洋,尤其是大西洋沿岸出现了几个大型的海港城市,逐渐成为新的经贸活动中心。随着世界贸易领域的扩大,欧洲的商业性质和经营方式也随之发生了变化。市场的扩大使商品买卖双方无须再进行现货交易,只需签订合同即可。因此,商品和证券交易所在16世纪开始出现并快速发展,加上西欧各国政府对经营外贸的商业公司的大力扶植,一种新型的贸易公司相继在西欧各国出现,其实质是具有国家职能的特殊机构,可以在世界各地经营垄断贸易,对各国资本原始积累起到了重要作用,比如著名的英国和荷兰东印度公司、荷兰和法国的西印度公司等。

——王茜著:《马克思主义世界市场理论及其当代意义》,北京:中国社会科学出版社,2018年,第57—58页

材料二: 一个名副其实的世界市场业已创立起来。货物、劳务、金钱、资本和民间往来,差不多不再顾及国界。商品买卖的价格是世界一致的。比方说,在小麦买卖中,商人们每天通过电报和海底电缆,追踪明尼阿波利斯、利物浦、布宜诺斯艾利斯和格但斯克的价格,他们到最便宜的地方去买,到最贵的地方去卖。这样,世界小麦的供应大体上就依照需求和支付能力来进行分配。如果意大利收成不好,价格昂贵,米兰的工人就从其他来源获得食物。另一方面,意大利的小麦种植者在这种情况下将感受到世界性竞争的压力。世界性的市场在把世界组织成一个统一的经济体的同时,也首度把相隔遥远的地区带入竞争之中。商品货物的生产者——不管是企业家、工厂雇员、农民还是咖啡种植者——对自己的产品是否有出路毫无把握,而在过去,产品的出路通常是确切的。他们不仅要与街对面或者马路另一头的人竞争,还要与全世界的其他生产者竞争。正是这一生产与消费世界体系,确立了现在被称为“全球化”的现代经济基础。

——摘编自[美]R. R. 帕尔默、乔·科尔顿、劳埃德·克莱默,苏中友等译:《工业革命:变革世界的引擎》,北京:世界图书出版公司,2010年,第188—189页

材料三: 荷兰商人资本崛起于波罗的海,成长于地中海,兴盛于海外殖民地。16、17世纪,荷兰商人资本逐步主宰了波罗的海的贸易,并使之成为荷兰的“母体贸易”。此后荷兰商人恣肆抢占威尼斯、热那亚“富源贸易”市场份额,运用自己的海上优势,逐渐控制了地中海世界的转运贸易。17世纪初,荷兰商人紧随葡萄牙、西班牙的海外扩张步伐,在大西洋和印度洋开辟新的贸易路线,并先后创建东印度公司、西印度公司,荷兰商业体系扩展到东西印度,把全球贸易中具有战略意义的物资如白银、香料控制在自己手中。荷兰人发展出近代的信贷金融、簿记体系,把阿姆斯特丹建成世界上第一个现代意义的资本市场。到17世纪中叶,阿姆斯特丹成为欧洲新的国际转运贸易中心与货币金融中心。在18世纪的荷兰经济中,货币资本完全取代了商品资本,荷兰在很大程度上从一个商业主义国家演变为一个金融

资本主义国家，荷兰商业帝国逐渐衰落了。

——摘编自罗翠芳：《荷兰商人资本探微——兼谈西欧商人资本》，《长沙理工大学学报（社会科学版）》，2006 年第 4 期

导读提示

材料一指出世界市场初步形成后给国际商业贸易带来了诸多变化，国际商贸的物品、贸易中心、贸易方式等都有了改变。材料二用示例的形式深入浅出地展示了世界市场与全球化之间的关系，同时也提出了全球商业竞争的理念。材料三从荷兰的角度论证了世界市场对世界贸易格局的影响。

阅读时，应认识到：世界市场的形成和扩展使得欧洲与外界经济联系的范围空前扩大，全球化阶段到来。商业贸易获得了更加广阔的交易场所，国际流通中的商品种类和数量也急剧增加。欧洲贸易中心转移，全球性商业竞争和新的商业经营方式出现，世界贸易格局发生变化。

通过阅读上述材料，一方面，可将新航路的开辟、殖民扩张及掠夺、工业革命及其发展同世界市场联系起来进行纵向比较。另一方面，也可以将世界市场和全球化用商贸的变化和发展联系起来进行横向比较。明确世界市场的形成与扩展，使得商业贸易联系得更紧密。

2. 如何全面认识资本输出？

材料一：资本输出按照垄断资本攫取最高利润率的要求将世界各国都卷入了世界经济体系和世界市场之中，促使资本主义生产方式从流通领域到生产领域将整个世界融为一体的飞跃。资本主义生产方式更加深入地在世界各国内发展起来。资本输出国既通过资本输出获取了高额利润，又促进了商品出口；而资本输入国进一步受到剥削和压迫，使帝国主义国家通过垄断资本对全世界实行垄断统治，客观上推动了世界各国经济紧密联系的过程，同时也在世界范围内形成了剥削体系。

——王茜著：《马克思主义世界市场理论及其当代意义》，北京：中国社会科学出版社，2018 年，第 143 页

材料二：自工业革命开始到 19 世纪六七十年代至 20 世纪初资本主义世界政治经济体系的完全形成，意味着资本主义制度、世界经济体系和殖民体系在世界范围内的确立。这个过程打破世界各地的封闭孤立状态，一方面推进了世界经济与文化交流，但另一方面带来的却是一个极其不平等和不均衡的世界经济与政治秩序。这一秩序主导了 18 世纪以来的全球治理模式，并把资本输出和对外战争以政治的面貌显示出来，使得国际政治过程充满了谎言、暴力和霸权主义。同时，也因资本主义自身矛盾和危机的加深而正在向以社会原则主导的世界经济与政治新秩序转变。在这个过程中资本在全球范围内的逐利原则主导了资本主义国家的内外运行逻辑。

——摘自冯莉、肖巍：《资本、战争与全球治理：从〈共产党宣言〉到〈帝国主义论〉及其他》，《复旦学报（社会科学版）》，2018 年第 6 期

导读提示

材料一中马克思深刻剖析了资本输出的双重性质——破坏性和建设性，但从本质上讲，

资本输出是资本主义对外扩张的手段之一。材料二则从世界政治经济秩序的建立和转变出发,以资本输出为突破口,立足于资本主义政治经济的全球治理,将资本输出与国际政治相结合,论述了资本主义自身的内在矛盾和危机,揭示了世界经济与政治新秩序转变的必要性。

阅读时,应认识到:资本主义国家的资本输出,不是因为资本在国内绝对过剩,而是因为资本在国外利润更高。在一国内,资本主义生产方式内部发展的惊人生产力和财富增长的狭小基础形成矛盾,资本对外扩张成为了资本主义的生命线。由资本对外扩张推动的全球化使世界市场不断拓展,兼具破坏性和建设性双重属性。对于殖民地半殖民地国家来说,引进了先进的生产方式,带来了进步思想。但是,资本主义的剥削和压榨也随之而至,使得殖民地半殖民地国家经济的发展成为资本主义国家的附庸,人民大众也面临着外国帝国主义和本国封建主义的双重压榨。

通过阅读上述材料,可以更深刻地理解资本输出是资本主义国家对外扩张的一种经济手段,同时也是其全球治理的一种方式。一方面,资本输出加速了资本主义世界体系的形成,加强了世界各地之间的联系,推动了资本和生产的国际化。另一方面,由于资本输出的实质是帝国主义国家剥削、奴役殖民地半殖民地的一种手段,因此,它加剧了帝国主义和殖民地半殖民地人民之间的矛盾,引发了亚非拉人民的民族民主革命。同时,资本输出又是抢占落后国家市场、打击竞争对手、划分或重新划分势力范围的一种手段,加强了帝国主义经济发展的不平衡,也加剧了帝国主义国家之间的矛盾。

荐读书目

朱寰主编:《世界中古史》,长春:吉林人民出版社,1981 年
吴于廑、齐世荣主编:《世界史·近代史编》,北京:高等教育出版社,1992 年
马克垚主编:《世界文明史》,北京:北京大学出版社,2004 年
覃有土主编:《商法概论》,武汉:武汉大学出版社,2010 年
传奇翰墨编委会编著:《香料之路:海上霸权》,北京:北京理工大学出版社,2011 年

第 9 课 20 世纪以来人类的经济与生活

一、世界经济的发展

【核心概念】

核心概念 1:凯恩斯主义

20 世纪颇有影响的经济学家凯恩斯于 1936 年发表了《就业、利息和货币通货》,标志着凯恩斯主义的形成。凯恩斯主义理论的核心是就业理论,就业理论的逻辑起点是有效需求

理论，而有效需求的不足是资本主义未能实现充分就业的原因。凯恩斯经济政策的核心是反对自由放任，主张政府要起到积极干预的作用，通过增加货币供应来刺激经济。此外，政府还应通过公共投资和建设公共工程来提供就业就会，并通过税收政策来重新分配收入。

核心概念 2：国家垄断资本主义

国家垄断资本主义于 20 世纪初初具形态，于第二次世界大战后最终形成，是私人垄断资本与国家政权相结合而形成的一种垄断资本主义。国家垄断资本主义的本质在于国家与垄断资本在经济领域内的结合，国家占有并支配垄断资本的核心部分，在社会再生产过程中发挥国家干预和调节功能，并通过福利政策手段调节社会收入，实现社会利润的再分配，从而使资本主义制度在新的资本形态下继续发展。20 世纪以来，以政府宏观调控与市场相结合的国家垄断资本主义是实现经济快速增长的主要手段之一。

核心概念 3：社会主义市场经济体制

1992 年邓小平南方谈话时提出要建立社会主义市场经济体制，中共十四大正式提出建立社会主义市场经济体制的目标。社会主义市场经济体制是同社会主义基本制度结合在一起的，把市场经济作为发展的手段，利用市场经济来发展。建立社会主义市场经济体制就是要使市场在国家宏观调控下对资源配置起基础性作用。社会主义市场经济体制是中国特色社会主义的重大理论和实践创新，是社会主义基本经济制度的重要组成部分。

核心概念 4："一带一路"

是"丝绸之路经济带"和"21 世纪海上丝绸之路"的简称。2013 年，中国国家主席习近平分别提出建设"新丝绸之路经济带"和"21 世纪海上丝绸之路"的合作倡议。"一带一路"旨在借用古代丝绸之路的历史符号，高举和平发展的旗帜，积极发展与沿线国家的经济合作伙伴关系，共同打造政治互信、经济融合、文化包容的利益共同体、命运共同体和责任共同体。丝绸之路经济带有三大走向：从中国西北、东北经中亚、俄罗斯至欧洲、波罗的海；从中国西北经中亚、西亚至波斯湾、地中海；从中国西南经中南半岛至印度洋。21 世纪海上丝绸之路有两大走向：一是从中国沿海港口过南海，经马六甲海峡到印度洋，延伸至欧洲；二是从中国沿海港口过南海，向南太平洋延伸。

【史学导读】

1. 如何看待战后经济发展的不同阶段国家垄断资本主义的表现与变化？

材料一：二战后，垄断资本与国家政权相结合，国家垄断资本主义发生了重大的调整。20 世纪 50—70 年代，西方国家之所以能够赢得稳定发展的"黄金时期"，除吸收利用了新科技革命的最新成果之外，还取决于国家垄断资本主义的巨大调节和改良功能。这主要包括：在充分发挥市场机制和价值规律的调节作用的基础上，利用各种财政和货币政策调节社会的总供给和总需要；实行一定的经济发展计划，直接投资某些产业特别是公共产品，推行国有化，以提高国民经济的总体效益；实施一定的税收政策和社会再分配政策，限制过高的收入和过度的垄断，建立社会福利和保障制度。这些措施在一定程度上缓解了生产资料私人占有对生产力发展的制约，缓和了阶级矛盾和社会冲突，促进了资本主义国家的经济增长。然而，1973—1974 年的"石油危机"，把资本主义推向一个"滞胀"时期，暴露了资本主义国家干预理论与政策的严重弊病。为了对付“滞胀”，英美等西方国家抛弃了凯恩斯主义，转而实行新保守主义、新自由主义的理论和政策，紧缩货币、削减福利、减少税收、放松对经济的管制、将国有企业私营化、削弱工会组织、限制工资增长等等。这些措施虽然逐渐消除了“滞胀”，但也造成了失业率居高不下，财政赤字连年扩大，国家债务日益严重，国际贸易失衡，贫富差距进一步拉大等消极后果。到 20 世纪 90 年代以后，社会民主党力图在代表资产阶级右翼的自由主义和代表左翼的社会民主主义之间寻求“第三条道路”，实行所谓的“新经济”“新福利”“新政治”“新治理”。作为对全球化、知识经济、信息技术革命、后现代社会等当今世界变迁的回应，“第三条道路”试图在国家与市场、风险与安全、权利与义务、个人责任与集体责任、经济增长与社会公正之间建立新的平衡。

——摘编自罗文东：《当代资本主义的新变化与世界社会主义的发展前景》，《马克思主义研究》，2003 年第 4 期

导读提示

材料表明第二次世界大战后，国家垄断资本主义在不同发展阶段发生了重大调整。二战后的“黄金时期”，国家垄断资本主义表现为利用各种财政和货币政策调节社会的总供给和总需要，实行一定的经济计划；面对“经济滞胀”，国家垄断资本主义进行了调整，改用紧缩的政策以减弱危机的影响；90 年代以后，为了应对全球化、知识经济、信息技术革命等变迁，国家垄断资本主义开始在自由主义与社会民主主义之间寻求平衡。

阅读时，应认识到：国家垄断资本主义的表现在二战后的不同阶段进行了调整与变化，但其本质仍是垄断资本与国家政权的结合。总的来说，国家垄断资本主义的调整适应了战后不同阶段的经济发展需要，但也说明资本主义国家内部矛盾没有得到根本解决。

通过阅读材料，可以深刻理解在新科技革命、全球化浪潮和社会主义运动的影响下，资本主义在生产力和生产关系、经济基础和上层建筑等方面都发生了一系列的新变化，资本主义生产关系具有自我完善和自我调节的机制，仍旧具备生命力。

2. 如何正确理解“一带一路”倡议的意义?

材料一： 在全球化去留的十字路口，中国正在积极作为，中国力量成为推进全球化的重要引擎，中国担当发出捍卫全球化的明确信号，中国方案阐述全球治理的清晰路径，“一带一路”预示新一轮全球化的发展图景……调动发展中国家积极参与、带动欠发达人口共同前行是“一带一路”中国式全球化的最大特点。

——李丹：《“去全球化”：表现、原因与中国应对之策》，《中国人民大学学报》，2017 年第 3 期

材料二： 中国的“一带一路”战略所强调的是合作而非对抗，是发展而非遏制。“一带一路”战略是一件中国提供给世界，尤其是世界上的广大发展中国家的重要公共产品，而不是一件用来与现有世界秩序领导者对抗的武器，自然也就谈不上是对美国领导权挑战。

——胡德坤、邢伟旌：《“一带一路”战略构想对世界历史发展的积极意义》，《武汉大学学报(人文科学版)》，2017 年第 1 期

导读提示

材料一中体现了中国的大国担当，以“一带一路”为信号描绘了新一轮全球化的发展图

景。材料二则论述了“一带一路”是战略合作而非对抗，是让沿线沿路国家，特别是第三世界国家分享中国发展红利的方案。

阅读时，应认识到：中国利用“丝绸之路”传承下来的国家合作传统，提出了开放包容、互利共赢的“一带一路”。中国的“一带一路”倡议不仅对全球化发展有重大意义，更能推动过去几十年被全球化遗忘的第三世界广大发展中国家的发展。

通过阅读两则材料，可以深刻理解“一带一路”是针对全球化下发展失衡对症下药的中国方案，是传承了千年和平交往的中国方案，是跨越时空的中国方案，也是与第三世界国家分享中国经验的方案。在“一带一路”倡议的推动下，全球的经济发展会更具有联动性、均衡性、包容性。

二、国际贸易与人类生活

【核心概念】

核心概念 1:《关税与贸易总协定》

简称 GATT，于 1947 年 10 月在日内瓦签署，并于 1948 年 1 月 1 日开始实施。该协定是二战后世界上出现的第一个以法律形式调整国际贸易与贸易关系的规则和程序，建立起缔约方之间权利及义务关系的体制。其设立宗旨在于降低关税，减少贸易壁垒，在实施互惠和非歧视的基础上实现国际贸易自由化。该协定的建立标志着以美国为主导的资本主义世界贸易体系的建立，推动了贸易的自由流动。但由于该协定是临时性组织，缺乏内部统一有效的管理机制来协调重大矛盾和冲突。

核心概念 2: 世界贸易组织

简称 WTO，是由关税及贸易总协定发展而来的，1995 年 1 月 1 日正式运作，标志着规范化和制度化的世界贸易体系建立。世界贸易组织致力于促进各国市场开放，调解贸易纠纷，通过市场开放、非歧视性和公平贸易等原则的实施，实现全球范围内的贸易自由化。2001 年 12 月，多哈世贸组织第四次部长级会议决议通过，中国正式加入世界贸易组织，标志着中国对外开放进入一个新的阶段。

核心概念 3: 服务贸易

一国的法人或自然人在其境内或进入他国境内向外国的法人或自然人提供服务的贸易行为，包括商业服务，通信服务，建筑及有关工程服务，销售服务，教育服务，环境服务，金融服务，健康与社会服务，与旅游有关的服务，娱乐、文化与体育服务，运输服务等。服务贸易的出现推动了经济的增长，为人们的工作与生活提供了便利。

【史学导读】

1. 关税与贸易总协定的建立产生了怎样的影响?

材料一: 关贸总协定扩大了国际贸易自由化的深度和广度。关贸总协定实施的削减关税、取消歧视性配额等多种贸易自由化举措，使国际贸易发展空前迅速。

1994 年与 1950 年相比，国际贸易总额增长了 13.6 倍，大大超过同期世界经济的增长。

国际贸易中商品的结构也发生了极大的变化。二次世界大战前直到战后初期，初级产品在国际贸易中的比重一直高于工业制成品。从 1954 年起，工业制成比重为 60.5%，初级产品比重降到 37.9%。关贸总协定还积极推动技术贸易和服务贸易的发展。1964 至 1970 年，世界技术贸易额平均每年增长 16.5%，这一速度大大高于商品贸易年平均 10.5% 的增长率。70 年代，技术贸易增长速度仍达 12%。世界技术贸易额 50 年代中期只有 6.5 亿美元，1964 年增加到 27 亿美元，1974 年进一步升至 110 亿美元。

——摘自傅利平：《从关贸总协定到世界贸易组织——世界经济一体化的必然要求》，《国际经贸研究》，1995 年第 3 期

材料二：关贸总协定在促进贸易自由化、为贸易讨论提供框架方面取得了显著的成功。然而，与被舍弃的国际贸易组织相比，它的权威和责任范围非常有限；本质上它是一个协商论坛，而不是一个真正的国际组织，它没有制定规则的权力。而且，它没有适当的争端解决机构，它的管辖权主要用于制造业产品。关贸总协定没有处理农业、服务、知识产权或对外直接投资的权力，也没有处理关税同盟和其他特惠贸易安排的有效职能。它在解决贸易争端方面的能力也受到高度限制。

——［美］罗伯特·吉尔平著，杨宇光、杨炯译：《全球政治经济学——解读国际经济秩序》，上海：上海人民出版社，2006 年，第 196 页

导读提示

材料一指出关税与贸易总协定扩大了国际贸易自由化的深度和广度，是经济一体化的必然要求。材料二中直接指出了关税贸易总协定存在的弊端，作为一个协商论坛，关税贸易总协定缺少内部统一有效的管理机制来协调重大冲突和矛盾。

阅读时，应认识到：关税与贸易总协定是第二次世界大战后随着世界银行及国际货币基金组织的建立而临时设立的。在促进与捍卫世界贸易多数领域自由化方面的成就是毋庸置疑的。但是作为一个协商论坛、临时性组织，其权威和责任范围非常有限。

通过阅读上述材料，可以深刻理解关税与贸易总协定的基本运行模式与影响。二战后通过关税与贸易总协定等多个经济性组织，推动了世界经济向体系化、制度化、规范化的方向发展。

2. 如何理解世界贸易组织与关税贸易总协定的区别？

材料一：与关贸总协定相比，世界贸易组织具有更广泛的协调领域，关贸总协定只管货物贸易，而且还把农产品和纺织品排除在外。世界贸易组织则把服务贸易、知识产权保护、投资、金融、旅游等重要的商业活动首次纳入多边贸易管理体系……关贸总协定从法律上讲不是一个具有法人地位的正式组织，因此对缔约方没有严格的法律约束力，而世界贸易组织作为一个正式的国际组织，以法人地位对所有成员均有严格的法律约束力，这种约束力来源于它的两个机制，一是定期审议成员国贸易政策，以便对成员国的贸易体制和政策进行多边监督；另一个是较为完整的，适用于所有协议的争端解决机制，以保证多边贸易规划的遵守和执行。

——摘自傅利平：《从关贸总协定到世界贸易组织——世界经济一体化的必然要求》，《国际经贸研究》，1995 年第 3 期

材料二：WTO 的伟大成就之一就是它完善并发展了一套独一无二的国际司法机制。

它建立了专门的争端解决机构，并赋予其强制管辖权。争端解决机构有权设立专家小组来处理案件。强制管辖权的确立，增强了WTO争端解决机构的效力与威慑性。一旦发生争端，当事方可以选择磋商、斡旋、调停、调解为主的政治方法，既可解决争端，又灵活简便不伤和气。如以政治的方法不能解决，则可以选择仲裁、专家组、上诉机构为主的法律方法。法律方法具有迅速、公平、公正等特性，可为合理地解决国际争端提供强有力的制度保障，是政治方法的重要补充。WTO还确定了“否定式共识”的表决制度及争端解决程序各个步骤的时限，提高了争端解决的效率。

——摘自舒细麟：《世界贸易组织成因探析》，《湖南师范大学社会科学学报》，2001年第2期

导读提示

材料一中指出作为一个正式国际组织的世界贸易组织与关贸总协定相比具有更广泛的协调领域，材料二介绍了世界贸易组织在关税与贸易总协定继承上的创新与发展。相比而言，世界贸易组织的成就之一就是建立了拥有强制管辖权的专门的争端解决机构。

阅读时，应认识到：世界贸易组织在关税与贸易总协定的基础上有所发展。由于世贸组织诞生时，服务贸易的增长速度大大高于货物贸易，因而将货物贸易、服务贸易等领域融为一体，置于其管辖范围之内。此外，世界贸易组织争端解决机制更科学规范，解决的速度更快，裁决更具权威性。

通过阅读上述材料，可以深刻理解随着经济贸易和科学技术的快速进步，关贸总协定因自身局限已无法调节和处理上述新问题，客观上需要成立一个更加完善、权威、高效的国际多边贸易机构，即世界贸易组织。

三、国际金融与人类生活

【核心概念】

核心概念1：特里芬难题

布雷顿森林体系是以美国经济在全球经济中的霸主地位为基础的，其自身存在着难以持续的问题。这就是著名的“特里芬难题”。根据“特里芬难题”，如果美元与黄金挂钩，其他货币与美元保持固定汇率机制，美国的经常账户就必须保持顺差或维持平衡，否则人们对美元的信心就会丧失。同时，为了维持全球经济与贸易的扩张，把美元输送到世界各地，满足世界对美元的需求，美国的账户又必须是逆差。这种两难的困境决定了布雷顿森林体系是不可持续的。

核心概念2：亚投行

亚投行全称为亚洲基础设施建设投资银行，是由中国发起建设的国际性金融组织机构。亚投行是现有国际金融体系、多边开发机构和国际发展议程的有益补充，也是中国主动参与全球经济治理的有益探索。由于主营业务的特殊性，亚投行的资金需求量远远大于正在运行的任何一个国际金融组织机构。

核心概念3：互联网金融

目前，互联网金融尚未成为一个有着明确内涵与外延的确定概念。从最宽泛的角度而言，各种以互联网方式、手段、平台、渠道，利用互联网技术、移动通信技术实现资金融通的活动都可以被称为互联网金融。互联网企业跨界涉足金融业以及传统金融机构开展网络金融业务共同构成完整的互联网金融业态。

【史学导读】

1. 如何理解布雷顿森林体系崩溃的历史遗产？

材料一：布雷顿森林体系从成立到崩溃仅20多年时间，却为国际金融体系建设留下了太多未完成的使命。这不仅仅因为体系建设是一个长期的主题，还因为贯穿于国际金融体系演进之中的是一系列重要理论发展和政策变化。这其中，汇率制度问题、储备货币问题等问题不仅是国际金融体系运转的核心，也同时与发展中国家和新兴经济体作用的演变密切相关。第一，作为国际货币体系的核心要素之一的汇率制度究竟是浮动还是钉住。第二，从国际储备货币和流动性问题来看，国际储备货币的主要职能是为国际贸易和投资提供国际支付手段。然而长期以来，国际储备货币的供求矛盾以及其与国际货币体系稳定性的关系始终困扰着学界和各国货币当局。

——摘编自高海红：《布雷顿森林遗产与国际金融体系重建》，《世界经济与政治》，2015年第3期

材料二：1976年1月，国际货币基金组织在牙买加首都金斯顿举行会议，讨论修订《国际货币基金协定》。经磋商，会议达成《牙买加协定》，其主要内容为：(1)再次确认份额制原则，调整成员国的份额，美国在国际货币基金组织中仍然持有最大份额。(2)国际货币基金组织所有重大决策必须获得85%以上投票通过。(3)确认黄金与货币脱钩，废除黄金官价，黄金不再作为国际货币单位与货币定值标准。(4)实现浮动汇率合法化，固定汇率制的恢复需获得国际货币基金组织85%以上赞成票(这一条款赋予美国以否决权)。1978年4月，包括《牙买加协定》主要内容的《国际货币基金协定》第二次修正案正式生效，国际货币体系由此完成了从布雷顿森林体系向牙买加体系的过渡。随着牙买加体系的建立，美国改革国际货币体系的战略目标最终实现。

——摘自舒建中：《试论美国与布雷顿森林体系的解体》，《西南大学学报(社会科学版)》，2017年第3期

导读提示

材料一谈的是布雷顿森林体系崩溃后，在汇率制度问题、储备货币问题等方面遗留了许多建设问题。材料二则论述了布雷顿森林体系解体后，牙买加体系的主要内容。

阅读时，应认识到：面对接连不断的美元危机，美国通过一系列政策措施，最终促成了布雷顿森林体系的解体和牙买加体系的建立，实现了在新的国际货币体系中确立美元本位制的战略目标。此外，从黄金—美元本位转变为以浮动为主的多种汇率安排体系，不仅推动了国际资本流动和国际金融市场得到发展，而且也推动了国际上对汇率制度选择、储备货币和流动性等问题的探讨。

通过阅读两则材料，可以充分理解布雷顿森林体系的解体是美国政策设计和外交推动

的产物，是美国调整美元霸权形式的战略选择，以美元本位制为基础的美元霸权遂成为美国维护全球霸权地位的关键性支柱和战略性工具。原本以解决收支问题和确保金融稳定为目的的国际金融体系，却在历次危机中无能为力，甚至为持续性全球失衡深埋隐患。面对这种局面，中国应该积极参与国际金融体系的重建，扩大人民币作为国际货币的功能，提升中国在全球金融治理中的地位。

2. 怎样理解亚投行建立的意义？

材料一：要建立一个新型的亚洲基础设施投资银行，一个不同于现有的美国带领的世界银行和国际货币基金组织，两者都连带着由美国一国关于主要事项的绝对否决权和支配权。亚投行将通过贷款来帮助发展中国家进行基础设施建设，不带有像世界银行和国际货币基金组织那样的政治条件，特别是其长期以来所至为关心的遏制“共产主义”敌人的目的。中国将聚焦于源自自身经验的基础设施建设来帮助沿途的发展中国家建设公路和铁路、能源和新技术，以促进新工业的兴起和推进其与中国的互利贸易。

——摘编自黄宗智：《中国的新综合性视野和远瞻性愿景：“一带一路”倡议与亚投行》，《学术月刊》，2020 年第 7 期

材料二：作为一家新型多边开发金融机构，亚投行的成立将对现有全球经济治理结构的完善起到积极的促进作用。以亚投行为平台，区域设施互联互通和区域基础设施一体化，将会助推亚洲实现整体发展。以亚投行为契机，中国将由现行国际规则的接受者，变成规则制定的协调者；由全球治理的参与者，变成共同发展的推动者。亚投行的治理体系应兼顾市场盈利与社会责任目标；亚投行的运营模式应贯彻市场化、国际化和专业化原则；而亚投行的规则与标准则需符合亚洲特色、亚洲方式。

——摘自王金波：《亚投行与全球经济治理体系的完善》，《国外理论动态》，2015 年第 12 期

导读提示

材料一指出亚投行是不带有政治条件，为帮助两个经济带沿线国家的基础设施建设的组织。材料二则论述了亚投行成立对于全球经济政治结构完善起到的推动作用。

阅读时，应认识到：基础设施投资和相应的投资平台建设是加强亚洲各国互联互通的突破口与主要途径。亚投行是现有国际金融体系、多边开发机构和国际发展议程的有益补充，也是中国主动参与全球经济治理的有益尝试。

通过阅读上述材料，一方面可以将亚投行与“一带一路”倡议相联系，加深理解，另一方面可以深刻理解中国从全球治理的参与者逐步变成共同发展的推动者。亚投行的建立不仅体现了中国智慧，也说明了中国不冲突不对抗，相互尊重，合作共赢的宗旨。

荐读书目

马远之著：《世界六百年与中国六十年——从重商主义到新结构主义》，广州：广东人民出版社，2015 年

[美]罗伯特·吉尔平著，杨宇光、杨炯译：《全球政治经济学——解读国际经济秩序》，上海：上海人民出版社，2006 年

司正家著:《当代资本主义经济研究》,北京:中国经济出版社,2007 年

舒建中著:《多边贸易体系与美国霸权:关贸总协定制度研究》,南京:南京大学出版社,2009 年

[美]本·斯太尔著,符荆捷等译:《布雷顿森林货币战:美元如何统治世界》,北京:机械工业出版社,2004 年

第四单元

村落、城镇与居住环境

第10课　古代的村落、集镇和城市

一、村落的产生

【核心概念】

核心概念1：村落

是人类各种形式的聚居地的总称，又称聚落。它不单是房屋建筑的集合体，还包括与居住直接有关的其他生活设施和生产设施。它既是人们居住、生活、休息和进行各种社会活动的场所，也是人们进行生产的场所。聚落作为人类适应、利用自然的产物，是人类文明的结晶。聚落的外部形态、组合类型在很大程度上反映了区域的经济发展水平和风土民情等。同时，聚落也对地理环境和人类的经济活动发生作用，城市聚落对经济的发展和分布更有着巨大的影响。

【史学导读】

1. 如何理解农业革命对人类居住方式演变的影响？

材料一：大约在10000到8000年前，人类通过系统地培育某些植物，特别是原始大麦和小麦这类可食用的野生草籽，以及驯养家畜，从而开始尝试控制食物的供应。“摆脱野蛮状态的僵局是一场重要的经济革命和科学革命，这使得人类主动参与到自然中，而不再仅仅是自然界的寄生者。”新石器农业革命使人类经济发展到可以不断增加食物生产的阶段，即使仅仅是雏形，但也使社会组织因此得到扩展而形成氏族。

——摘编自[英]A. E. J. 莫里斯著，成一农等译：《城市形态史——工业革命以前》上册，北京：商务印书馆，2011年版，第21页

材料二：农业、畜牧业的产生，使人类的经济发生根本性的转变，从攫取性经济转变为生产性经济，人类获得食物方式的转变，改变了人与自然的关系，人类在生活资料的生产方面开始从单纯地依靠、适应自然转为利用、改造自然；同时，农业的产生使农业区的人们能够比较稳定地获得较丰富的食物来源，因而也促使这些地区的人们生活方式发生根本性的变化，逐渐告别迁徙生活，开始转为定居生活。农业从狩猎、牧业中分离出来，实现人类第一次社会大分工。农业的出现，使先民们的生活有了较为可靠的物质基础，人们开始聚

族而居，从穴居、巢居到半穴居，再到在地面修建房屋，从而形成固定的居民聚居点——村落。

——摘编自何一民著：《中国城市史》，武汉：武汉大学出版社，2012年，第9页

导读提示

材料一谈的是农业革命—— 一场重要的经济革命和科学革命，使人类摆脱了野蛮的状态，主动参与到自然中，社会组织也因此得到扩展而形成氏族。材料二则论述了农业从狩猎、牧业中分离出来，不仅改变了人与自然的关系，也促使人们的生活方式发生根本性的变化。

阅读时，应认识到：农业革命作为生产力进步的显著标志，不仅极大了改变了人类获取食物的方式，还促进了人口增长，使人类由迁徙到定居，聚族而居的方式也因环境的不同而经历了不同的演进趋势，最后形成固定的聚居村落。

通过阅读上述材料，可以深刻理解农业革命对人类居住方式演变的影响。将人类第一次社会大分工置于唯物史观下分析，可以进一步加深对村落产生背景的认识。

2. 村落的产生对人类生活产生了什么影响？

材料一：早在墨西哥、中国或欧洲兴起第一批城市之前，城市生活的基本模式就已经在中东地区缓慢成型。随着最后一次冰期的结束，家畜驯养和农耕方式传播开来，相应地产生了定居的生活方式。小村落发展成为手工业活动和产品交换中心，而其中最先进的所谓“首发城市”在叙利亚草原的广阔地区，在耶利哥、伊朗、埃及和土耳其等地快速发展起来。

——摘编自[美]乔尔·科特金著，王旭等译：《全球城市史》，北京：社会科学文献出版社，2006年，第3页

材料二：中石器时期(公元前6000—前5000年)，以耜耕农业为基础的固定式原始聚落普遍出现。石锄、石镰和石的磨具以及大型的谷物遗存，在全国很多地方都有出土。农耕的进步，使中国的河谷地区和平原地区出现了较大型的聚落。这时的主要住房是半地穴式，反映出它离其洞穴的根源仍不算遥远。多数聚落以环濠为保护并以之作为分界。聚落内的空间组织体现了氏族社会的特点，通常包含了一至两个氏族。它的中心点是一间大房子，作为氏族领袖的居所，以及氏族会议和祭祀的场所。除大房子外，其他房屋在大小、功能、内部布局、设备和器具上的差别都很小。

——摘编自薛凤旋著：《中国城市及其文明的演变(第2版)》，北京：世界图书出版公司，2019年，第17页

导读提示

材料一指出中东地区生产力的发展，使小村落发展成为手工业活动和产品交换中心，进而为发展成城市奠定基础。材料二则指出了中国早期聚落所具有氏族社会特征和功能布局分区。

阅读时，应认识到：世界上最早的村落出现于中东地区的两河流域，与此同时在世界的其他地区也开始出现大量原始村落。村落的产生为人类的生产生活提供了必要的物质条件和生存保障，促进了社会关系的发展。

通过阅读上述材料，可以加深理解村落是在众多聚居点基础上形成的这一认识。村落的主要功能在于为人们的定居、繁衍和防卫提供基本保障，为人类提供了比较稳定、安全的生活环境。

二、集镇的出现

【核心概念】

核心概念 1：手工业的起源

第一次社会大分工后，原始社会的生产力发展加快，金属工具使原来附属于农业的手工业生产技术愈益改进，生产劳动日益多样化。随着经营规模的扩大和经营活动的丰富，有人脱离农业或畜牧业生产而转入手工业的专门化发展。专职的手工业者逐渐增多，手工业最后从农业活动中分离，成为一个独立的生产部门，这就是人类历史上第二次社会大分工。第二次社会大分工促进了集镇的出现。随着商品生产和商品交换的发展，交换地域的进一步扩大，集市（镇）逐渐演变为城市。世界上第一批城市大多就在这样的情况下诞生的，如印度河流域、尼罗河谷、黄河流域的第一批城市。

核心概念 2：集镇

手工业和农业的相分离，出现了直接以交换为目的的商品生产。当商品交换由偶然性发展为经常性时，便在适于货物集散和商品交换的地方出现固定的交易场所——集市。商人和手工业者为保护其财富和人身安全，在聚居地筑垒设防，形成集镇。宋代以前，镇大多为军事目的而设。两宋之后，随着工商业经济的发展，逐渐在原有的城市和墟集之间形成一级市场，形成了城市、市镇、墟集三个层次的商品流通网络，商业集镇产生。商业集镇的兴起促进了市场繁荣和长途贩运贸易的兴盛。手工业集镇的兴起促进了小商品生产和手工业从农业中分离出来。市镇贸易的商品主要是农民自给有余的农产品和农家副业产品。直到鸦片战争前，市镇经济的发展还很不平衡，偏重在中国的东南。

【史学导读】

1. 如何理解社会生产力的发展促使集镇兴起？

材料一： 农业和畜牧业的产生和发展，使人类不断地生产出超过维持生存所需的剩余食物，从而使人口得以较大的增长，充足的剩余物质供应也为以后一系列的社会变革创造了物质基础。使一部分人有可能转为从事非农业的经济活动。从而产生新的社会分工和物品的交换。较多剩余产品的出现也使越来越多的财富向少数人聚集，部落的首领和族长们依赖权力积累和保护自己的财富，他们逐渐脱离劳动，由此导致社会的分化及阶级的产生。因而，农业的产生，定居生活的开始，阶级的分化，为早期城市的产生创造了条件。

——摘编自何一民著：《中国城市史》，武汉：武汉大学出版社，2012 年，第 9 页

材料二： 大量的人口集中在村庄中，促进了劳动分工。在新石器时代，村庄里的大多数居民种植粮食或饲养家畜。某些人仍然从事狩猎采集活动。但剩余的粮食使得一些人可以

把他们的时间和才智集中在自己的专业上,从而脱离了粮食生产。对位于安纳托利亚半岛(现属土耳其)中南部的卡塔瑜·育克(Catal Huyuk)遗址的发掘,清楚地证实了专业劳动的迅速发展。起先,卡塔瑜·育克只是一个很小的新石器时代村庄,与其他村落并无异处。但它逐渐发展成为一个熙熙攘攘的城镇,容纳了大约5000人。考古学者发现当地居民制作了陶罐、篮子、布料、皮革、石制和金属的工具、木刻、地毯、珠子以及夹杂在其他物品中的珠宝。卡塔瑜·育克之所以成为一座重要的村庄,部分原因是因为它的地理位置,在它的附近有丰富的黑曜石矿。村庄可能是制作生产黑曜石工具的中心:考古学者在地中海东部的大部分地区都找到了来自卡塔瑜·育克的黑曜石。

——摘编自[美]杰里·本特利、赫伯特·齐格勒著,魏凤莲等译:《新全球史——文明的传承与交流》,北京:北京大学出版社,2007年,第24—25页

导读提示

材料一论述了农业和畜牧业的产生和发展促进了新的社会分工、定居生活的开始和阶级的分化,为早期城市的产生创造了条件。材料二则以卡塔瑜·育克遗址的发掘,来说明专业劳动的迅速发展对集镇兴起的影响。

阅读时,应认识到:手工业与农业的分离促使专业劳动分工进一步发展,手工业者的集聚和商业的兴起,使集聚地经济繁荣,逐渐形成区域经济中心,发展为集镇。

通过阅读上述两则材料,可以深刻理解社会生产力的发展对集镇形成的作用。随着商品交换的发展,集镇逐渐形成,促进了市场的繁荣。

2. 中国古代集镇的呈现怎样的发展趋势?

材料一: 农业时代的中国城市主要是以政治、军事功能为主,是区域性的政治、军事中心,虽然在发展过程中也叠加了一定的经济功能,但在城乡经济关系的矛盾运动中农村始终居于主导地位。城市经济对封建小农经济有着很强的依赖性,成为封建自然经济的补充物。但我们也并不否认在中国古代的各个时期,部分城市的手工业与商业也有相当大的发展,如战国时期的齐国都城临淄不仅是政治行政中心,同时也是闻名天下的工商业之都。西汉时期,长安、洛阳、成都、临淄、邯郸等城市既是全国的或地区性的政治行政中心,同时也是著名的经济都会。唐宋时期,中国的经济出现一个新的发展高峰,城市的经济功能进一步加强,一些著名的经济都会出现,如长安、扬州、成都、洛阳等都是全国著名的工商业发达的城市。宋代商品经济进一步发展,城市突破了封闭式的里坊制,此一时期不仅大城市和一些中小城市的经济功能得到增强,集镇也有较大的发展。明清时期,南方经济得到较大发展,因而南方出现了较多的经济都会,明代著名的经济都会有南京、苏州、杭州、广州、汉口、佛山、临清、扬州、镇江、成都、重庆等30余个。清代经过康雍乾三朝的励精图治,农业时代的中国经济再次出现新的繁荣,城市的经济功能进一步加强。

——摘编自何一民著:《中国城市史》,武汉:武汉大学出版社,2012年,第29—30页

材料二: 江南经济在普遍繁荣的基础上,带有鲜明的专业特色,这一点在市镇发展中也明显反映出来,故而出现许多以蚕丝业生产与销售为专能的市镇。像湖州府的南浔镇、菱湖镇、乌青镇等以桑蚕缫丝闻名,苏州府的震泽镇、嘉兴府的石门镇、杭州府的塘栖镇等也是著名的丝业名镇。苏松地区是重要的棉纺织小商品生产基地,因而也簇拥出不少棉业市镇。如松江府华亭县的朱泾镇就是著名的标布贸易中心。此外,还有其他手工业发展起来的专

业市镇,如桐乡县的炉头镇以冶铸出名,石门镇于蚕丝外又以榨油出名,归安县善琏镇以制笔出名等。

——摘编自齐涛主编:《中国古代经济史》,济南:山东大学出版社,2004年,第238—239页

导读提示

材料一表明农耕文明时期的中国城市主要是以政治、军事功能为主,随着农业的发展和商业的逐渐繁荣,城市的经济功能进一步加强。材料二则论述了江南市镇的兴起是建立在区域经济发展和手工业专业特色基础之上的,具有鲜明的地域色彩。

阅读时,应认识到:中国古代的城镇发展与经济发展方式密切相关,植根于农耕经济基础上的古代城镇经济职能并不占据主导。直到明清时期伴随着专业分工的出现,市场规模的扩大和区域经济发展,江南出现了一大批工商业市镇,反映出时代发展的趋势。

通过阅读两则材料,可以深刻理解农业既是城市发展的动力和基础,也是城市发展的主要制约因素。在农业时代,中国城市建立在小农业与家庭手工业相结合的自然经济之上,城市的发展以土地财产和农业为基础,农业始终在社会经济中占主导地位。城市产业主要是手工加工型、资源型,商业活动地位低下,市场的范围狭小,交换有限,生产方式长期稳定而无变化,农业也处于长期停滞状态,这些都制约了城市的发展转型。

三、城市的产生

【核心概念】

核心概念1:城市

城市的出现,是人类走向成熟和文明的标志。城市的起源有因"城"而"市"和因"市"而"城"两种类型:前者是先有城后有市,市是在城的基础上发展起来的;后者是先有市场后有城市,这类城市比较多见,是人类经济发展到一定阶段的产物,本质上是人类的交易中心和聚集中心。城市作为人类群居生活的高级形式,具有政治、经济、军事和文化多种功能,是一定区域内政治权力、军事防御、经济活动、宗教祭祀的中心场所。

核心概念2:城市功能

亦称"城市职能"。通常理解为城市在国家和地区范围内的社会经济生活中所能发挥的作用。综合性的城市一般具有行政、经济、文化、交通等多方面的功能。在经济功能中按作用发生的领域不同,又可细分为生产功能、流通功能和旅游功能等。在多种功能中,对整个国民经济以及周围地区产生突出影响,反映城市本质特征,并对城市经济自身起导向作用的功能是城市的主要功能,其他称之为辅助功能。

核心概念3:城市布局

指城市建成区的平面形状以及内部功能结构和道路系统的结构和形态。城市布局形式是在历史发展过程中形成的或为自然发展的结果,或为有规划的建设的结果。这两者往往是交替起作用。城市布局形式的形成受到众多因素的影响,有直接因素的影响,也有间接因素的影响。对于每一个城市来说,往往是多种因素共同作用的结果。影响城市布局形式的直接因素包括经济因素和地理环境等,影响城市布局形式的间接因素包括历史因素、社会因

素和科技因素等。

【史学导读】

1. 早期城市的功能分区有何特点?

材料一: 神庙在早期苏美尔城市文明的所谓“内城”中居支配地位。在这片内城的城墙之中,神庙与王室的宫殿和显贵的宅邸比邻而立。这种布局让整个城区充满着一种神祇庇护下的安全感。神庙建筑群也促进了早期城市的商业发展。除了奴隶之外,普通手工业者和熟练工匠也参与到这些宏大的建筑群的建设中,很多人在工程结束后留在这里以服务于祭司阶层。约公元前3500年,由于宗教和商业两方面的原因产生了可以识别的最早的文字体系。祭司阶层也牢固地掌握了物质世界的统治权。他们以神的名义控制公共土地。这个“神圣家族”控制了河渠、所有重要剩余农产品的仓储和分配。在早期城市中,神庙也起到“购物中心”的作用,它为各种各样的货物提供了一个开放的交易场所,从植物油、动物油脂、芦苇到沥青、席子和石料等。神庙还拥有自己的工场加工衣物和器皿。神祇的等级和祭祀的方式可能因时间而变化,但神庙功能的核心性保持了千年之久。

——摘编自[美]乔尔·科特金著,王旭等译:《全球城市史》,北京:社会科学文献出版社,2006年,第6—7页

材料二: 匠人营国,方九里,旁三门。国中九经九纬,经涂九轨。左祖右社,面朝后市,市朝一夫。

——摘自:《周礼·考工记》

导读提示

材料一论述了神庙在早期苏美尔城市中的中心地位,这与当时的政治形态密不可分,同时神庙还促进了早期城市商业的发展。材料二则反映出古代中国都城的规划、建筑的基本原则,体现了设计者的审美观念和价值体系。按照礼制分别规划不同的功能区,突出王权和尊卑。

在阅读时,应认识到:早期城市产生与发展的过程中,城市布局深受政治形态和等级观念的影响,呈现出鲜明的时代和地域特征。

通过阅读两则材料,可以深刻理解城市布局与政治形态的关系。古代的城市大都是满足统治者的需要而兴建的,城市规模同城市的政治行政地位的高低成正比,城市功能分区主要服务于贵族阶层和满足统治的需要。

2. 城市的产生对人类社会发展和生活有哪些影响?

材料一: (苏美尔人)在塔庙的影响下,人们住在有着厚厚墙壁的泥砖屋里,使他们从酷热、严寒和噪音中隔离。女人和奴隶准备一日三餐,主要是由大麦(在南方)或小麦(在北方)组成。这一区域中生长的40%谷物被女人在家中酿造成麦酒,不只是为他们的家庭消费,也为了出售。最早的居民依赖长途贸易获得制造工具和武器必需的金属和石头,这些原料来自叙利亚、阿拉伯半岛和印度,美索不达米亚的商人生产产品进行贸易。商人们运输羊毛织物到很远的地方以换取宝石金属和奢侈品,美索不达米亚的产品、动物和植物慢慢地传入到中国。在熙熙攘攘的城市中心,家庭依然是社会的主要纽带。最早的成文法调节婚姻生活目的是想通过私人纽带来维护公共治安。苏美尔女人在城市中的许多商店中工作——如卖

酒人、酒馆管理人和商人。普通女人在公共场合戴面纱，然而妓女和奴隶被要求光着头生活。在这种人们彼此不认识的社会中，城市居民强烈地要求区分社会的等级。城市生活伴随着日益强调的、作为城市秩序基石的社会阶层化产生了。

——摘编自[美]丹尼斯·谢尔曼、乔伊斯·索尔兹伯里，陈恒等译：《全球视野下的西方文明史——从古代城邦到现代城市》上，上海：上海三联书店，2011 年，第 12 页

材料二：据记载，罗马的第一条下水道是公元前 800—735 年修建的，全城的下水道设施到公元前 100 年时全部完成。罗马城并没有一个统一的下水道系统，各个区域都有它们的排水系统，罗马的主排水道有三条：马尔斯原野系统、马克希玛大下水道和马克希姆斯圆形竞技场系统。这三大主排水道都直接与台伯河相连，废物和废水均排入台伯河。古罗马城每一个排水道系统都是由一条主下水道和多条分支下水道组成的，例如马克希姆斯圆形竞技场系统共有 8 条分支。分支下水道包括道路分支下水道和房屋分支下水道。房屋分支下水道是由私人在自己家或经营的小商店、旅馆、面包店等内部修建的分支下水道，将其连接在相邻街道上的公共道路分支下水道上。房屋分支下水道流出的废物和废水排到道路分支下水道内，然后流入主下水道，最终排入台伯河。

——摘编自潘明娟：《古罗马与汉长安城给排水系统比较研究》，《中国历史地理论丛》，2017 年第 4 辑

导读提示

材料一论述了随着苏美尔城市中的社会分工和长途贸易发展，强调社会等级的阶层化逐渐产生。材料二则论述了古罗马城市的排水系统构成及其主要功用。

阅读时，应认识到：城市产生必然会带来人口的大量增加，随着生产力的发展，新的社会阶层出现，城市的扩展促进了技术发展和文化传播。古罗马城镇的排水系统反映出对城市环境卫生的重视和城市管理经营的水平，因为这直接关系到城市的有序发展和居民的健康生活。

通过阅读两则材料，可以深刻理解城市产生对人类社会发展和人们的生活的影响。人口、手工业生产、商品交换以及财富的集中，促进工商业发展，城市为人们参与政治、经济、文化、道德、宗教、体育和艺术等方面的群体生活创造了条件。

四、世界各地的民居

【核心概念】

核心概念 1：民居

是指古时遗存的相对“官式做法”而言的民间居住建筑。它与统治阶级的宫殿、府邸、坛庙、陵墓、园林建筑不同，一般都是采用较经济的手段，用廉价的材料，简单的结构，因地制宜、因材致用地满足生活及生产上的需要。其功能、形式、构造和用材相互适应，巧妙结合。各地民居朴素实用，灵活适应性很强，在有限的物质条件下，充分体现了民间建筑匠师们卓越的艺术才能。

核心概念 2：四合院

我国传统的一种院落式住宅，汉族广大地区和许多少数民族广泛采用，又以北京地区四

合院为最典型。建筑布局特点是南北轴线均衡对称。在纵轴线上先布置主要房屋，再在主要房屋两侧或对面布置若干次要房屋，各房屋以走廊或围墙相连，形成一平面为正方形或矩形的封闭整体。一般的，主房坐北朝南的，宅大门位于东南角；主房坐南朝北的，宅大门位于西北角。这种布局方法适合中国封建社会宗法、礼教制度，在安排家庭成员的居住上，体现尊卑、长幼、男女、主仆的区别；同时也利于保证住宅安全。

【史学导读】

1. 中国古代民居建筑有何突出特点？

材料一：中国古代民居建筑等级制度，早在新石器时代就渐露端倪。夏、商、周时期，等级制度的规定大多围绕宗教和战争等展开，遂至唐宋元明清时期，民居建筑等级制度趋于慎密、明朗、世俗和装饰化。明史中详尽地记叙了百官第宅的各类"注意事项"，提醒众人要谨守制度要义。例如禁止官民房屋雕刻古帝后、圣贤人物、日月、龙凤、狻猊、麒麟、犀、象等形象，不准歇山转角，重檐重拱及藻井，但楼居重檐不在所禁之列。对各级官员宅第的等级有详细规定：一二品官员，厅堂五间九架，屋脊用瓦兽，梁栋、斗拱、檐桷青碧绘饰，门二间三绿油，兽面锡环。三至五品官员，厅堂五间七架，屋脊用瓦兽，梁栋，檐桷青碧绘饰，门二间三架，黑油锡环。若是六品至九品，则厅堂三间七架，梁栋饰以土黄，门一间三架，黑门铁环。所有品官房舍，门窗户牖不得用丹漆。至于布衣百姓，规定则更为苛刻谨严，"庶民庐舍，洪武二十六年定制，不过三间五架，不许用斗拱，饰彩色。三十五年复申禁饰，不许造九五间数，房屋虽至一二十所，随其物力，但不许过三间。正统十二年令稍变通之，庶民房屋架多而间少者，不在禁限"。

——摘自刘森林：《中国古代民居建筑等级制度》，《上海大学学报(社会科学版)》，2003年第1期

材料二：我国民居空间秩序性是礼教的具体反映，这是世界其他任何民族所不具备的。《丧服·小记》中说："亲亲、尊尊、长长、男女有别，人道之大者也。"伦理的秩序即在社会伦理的关系中划分出阴阳、主从、尊卑，并在这种神圣化的社会定律中划分出各自的责任和义务。世界文明国家中，只有中国人把社会的秩序具体地用空间表现出来。如中国北方的代表性民居北京四合院：长辈住正房，晚辈住厢房，倒座和后罩房及周围辅助用房为家中佣人用房，整个院落的建筑秩序反映了家族至上的权威崇拜心理，象征着家族内部的伦理礼制。南方民居如潮汕大型住宅同样如此，如潮汕著名的许驸马府，中心为三进五间，周围有一重从厝或而重从厝，后有后仓屋，周围用房围合出狭小的天井院落，以中厅等为构图中心的尚"中"观念，最符合家族至上的权威崇拜心理。且随着历史发展，我国民居建筑并没有脱离原始的构图方式，只是披上了层层文明外衣而使得象征性更加地突出。

——摘自李月、廖方方、王哲：《"家族观念"影响下的中西方传统民居》，《建筑与文化》，2017年第11期

导读提示

材料一论述了中国古代民居建筑等级制度的演变，尤其是宋元明清以来民居建筑等级制度趋于慎密、明朗、世俗和装饰化。通过明史中对各级官员宅第等级的详细规定可窥一斑。材料二则论述了古代中国民居空间的秩序性，通过空间的设计体现出伦理秩序，区分阴

阳、主从、尊卑，并确立各自的责任和义务，是礼教的具体反映。

阅读时，应认识到：中国传统民居的建筑设计和空间布局严格遵循等级观念和长幼有序的礼仪制度，无论是各级官员宅第，还是普通百姓居所，都深受儒家纲常伦理和礼教观念的影响。

通过阅读上述材料，可以深刻理解中国古代民居的设计理念和住宅布局。世界文明国家中，只有中国人把社会的秩序具体地用空间表现出来，这是世界其他任何民族所不具备的，这也恰恰可从多角度理解世界各地民族特点背后的形成因素。

2. 古希腊罗马民居的特点是如何形成的？

材料一：人类构筑所谓住居的物理空间时，仰赖可以得到的建筑材料等，极大地制约了住居的架构方法和屋顶形式。可用于住居建造的建筑材料过去基本上是自然材料、生物材料。因此根据地域的不同可以利用的建筑材料也不同，住居的形态也受到建筑材料的局限。世界的建筑文化圈大体可以分为“土和石文化”圈和“木文化”圈。有丰富木材的地方，自然是建造木房。但是就木造建筑而言也有各种各样的。帐篷住居主要的结构材料也是木材，也可以称为木住居。即便是石造的，屋顶架构用的木材组合也不少，分类并非简单。

——摘编自[日]布野修司编，胡惠琴译：《世界住居》，北京：中国建筑工业出版社，2011年，第11页

材料二：过着游牧生活的古罗马人的住宅多为可移动的帐篷，帐篷中间安置炉灶用来做饭、取暖。出于通风排烟的需要，住宅顶端开口，逐渐演化成了明厅的形制。罗马人在伊鲁特人的统治之下吸收了农业文明带来的文化，产生定居习惯。古希腊晚期的建筑成就由古罗马继承。天井式住宅是内向型的，这种住宅以一个天井为中心，四周布置柱廊和生活用房。它的平面形制不拘一格，十分自由。到罗马时期平面变得对称而整齐了，高度也定式化了，这是有异于希腊传统的。天井式住宅的中心是一间矩形的大厅，大厅中央的上方是露明的天井口。天井口下面有相应的池子承接檐部流下的雨水。这件带有天井的大厅又称明厅，它是家庭生活的中心，承担着做饭、料理家务、接待宾客、祭祀家神等诸多功能。

——摘自张远雪、高明：《中外院落式民居比较研究》，《中国住宅设施》，2018年第4期

导读提示

材料一论述了人类构筑住居的物理空间时会受到建筑材料的局限，直接影响住居的架构方法和屋顶形式。材料二则论述了古希腊罗马天井式住宅是成因和发展过程，从古希腊建筑对古罗马建筑的影响，古罗马的生活习惯和对农业文明的吸收，逐渐形成这种列柱围廊式的民居形式。

阅读时，应认识到：古希腊罗马的民居建筑风格是带有列柱围廊的天井式建筑。这一建筑风格的形成是多重因素作用的结果。

通过阅读上述材料，可以深刻理解各地民居特点是由当地自然环境、经济发展水平、文化习俗多方面因素决定的。古希腊罗马所在的南亚半岛石材资源丰富，住所大多以此作为建筑材料。又地处游牧文明与农业文明交汇之处，古罗马的建筑风格充分吸收了两大文明的成果。

荐读书目

方拥著：《中国传统建筑十五讲》，北京：北京大学出版社，2010 年

何一民著：《中国城市史》，武汉：武汉大学出版社，2012 年

薛凤旋著：《中国城市及其文明的演变（第 2 版）》，北京：世界图书出版公司，2019 年

［美］刘易斯·芒德福著，宋俊岭等译：《城市发展史——起源、演变和前景》，北京：中国建筑工业出版社，2005 年

［美］乔尔·科特金著，王旭等译：《全球城市史》，北京：社会科学文献出版社，2006 年

［日］布野修司编，胡惠琴译：《世界住居》，北京：中国建筑工业出版社，2011 年

第 11 课　近代以来的城市化进程

一、城市化的演进

【核心概念】

核心概念 1：城市化

是指随着一个国家或地区社会生产力的发展、科学技术的进步以及产业结构的调整，其社会由以农业为主的传统乡村型社会向以工业（第二产业）和服务业（第三产业）等非农产业为主的现代城市型社会逐渐转变的历史过程。主要表现为人口由农村向城市不断转移以及城市空间不断扩大。

核心概念 2：近（现）代化

是指较不发达社会或发展中的社会为了获得发达的工业社会所具有的一些特点，而经历的文化与社会变迁或变革的过程。一般而言，现代化包括了政治上的民主化，经济上的工业化，社会生活上的城市化，思想领域的自由化和民主化。城市化成为衡量国家现代化水平的重要标志。

【史学导读】

1. 英国工业化发展与城市化的发展有何关系？

材料一：英国工业化发展与城市化的发展在历史阶段、增长速度等方面是具有一致性的，城市化是工业化带给英国社会最明显、也是最重要的后果之一。英国之所以能够成为第一个城市化国家，正是源自其是第一个工业化国家。工业化对英国城市化的首要推动作用，就是它的集聚效应导致的经济和人口不断集中，促进了英国城市化的发生。工业化的自身需求，使得英国工业与城市良性互动，实现发展。工业化带来的交通运输变革，整合了以城市为主体的英国社会经济系统。工业生产方式的分工和专业化，必然促使一部分人从事非

生产性劳动，当工业的分工和集聚达到一定程度后，将极大地促进工农业以外的产业的发展，即工业不仅直接推动着城市化的发展，而且通过产业连锁反应间接地推动城市化的发展。

——摘编自赵煦：《英国城市化的核心动力：工业革命与工业化》，《兰州学刊》，2008年第2期

材料二：18世纪七八十年代的工业革命开始了以机器代替手工劳动，以工厂制代替手工作坊和手工工场。这是促使乡村社会向城市社会转变的划时代事件。工业革命极大地改变了英国的经济地理。新兴的棉纺织业把英格兰西北部变成重要工业区，曼彻斯特、索尔福德、博尔顿、贝里、普雷斯顿、斯托克波特、奥尔德姆等棉纺织业工业城市迅速兴起，人口倍增。炼铁工业以焦炭取代木炭作燃料以后，炼铁中心从萨密克斯和格洛斯特转移到煤铁资源比较丰富的斯洛普、伍斯特、斯塔福德、达勒姆、诺桑普顿、南威尔士和蒙茅斯郡，这些地区出现了一批以采煤和钢铁工业为基础的城镇。枪炮和五金工业集中到伯明翰、伍尔弗汉普顿、沃尔索尔和威尼兹伯里，刀剪工业集中到设菲尔德，织袜工业集中到诺丁汉、德比和莱斯特等城市。在英格兰西北部、米德兰西部、威尔士南部这些新工业基地，相继出现了一大批制造业和矿业城市。利兹、哈德斯菲尔德和布拉德福德随着毛纺织工业的机械化也繁荣起来了。

——摘自王章辉：《近代英国城市化初探》，《历史研究》，1992年第4期

导读提示

材料一认为英国工业化发展与城市化在历史阶段、增长速度等方面具有一致性，工业化带来的集聚效应、自身需求、交通变革和产业分工直接或间接地推动了城市化的发展。材料二则从工业革命对英国经济地理的改变方面分析，工业革命促使新兴工业城市诞生并发展起来。

阅读时，应认识到：英国的工业化对于城市化的发展起到了核心推动作用。工业化导致了经济和人口的集中，使工业与城市发展良性互动，整合了以城市为主体的英国社会经济系统，并通过产业的关联效应推动英国城市发展。

通过阅读两则材料，可以深刻理解工业化与城市化之间的关系。不可否认，英国城市化的发生，是多种经济动力机制起作用的结果，但工业化无疑在其中居于核心地位，不仅仅是因为它有助于其他动力要素的发展，而且是因为它在城市化发生、发展中处于主导性、支配性的地位。

2. 近代以来，中国城市化经历了怎样的发展阶段？

材料一：从1840年鸦片战争到1949年中华人民共和国成立，为传统城市向近代城市转型，以及近代城市兴起、发展时期。首先，中国城市政治、经济、社会结构发生变化，出现了现代化的趋势，城市在全国政治、经济、文化生活中的作用日益加强。其次，由于帝国主义对中国侵略的重点是沿海、沿江地区及东北地区，受其影响，中国的资本主义发展也较快，从而使古代已形成的城市分布不平衡性更加加剧。最后，大城市发展迅速，人口向大中城市，特别是向特大城市聚集，成为近代城市发展的一个特点。近代城市虽然有较大的发展，但城市化总体水平仍然很低。1949年，中国的城市化水平为10.6%，与同期世界城市化平均水平28.8%相比，则差距相当大。

——摘编自何一民著：《中国城市史》，武汉：武汉大学出版社，2012年，第40—42页

材料二：1949—2009年中国城市化进程：

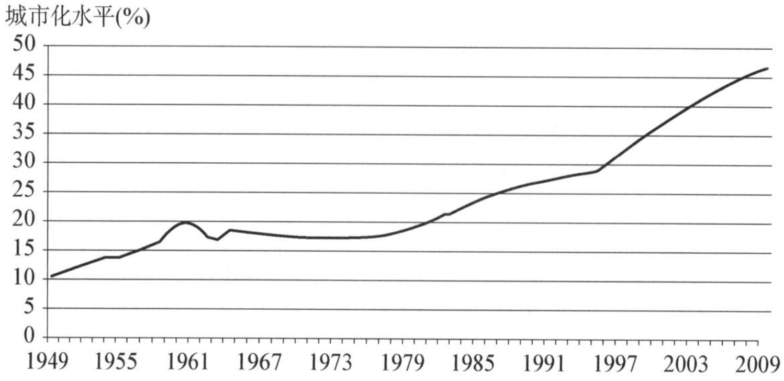

——摘编自张超：《新中国城市化：历程、问题与展望》，《西部论坛》，2010年第4期

导读提示

材料一论述了1840—1949年中国传统城市向近代城市转型中的特征：出现近代化趋势、城市作用增强、分布不均衡加剧、大城市发展迅速以及总体水平低下。材料二则描绘了1949—2009年中国城市化的发展趋势：发展过程中有曲折，但总体上是上升趋势；改革开放前发展较为缓慢，改革开放后发展迅猛。

阅读时，应认识到：近代中国城市化发展模式与西方模式不同，是在中国沦为半殖民地半封建社会的特殊环境中展开的，中国的城市化带有明显的殖民地色彩；又由于近代中国工业发展滞后和自然经济占主导地位，城市化的发展存在诸多畸形特征。1949年以来的城市化发展存在着明显的阶段特征，这与新中国不同时期的经济建设方针和经济发展体制有密切关系。

通过阅读两则材料，可以深刻理解中国近代的城市化与半殖民地半封建的社会性质之间的关系，近代中国的城市化走过了一条不同于西方城市化的具有自身历史特征的发展道路。新中国城市化的发展在改革开放之前深受国家政策和计划经济体制的影响，发展水平总体较低；改革开放后，城市经济体制改革的拉动、对外开放水平的提升，城市化发展迅猛，成为衡量国家和区域经济社会发展水平的标志之一。

二、居住条件的改善

【核心概念】

核心概念1：居住条件

是指住房和居住有关设施的状况，例如人均或户均住房面积，合理分室情况，房屋质量和自来水、下水道、电、煤气、暖气等设施的提供状况。范围再大一点包括居住环境质量，例如绿化面积、空气质量、水质、垃圾处理等状况。

核心概念2：城市社区

是指构成城市的有共同地缘、文化习俗、信仰、价值观念、消费习惯、基础设施、经济社会生活氛围的地域空间。城市社区是不受行政疆界制约的自然形成体。一般按规模大小、行政阶层、区位结构、功能特性、发展程度等标准来分类，常分为都会社区、都市社区、政治性社区、商业性社区、工业性社区、文化性社区、混合性社区等。

【史学导读】

1. 建筑技术的革新是如何改善市民居住条件的?

材料一： 高层建筑的产生，可追溯到美国19世纪末的芝加哥。美国南北战争结束后，芝加哥逐步发展成为北方的产业中心，并于1830年设立芝加哥市，人口逐渐增至30万，而房屋则多为木料搭建。这种安全隐患使得芝加哥在1871年的大火中，几近化为废墟。芝加哥于1880年全力重建，商业活动的大力扩展使得城市地价上涨，市区人口密集，建筑师则迎合投资人的意愿，采用增加层数的方式来增加建筑面积，以提高经济效益。这样的时代背景使得1884—1885年，工程师詹尼设计的美国家庭保险公司大楼顺利建成，至今被绝大多数建筑历史学家公认为现代建筑史上第一座真正意义上的高层建筑。这座10层高的办公楼也是世界上第一座钢铁框架结构的大楼，采用了生铁柱、熟铁梁、钢梁等。

——摘自王鑫刚：《上海高层建筑百年发展探讨》，《福建建筑》，2018年第1期

材料二： 近代建筑结构的两大系统：钢(铁)结构和钢筋混凝土结构的新型建筑技术在19世纪下半叶即已传进中国，由于其稳固性、耐久性和高质量，首先在工业建筑中应用和发展。随着近代工业在大中城市的发展，为节约用地和缩短工艺路线，多层工业建筑普遍出现。20世纪初起，在大中城市中逐渐形成行政、会堂、金融、交通、文化、教育、医疗、商业、服务业、娱乐业等新型公共建筑类型。钢(铁)结构和钢筋混凝土结构的新型建筑技术也广泛地应用于城市公共建筑。

——摘编自何一民著：《中国城市史》，武汉：武汉大学出版社，2012年，第656页

导读提示

材料一论述了高层建筑顺应了城市化发展的需要，采用钢铁框架结构的建筑技术，通过增加层数的方式来增加建筑面积，以提高经济效益。材料二则论述了近代建筑结构技术传入中国后的发展进程，先在工业建筑中应用发展，再应用于城市公共建筑。

阅读时，应认识到：高层建筑是在商业活动的大力扩展使得城市地价上涨，市区人口密集的背景下产生的，其发展推动了建筑技术的进步，技术的进步促进了城市化水平。

通过阅读两则材料，可以深刻理解城市的发展促使市民居住条件得到改善，建筑技术的革新使城市建筑发生了本质变化，越来越多的高楼在城市中建立起来，成为城市区别于乡村的标志之一。

三、基础设施的发展

【核心概念】

核心概念1：城市基础设施

城市基础设施是城市综合服务功能的重要载体，主要是指城市的给水、排水、污水处理、防洪、供电、通信、煤气、热力、道路，以及城市的公共交通、园林绿化、环境卫生及消防、路标、

路灯等设施的总称。完善的城市基础设施能够促进城镇化快速发展，同时，城镇化进程的快速推进也需要完善的城市基础设施与之配套。

【史学导读】

1. 城市化进程中如何做好城市基础设施规划？

材料一：二战后伦敦城市规划理论框架图：

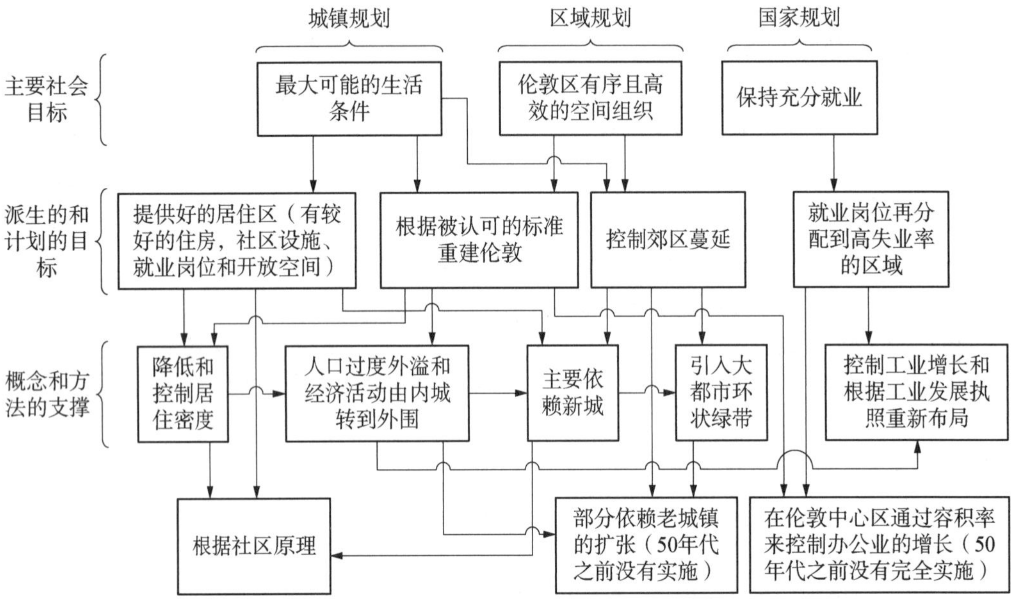

——摘自[美]布莱恩·贝利著，顾朝林等译：《比较城市化——20世纪的不同道路》，北京：商务印书馆，2010年，第152页

材料二：世界级城市交通系统发展阶段及对应交通战略：

表1　世界级城市交通系统发展阶段划分

城市发展阶段	交通发展阶段	城市发展特征	交通特征	交通战略
大都市初步形成	交通基础设施建设	社会经济高速发展，人口膨胀，城市空间蔓延	中心区交通需求快速增长，私人小汽车发展迅速	重视道路网络等交通设施建设
都市圈快速发展	交通战略探索形成	社会经济快速发展，人口、就业有序发展，城市形态向多中心转型	交通需求依然快速增长，通勤范围扩大至50—70千米，私人小汽车保有量达到300—400辆“千人”	加强区域交通设施建设，保证城市空间结构调整(如巴黎RER、日本新干线)，建设多模式交通体系
都市圈繁荣稳定	交通战略成熟	社会经济稳定发展，人口、就业岗位缓慢增长，城市形态进入全球化发展阶段	市内交通需求平缓增长，私人小汽车保有量总体稳定(如伦敦)，部分城市出现下降(如纽约)	区域交通需求上升，城市交通战略侧重于提高公共交通服务水平，交通与信息化时代融合

续表

城市发展阶段	交通发展阶段	城市发展特征	交通特征	交通战略
世界级城市功能巩固提升	交通系统品质提升	世界城市地位形成，注重发展高端商务和金融业	城市的城际、州际等对外交流更加频繁	注重不同交通方式衔接，绿色交通逐渐成为潮流

表2 世界级城市不同交通发展阶段对应的交通战略

<table>
<tr><td>城市</td><td colspan="2">大都市初步形成，
交通基础设施建设阶段</td><td colspan="2">都市圈快速发展，
交通战略探索形成阶段</td><td colspan="2">都市圈繁荣稳定，
交通战略成熟阶段</td><td colspan="2">世界级城市功能巩固提升，
交通系统品质提升阶段</td></tr>
<tr><td>纽约</td><td colspan="2">第一次区域规划
(1921)</td><td colspan="2">第二次区域规划
(1968)</td><td colspan="2">第三次区域规划
(1996)</td><td>纽约市战略规划(2002)</td><td>纽约市城市总体规划
(2007)</td></tr>
<tr><td>伦敦</td><td colspan="2">大伦敦规划
(1944)</td><td colspan="2">大伦敦发展规划
(1964)</td><td>市长交通战略(2001)</td><td>2025长远交通规划
(2005)</td><td colspan="2">市长交通战略
(2011)</td></tr>
<tr><td>巴黎</td><td colspan="2">巴黎地区国土开发计划
(1934)</td><td colspan="2">巴黎地区国土开发与城市规划
(1965)</td><td>巴黎总体规划(1994)</td><td>大巴黎交通出行规划
(2000)</td><td colspan="2">大巴黎计划
(2007)</td></tr>
<tr><td>东京</td><td>战灾复兴城市规划
(1945)</td><td>第一次首都圈整备计划
(1956)</td><td>第二次首都圈整备计划
(1968)</td><td>第三次首都圈整备计划
(1976)</td><td>第四次首都圈整备计划
(1986)</td><td>第五次首都圈整备计划
(1999)</td><td>“10年后的东京”
(2006)</td><td>“2020年的东京”
(2011)</td></tr>
<tr><td>新加坡</td><td colspan="2">概念规划(1971)</td><td colspan="2">交通规划战略白皮书
(1996)</td><td colspan="2">陆路交通规划
(2008)</td><td colspan="2">陆路交通规划
(2013)</td></tr>
<tr><td>香港</td><td colspan="2">第一次整体运输研究
(1976)</td><td colspan="2">第二次整体运输研究
(1989)</td><td colspan="2">第三次整体运输研究
(1997)</td><td colspan="2">香港2030：规划远景与策略(2007)</td></tr>
</table>

——摘自钱喆、吴翱翔、张海霞：《世界级城市交通发展战略演变综述及启示》，《城市交通》，2015年第1期

导读提示

材料一呈现了二战后伦敦城城市规划的理论框架图，国家层面的主要目标是保持充分就业，区域规划层面的主要目标是构建伦敦地区有序且高效的空间组织，城镇规划层面的主要目标就是为市民创造尽可能好的居住条件。材料二则呈现了纽约、伦敦、巴黎、东京、新加坡、香港六大世界级城市在20世纪不同交通发展阶段的交通规划，以应对不同阶段的城市交通问题。

阅读时，应认识到：城市经济的发展、规模的扩大以及功能的增加，对城市基础设施建设提出了更高的要求，在应对城市化问题时，应未雨绸缪和统筹安排，做好城市发展规划，完善基础设施，提高城市生活的质量。

通过阅读两则材料，可以深刻理解城市基础设施的发展与城市化进程之间相辅相成的关系：伴随着城市化进程，对城市的基础设施提出了更高的要求；基础设施的不断发展完善

又进一步推动了城市化的发展。

2. 近代以来中国城市基础设施的发展完善对社会生活有何意义?

材料一: 从19世纪下半叶以来,近代市政工程和公用设施在通商城市中首先发展与传播,20世纪以来,内地若干城市也纷纷仿效。近代城市发展的市政工程和公用设施主要有煤气、自来水、电力、电报、电话、市内交通、下水道、卫生设备等。这些公用基础设施的营运,构成了城市生存环境的支撑物,为城市社会经济各个方面的发展提供了广泛的服务。电力、电讯技术的推广和运用,汽车、火车、轮船的发展,交通运输的现代化,直接促进城市的技术进步和经济的繁荣,使城市得以蔓延生长,推动了城市的现代化。但是对近代城市中的市政工程和公用设施发展也不宜评价过高,一方面发展不平衡,另一方面和世界水平相比仍是技术水平低,项目少,供应范围小,经营管理差,服务对象主要是外国人及中国中上层人士。

——摘编自何一民著:《中国城市史》,武汉:武汉大学出版社,2012年,第658—664页

材料二: "一五"计划时期,城市规划的编制原则、技术经济分析的方法、构图的手法,以至编制的程序,基本上是照搬苏联的做法。城市规划配合重点建设项目进行,详细规划与总体规划往往交叉进行。"一五"计划初期,居住楼房多为二、三层,详细规划把若干房屋组成街坊,内设小学和日常商业点。"一五"计划后期,建设规模和占地范围不断扩大,规划又组织若干街坊配以相应的服务设施,成为小区,或组织若干小区成为居住区,形成了"街坊—小区—居住区"的布局结构。例如,上海的曹杨新村、北京的百万庄等,占地面积较大,有较齐全的学校、托幼、商店、粮油店等文教、商业设施;注重区内绿化、憩息场地和景观,居住环境较好。20世纪50年代末期,由于城市建设用地日趋紧张,开始推行4层以上的多层住宅。

——摘自董志凯:《建国初期的城市规划》,《中国投资》,2007年第12期

材料三: 改革开放以来,城市建设随着经济体制的改革进入了新的阶段。20世纪80年代,主要是弥补市政住宅"欠账",加快城市化进程;调整产业结构,突出第三产业建设。1992年中国确立了实施社会主义市场经济体制以后,在建设管理上,经营城市、提高城市竞争力的观念成为共识。在城市基础设施建设中,注重制度建设先行,如项目招投标制、业主负责制、项目监理制、预决算审计制、承包合同制、资本金制、联合审批制等,以保证基础设施建设的各个环节有章可循,有法可依,使工程建设高质、高效、科学、合理。

——摘编自董志凯:《从建设工业城市到提高城市竞争力——新中国城建理念的演进(1949—2001)》,《中国经济史研究》,2003年第1期

导读提示

材料一论述了近代城市的市政工程和公用设施发展和分布状况,具有水平低、不均衡、管理差、服务对象有限等特点。材料二论述了新中国初期的城市规划基本上是照搬苏联的做法,城市规划建设服务于工业化建设的需要,城市生活居住区与工业区高度重合,城市基础设施初步发展,但不完善。材料三论述了改革开放以来城市建设进入高速发展的时期,在城市建设管理理念和规划上不断规范化和制度化。

阅读时,应认识到:以市政工程和公用设施为主的城市基础设施的发展完善与经济发展水平息息相关。近代中国的城市化不平衡,主要分布在通商口岸,城市基础设施也不完善,主要服务于社会上层和外国人。建国初期的城市建设理念相对滞后,服务设施跟不上。改革开放以来城市化进程加速,基础设施日趋完善。

通过阅读三则材料，可以深刻理解城市基础设施建设的重要性。近代以来中国城市化水平较低，城市基础设施不完善，城市管理理念和体制落后；随着新中国成立，尤其是改革开放以来经济的繁荣发展，城市化水平突飞猛进，城市建设理念日趋先进，城市基础设施建设不断完善，提升了人们的生活质量，改变了人们的生活方式。

四、城市化进程中的问题

【核心概念】

核心概念 1：城市环境污染

在城市范围内由于人类活动所引起的环境质量下降而有害于人类及其他生物的正常生存和发展的现象。当某种污染物质的浓度或其总量超过环境自净的能力，就会产生危害，城市环境污染的产生有一个从量变到质变的发展过程。按环境要素分，有城市大气环境污染、城市水体环境污染、城市土壤环境污染、城市固体废弃物污染、城市噪声污染等。

核心概念 2：城市交通拥堵

是指城市中汽车数量增加导致市区内车流日益升高，每逢尖峰时间不通车流叠加导致现有道路负荷而造成堵塞的情形。此情形常出现于大城市中心区、都市间的高速公路等。

【史学导读】

1. 城市化与城市化进程中的问题存在什么关系？

材料一：城市问题也有阶段性。城市化初期阶段，城市规模不大，城市病不严重。城市化高速发展时期，城市规模大，出现住房、治安、交通、污染、贫民窟等问题。人口密度大导致交通拥堵、生态污染。出现交通问题，汽车太多，影响城市生活。外来人口涌入导致治安问题，城市中心没落，贫富阶层居住分离，宗教、民族、经济问题增多，导致就业、贫困问题。

——摘自孙全胜：《主要国家城市化基本经验及其启示》，《上海经济研究》，2018 年第 1 期

材料二：当前，世界上大致有两种类型的城市化。一种类型是欧、美、日的城市化。这些国家的城市化有两个特点：一是城市化率高，一般达到了 80%；二是城市市民一般都有稳定的就业和体面的收入，可以享受到失业保障，大多数有较好的医疗保障，绝大多数进城人口可以在城市体面而有尊严地生存，即使失业或无就业能力的市民也可以享受到广泛的福利体系的保障。从外观上看，欧、美、日的城市中一般没有发展中国家所常见的大规模贫民窟，城市秩序良好，人们安居乐业。另一种类型是亚非拉国家的城市化。其突出特点是，几乎所有国家的城市都有大规模贫民窟，且城市贫民窟人口占比极大。与城市贫民窟相联系的是，进城人员很难获得正规就业，就业不稳定，收入低，社会保障少，无法做到安居乐业。从城市外观上看，除了大规模贫民窟以外，城市基础设施一般都比较差，治安不良，卫生条件不好等等。

——摘编自贺雪峰：《论中国式城市化与现代化道路》，《中国农村观察》，2014 年第 1 期

导读提示

材料一论述了城市化进程中城市病的阶段性，城市化早期城市规模不大，城市病不突出。随着城市规模扩大和人口急剧增加，环境污染、交通拥堵、贫富差距等城市病日益突出。材料二则论述了当前两种类型城市化的差异：发达国家的城市化既好又快、有质有量，是人们所向往和憧憬的城市化；亚非拉国家的城市化则面临贫富矛盾显著、社会保障缺失、基础设施落后等系列问题。

阅读时，应认识到：不同类型的城市化所呈现出来的特征是不同经济发展阶段的反映。发达国家的早期城市化阶段也出现过目前亚非拉国家城市化的种种问题，只不过在后来的发展过程中逐步解决了上述问题，治理环境污染、建立社会保障体系、完善城市基础设施等。所以，应用发展的观点看问题。

通过阅读两则材料，可以深刻理解城市化进程与城市病之间的关系。城市化作为城市经济发展过程，有自己的规律，要因地制宜制定城市化政策，吸取发达国家经验教训，出现的系列问题应当边发展边解决，不要走西方国家先污染后治理的老路。

2. 如何科学应对城市化进程中的"城市病"？

材料一：作为世界上最早开启城市化进程的西方国家，英国工业化时期的"城市病"主要表现为住房问题、环境问题、疾病问题和犯罪问题四个方面：一是住房短缺，工人居所拥挤简陋；二是污染严重，城市环境日益恶化；三是疾病蔓延，死亡率不断提升；四是治安混乱，犯罪活动日益猖獗。"城市病"是英国工业化时期的一种普遍现象。正如恩格斯所说，"凡是可以用来形容伦敦的，也可以用来形容曼彻斯特、伯明翰和利兹，形容所有的大城市"。"城市病"也是一种复杂的城市综合症，除前面论及的工业化早期比较突出四个方面外，还包括失业、交通、儿童教育等问题。

——摘编自许志强：《应对"城市病"：英国工业化时期的经历与启示》，《兰州学刊》，2011 年第 9 期

材料二："大城市病"不仅阻碍大城市自身的发展，而且也不利于发挥大城市作为区域发展引擎的带动作用，必须予以防治。为此，一是要科学认识"大城市病"与大城市的关系；二是对大城市可能产生"大城市病"首先应以"防"为主；三是完善市场经济机制，提高政府决策水平，以政府作用的有效介入，改善不好的市场"失败"；四是合理构建大城市及以大城市为核心城市的城市体系的空间结构；五是统筹城乡资源配置，缩小城乡差距，推进城乡一体化平衡发展。

——摘编自王桂新：《中国"大城市病"预防及其治理》，《南京社会科学》，2011 年第 12 期

导读提示

材料一论述了英国工业化时期"城市病"的主要表现为住房问题、环境问题、疾病问题和犯罪问题，这种复杂的城市综合症是工业化带来社会巨大进步的客观后果，需要科学应对。材料二则论述了防治"大城市病"的具体建议，以防为主，科学决策，合理构建，统筹发展。

阅读时，应认识到：英国工业化时期的"城市病"问题主要因城市人口的急剧增加所致，集中表现为工人住房短缺、环境污染严重、流行疾病蔓延、社会治安混乱。当前中国正处于

"城市病"暴发的高峰期,认识和反思英国的早期经历对我们有镜鉴作用。

通过阅读两则材料,可以深刻理解城市化进程中的"城市病"成因及其对策。在一定意义上,"大城市病"只是社会经济发展到一定阶段、特别是发展中阶段的产物。空间规划的不合理、短期市场的影响、政府失灵以及垄断集权的体制环境等,都是造成"大城市病"的重要原因。"大城市病"目前已成为我国大城市发展及其带动区域发展的主要障碍,治理"大城市病"必须从体制改革入手,采取综合治理措施。

荐读书目

何一民著:《中国城市史》,武汉:武汉大学出版社,2012 年

鲍宗豪著:《华夏城市文明论》,上海:东方出版中心,2019 年

薛凤旋著:《中国城市及其文明的演变(第 2 版)》,北京:世界图书出版公司,2019 年

[意]L. 贝纳沃罗著,薛钟灵等译:《世界城市史》,北京:科学出版社,2000 年

[美]布莱恩·贝利著,顾朝林等译:《比较城市化——20 世纪的不同道路》,北京:商务印书馆,2010 年

第五单元

交通与社会变迁

第 12 课　水陆交通的变迁

一、古代的陆路交通与水路交通

【核心概念】

核心概念 1：秦朝道路网

秦朝修筑的驰道、直道和五尺道等，构成了以咸阳为中心的全国性道路网。秦始皇统一全国后，为了加强交通运输往来，促进全国范围内的经济发展与文化交流，加之巩固多民族统一国家的需要，修筑了以咸阳为中心的全国性道路网。道路网由不同等级、各有特征的道路构成，如通往全国的驰道网、向北延伸的直道和西南地区的五尺道等。这些道路均为我国古代筑路史上的杰出成就，也是世界上最早出现的全国性规模的道路交通网之一。秦朝道路网的形成与发展，巩固了多民族国家的统一的局面，推动了秦朝社会经济进步，加强了全国的交流往来，且对后世的陆路交通建设也有深远影响。

核心概念 2：驿道

中国古代官方政府开辟的交通大道，沿途设有驿站。古代驿道又称官道，是由中央政府按统一标准修建的全国公路系统。古代驿道主要用于传递政府公文信息和转输军用物资、传递军令军情等，也是中央政府加强中央集权和边疆治理的重要手段。驿站是沿驿道设立的传递官方信息和供给军队物资的机构，驿道和驿站合称为驿传系统。清末时，随着近代邮政的产生和发展，古代的驿传系统逐渐被取代，直至废除。驿道的修建，对于我国历代政权的巩固、经济的发展、文化的交流具有重要意义，特别是促进了中华文明大一统局面的形成和发展，维护了民族团结。

核心概念 3：京杭大运河

世界上里程最长的古代运河，也是最古老的运河之一。南起余杭，北到涿郡，贯通了海河、黄河、淮河、长江、钱塘江五大水系。大运河的开凿，主要是以经济和军事目的为主，由统治者主导，集合庞大的人力和物力进行修建。大运河的开凿和贯通，加强了南北交通和交流，巩固了中央政府对全国的统治，促进了江南地区的经济发展，也促进了南北方文化的融合。

【史学导读】

1. 如何理解秦朝交通建设对后世的影响?

材料一:秦始皇时代开通的“直道”在西汉时期依然应用于政治、军事、外交及经济生活,成为汉与匈奴南北沟通的重要渠道。汉王朝经营西北方向由河西往西域地方的交通道路后来有“丝绸之路”之称。其实,“直道”与长城防线上的“北边道”连通,继而通过草原民族活跃的交通实践而实现的中西物质文化与精神文化的交流,也是我们研究丝绸之路历史文化作用时应当注意的交通史现象。

——摘自王子今:《直道与丝绸之路交通》,《历史教学》,2016 年第 2 期

导读提示

直道作为秦朝连通中原和北方的一条主要交通干线,在当时来说,对加强国家治理、边疆防御和文化联系起到了十分重要的作用。且在汉朝继续使用,与“陆上丝绸之路”一起,加强了中央集权,也加强了各地区间的交流。

阅读时,应认识到:秦朝的交通建设不仅使秦建立起一个大一统的中央集权国家,而且对后世影响深远。

通过阅读该则材料,可以深刻理解秦朝交通建设对后世的深远影响,不仅对秦汉时期交通建设、国家治理、经济发展、文化交流等起到重要作用,直至今日,在“一带一路”战略构想之下,还体现了人类文明之间开放包容、合作共赢、命运共同的文化内涵。

2. 如何理解运河在中国古代社会的地位?

材料一:南方自古以来就有十分发达的水运交通,北方水运条件不甚发达,为了改善这种状况,春秋战国局部统一时进行过运河建设,以沟通区域间的水运联系。秦汉以来,凡是中央集权强大,实现大一统后能有效控制辽阔疆域的王朝,多重视运河开凿,由此构建漕运体系,加强南北联系,实现对全国,包括边疆地区的控制。秦汉、隋唐、北宋、元明清统一疆域的拓展与运河开凿和水运发达是成正比的,特别是京杭大运河的开通,将统一王朝的政治军事中心与经济文化重心紧密联系在一起,有力支撑了北京长期作为都城的中心地位,这为向北向西发展和开疆拓土创造了条件。

——摘自王健:《论我国古代运河在国家统一及疆域发展中的历史作用》,《江苏社会科学》,2018 年第 2 期

导读提示

在中国古代,水运是十分重要的交通方式,也是极为便利和经济的运输方式。运河的开凿,便利了南北东西的交流,为政治统一、经济发展和文化交流提供了便利条件,加强了中央和地方政府内部的联系,内部统一性得到加强。

阅读时,应认识到:运河在中国古代地位重要,特别是京杭大运河的开通,将统一王朝的政治军事中心与经济文化重心紧密联系在一起,对古代社会带来深远影响。

通过阅读两则材料,可以深刻理解运河对古代社会发展的影响,在国家统一和疆域管理方面,运河起到了十分重要的作用。

二、对海洋的探索与全球航路的建立

【核心概念】

核心概念：郑和下西洋

明代永乐、宣德年间的海上远航活动，包括朝贡贸易、官方贸易和民间贸易等形式。28年间共完成七次航行。在此过程中，明王朝展示了自身强大的政治和军事优势，加之经济利益的刺激和朝贡体系的扩大，使我国古代航海事业达到顶峰。郑和下西洋传播了中华文明，促进了经济往来和文化交流，扩大了中外友好关系，为世界航海事业和人类文明进步做出了巨大贡献。但由于受当时中国封建君主专制体制的影响，也无可避免地存在一些弊端：用本国大量物质财富换取海外诸国形式上的藩属关系，“厚往薄来”，增加了明王朝的财政负担。

【史学导读】

1. “麒麟外交”能够一度成立的推动因素是什么？

材料一：郑和下西洋的“寻宝”和亚非诸国“献宝”共同构成了明朝“麒麟外交”的基础，“麒麟外交”之所以能一度成立，是由中国与亚非诸国多因素合力推动而成的。第一，明朝采取了一种开放的面向亚非诸国的胸怀，愿意与不属于藩属国的“远国”结成朝贡的关系。第二，亚非一些“远国”也愿意在朝贡贸易的框架下，利用长颈鹿作为与明朝交往的政治资源和文化资源。第三，明朝有利用盛世象征的瑞兽麒麟来巩固王权和塑造正统，建立自身政权的权威性和合法性的需求。

——摘自邹振环：《郑和下西洋与明朝的麒麟外交》，《华东师范大学学报（哲学社会科学版）》，2018年第2期

导读提示

郑和下西洋中的“麒麟外交”一度成立的推动因素主要有以下三个方面：第一，明朝政府的开放胸怀；第二，亚非诸国愿意与明朝在朝贡体系下进行友好往来；第三，明朝为塑造自身政权合法性和正统性的需求。

阅读时，应认识到：在郑和下西洋时期，明朝通过“麒麟外交”展示了以中国为中心的东亚诸国在朝贡体系下的外交活动，“麒麟外交”也可以视为一种灵活的外交策略，将动物作为一种外交手段，与周边国家寻找彼此共同的利益和文化上的相互契合点。

通过阅读上述材料，可以深刻理解郑和下西洋时期的外交情况。明朝政府通过“麒麟外交”所履行的一系列邦交礼仪，可以与周边藩属国统治者灌输天下意识和华夷观念，也确立和巩固了明朝的朝贡体系中心的地位。

2. 如何理解新航路的开辟给人类带来的双重影响？

材料一：新航路开辟打破了欧洲与世界其他地区的隔绝状态，加速了人类文明的交流，人类历史由原来孤立走向日益的联合，逐渐形成了一个整体。此后，世界各地区之间，不仅有经济的往来，还有文明的交流。

新航路开辟以后，欧洲商人开始直接同世界各地建立商业的联系，贸易范围迅速空前扩大，世界市场的雏形开始出现。

从15世纪末开始，西欧各国的殖民者为了夺取殖民地，侵入亚非拉地区，开始在全球范围内进行殖民掠夺的血腥事业，这种殖民掠夺从新航路开辟到17、18世纪，给亚非拉地区带来了无穷的灾难。

——摘自王蕊：《浅谈新航路开辟的影响》，《中学教学参考》，2015年第22期

导读提示

新航路的开辟，使世界各地区由孤立走向联系，并日益连接成一个整体，促进了西欧封建制度的解体和资本主义的发展，但使亚、非、美洲国家更加贫穷和落后。

阅读时，应认识到：新航路的开辟带来了双重影响。对于符合历史发展潮流、推进人类社会进程的方面应予以基本肯定，对于给亚、非、美洲地区带来的巨大灾难，也应表示批判。

通过阅读上述材料，可以深刻理解新航路开辟对人类社会带来的巨大影响。总而言之，新航路开辟使世界由地域性走向真正意义上的统一的世界，人类社会终于迎来了近代的曙光。

三、工业革命与交通的发展

【核心概念】

核心概念1：轮船招商局

洋务派最早举办的一个民用企业，中国第一家近代轮船航运公司。1872年由李鸿章在上海创办。旨在解决洋务运动存在的经费不足问题和清政府的漕粮运输困难，同时与洋商争利权，具有明显的进步性。轮船招商局的设立，引进了西方更为先进的轮船航运技术，培养了一批技术工人，客观上刺激了中国民族资本主义的产生与发展，一定程度上抵抗了外国资本主义侵略，打击了外国轮船公司垄断中国航运的行为。但从根本上来说，轮船招商局由维护封建官僚制度的洋务派进行经营管理，存在诸多问题，这是由当时中国社会政治条件所决定的。

核心概念2：铁路

供火车等交通工具行驶的轨道。于清朝末期传入中国。然而，由于清政府腐败且保守的落后思想，将修建铁路、应用蒸汽机车视为“奇技淫巧”，认为此举会损害民田、妨碍风水，因而拒绝修建。我国最早通车营业的铁路是1876年英商在上海擅自修建的淞沪铁路。后由于洋务派和国内有识之士的不断建议和提倡，清政府逐渐改变了修建铁路会损害民田、妨碍风水的认识，开始有筹划地自主修建铁路。新中国成立以来，我国铁路事业进入到新的发展时期。

核心概念3：收回利权运动

1903—1911年中国人民展开的一场要求收回被帝国主义者攫取的铁路权和采矿权的群众性爱国运动。甲午中日战争后，帝国主义列强趁机疯狂掠夺在华的铁路修筑权和矿山

开采权。数十年间，攫取了诸多修筑铁路和开采矿藏的权益，这一行为引起全国人民的极大反抗，由此中国人民展开了收回利权的爱国运动。帝国主义虽不甘心交出既得利益，但面对声势浩大的群众性爱国运动，只得交回部分利权，以缓和反抗。收回利权运动是广大群众为保卫国家主权和民族利益而进行的一场爱国运动。此后，资产阶级的政治力量进一步强大，群众性爱国运动发展起来，资产阶级革命也逐渐进入高潮阶段。

【史学导读】

1. 中国近代史上收回利权运动发生的原因是什么?

材料一：中国的资产阶级，即投资于近代经济的绅商阶层，他们虽亦如各国资产阶级一样，追求增殖资本，扩大财富。但他们的这种欲望是与抵制外资掠夺，追求中国富强这一爱国主义目标相一致的。他们一旦觉醒，必定反对外国资本对中国路矿权利的掠夺。

——摘自耿云志：《收回利权运动、立宪运动与辛亥革命》，《近代史研究》，1992 年第 2 期

导读提示

路矿权利的丧失，使得帝国主义侵略更为深入，严重地危及到清政府的统治，也使得国内资本主义发展举步维艰。收回利权运动反映了近代绅商阶层发展民族资本主义的要求，而追求中国的富强这一爱国目标，也是他们的最终目标。

阅读时，应认识到：收回利权运动之所以发生，是由于国人觉悟到帝国主义对路矿权利的掠夺，不仅损害了中国国家的主权，而且损害了他们自身的权利。

通过阅读上述材料，可以深刻理解收回利权运动发生的原因。可以这样说，收回利权运动是国人在经济上谋求自立的民族主义运动。

2. 如何评价轮船招商局的创办?

材料一：轮船招商局在二十多年间取得了一些成就，然而从战略意义上又可以说是不成功的。它是一个资本主义性质的企业，但基本上没有按照资本主义的规律进行经营管理，从而失去了生命力，得不到应有的发展。

——摘自胡滨、李时岳：《李鸿章和轮船招商局》，《历史研究》，1982 年第 4 期

导读提示

轮船招商局是李鸿章以直隶总督兼北洋通商大臣的身份一手创办和扶植起来的，经营体制为官督商办。作为中国人第一次尝试建立的现代企业，虽然该模式下管理的招商局最终失败，但其意义非常重要。

阅读时，应认识到：轮船招商局虽然最终失败，但有成功的一面，它不仅为清政府争回部分利权，为中国近现代企业的发展做出了重大贡献，也对打破列强在华航运垄断有着重要意义，是中国航运史上的里程碑。

通过阅读上述材料，可以深刻理解轮船招商局在中国近代经济发展中的重要意义，其经营是不成功的，但也对近现代企业的发展起到了极为重要的推动作用。

三、交通与社会变迁

【核心概念】

核心概念 1：客邮

指欧洲列强在中国领土上设立的邮政办事机构。鸦片战争前后，英、法、美、日、德、俄等国侵犯中国邮权，私设邮局，设立目的是在与本国没有邮政往来的地区，为本国国民提供可靠的邮政服务。因损害国人权益，遭强烈反对，自 1917 年陆续撤销。客邮是帝国主义侵略中国的产物，是对中国邮政主权的侵犯。但从另一角度而言，客邮一定程度上推动了中国邮政近代化，在中国邮政由传统邮驿向近代邮政过渡的过程中，“客邮”具有重要的过渡作用。

核心概念 2：邮驿制度

以驿站为主体的马递网路和以急递铺为主体的步递网路。始于殷商，经历代发展，到清朝时，制订了较为完善的邮驿制度，民国成立以后，逐渐废除。中国古代政府为有效传播政治、经济、军事等各类信息，在开辟、整修道路的基础上，形成了一个高效运转的邮驿系统。邮驿制度的形成与发展，为中国古代社会的发展提供了信息层面的支持，也提高了政府的工作效率。

核心概念 3：电报

一种利用电信号传送信息的通信方式。19 世纪 30 年代在英国和美国发展起来。电报信息通过专用的交换线路以电信号的方式发送出去，并且信号用编码代替文字和数字。后随着电话、传真等的普及应用，使用人群逐渐减少。中国出现首条电报线路是在 1871 年，由外国修建；首条自主修建的线路是 1877 年，由福建巡抚丁日昌在台湾修建。电报的出现，开通了人们远距离通信的先河，使人们的视野得到极大的拓展。

【史学导读】

1. 如何理解近代铁路建设对中国社会的影响？

材料一：可缩万里为咫尺，合旬月于昼夜，便于运兵，便于运械，便于赈荒，便于漕运，便于百司走集，便于庶士通学，便于商贾运货，便于负担谋生，便于通言语、一风俗，有此数便，不费国帑而可更得数千万者，莫如铁路。夫铁路之利，天下皆知。

——摘自康有为著：《康有为散文》，上海：上海科学技术文献出版社，2013 年，第 131 页

导读提示

铁路建设对中国社会的影响是多方面的：可以加强中央与地方、地区与地区之间的联系，便利军事物资运输和军队流动；推动了近代工矿业的发展；也有利于文化、经济、社会风俗的近代化；并逐渐丰富国人的出行方式。

阅读时，应认识到：铁路建设给中国社会带来了政治、经济、文化、社会风俗、军事等多方面的变化，有利有弊，但总体是利大于弊。

通过阅读上述材料，可以深刻理解近代铁路建设对中国社会产生的影响，虽然近代铁

路建设对中国社会的发展起到了诸多推动作用，但近代铁路权多掌握在列强手中，便利了帝国主义国家对中国资源和财富的掠夺，这是由近代中国半殖民地半封建的社会性质所决定的。

2. 如何理解外国在中国设立客邮所带来的影响？

材料一：外国在中国设立“客邮”统计：

单位：处

国别＼年份	1870	1897	1906	1913	1918
英　国	2	8	14	14	20
法　国	1	2	14	13	21
美　国	1	1	1	1	4
帝　俄	—	5	5	18	119
德　国	—	2	14	12	40
日　本	—	7	17	129	140
总　计	4	25	65	187	344

——摘自邮电史编辑室编：《中国近代邮电史》，北京：人民邮电出版社，1984年版，第17页

导读提示

短短半个世纪，英、法、美、俄、德、日六国在华“客邮”数量增长了百倍。更加便利其侵犯中国政治和经济主权，也刺激了中国近代邮政事业的产生和发展。

阅读时，应认识到：一方面来说，客邮是帝国主义侵略中国的产物，是对中国主权的侵犯。但从另一方面来说，客邮一定程度上推动了中国邮政近代化，在中国邮政由传统邮驿向近代邮政过渡的过程中，“客邮”具有重要的过渡作用。

通过阅读上述材料，可以深刻理解列强在中国设立“客邮”带来的不同影响，既有破坏性，又带有建设性，这是由当时半殖民地半封建社会的社会性质所决定的。

荐读书目

杨槱著：《轮船史》，上海：上海交通大学出版社，2005年
孙光圻著：《中国古代航海史》，北京：海洋出版社，2005年
陈高华、陈尚胜著：《中国海外交通史》，北京：中国社会科学出版社，2017年
邮电史编辑室编：《中国近代邮电史》，北京：人民邮电出版社，1984年
鲍成志著：《近代中国交通变迁与城市兴衰研究》，成都：四川大学出版社，2017年
魏向清等主编：《世界运河名录(英汉对照简明版)》，南京：南京大学出版社，2017年

第13课 现代交通运输的新变化

一、陆海交通的发展

【核心概念】

核心概念1：交通工具

是指运输人或货物的设备，使用的范围在陆上、水上、空中、水下、太空。最为古老的水路交通工具是独木舟与筏，陆路交通工具最早的则是车，记载“车”最早的文史资料出现在黄帝时期的中国。史书记载“轩辕”的发明者就是黄帝，中文里“轩辕”的意思就是“车”。第一次工业革命中，人类使用蒸汽机作为动力，将蒸汽机用于汽车与轮船上。美国人富尔顿1807年发明了蒸汽轮船，而英国人史蒂芬孙于1814年发明蒸汽机车。而在第二次工业革命中，体积小、功率大的内燃机出现，则使得交通工具有了机械动力作为引擎，取代了人类以前以人力、兽力或蒸汽机作为动力的历史。

核心概念2：高速公路

指两条车道以上、双向分隔行驶、全部控制出入口、全部采用两旁封闭、时速限制比普通公路较高的行驶道路。它的特点是车速快，通常是60—120千米/小时；交通量大，日均15 000辆以上；有较高的运输经济效益和社会效益。高速公路是社会经济发展的必然产物，能够适应并推动工业化和城市化的发展。

核心概念3：高速铁路

是一种使用特殊车辆与专用轨道的铁路运输系统，速度通常是普通铁路的两至三倍，最高运营速度超过350千米/小时。狭义的高速铁路的概念指可高速运行的传统轮轨运输系统，而广义的高速铁路则是包括所有使用管道或者固定轨道的高速运输系统。高速铁路具备载客量高、受大雨和浓雾等气候因素影响小、污染控制相对容易等优势。日本1964年正式营运的新干线是世界上出现的首条高速铁路。2019年底，我国以3.5万公里的高速铁路营业里程居世界第一。高速铁路能够带动沿线地区经济发展，推动工业化与城镇化，并且还能够积累高铁科学技术和实用经验。

【史学导读】

1. 怎么理解欧美国家高速公路融资模式为我国带来的借鉴？

材料一：欧美国家在近几十年的发展中，形成了适合本国高速公路发展的多种融资模式。美国的道路公共建设基金制是为保证高速公路的投入而专门设立的有特定财源和指定用途的公路资金；英国的中央财政制使得高速公路完全依靠国家投资兴建；意大利的项目特许经营制，则是通过“特许公司”自行筹资来完成高速公路建设。这些都为我国高速公路的发展提供了有益的借鉴。

——摘自刘瑞波、赵宁：《欧美国家高速公路融资模式及其借鉴》，《世界经济与政治论坛》，2008年第4期

导读提示

材料指出美国、英国、意大利等欧美国家形成了适合本国国情的融资方式。美国的道路公共建设基金制、英国的中央财政制和意大利的项目特许经营制都能为提高我国高速融资方式多元化提供有益的借鉴。

阅读时，应认识到：随着全球经济的发展，高速公路已成为衡量一个国家国民经济现代化的重要标志之一，其建设资金来源的稳定已显得十分重要。而我国现有的融资方式，是依靠传统的政府筹资、银行贷款和股权、债权等市场融资获得。而在改革开放不断深入的当下，国家宏观经济政策、金融体制改革等都会影响高速公路资金的投放方向、投放数量和投放条件。因此，虽然欧美国家公路融资方式存在差异，但也能为我们提供很多经验。

通过阅读上述材料，可以深刻理解我国应掌握现代化高速公路交通发展和公路建设的运行规律，制定符合本国国情的高速公路资金筹借政策与战略，以政府投资为主，充分调动各级政府和全社会投资建设高速公路的积极性，建立稳定的多层次融资渠道，建立科学规范的高速公路资金管理制度。

2. 怎么认识中国高铁迅速发展的意义？

材料一：从全球视域审视中国高铁，一方面要与德国、法国、日本、加拿大等高铁发达国家进行深入对比分析，另一方面要系统梳理中国高铁的规模、技术、安全性、兼容性、性价比、节能环保等关键问题。结合“一带一路”、高铁“走出去”和“中国制造2025”等国家战略，从区域发展、产业经济、国际经济、外交、政治、金融、国防、文化与文明等多个维度出发，有助于我们理解中国高铁在东中西区域发展再平衡、打造中国经济升级版、构建“一带一路”国际经济合作骨架、开启“高铁外交”新时代、再造“地缘政治”新版图、重塑世界金融新秩序、重构“新陆权”、打造人类“命运共同体”等方面的重大战略意义。

——摘自徐飞：《中国高铁的全球战略价值》，《人民论坛·学术前沿》，2016年1月下期

导读提示

材料反映的是从多个维度去认识中国高铁迅速发展的伟大意义：平衡我国东中西区域的发展；带动产业升级，优化出口结构；推动世界格局改变，提升地缘政治影响力；推动各国合作交融，有利于构建人类命运共同体等。

阅读时，应认识到：高铁是中国能够迈向世界大国的重要标准之一，也是当今世界能够改变世界政治经济格局的重要产业。中国高铁的发展与技术创新，会带动关联产业的发展，提升我国产业的全球竞争力。并且在高铁“走出去”的时候，能够使中国进入“新陆权”时代，从而推动地缘政治极大的变化。

通过阅读上述材料，可以深刻理解中国高铁迅速发展的意义，具有再造“地缘政治”新版图的“政治”战略价值，重塑世界金融新秩序的“金融”战略价值，重构“新陆权”，提升远程投送能力和战略机动性的“国防”战略价值，构建人类命运共同体的“文化与文明”价值。

二、航空的发展

【核心概念】

核心概念 1：宽体客机

指的是机身直径可达 5 至 6 米，并且载客量在 200 至 800 人的喷气飞机。第一代喷气客机的发展为宽体客机的出现奠定了基础，宽体客机的出现极大地推动了航空技术向前发展。世界上第一架宽体飞机是 1969 年问世的波音 747，之后拥有三发动机的宽体飞机如 DC－10 及 L－1011 也陆续问世。波音公司的主要竞争对手之一空中客车也于 1974 年发布了第一架双发动机的宽体飞机 A300。宽体客机的飞行距离远，是联结世界各民族人民不可或缺的纽带，是人类工业文明的见证，拥有它是一个国家经济实力的体现。

核心概念 2：民航

是指军事、公务用途以外的航空服务，包括私人或商业性质的飞行。民航主要分为两部分，公共航空运输和通用航空。二战后，民航的服务范围不断扩大，旅客和货物运输量迅速增长，遍布于世界各大洲的定期航线，使得民航日益成为国家的重要经济部门。改革开放以来，我国的民航事业发展迅速，规模、质量、效益都得到了极大的提升。民航具备了一系列的优点，如快速、安全、舒适等。

【史学导读】

1. 全球化背景下如何提升我国航空运输业的竞争力？

材料一： 随着国际航空运输自由化的深入发展，我国政府管理航空运输业的方式正在悄然发生着变化。对内，我国政府应既注重对航空运输业的放松管制，使航空运输业参与主体真正成为市场的主体，同时应注重加强对航空安全的监管力度，以确保航空运输的安全。对外，政府应采取更加开放的姿态，以双边协定或多边协定的方式，积极、渐进、有序、有保障地推进我国航空运输自由化的进程，以此提升我国航空运输业的整体实力和国际竞争能力，进而保证我国航空强国地位的实现。

——摘自贺富永、李乾：《全球化背景下我国航空运输业政府管理体制改革的历程与方向探析》，《中国行政管理》，2013 年第 6 期

导读提示

材料反映的是全球化背景下我国应立足于航空业的发展情况，顺应航空业发展的自由化趋势，从内外两个方面去提升我国航空运输业的整体实力和国际竞争力。

阅读时，应认识到：航空运输业是航空运输市场的主体，是一个协同性、关联性极强的行业。而这些行业之间的关系错综复杂，需要政府通过相应的管理以及制定相关法规和制度等手段来平衡他们之间的利益，从而推动航空运输业能够安全、有序和健康地运行。

通过阅读上述材料，可以深刻理解在全球化背景下，我国应寻找放松管制和监管之间的平衡点，进一步完善相关政策措施，规范航空运输业的发展，这不仅能够提升我国航空运输业的国际竞争力，而且也能为实现我国从航空大国向航空强国的转变提供动力支持。

2. 如何理解我国1980年后民航改革呈现的新变化?

材料一:1980年后,我国民航又经历了三次大的体制改革。一是1980年改变军队建制,走上企业化道路;二是1987—1992年,进行以民航管理局与航空公司、机场分立的管理体制改革,在行业内引入了竞争机制;三是2002—2004年进行了以“航空运输企业联合重组、机场属地化管理”为主要内容的体制改革。

——摘自国家统计局编:《新中国60年:1949—2009》,北京:中国统计出版社,2009年,第305页

导读提示

材料反映我国民航在1980年后三次大的体制改革,通过这三次改革使原来军民合一、政企不分的民航管理体制,逐渐转变为政企分离、机场属地化管理、多种所有制企业平等竞争的民航管理体制。

阅读时,应认识到:建国后,由于实行高度集中的计划经济体制,我国的民航主要是为政治和军事服务,实行以军队领导为主的政企合一、军民合一的管理体制。民航的行政管理权集中于中央,管理军事化。1980年后,我国结合民航的实际情况,采取管理的灵活性与有效性,顺应时代的发展潮流,进行了体制改革,提升了我国航空运输业的竞争力。

通过阅读上述材料,可以深刻理解1980年后,改革开放为航空运输业的管理体制改革创造了良好的环境。同时,改革开放造就的经济持续快速增长,对航空运输业也提出了新的要求。随着国际航空运输自由化的深入发展,我国政府管理航空运输业的方式也正在向着积极的方面发展。

三、现代交通与社会生活

【核心概念】

核心概念1:公共交通

指所有向大众开放、并提供运输服务的交通方式。广义的公共交通包括水路、公路、铁路等,狭义的公共交通则指公共汽车、地铁、索道等使用城市范围内定线运营的交通方式。城市公共交通的里程碑是1819年巴黎为公众提供的公共马车。工业和科学技术的不断发展,推动了城市交通工具和技术装备的不断更新,也促进了城市公共交通的现代化。公共交通可以方便人们的出行,对城市功能、发展起着重要影响。

核心概念2:地铁

地铁是指在城市内部运行大客流量、快速、主要以电力驱动的轨道交通,地铁在运营时拥有独立的路权,其他的交通系统不会影响其行驶。地铁运输时班次较为密集,在白天运营时一般为10分钟以内一趟。为了解决伦敦所面临的交通堵塞问题,伦敦于1863年开通了世界上首条地下铁路。北京地铁于1969年开通,为我国第一条地铁;我国的第二条地铁是1976年开通的天津地铁。地铁具有节省土地、减少噪音、节省能源、减少干扰等优点。

核心概念3:旅游

是指旅游浏览活动,是一种复杂的社会现象,要涉及社会的政治、法律、经济、文化、历

史、地理等各个社会领域。旅游的交通到20世纪早期开始有汽车，后来又有了飞机，托马斯·库克于19世纪下半叶在英国创办了大众旅游的形式，大众旅游下通常会有导游带领并且按照计划有组织地跟团游。现代交通的发展，大大缩短了人们通行的时间，从而带动了旅游业的发展。旅游业的发展使得服务业如运输业、酒店业、娱乐场所从中受益。因为旅游涉及社会、文化、教育、经济领域等诸多方面，所以旅游业已经成为许多国家和地区重要的收入来源。

【史学导读】

1. 怎么认识交通进步与工业化的关系?

材料一： 直到19世纪中叶，帆船仍是最快捷的海上运输工具，随后出现的是由改良的高效能蒸汽机驱动的轮船。铁路和轮船运输因其极大的载重量而大大降低了运输成本，由于密集的运输网络的建设，无论是偏僻的内地还是遥远的海岸，各个地区的联系比历史上任何时候都更加紧密。1830年至1870年间，英国的实业家修筑了20 000公里长的铁路，这些铁路线连接了工业中心、煤田、铁矿和全国的港口。铁路不仅运输工业原料和产品，还运送旅客，其载客量累计约3.22亿。轮船的新功能在于可以逆流而上，到达帆船所不能到达的地区。发明创造开启了工业化进程，也造就了铁路和轮船，而后者因为提供了快速廉价的交通方式又反过来促进了工业化进程。

——摘自杰里·本特利、赫伯特·齐格勒著，魏凤莲等译：《新全球史——文明的传承与交流》，北京：北京大学出版社，2007年，第870页

导读提示

材料反映的是交通进步与工业化之间是相互联系、密不可分、互相推动的。交通进步提供廉价的交通方式推动了工业化进程，而工业化运输的需求也推动了交通的革新与进步。

阅读时，应认识到：蒸汽机推动了交通技术的进步，铁路和轮船运载量大，降低了运输成本。运输网络的修建，提高了原材料和商品的交流速度，加快了工业化进程。同时，工业化所带来的纺织工业、采矿工业和冶金工业的发展，引起对运输工具的需求更加旺盛，从而推动了运输工具的改进和革新。

通过阅读上述材料，可以深刻理解工业革命极大地提高了生产力，使得新兴的工业部门涌现。而工业化所带来运输需要的增加也刺激了机械化运输工具——火车和轮船的出现。工业化为铁路、轮船等交通运输工具的进步提供了条件，而交通的进步又大大缩短商品流通时间，降低了运输费用，扩大了市场。

2. 如何认识近代交通建设对中国社会发展产生的影响?

材料一： 19世纪中叶开口通商以后，半机械化的西式马车、人力车、自行车，以及机械化的轮船、火车、汽车等新式交通工具相继传入并逐步发展，到清末民初时期交通工具的新旧交替在全中国快速展开，新式交通工具成为全国城市及长途交通的主导。这种交通工具的革命产生了多方面的社会文化效应：人们的出行更加快捷、舒适、方便，对人们认识并接受近代工业科技起到了一定的启蒙和先导作用；人们的出行频率更高，人数更多，社会流动增大，扩大了公共活动空间，促进了公共活动，为近代公民社会提供了一定的条件；人们的出行方式商业化程度大增，因而也更趋于平等化、大众化，以往的等级色彩趋于淡化，促进了人们

的平等意识；交通工具发展的不平衡也拉大了城乡出行方式的差别，形成城乡新旧二元化的出行方式及城乡人眼界和观念的差别。

——摘自李长莉：《近代交通进步的社会文化效应对国人生活的影响》，《学术研究》，2008年第11期

导读提示

材料反映了近代交通的进步所带来的多方面影响，促进了相关产业和社会经济的发展，加速了区域间的商品交流和地区间的经济联系，推动了城市化进程的迅速发展，促进了人们的思想解放等。

阅读时，应认识到：自鸦片战争后我国开口通商以来，西方近代机械交通工具的传入推动了我国交通的近代化。中国的交通方式由以前依靠人力、畜力、自然力到机械力的转变，从而给人生活的诸多方面带来了巨大的影响，也推动了近代社会观念的变革。

通过阅读上述材料，可以深刻理解新式交通出行方便、舒适、快捷的特点，推动了人们去接受与认识近代工业科技。交通工具进步也带来了国人出行人数的增加，从而使得公共活动空间的范围扩大与人们平等意识的增强，也带来了城乡人眼界与观念的差异。

荐读书目

程望主编：《当代中国的船舶工业》，北京：当代中国出版社，2009年
王乃天主编：《当代中国的民航事业》，北京：当代中国出版社，2009年
宋绪纶编著：《邮票图说：中国航空史话》，北京：科学普及出版社，2013年
董术著：《中国汽车工业史》，长春：吉林文史出版社，2014年
白寿彝著：《中国交通史》，长沙：岳麓书社，2011年
国家统计局编：《新中国60年：1949—2009》，北京：中国统计出版社，2009年

第六单元

医疗与公共卫生

第14课　历史上的疫病与医学成就

一、历史上的疫病

【核心概念】

核心概念1：疫病

一般是指现代医学所说的流行性传染病，是由细菌、病毒等强烈致病性微生物感染人体而引起的急性传染病。疫病伴随着人类社会的产生而出现，人类历史进程中饱受疫病的侵扰。疫病给人类带来巨大的灾难，对人类社会的政治、经济、文化、军事、宗教信仰、风俗等方面带来广泛影响。人们在与疫病的斗争中也积累了大量的防治经验。

疫病在我国最早的记载可以追溯到殷商时期，殷墟出土的甲骨文中记载了多种传染病病名。疫病在古代文献中有“疫”“方”“温疫”“伤寒”“时气”等名称。中国古代的疫病防治经验丰富，中医学在疫病防治上成就突出。东晋葛洪的《肘后备急方》记录了多种流行性传染病的防治方法，人痘接种防治天花在明代中期已经广泛使用。中国古代政府和民间社会力量在疫病防治中都发挥了重要作用。

【史学导读】

1. 西方学者是如何看待黑死病的？

材料一：研究黑死病的学者没有人不承认黑死病给西欧社会带来深重的灾难。黑死病造成了大量的人口死亡，劳动力短缺，许多教士职位空缺。从思想层面上来讲，经历黑死病的冲击，社会的法律秩序和信仰约束都大大松弛了，社会进入了某种无秩序的状态。更重要的是，这场瘟疫给人们的心理蒙上了一层阴影。

但许多西方研究者更倾向于以乐观的态度来看待黑死病产生的长期影响，把黑死病看作西欧社会转型和发展的一个契机。

有学者认为，黑死病带来了明显的社会和经济效果。由于劳动力缺乏，每种服务都要求工资大幅度上扬；由于人口和动物数量大大减少，作物种植结构改变；同时，地主不得不以高昂的费用雇用日工来耕种土地，农业工人的价格上升。黑死病带来了贵族的危机，结束了欧洲的自给自足经济，人口开始广泛流动。

黑死病破坏了已有的医疗体系而迎来了近代医疗体系，医药学变得越来越专业化，医院的作用开始更新，公共卫生和健康观念开始发展。

还有学者认为，黑死病严重冲击了教会，最终使教会失去了在经济和文化上原有的领导地位，为新的思想观念的发展留出了空间。

西方学者不仅把黑死病的爆发提升为西欧经济制度发生转变的巨大动力，而且将其提升为整个西欧社会转型的巨大推动力，似乎在黑死病的冲击和人口减少的情况下，蔓延长达数世纪的庄园制度、农奴制度、自给自足的经济制度都迅速瓦解和崩溃了，以土地为中心的贵族等级制度、封建秩序也无法维持了，医学从抽象的理论走向了实践，教会不可避免地衰落了，政府的管理方式被迫改变了，教育和学术也开始转向。

——摘编自赵立行：《西方学者视野中的黑死病》，《历史研究》，2005 年第 6 期

导读提示

14 世纪的黑死病席卷欧亚大陆，造成人口锐减，社会剧变，对西欧社会的发展产生深远影响，因而一直受到西方学者的关注，相关成果也迭出不穷。

阅读时，应认识到：西方学者在普遍认可黑死病给西欧社会造成巨大灾难的同时，也特别关注到黑死病客观上加速了西欧社会的转型。在经济上，加速了旧经济制度的瓦解；政治上，冲击了封建等级秩序，加速了教会的衰落，有助于政府管理方式的进步；社会生活方面，为新思想的传播提供条件，推动医学的进步和教育的发展。

通过这段材料的学习，运用唯物主义的观点，可以深刻理解疫病在人类历史上的影响。疫病给人类带来巨大的灾难，对人类社会的政治、经济、文化、军事、宗教信仰、风俗等方面带来广泛影响。还可以进一步从“历史发展的偶然性与必然性关系”角度理解瘟疫对人类社会发展进程的影响，历史发展有其必然规律，瘟疫的出现会加速或延缓某一历史进程，但不会改变历史发展的趋势与方向。

2. 为什么说人痘接种法是中国古代防疫技术的突出代表?

材料一：在众多疫病中，天花是给人类带来巨大灾难的疫病，曾经造成欧洲“半数以上人口脸上布满痘疮”“墓园中挤满死尸”的悲凉景象。大约在东汉初年由国外俘虏传入中国，其在古代中国流行之广，病情之严重，死亡率之高也是触目惊心的。东晋葛洪《肘后备急方》中首次记载了天花疾病症状和治疗方药。公认最晚在明代我国就有了人痘接种预防天花实践。随着人痘接种法的发明、改进和推广使用之后，天花的危害就大为减轻了。清初张琰《种痘新书》指出：“遍历诸邦，经余种者不下八九千人，屈指记之，所莫救者不过二三十耳。”人痘接种法对于预防天花的积极作用，不仅为医家所推崇，在民间也有了充分的认识，甚至最高统治者也注意到人痘接种法的预防效果。如清代康熙帝在《庭训格言》曾说：“国初人多畏出痘，至朕得种痘方，诸子女及尔等子女，皆以种痘得无恙。今边外四十九旗及喀尔喀诸藩，俱命种痘，凡所种皆得善愈。”在清代还专门设有“痘医”“种痘局”向民间予以推广防疫。

由于人痘接种法的普遍使用，在中国取得了切实的预防效果，连俄罗斯也派人来学习。中国种痘法经俄罗斯传到土耳其，又被英国驻土耳其公使夫人蒙塔古(1689—1726 年)传到英、法等欧洲国家。尤其值得一提的是，牛痘的发明者英国的医生琴纳(1746—1823 年)，就是一位英国的人痘接种医师，他本人也因接种人痘而获得天花的免疫。在实践人痘接种法

的基础上,他于 1796 年发明了牛痘接种术。由于牛痘接种术在全世界的推广、传播,天花得以控制,直至 1979 年 10 月 26 日世界卫生组织(WHO)在内罗毕宣布全球消灭天花,这是人类第一次真正控制了一个烈性传染病。我国人痘接种法发明的意义远不止于它是牛痘发明之前预防天花的有效方法,更重要的是,它成为人工免疫法的先驱,向世界贡献了卓越的中国智慧。

——摘编自刘理想、胡镜清等:《中医学防控疫病历史回顾与思考》,《中国中医基础医学杂志》,2020 年第 3 期

导读提示

我国人民与疫病斗争与防治的历史,几乎与中华文明同步。古代中医在实践中发展形成了一系列防治疫病的理论与方法,取得诸多成就。人痘接种法在天花防治上曾发挥重要作用。

人痘接种法,是取天花患者痘痂制浆接种于健康人,使其产生免疫力以预防天花的方法。具体的方法有痘浆法、旱苗法、水苗法、痘衣法四种。前三种都是接种于鼻孔,其痘苗又叫做鼻苗。痘衣法是穿用天花患者患病时所穿的内衣。后来在实践的基础上又出现"熟苗法",所谓熟苗法,是将出得好的痘痂,连续接种七次以上进行减毒,最后选择最好的痘痂,作为疫苗接种。这种方法更为安全,具有一定的科学性,符合当今疫苗制备的原理。

阅读时,应认识到:天花作为烈性传染病给人类带来巨大灾难。天花传入中国后危害严重,古人在东晋时期就已有对天花的记录与治疗手段。到明清时期,人痘接种法广泛使用,且防治效果显著。材料中张琰说的经他亲手种痘者不下八九千人,其中只有二三十人不可救治,失败率约 0.3%,能达到如此高的水平,与"熟苗法"的出现密不可分。中国古代防治天花的先进技术不但在国内较好地控制了天花,还传到国外,启发了牛痘接种术的发明,是中国古代免疫医学的杰出成就。

通过阅读以上材料应理解,人痘接种术是公认的世界上最早的免疫学实践,体现了中国古代在疫病防治上的成就,也为世界范围内天花的控制贡献了中国智慧。

二、中医药的成就

核心概念 1: 中医药

是包括汉族和少数民族医药在内的我国各民族医药的统称,是反映中华民族对生命、健康和疾病的认识,具有悠久历史传统和独特理论及技术方法的医药学体系。中医药作为中华文明的杰出代表,是中国各族人民在几千年生产生活实践和与疾病作斗争中逐步形成并不断丰富发展的医学科学,不仅为中华民族繁衍昌盛作出了卓越贡献,也对世界文明进步产生了积极影响。

【史学导读】

1. 怎样认识中医药的历史贡献?

材料一: 中医药是中华优秀传统文化的重要组成部分和典型代表,强调"道法自然、天人合一","阴阳平衡、调和致中","以人为本、悬壶济世",体现了中华文化的内核。中医药还

提倡“三因制宜、辨证论治”，“固本培元、壮筋续骨”，“大医精诚、仁心仁术”，更丰富了中华文化内涵，为中华民族认识和改造世界提供了有益启迪。

中医药作为中华民族原创的医学科学，从宏观、系统、整体角度揭示人的健康和疾病的发生发展规律，体现了中华民族的认知方式，深深地融入民众的生产生活实践中，形成了独具特色的健康文化和实践，成为人们治病祛疾、强身健体、延年益寿的重要手段，维护着民众健康。从历史上看，中华民族屡经天灾、战乱和瘟疫，却能一次次转危为安，人口不断增加、文明得以传承，中医药作出了重大贡献。

中医药发祥于中华大地，在不断汲取世界文明成果、丰富发展自己的同时，也逐步传播到世界各地。早在秦汉时期，中医药就传播到周边国家，并对这些国家的传统医药产生重大影响。预防天花的种痘技术，在明清时代就传遍世界。《本草纲目》被翻译成多种文字广为流传，达尔文称之为“中国古代的百科全书”。针灸的神奇疗效引发全球持续的“针灸热”。抗疟药物“青蒿素”的发明，拯救了全球特别是发展中国家数百万人的生命。同时，乳香、没药等南药的广泛引进，丰富了中医药的治疗手段。

——摘自国务院新闻办公室：《中国的中医药》(白皮书)，国务院新闻办网站，2016 年 12 月 6 日

导读提示

中医药是我国的国粹，是中华文明的杰出代表。习近平同志指出，中医药学凝聚着深邃的哲学智慧和中华民族几千年的健康养生理念及其实践经验，是中国古代科学的瑰宝，也是打开中华文明宝库的钥匙。正确认识中医药的历史贡献，是对中国优秀传统文化的再认识。

2016 年 12 月 6 日，国务院新闻办发表《中国的中医药》白皮书。白皮书中系统总结并高度评价了中医药的历史贡献，强调中医药是中华优秀传统文化的重要组成部分和典型代表；中医药形成系统的、独具民族特色的医学体系，是中华文明得以延续的重要保障；中医药在汲取世界文明成果、丰富发展自己的同时也对世界他国人民的健康和医药学发展产生重大影响。

阅读时，应认识到：中医药是中华民族的原创文化，根植于中国传统文化的土壤之中，是具有中华民族特色的文化符号。中医药在历史上为中华民族和世界人民的健康曾做出巨大贡献，中医药是中华优秀文化的重要载体和组成。今天，在我们弘扬中华民族优秀传统文化过程中，中医药是重要领域，具有独特的优势与价值。中医药也是我们坚持文化自信重要的信心来源之一。

2. 怎样认识中医药的特点？

材料一： 在数千年的发展过程中，中医药不断吸收和融合各个时期先进的科学技术和人文思想，不断创新发展，理论体系日趋完善，技术方法更加丰富，形成了鲜明的特点。

第一，重视整体。中医认为人与自然、人与社会是一个相互联系、不可分割的统一体，人体内部也是一个有机的整体。重视自然环境和社会环境对健康与疾病的影响，认为精神与形体密不可分，强调生理和心理的协同关系，重视生理与心理在健康与疾病中的相互影响。

第二，注重“平”与“和”。中医强调和谐对健康具有重要作用，认为人的健康在于各脏腑功能和谐协调，情志表达适度中和，并能顺应不同环境的变化，其根本在于阴阳的动态平衡。

疾病的发生，其根本是在内、外因素作用下，人的整体功能失去动态平衡。维护健康就是维护人的整体功能动态平衡，治疗疾病就是使失去动态平衡的整体功能恢复到协调与和谐状态。

第三，强调个体化。中医诊疗强调因人、因时、因地制宜，体现为“辨证论治”。“辨证”，就是将四诊（望、闻、问、切）所采集的症状、体征等个体信息，通过分析、综合，判断为某种证候。“论治”，就是根据辨证结果确定相应治疗方法。中医诊疗着眼于“病的人”而不仅是“人的病”，着眼于调整致病因子作用于人体后整体功能失调的状态。

第四，突出“治未病”。中医“治未病”核心体现在“预防为主”，重在“未病先防、既病防变、瘥后防复”。中医强调生活方式和健康有着密切关系，主张以养生为要务，认为可通过情志调摄、劳逸适度、膳食合理、起居有常等，也可根据不同体质或状态给予适当干预，以养神健体，培育正气，提高抗邪能力，从而达到保健和防病作用。

第五，使用简便。中医诊断主要由医生自主通过望、闻、问、切等方法收集患者资料，不依赖于各种复杂的仪器设备。中医干预既有药物，也有针灸、推拿、拔罐、刮痧等非药物疗法。许多非药物疗法不需要复杂器具，其所需器具（如小夹板、刮痧板、火罐等）往往可以就地取材，易于推广使用。

——摘自国务院新闻办公室：《中国的中医药》（白皮书），国务院新闻办网站，2016年12月6日

导读提示

作为中华民族的原创医学，中医药有几千年的发展史，形成了人文与生命科学相融的系统整体的医学体系。中医药学把中华优秀文化与健康维护的实践有机结合，升华了中华文化内涵，形成鲜明的中医药文化特色。

阅读时，应认识到：中医药在数千年的发展中形成了鲜明的特点，表现为：一是重视整体；二是注重“平”与“和”；三是强调个体化；四是突出“治未病”；五是使用简便。中医药是科学技术与人文思想的结合，对人的生命、健康与疾病的认知理论独树一帜，有效地指导着人们养生保健、防病治病，如青蒿素治疗疟疾、砒霜治疗白血病的突破均源于中医药，中医药治疗慢性病、病毒性疾病、代谢性疾病等，都彰显了独特的优势。

通过上述材料的学习，了解中医药的特点，才能更好地理解中医药是中华民族的原创文化，是具有中华民族特色的文化符号。

三、西医在中国的传播

核心概念：西医

全称是“近代和现代西方国家的医学体系”，即现代医学。起源于近代时期的西方国家，它是在否定并且摒弃了古希腊医学之后，发展出来的一门以解剖生理学、组织胚胎学、生物化学与分子生物学作为基础学科的全新的医学体系。由于现代西医学起源于近代时期的西方国家，在中国人们习惯称其为“西医”。

【史学导读】

1. 如何理解教会和传教士是近代西医在中国传播的主要力量?

材料一:中国近代5个通商口岸教会诊所、主要教会医院、主要教会医学院情况如下:

表1　5个通商口岸教会诊所(医院)简表

时间	地点	名称	创办人	备注
1842.11	广州	广州医院	伯驾	美国公理会
1843	厦门	诊所	赫伯恩	美国长老会
1844.1	上海	中国医院(后称仁济医院)	洛克哈特(又译雒魏林)	英国伦敦会
1844	厦门	厦门医院	赫本尼	美国长老会
1845	宁波	眼科医院	麦高恩(又译玛高问)	美国浸礼会
1845	广州	Lun-hing 街诊所	德万	美国浸礼会
1848	广州	金利埠医院(惠爱医院)	合信	英国伦敦会
1848	福州	诊所	怀特	美国美以美会

表2　1859—1900年主要教会医院简表

时间	地点	名称	创办人	备注
1859年	广州	广州博医局	美国嘉约翰	后改称博济医院,存在到1949年,是在华历史最长、最著名的教会医院
1860年	汕头	基督医院	英国高尔德	
1862年	北京	京都施医院	洛克哈特	又名双旗杆医院,协和医院前身
1865年	高雄	打狗后旗医院	马克斯韦尔	英国长老会
1866年	汉口	仁济医院	史密斯	英国伦敦会
1880年	杭州	广济医院		英国圣公会
1881年	天津	马大夫医院	马根济	英国伦敦会
1892年	南京	鼓楼医院		美国基督会

表3　20世纪后主要教会医学院简表(部分)

时间	地点	名称	所属教会	备注
1904年	济南	共和医道学堂	美国浸礼会、北美长老会	齐鲁大学医学院前身
1906年	北京	协和医学堂	英国伦敦会、美国长老会	1915年称协和医科大学
1911年	成都	华西协和大学		1914年开设医科
1914年	长沙	湘雅医学专门学校	美国雅礼会	湘雅医学院前身

——摘编自郭剑波:《论近代"西医东渐"的途径与反响》,《贵州社会科学》,2015年第8期

导读提示

教会和传教士对西医在中国的传播起到重要作用。明末清初，西方传教士将西医介绍到中国，但影响有限。鸦片战争后，西医伴随着殖民主义的扩张在中国开始广泛传播。

阅读材料中的表1可知，鸦片战争打破了清政府闭关锁国的状态，外国传教士开始在中国建立医院和诊所，中美《望厦条约》将在通商口岸设医院合法化，因此，这一时期西医医院、诊所主要分布在五个通商口岸。

第二次鸦片战争，清政府分别在1858年和1860年与列强签订《天津条约》和《北京条约》，重新肯定和扩大了列强在华开办医院和类似机构的特权。根据表2可以看出，到第二次鸦片战争后，除了新增的通商口岸城市，清政府的政治中心、内地一些未开埠城市以及台湾都有教会医院，教会医院的分布更加广泛。说明西医在中国进一步传播。

随着教会医院数量的不断增多，单靠国外派遣医生已远不能满足需求。因此，教会开始重视教育，教会医校在中国迅速出现，最早的教会医学校于19世纪60年代出现。进入20世纪后，教会医校的兴办进入高潮，阅读表3可以看出，20世纪初期，西方教会在华创办了一批高水平高质量的西医学校，促进和推动了中国近代医学教育体制的确立与发展，对我国近代医学教育的发展产生积极影响。

阅读时，应认识到：近代西医在中国传播的先锋和主要推动者是教会和传教士，西医传播的主要方式途径是建医院和医学院。西医在近代中国的传播进程，深刻地打上半殖民地的烙印，和列强在华攫取特权的进程密切相关。同时，还应从辩证唯物主义的角度全面认识传教士在华医学活动，西方传教士借医传教的背后有列强急欲打开中国市场的企图，但另一方面传教士的医学活动，客观上把西方医学知识、医疗机构建设体制和医学教育模式引入中国，促进了西医在中国的传播和发展，有利于国人健康和社会进步。

2. 以李鸿章为代表的洋务派对西医的态度及影响是什么?

材料一：李鸿章早在19世纪60年代就接触了近代西医，但由于在接触西学之初他关注较多的是坚船利炮，对西医却不大关注。1879年，李鸿章的夫人罹患重疾，遍寻中医无果的情况下由西医诊治并得以康复。李鸿章从此开始“信任西医”。

1890年李鸿章为医学传教士洪士提反的《万国药方》作序，在该序中，他不仅指出了中医、中药的不足，而且对西方医药、解剖学、医学教育等都有较高的评价。他认为西医是建立在科学的基础上，而中医却越来越沦于迷信。他虽指出西医中一些方面与中国古医书有相合之处，但他却未陷入到西学中源的窠臼中去，并指出：“倘学者合中西之说而会通以造于至精极微之境，于医学岂曰小补?”他认为西医在一定程度可补中医之不足，主张中西医会通。

李鸿章在晚清社会有着举足轻重的地位和影响。他信奉西医，对于西医的推广乃至西医在晚清社会所起的作用也产生了很大的影响。

首先，李鸿章支持教会医疗事业，经常捐助教会医院。在传教士马根济医治好其夫人后，李鸿章捐银让马根济创办医院，并允许他在医院中传教。此外，李鸿章对于医学传教士在华创办医学校也给予支持。

其次，李鸿章信奉西医有利于扩大西医的社会影响。1879年李鸿章聘请西医给夫人看病，就引起了当时报界的注意，《申报》《万国公报》都对此作了报导。李鸿章信奉西医后，为亲友请西医治病，对于周围关系密切的人也产生了很大的影响。

再次，他对近代中国的医院以及官办医学教育作出了贡献。1888 年以后，在创办北洋海军的过程中，李鸿章建立了一系列的海军医院。此外还在威海卫、旅顺设立了养病院等。这些海军医院是近代中国军队中最早的一批军用医院。在创办医院的同时，李鸿章还开办了近代中国第一所官办医学校。其目的是为军队培养医官。

——摘编自李传斌：《李鸿章与近代西医》，《安徽史学》，2001 年第 3 期

导读提示

李鸿章是洋务派的代表人物，对西医的态度由不关注到信奉，对中医和西医也都有了新的认识和看法，集中体现在他为《万国药方》所作的序言中。通过材料可以看出，李鸿章对于当时的中西医学的认识是比较客观的。尤其是关于“中西医汇通”的论述是目前发现最早的“中西医汇通”观点，开中西医汇通说的先河。李鸿章对西医在近代中国的推广传播起到重要推动作用。

阅读时，应认识到：对教会医疗事业的支持、给亲朋推荐西医都属于私人行为，主导创办医院、医学校都为军事目的服务，说明李鸿章对西医的认识还是停留在技术层面，未能从社会公共卫生与医疗体系制度创建的角度来认识举办近代医疗事业的重要性。深层次反映出洋务派“中体西用”的局限性，也是中国早期现代化的误区。

通过阅读材料可知，洋务派在西医传播的过程中起到积极作用，但由于时代和阶级局限性，其对西医的认识和推广也存在明显欠缺。

3. 庚戌鼠疫的防控有何历史经验?

材料一： 1910 年为旧历庚戌年，在中国北方地区爆发烈性肺鼠疫。此次鼠疫疫源地为俄国远东地区，后传至中国满洲里。染疫之人通过乘坐火车及其他交通工具将鼠疫带到哈尔滨及周边地区，形成更大的鼠疫扩散源，发展为沿铁路线和交通要道向四周传播扩散的态势。庚戌鼠疫不仅肆虐整个东北地区，还波及直隶、山东，直至次年 4 月初才被彻底肃清。疫情造成 6 万余人死亡，影响巨大。

在疫情防控过程中，医学专家伍连德被委以治疫总医官的重任。他在总结重疫区傅家甸防疫实践基础上提出的严格查验隔离措施、严格管制交通、必要时遮断京奉铁路等诸防疫治疫建议被采纳推广。在法规建设上，当局能够较为及时地吸取报章上的建议，吸收他国防疫法规的可取之处，制定出有针对性的法规，为实施防控、留验、隔离等措施提供了法律依据。在疫情管控上，防疫总局按属地原则落实任务，守土有责，相互协作，阻止了人员流动和疫情的进一步扩散。此外，加强国际防疫合作也是有效实施防控治理的重要内容。当局在维护防疫主权的前提下，尽力与相关各国建立防疫合作关系，协商防疫章程及防疫办法，协调火车、轮船查验行动。其中，高薪聘用、大胆使用外国医生团队参与，使得整个防疫治疫过程获得国际先进医学手段的支持，为中国的防疫治理工作注入重要力量，并受到国际社会的赞赏。

——摘编自焦润明：《庚戌鼠疫应对与中国近代防疫体系初建》，《历史研究》，2020 年第 2 期

导读提示

通过阅读材料，我们可以看出庚戌鼠疫通过现代交通工具传播扩散快，持续时间长，造

成损失巨大。在鼠疫防控过程中的措施和经验值得肯定：(1)任命医学专家主导防疫工作，措施专业得当。伍连德是剑桥大学医学博士，是在英德法从事过细菌研究的医学专家。(2)注重配套法规建设。(3)设立专门的疫情管理机构——防疫总局，发挥政府的管理作用。(4)加强国际合作，引入国际先进医学手段。

庚戌鼠疫的防治，是在中国已逐渐融入国际社会、民族国家初步形成、西方医学传入的背景下展开的。鼠疫防治中所实行的各项措施，既是中国传统防疫治疫方法与西方防疫理论的有机结合，也是对当时防疫治疫具体实践的总结，许多经验更是出自惨痛的教训。以伍连德博士为代表的一批深谙先进医学、有公共卫生背景的医者、防疫官员组成的专家群体，在近代公共卫生应急和预防理念的指导下，制定合理的防疫治疫方案，科学施策，终将肆虐的疫情彻底肃清。庚戌鼠疫的成功防治，对中国近代防疫体系的构建起到重要推动作用。

透过庚戌鼠疫的防治，本质上可以反映西医在中国的传播促进了近代公共卫生事业的发展，有利于国人的健康。在庚戌鼠疫的防控治理过程中的经验弥足珍贵，是历史留给中华民族一份宝贵的防疫治疫财富。

荐读书目

王旭东、孟庆龙著：《世界瘟疫史》，北京：中国社会科学出版社，2005 年
李经纬著：《中医史》，海口：海南出版社，2015 年
李经纬主编：《中外医学交流史》，长沙：湖南教育出版社，1998 年
张晓丽编著：《近代西医传播与社会变迁》，南京：东南大学出版社，2015 年
[美]威廉·麦克尼尔著，余新忠、毕会成译：《瘟疫与人》，北京：中信出版社，2018 年
[美]贾雷德·戴蒙德著，谢延光译：《枪炮、病菌与钢铁》，上海：上海译文出版社，2016 年

第 15 课　现代医疗卫生体系与社会生活

【核心概念】

核心概念 1：现代医疗卫生体系

是由一定的人、组织和资源集合而成的一种特殊社会组织形态，包括基本医疗卫生体系、医疗服务体系、药品供应体系与医疗保障体系等内容，是集医疗监管、医疗服务、医疗资源与医疗保障于一体的庞大而复杂的系统工程，以拯救生命，修复、维持和促进人民的健康为主要目的。

核心概念 2：医疗保障体系

是国家社会保障体系的重要组成部分，也是医疗卫生体系的重要组成部分。1883 年，

德国颁布的《疾病社会保险法》是世界上最早的关于社会保障项目的立法。二战后，西方国家建立起相对完善的医疗保障体系。各国医疗卫生体系模式的差异决定了医疗保障体系的内容有一定差异。新中国成立后，我国医疗保障体系不断健全。目前，我国医疗保障体系由基本医疗保险、城乡医疗救助和补充医疗保险三部分构成，其保障的人群和内容也不相同。医疗保障体系对于解除社会成员的后顾之忧、维护家庭与个人的正常健康发展、促使整个社会经济的正常健康运行起着不可替代的作用。

核心概念 3：健康中国战略

2016 年，中共中央、国务院召开新世纪第一次全国卫生与健康大会，并印发实施《"健康中国 2030"规划纲要》，明确了推进健康中国建设的宏伟蓝图和行动纲领。党的十九大报告进一步提出要"实施健康中国战略"，标志着党和政府将人民健康上升到事关现代化建设全局的高度，将"健康中国战略"正式确立为一项国家战略。

健康中国战略的核心是健康优先，根本目的是实现更高水平的全民健康，实施路径是共建共享，基本策略是把健康融入所有政策，基本制度是健康影响评估制度，载体和抓手是健康城市、健康乡村建设，最终目标是建设健康促进型社会。

实施健康中国战略，是全面贯彻习近平新时代中国特色社会主义思想、落实新时代党的基本方针、让改革发展成果更多更公平惠及全体人民、不断满足人民日益增长的美好生活需要、不断促进社会公平正义、增强人民获得感和幸福感的重要战略举措。

【史学导读】

1. 中国的免疫规划工作取得哪些成绩？

材料一： 免疫规划工作是中国卫生事业成效最为显著、影响最为广泛的工作之一。20 世纪 60 年代初，中国通过接种牛痘消灭了天花，较世界卫生组织 1980 年宣布全球根除天花早了十几年。2000 年，中国实现了无脊髓灰质炎目标。2002 年，中国决定将新生儿乙肝疫苗纳入国家免疫规划，国家免疫规划由接种 4 种疫苗预防 6 种传染病，扩大到接种 5 种疫苗预防 7 种传染病。2007 年，国家决定实施扩大国家免疫规划，国家免疫规划疫苗增加到 14 种，预防 15 种传染病，免疫规划人群也从儿童扩展到成人。新一轮医改启动以来，国家免疫规划内容不断扩大，对于减少传染病发生、保护公众身体健康起到了积极作用，目前多数疫苗可预防传染病的发病已降至历史最低水平。

——国务院新闻办公室：《中国的医疗卫生事业》(白皮书)，国务院新闻办网站，2012 年 12 月 26 日

导读提示

国家免疫规划，是指根据国家传染病防治规划，使用疫苗对易感人群进行预防接种所制定的规划、计划和策略，通过确定疫苗品种、免疫程序和接种方案，在人群中有计划地进行预防接种，以预防和控制特定传染病的发生和流行。

阅读时，应认识到：我国国家免疫规划工作成效显著，免疫规划在疫苗品种、预防疾病类型、免疫人群等方面不断扩大，对于减少传染病发生、保护公众身体健康起了积极作用。

上述材料选取于《中国的医疗卫生事业》白皮书。国务院新闻办公室于 2012 年 12 月 26 日发表《中国的医疗卫生事业》白皮书，全面介绍了中国医疗卫生的基本状况，回顾了多年来

中国为推动医疗卫生事业发展所做的努力，展示了医药卫生体制改革阶段性成效。国家免疫规划是我国现代医疗卫生体系的重要组成部分，其显著成绩也是新中国医疗卫生事业发展的重要体现。

2. 健康中国战略的提出有何重大意义？

材料一：党和国家历来高度重视人民健康。新中国成立以来特别是改革开放以来，我国健康领域改革发展取得显著成就，城乡环境面貌明显改善，全民健身运动蓬勃发展，医疗卫生服务体系日益健全，人民健康水平和身体素质持续提高。2015 年我国人均预期寿命已达 76.34 岁，婴儿死亡率、5 岁以下儿童死亡率、孕产妇死亡率分别下降到 8.1‰、10.7‰和 20.1/10 万，总体上优于中高收入国家平均水平，为全面建成小康社会奠定了重要基础。同时，工业化、城镇化、人口老龄化、疾病谱变化、生态环境及生活方式变化等，也给维护和促进健康带来一系列新的挑战，健康服务供给总体不足与需求不断增长之间的矛盾依然突出，健康领域发展与经济社会发展的协调性有待增强，需要从国家战略层面统筹解决关系健康的重大和长远问题。

推进健康中国建设，是全面建成小康社会、基本实现社会主义现代化的重要基础，是全面提升中华民族健康素质、实现人民健康与经济社会协调发展的国家战略，是积极参与全球健康治理、履行 2030 年可持续发展议程国际承诺的重大举措。未来 15 年，是推进健康中国建设的重要战略机遇期。经济保持中高速增长将为维护人民健康奠定坚实基础，消费结构升级将为发展健康服务创造广阔空间，科技创新将为提高健康水平提供有力支撑，各方面制度更加成熟更加定型将为健康领域可持续发展构建强大保障。

——摘自中共中央、国务院：《"健康中国 2030"规划纲要》，新华网，2016 年 10 月 25 日

导读提示

国家和中国共产党历来高度重视人民健康工作。习近平总书记指出，健康是促进人的全面发展的必然要求，是经济社会发展的基础条件，是民族昌盛和国家富强的重要标志，也是广大人民群众的共同追求。党的十八大以来，党中央多次就健康问题进行深入阐释，提出了健康中国战略，形成了具有鲜明时代特征的健康思想。

《"健康中国 2030"规划纲要》是建国以来首次在国家层面提出的健康领域中长期战略规划。以上材料出自该纲要序言部分。其中肯定了新中国成立以来我国健康事业取得显著成绩，同时指出健康事业面临的新挑战，这也是健康中国战略提出的必要性。健康中国战略意义重大，《"健康中国 2030"规划纲要》是今后 15 年推进健康中国建设的行动纲领。

颁布和实施《"健康中国 2030"规划纲要》是推行健康中国战略、保障人民健康的重大举措，对全面建设小康社会、加快推进社会主义现代化具有重大意义。

3. 爱国卫生运动是如何开展的？

材料一：朝鲜战争期间，美国秘密在朝鲜北部和我国东北、青岛等地撒布大量带有鼠疫、霍乱、伤寒和其他传染病的动物和昆虫，企图以细菌战制造疫区，削弱中朝军民的战斗力。为了抵御美国的细菌战，1952 年 3 月 14 日，政务院决定成立中央防疫委员会（后改称为中央爱国卫生运动委员会），领导和组织反细菌战。在党中央和政务院的号召下，全国人民紧急行动起来，迅速掀起了以反对美国细菌战为中心的人民防疫运动。当时主要任务是消

灭传播鼠疫、霍乱、伤寒等传染病的病媒害虫。

爱国卫生运动由此兴起，规模空前。据不完全统计，短短几个月内，仅山东省和北京、天津、重庆三市，参加环境卫生大扫除的人民群众就达1400万人。吉林省50%到60%的农民都能够定期进行环境卫生大扫除。

爱国卫生运动的涉及诸多方面，各地开展灭蝇、捕鼠行动；清除垃圾、污水和整理水源；修建公共厕所；改进公共服务行业的卫生设施；还在家庭卫生和个人卫生方面倡导并践行良好的卫生习惯。

在党和政府的领导下，爱国卫生运动取得了显著效果，许多地方的卫生面貌焕然一新。截至1952年12月底，全国清除垃圾、粪便1.6亿多吨，填平污水坑4000余万立方米，修下水道3.3万余公里，疏通沟渠28万余公里，新建及改良水井130余万口，捕鼠1.2亿只，消灭了大量的苍蝇、蚊子、臭虫等害虫。爱国卫生运动不仅提高了群众的健康水平，还起到了移风易俗的作用。

1956年，中共中央把爱国卫生运动写进农业发展纲要，标志着爱国卫生运动被纳入到了国家的中长期发展规划，开始从突击性的运动向经常性运动转变，从粉碎细菌战向消灭疾病转变，从保家卫国向移风易俗、改造国家转变。到1959年，以除四害、讲卫生、消灭主要疾病为中心的爱国卫生运动取得了巨大的成就。天花、鼠疫、霍乱等烈性传染病基本绝迹，血吸虫病、丝虫病、钩虫病、疟疾等几种严重危害人民健康的疾病，也得到了有效的防治。

——摘编自肖爱树：《1949—1959年爱国卫生运动述论》，《当代中国史研究》，2003年第1期

导读提示

爱国卫生运动是在中国共产党的领导下，以“除四害”、讲卫生、消灭疾病为中心，在我国特定条件下形成的一种群众性卫生活动形式，对新中国的健康事业发挥了非常重要的作用，被世卫组织誉为“中国的国宝”。

阅读时，应认识到：爱国卫生运动在抗美援朝的背景下形成，由中央领导、各地群众广泛参与，具有保家卫国的政治意义。爱国卫生运动内容丰富，成效显著，当时的常见传染病得到有效防控，提高了群众的健康水平，还起到了移风易俗的作用。爱国卫生运动成为具有中国特色的公共卫生实践活动，纳入到国家的中长期发展规划中。

改革开放之后，爱国卫生运动的形式和内涵有了进一步的丰富和发展。1982年，“开展群众性的卫生活动，保护人民健康”写入《中华人民共和国宪法》，由此确立了爱国卫生运动的法律地位。党的十八大以来，爱国卫生运动进入了新的发展时期。2017年党中央提出了新时期爱国卫生运动的42字方针，即“以人民健康为中心，政府主导，跨部门协作，全社会动员，预防为主，群防群控，依法科学治理，全民共建共享”。党的十九大报告明确提出：“坚持预防为主，深入开展爱国卫生运动，倡导健康文明生活方式，预防控制重大疾病。”在2020年新冠肺炎疫情防控中，爱国卫生运动更凸显其全民参与的凝聚力作用。

爱国卫生运动是一项功在当代、利在千秋的伟大事业，对于提高人民群众的健康素质、生活质量具有重要意义。

4. 中国抗击新冠肺炎疫情有哪些经验和启示?

材料一：中国抗击新冠肺炎疫情的主要措施和做法如下：

表 1　中国抗击新冠肺炎疫情的主要措施和做法

主要措施	主要做法
1. “封城”隔离	停止汽车、火车、飞机、轮船等一切交通运输，禁止一切公共聚集活动，所有企事业单位放假、停工停产。
2. 社区隔离	居民小区实行封闭管理，发放出入证，测量体温，严格控制外出。
3. 居民隔离	居民居家隔离，少外出，不聚集，戴口罩，勤洗手，常通风，做好自我防护。
4. 提供生活保障	全国物流调配保障供应，网上购物快递配送，小区服务送货上门。
5. 免费检测救治	检测治疗一律免费，做到早发现、早报告、早隔离、早治疗。
6. 集中隔离治疗	严格区分发热门诊与普通门诊，及时准确识别疑似患者、确诊患者、密切接触者、无症状感染者，分别实行集中隔离，将轻症患者与重症患者分开治疗。
7. 建设应急医院	快速建设收治重症患者的专门医院，建设收治轻症患者的“方舱医院”。
8. 加快医疗物资生产供应	迅速扩大防疫物资生产，加快企业转产投产，组织物流配送，确保医护人员防护和医疗用品到位。
9. 全国支援抗疫	组织全国各地对口支援重灾区，派出医护人员，捐款捐物，支援抗疫和生活物资。
10. 保障职工利益	停工停产期间公立单位职工工资照发，鼓励和支持民营单位留薪留岗，不裁员、少裁员。

——摘自刘应杰：《抗击新冠肺炎疫情的十条经验和十点启示》，《社会治理》，2020 年第 6 期

导读提示

新冠肺炎疫情是百年来全球发生的最严重的传染病大流行，是新中国成立以来我国遭遇的传播速度最快、感染范围最广、防控难度最大的重大突发公共卫生事件。面对突如其来的巨大挑战和考验，以习近平同志为核心的党中央果断决策、迅速部署，领导和组织全国上下展开了一场举世瞩目的疫情防控人民战争，取得的成果来之不易，积累的经验弥足珍贵。

阅读材料可以看出，应对新冠肺炎疫情，国家全面统筹、全社会协同努力，在社会层面，城市—社区—家庭进行不同形式的隔离；在医疗救治方面，免费检测，集中隔离治疗，建设应急医院和加快医疗物资保障；在物资保障上，从生产到物流环节确保民生物资和医疗紧急物资的供应，同时通过支援、捐赠等形式统筹全国物质和人力资源；在民生福利上，保障职工工资利益。

通过阅读材料，我们可以深刻认识到，抗击突发重大疫情彰显出我国的制度优势，充分显示出中国高度集中统一领导的举国体制的制度优势，充分展现出我国强大高效的动员组织能力。全国性防疫大隔离也体现出全民的高度自觉性纪律性。广大人民群众以自己的实际行动，为全国抗疫成功作出了贡献。疫情也是对我国综合实力的检验，10 天内建成拥有 1 000 张病床的火神山医院，高铁、航空、高速公路等交通优势，抗疫紧缺物资的紧急生产与

高效配送等等显示了我国强大的工业制造能力和经济实力，都得益于改革开放的发展成果。

我们可以看到我国医疗卫生事业的发展和进步在防疫抗灾中发挥了重大作用。同时，习近平总书记指出，这次疫情暴露出我国在重大疫情防控体制机制、公共卫生应急管理体系等方面存在的明显短板和不足。今后，应进一步完善重大疫情防控体制，继续深入医疗卫生体制和公共卫生服务体系的改革，切实落实健康中国战略。

荐读书目

孟君、张大庆著：《大众医学史》，济南：山东科学技术出版社，2015年

选择性必修三

文化交流与传播

第一单元

源远流长的中华文化

第1课　中华优秀传统文化的内涵与特点

一、中华文化的发展历程

【核心概念】

核心概念1：中华优秀传统文化

是指中华传统文化的精华、精神及气魄所在，是具体体现民族精神的价值内涵，在中华民族发展历程中起到过积极的作用，迄今仍有合理价值，能够为中华文化的现代传承和创新发展起到积极作用的文化。

核心概念2：百家争鸣

是指春秋战国时期知识分子中不同学派的涌现及各流派争芳斗艳的局面。所谓“百家”，泛指数量多，其中，道家、儒家、墨家和法家对当时的影响较大。所谓“争鸣”，是指当时代表各阶级(层)、各派政治力量的学者或思想家，都希望按照本阶级(层)或本集团的利益和要求，对宇宙、对社会、对万事万物作出解释。“百家争鸣”的出现，是春秋战国时期政治、经济大变动以及“学在民间”现象的产物，是中国历史上第一次思想解放运动，同时也是中国学术文化、思想道德发展史上的重要阶段，奠定了中国思想文化发展的基础。

【史学导读】

1. 中华文化源远流长的原因是什么？

材料一：中华文化由于其地域性和兼容性而具有顽强生命力。中华文化的源远流长一方面是由于我国相对封闭孤立的地理区位，造成了外来同级别文明的冲击较少，即使有入主中原的少数民族，也由于中华文化的先进性而快速被吸收同化。同时中国长期相对于西方具有明显的人口优势，文化存在的群体较大，具有更强的抗冲击能力。另一方面由于我国文明具有强大的兼容力，在和外界民族文化的交往中，可以汲取其他优秀部分为己所用，大大强化了我国文化的优势，弥补了不足，促进我国文化发展居于领先地位。

——摘自余春华：《浅论中华文化传承的特征》，《长江论坛》，2010年第2期

材料二：汉字是迄今为止连续使用时间最长的主要文字，也是上古时期各大文字体系中唯一传承至今的文字，它是维系中国南北长期处于同一状态的重要因素之一，也是传承中

华文明的有力工具。正是因为有了汉字，许多历史文明成就才得以传承下来。

——摘自李孝纯：《谈谈中华文化的精神特质与时代精神》，《江淮论坛》，2014 年第 6 期

导读提示

材料一说明优越的地理环境、人口优势和文化包容性造就了我国文化的文化延续性。材料二认为汉字作为历史文化成就的载体，是传承中华文明的有力工具。

阅读时，应认识到：中华文化的形成是一个长期的过程，其发展能不间断虽然与中国独特的半封闭的环境有重要关联，但中国以农业自然经济为主体的物质生产方式，以宗法—家族制度和专制政体为社会组织基本形态以及汉字的文化传承功能也是中华文化源远流长的重要原因。此外，中华文明在与其他民族文化接触中不断吸纳同化，使自身不断丰富和完善。

通过阅读上述材料，可以深刻理解对历史现象的解释要坚持唯物史观，在理解中华文化源远流长的原因时切不可犯“地理环境决定论”的错误。同时也应认识到源远流长的中华文明的优越性，从而强化文化自信，培养家国情怀。

2. 如何传承中华传统文化？

材料一：传统文化在其形成和发展过程中，不可避免会受到当时人们的认识水平、时代条件、社会制度的局限性的制约和影响，因而也不可避免会存在陈旧过时或已成为糟粕性的东西。这就要求人们在学习、研究、应用时坚持古为今用，推陈出新，结合新的实践和时代要求进行取舍，而不能一股脑都拿到今天来照用。

——摘自习近平著：《在纪念孔子诞辰 2565 周年国际学术研讨会暨国际儒学联合会第五届会员大会开幕会上的讲话》，北京：人民出版社，2014 年，第 7 页

材料二：中华优秀传统文化的评价标准，简单地说，是指评论中国传统文化中优秀成分的准则。我认为关于中国传统文化优秀的标准至少应注意两点：价值性标准和功能性标准。价值性标准侧重于真理层面，功能性标准侧重于实践层面。价值性标准主要是从文化价值理性出发进行提炼；功能性标准主要是从国家、民族发展的需要出发，也可以说是从工具理性出发。相较而言，价值性标准兼及现在和未来，而功能性标准侧重于现在。

——摘编自王学伟：《试论中国优秀传统文化的科学内涵》，《海南师范大学学报(社会科学版)》，2014 年第 6 期

导读提示

材料一中习近平同志提到中华传统文化在其形成过程中由于时代等局限性，存在糟粕的部分，我们应辩证对待传统文化。材料二指出，中华优秀传统文化是有价值和功能的，要能服务于国家、民族的发展需要。

阅读时，应认识到：中华文化源远流长，在不同时期、不同地域起着不同的作用。但随着社会发展，其中一些思想已不再具有价值，是为传统文化中的糟粕。中华优秀传统文化，是传统文化的精华所在，迄今仍能够为中华文化的现代传承和创新发展起到重要作用，能够促进社会进步和民族发展。区分了中华传统文化的精华和糟粕后，才能进行正确的取舍。

通过阅读以上材料，可以深刻理解辩证的否定观，从而正确对待传统文化。

二、中华优秀传统文化的内涵

【核心概念】

核心概念 1：以人为本

起源于西周，至春秋时期，发展为“仁者爱人”与民本思想。“仁者爱人”是实现社会和谐的基本出发点。从个人角度说，是人们立身处世、道德修养的重要准则；从社会角度说，是治理国家、推行仁政的行动指南。民本思想是中国古代政治的基本原则，指国家只有得到民众的支持才能稳定，君主的权力只有得到百姓的拥护才能巩固。以人为本思想对巩固政权，稳定社会起到了重要作用。

核心概念 2：天人合一

起源于春秋时期，是中国古代哲学的源头。天人合一思想，将天、地、人视为一个整体，认为人类利用自然应该尊重自然规律，顺应自然，建立人与自然和谐发展的关系。天人合一思想的出现，摒弃了天命的绝对权威，凸显了人的价值。

核心概念 3：家国情怀

脱胎于西周宗法分封制，在形成过程中与儒家思想的三纲五常、宗族伦理、个体意识密不可分。家国情怀，是主体对共同体的认同并促使其发展的思想和理念，其基本内涵包括家国同构、共同体意识和仁爱之情；其实现路径强调个人修身、重视亲情、心怀天下。家国情怀在增强民族凝聚力，建设幸福家庭，提高公民意识等方面都有重要的价值。

核心概念 4：崇德尚贤

起源于西周。“崇德”，即崇尚和发扬高尚的道德，要求统治者以德治国。“尚贤”，即尊重有才德的人，国家治理应当选贤任能。崇德尚贤的思想在春秋时期对突破世官制起到重要作用，对古代以德为先、德才兼备的用人制度产生了深远影响。

核心概念 5：自强不息

起源于西周，即生生不息的奋斗精神，就是指自我努力学习，追求进步，刚毅坚卓，发愤图强，永不停息。

核心概念 6：和而不同

萌芽于西周，春秋时期孔子提出“君子和而不同”，指在人际交往中要与他人保持一种和谐友善的关系，但在对具体问题的看法上不必苟同于对方。“和”的思想作为认识和处理人与人、人与自然、人与社会的一种方法，对中国文化的发展起到了积极作用。

【史学导读】

1. 如何认识中华传统美德？

材料一： 中国传统文化的形成有两个重要的基础：一是小农自然经济的生产方式；二是家国一体，即由家及国的宗法社会政治结构。在这个基础上产生的必然是以伦理道德为核心的文化价值系统。因为家族宗法血缘关系本质上是一种人伦关系，是建立在伦理的基础上通过人们的情感信念来处理的关系。家族本位的特点，一方面使得家族伦理关系的调节成为社会生活的基本课题，家族伦理成为个体安身立命的重要基础；另一方面，在家国一体社会政治结构中，整个社会的组织系统是家族——村落——国家，文化精神的生长路向是家族——宗族——民族。

——摘自张岱年、方克立主编：《中国文化概论(修订版)》，北京：北京师范大学出版社，2004 年，第 210 页

材料二：中华文化在几千年的发展中，以仁孝诚信、礼义廉耻、忠恕中和为中心稳定形成了一套价值体系，支配和影响了中国政治、法律、经济、制度与政策施行，支撑了中国社会的伦理关系，主导了人民行为活动和价值观念，促进了社会的稳定、心灵的向善向上。这一套体系是中华民族刚健不息、厚德载物精神的价值基础和根源，亦即中华民族民族精神的价值内涵。

——摘编自陈来：《中华文化的当代价值与意义》，《人民日报》，2017 年 3 月 17 日

导读提示

材料一中表明小农经济的生产方式和家国一体的政治构架是中华传统文化形成的重要基础，且在此基础上一定会产生伦理道德为核心的价值系统。材料二则表明以伦理道德为核心的价值体系对中国政治、经济、伦理关系、价值观念、社会稳定等产生了主导作用，构成了中华民族民族精神。

阅读时，应认识到：中华民族在漫长的历史发展中构成的道德价值体系包含了个人伦理、家庭伦理、国家伦理等，其中传统美德是传统伦理道德中的精华，是中华民族共存共荣的凝聚力。

通过阅读上述材料，可以深刻理解中华传统美德根植于中国的政治和经济等状况，又对中国的政治、经济等发展起到了重要的作用，从而培养唯物史观。同时也应认识到，中华传统美德不仅对古代社会有利，对改革开放以来中国社会的现代化转型过程中出现的社会价值观迷失、道德水平下降等问题也能起到重建社会道德观和价值观的突出作用。

三、中华优秀传统文化的特点和价值

【核心概念】

核心概念 1：中华优秀传统文化的特点

是指在中国这一特定的环境中产生的中华文化所形成的富有特色的性格。具体而言，包括以下几点：本土性，即中华文化的起源与发展根植于本土，有自身独特的风格；多样性，即中华文化博大精深，领域广阔，体现了各民族文化的多样性；吸纳性，即中华文化对外来文化有极强的包容性；凝聚性，即中华文化有着巨大的凝聚力和向心力，是中华民族共同的文化特质；连续性，即中华文化源远流长，绵延不绝，具有极强的生命力。

核心概念 2：中华优秀传统文化的价值

指中华优秀传统文化对中华民族的形成和发展过程、对当今中国社会发展乃至对世界产生的重要意义。具体来说，中华文化对形成和维护中国团结的政治局面，对形成和丰富中华民族精神，对激励中华儿女维护民族独立方面都起到了重要作用。同时，中华优秀传统文

化对我们认识和改造世界，为治国理念和道德建设也提供了启发。此外，中华文化对推动人类文明进程也有着重要影响。

【史学导读】

1. 如何理解中华传统文化的特点？

材料一： 三代以来，中国历史经历了战乱与稳定的周期性运动，王朝的兴衰更替不可避免，短期的国家分裂时有发生，特别是游牧民族的侵扰与入主中原，都曾在中国历史的不同时期掀起悲惨壮烈的一幕。然而，中国农耕经济依然向前发展，而建立在这一基础上的中华文明亦未曾中断……中国文化正是这样伴随着农耕经济的长期延续而源远流长，并且历经动乱与分裂的洗礼而不断得到充实升华，这种文化传统是任何外来势力都无法割断的。

——摘编自张岱年、方克立主编：《中国文化概论（修订版）》，北京：北京师范大学出版社，2004 年，第 39 页

材料二： 由于魏晋以后印度文明与中华文明的交流，特别是佛教从印度的东传，使得中国文化不仅吸收了佛教文化，而且在意识中明确了解到在中华文明之外存在着其他的高级文明，这种文明在一些地方甚至高于中华文明。这使得中国人开辟了多元的文明视野，而且中华文明与印度文明的交流始终是和平的。由于佛教的传入和发展，各个王朝大都同时支持三教，在中国后来的思想界也流行所谓“三教合一”的口号，表明不同宗教有可能相互融合，从而使宗教战争在中国与外部之间不可能发生。这样一个不同文明、多元宗教融合的传统，是古代中国“和而不同”观念的文化实践，也是中华文明至少自唐代以来的重要的处理宗教文化的资源。

——摘自陈来著：《中华文明的核心价值：国学流变与传统价值观》，北京：生活·读书·新知三联书店，2015 年，第 73 页

导读提示

材料一表明中国农耕经济的持久造就了中华文化的持续性，材料二则以魏晋以后佛教的传入为例，谈到了中华文化秉持“和而不同”的理念使中华文化呈现出多样性特征。

阅读时，应认识到：中华优秀传统文化的特征与中华文化的发展历程、中华文化的内涵及价值之间存在紧密联系。例如，中华文化的本土性、连续性特征来自中华文化的发展历程，其吸纳性和多样性在发展历程和文化内涵中皆有体现，而其凝聚性则着重体现在中华文化的价值中。

通过阅读上述材料，可以在深刻理解中华传统文化的特征的同时也能加深对中华文化发展历程及其内涵的认知。

2. 怎样认识“天人合一、以和为贵”等中华传统文化核心理论的价值？

材料一： 自西周以来，作为一种理性自觉，大一统观念便深深地扎根于中国人的心中，“《春秋》大一统”是人人皆知的名言。作为中国传统精英文化主流的诸子百家学说，尽管各是其说，有的甚至形同水火，但在国家统一、民族融合、使天下“定于一”的思想方向上，却有共识，可谓相反相成。这种政治上的大一统观念，实际上是天人合一、以和为贵的民族文化精神熏陶的结果，是它的折射。不仅如此，“天下一家”“民胞物与”“四海之内皆兄弟”的观

念，还成为凝聚全社会的精神力量。以国家统一为乐，以江山分裂为忧，是中华民族天经地义的政治价值取向。这种大一统观念，经过儒法两家从不同思维路向的论证，特别是经过秦汉时期封建大一统国家的建立而带来的民族融合、共同发展的历史实践，逐渐转化为民族文化深层社会心理的结构，成为中华民族的政治思维定势，有力地推动了中华民族的整体发展和社会文化的进步。

中国文化中天人合一、以和为贵的精神，还激励人们自觉地维护整体利益，坚持集体主义的价值取向。把天地人看做一个统一整体，强调并努力创造三者之间的和谐，以维护这个整体的和谐为己任，并把个人、家庭和国家的利益看做不可分割的统一体，这样一种共同的民族文化心理态势，对于中华民族的发展壮大，有着不可忽视的积极意义。儒家的修齐治平理论，道家的“道法自然”的思维旨趣，墨家的天下尚同的政治理想等，都是以整体为上的价值取向。这种价值取向，把全局的利益看得高于局部的利益，把整体的利益看得高于个体的利益。它凸显了中华民族以小我成全大我、以牺牲个人和局部利益去维护整体和全局利益的优秀品格，造就了以国家民族利益为上的思想风貌。

——摘编自张岱年、方克立主编：《中国文化概论(修订版)》，北京：北京师范大学出版社，2004 年，第 299、301 页

导读提示

材料第一段指出政治上的大一统观念是天人合一、以和为贵的民族文化熏陶的结果，而大一统观念又转化为民族文化深层社会心理的结构，成为中华民族的政治思维定势，有力地推动了中华民族的整体发展和社会文化的进步。材料第二段强调天人合一、以和为贵的精神造就了国家民族利益至上的价值取向。

阅读时，应认识到中华优秀传统文化的价值与中华优秀传统文化的内涵之间的关系。此外，还应看到，中华优秀传统文化不仅在古代中国起到了重要作用，对今天的社会发展仍具有重要的指导意义和价值。

通过阅读上述材料，能够深刻理解中华优秀传统文化的核心理论的价值，有利于我们辩证对待中华传统文化的精华和糟粕，对我们传承中华优秀传统文化具有重要指导作用。

荐读书目

张岱年、方克立主编：《中国文化概论(修订版)》，北京：北京师范大学出版社，2004 年
冯天瑜等编著：《中国文化史(第二版)》，北京：高等教育出版社，2005 年
张岱年著：《中国哲学史》，北京：中国大百科全书出版社，2010 年
李泽厚著：《中国古代思想史论》，北京：生活·读书·新知三联书店，2008 年
冯友兰著：《中国哲学简史》，北京：生活·读书·新知三联书店，2009 年
张岂之主编：《中华优秀传统文化核心理念读本》，北京：学习出版社，2012 年

第2课　中华文化的世界意义

一、中华文化在交流中发展

【核心概念】

核心概念1：佛教中国化

古印度的佛教传到中国，逐渐完成了本土化。佛教的中国化，是文化的移植，是一个外来文化与本土文化相互吸收、磨合的连续的整合的过程。在这一过程中，中华文化不但没有被佛教“征服”，反而同化了外来宗教，这反映了中华文化极具包容性。到宋明时期，以儒家学说为核心兼容佛教和道教理论的宋明理学形成，佛教融合为中华文化的一部分。

核心概念2：西学东渐

是指西方学术思想（科技、文化、思想、宗教等）向中国逐渐传播渗入的历史过程。它对中国的学术、思想、政治、经济和社会生活都产生了重大影响。这一过程也是近代中国人向西方学习的渐进过程。它大体可以分为两个阶段：第一个阶段是明末清初，以西方传教士来华为标志；第二个阶段是鸦片战争至五四运动前后，伴随着西方列强对华的侵略，大量的西方知识传入到中国，中国也开启了向西方学习的历程，大致经历了器物——制度——思想三个层面。

【史学导读】

1. 中华文化的包容与变通是如何体现的？

材料一： 中国传统文化一贯主张“天下同归而殊途，一致而百虑”。在文化价值观方面，提倡在主导思想的规范下，不同派别、不同类型、不同民族的思想文化的交相渗透，兼容并包，多样统一。儒道互补，儒法结合，儒佛相融，佛道相通，援阴阳五行入儒，儒佛道三教合一，以至近代以来基督教、伊斯兰教等外来宗教的容忍和吸收，都是世人皆知的历史事实。尽管其间经历了种种艰难曲折，甚至充满辛酸之泪，但中国文化确实是在不同价值系统的区域文化和民族文化的碰撞下，逐步走向统一，逐步更新了自己的面貌。

——摘自李宗桂：《优秀文化传统与民族凝聚力》，《哲学研究》，1992年第3期

材料二： 长期以来，儒学是中华文化的正统、华夏文明的象征或代表。但是中华文化不限于儒家思想，还有法、道、墨、兵、农诸家和先后从外部传来的各宗各派的佛教、伊斯兰教、基督教思想文化。儒家思想传到后来也不再是孔学“原儒”，而是吸收了许多别的思想，于是有“道并行而不悖”“外儒内法”等种种说辞……“华夏”本身所具有的自信和大气魄，使他能够如大海之收纳百川，吸收、融合甚至同化各种外来文化而不失自我。

——摘编自马克垚主编：《世界文明史（第二版）》，北京：北京大学出版社，2016年，第1238—1239页

导读提示

材料一表明中华传统文化体现了不同价值系统的区域文化和民族文化的碰撞。材料二也认为，华夏文明的自信体现在对不同文化的吸收同化上。

阅读时，应认识到：中华文化的包容性不仅体现在儒、墨、道、法等各本土文化领域的相互融合，也包含了对外来文化如佛教、伊斯兰教等文化的吸收融合。外来文化被中华文化所吸收借鉴，被打上了中国烙印，为中国传统文化增添了活力。

通过阅读上述材料，可以深刻理解中华文化能在交流中发展得益于中华文化的包容性，不断发展创新的中华文化为世界文明的多样化发展贡献了中国力量。

2. 怎样理解中华文化促进了世界文明的多元发展？

材料一：从多元文化构建来说，中国文化走向世界，为人类文明进步做出应有贡献，离不开对传统文化的传承和弘扬。在构建世界文明新秩序的过程中，中国优秀传统文化无疑是一种不可或缺的文化资源，必定能发挥不可替代的积极作用。它蕴含了中国古代优秀的思想理念，倡导了合理的人生价值观，培育了积极的人格境界论，体现了健康向上的民族文化精神。具有这样优秀品质的文化，必会受到世界的普遍关注，得到越来越多人的欢迎，被当今各国思想家、政治家以及社会大众引以为学习和借鉴的对象。传统优秀文化不仅可以帮助国人认识祖国历史文化传统的价值，树立民族自尊心，培育民族精神，还可为中华文明融入世界、走向世界，提供强大有力的精神支撑。

——摘自张造群：《优秀传统文化：中国文化走向世界的重要根基》，《社会科学战线》，2014 年第 11 期

材料二：世界文明发展的历史表明，各民族的文化和各文化圈的文化的发展是不平衡的，它们对于世界文明的贡献也大小不等。在这个意义上，存在所谓文明中心和文明中心的转移。大体言之，在世界文化史上，文明中心已经经历了三次大转移。在奴隶制时代，文明发展水平最高，对世界文明贡献最大的是古希腊和古罗马。在封建制时代，文明发展水平最高、对世界文明贡献最大的是中国。在资本主义时代，文明发展水平最高、对世界文明贡献最大的是属于西方基督教文化圈的西欧和美国。因此，中国传统文化是世界文化发展史上的一个高峰。

——摘自张岱年、程宜山著：《中国文化精神》，北京：北京大学出版社，2015 年，第 183 页

导读提示

材料一表明蕴含优秀品质的中国优秀传统文化对于构建世界多元文化，促进人类文明进步具有意义。材料二强调在世界文明发展的历程中，中国传统文化是世界文化的高峰之一，在世界文化史上占有重要的地位。

阅读时，应认识到：中华文化对世界文明的贡献不仅体现在世界文明发展历程中，更体现在中华文化的理念是构成世界文化多样性的重要组成部分。而文化的多元共存才能为各种文化的相互交流、取长补短提供条件，从而形成多姿多彩的人类文化景观。

通过阅读上述材料，可以深刻理解中华优秀传统文化对丰富世界文明的内涵，促进文明的多元发展所起到的重要作用。

二、中华文化对世界的影响

【核心概念】

核心概念1：东亚文化圈

东亚文化圈，是以中国为主，包括了朝鲜、日本和越南等地。其主要特征包括汉字表达的种种文化模式、以儒学为主的政治思想和伦理道德、中国佛教和至唐朝臻于完善的律令制度。由于历史、地理、民族等各方面的有利因素，从秦汉甚至更早开始，朝鲜、日本、越南与中国有频繁而广泛、深入而持久的文化交流，到隋唐时期形成第一个高潮，宋元以后进一步深化，随着清兵入关明朝灭亡，东亚文化圈开始逐渐趋于瓦解。

核心概念2：大化改新

大化改新，日本古代的一次政治、经济改革。公元645年，日本封建革新派发动宫廷政变，拥立孝德天皇，改元大化。次年起，日本仿照中国唐朝制度实行改革：经济上，废除部民制，施行班田收授法，确立封建土地国有制；政治上，建立中央集权制。这次改革至8世纪初完成，历时半个世纪，从此日本由奴隶社会进入封建社会。

【史学导读】

1. 中华文化与外域文化的双向传播是怎样的？

材料一： 古代中日之间的交往以隋唐时期为最盛，中国文化全面东传也是从这个时期开始的。第一次遣隋唐使是在日本圣德太子第一次征讨新罗中派出的，时当推古天皇八年(600年)。30年之后的630年，日本派出了第一批遣唐使，直到最后一批838年，经过了238年的漫长时间。此间，一方面，留学生和学问僧大规模地输入大唐文化，日本民族对大唐的仰慕，已达极点。不仅文物典章照搬中国，而且对于中国生产的物品也非常喜爱，大量唐货进入日本；另一方面，日本在政治、思想、文化方面已经逐步走向成熟，开始进入独立的本土文化发展阶段。

——摘自徐勤跃：《日本“遣隋唐使”动机探析》，《山西师大学报(社会科学版)》，2007年第3期

材料二： 中国文化的发展并不限于中国本土，它还扩散到东亚各国，如日本、朝鲜、越南等，形成中国文化圈或东亚文化圈。从公元前4世纪到19世纪中叶，中国一直是这个文化圈的中心。汉字自公元前4世纪后，相继传入朝鲜、越南、日本等国，成为通行于这些国度的唯一公用文字，以及国际间交往的通用文字。尽管东亚各国在其后的发展中参照汉字创制出本国文字，但汉字在东亚地区仍是具有权威性的文字。随着汉字的流传，中国的典章制度及哲学、宗教、科技、文学艺术亦传播于各国，形成具有共同文化要素的中国文化圈。

——摘自张岱年、程宜山著：《中国文化精神》，北京：北京大学出版社，2015年，第183页

导读提示

材料一指出隋唐时期，遣唐使将中国文化传入日本，推动了日本文化的发展成熟。材料二表明以汉字为载体的中华文化扩散到东亚各国形成了东亚文化圈。

阅读时，应注意到：中华文化外传过程中，人、汉字等是文化传播的重要载体，传播的内容包含典章制度、哲学、宗教、科技、文艺等中华传统文化。同时，中华文化不仅惠及近邻东亚文化圈，对欧洲在内的其他世界文化也影响巨甚。中国的物质文明为欧洲的文艺复兴和近代化奠定了物质基础，中国的伦理哲学、政治理想尤其是儒家思想对欧洲的启蒙运动产生过巨大的影响。欧洲的考试制度和文官制度也参考了中国的文物典章。

通过阅读以上材料，可以深刻理解中华文化辐射其他国家的文化，推动了文明的交流互鉴。

荐读书目

冯天瑜、杨华著：《中国文化发展轨迹》，上海：上海人民出版社，2000 年
马克垚：《世界文明史（第二版）》，北京：北京大学出版社，2016 年
张岱年、程宜山著：《中国文化精神》，北京：北京大学出版社，2015 年
严文明主编：《中华文明史》第一卷，北京：北京大学出版社，2006 年
何兆武著：《中西文化交流史论》，武汉：湖北人民出版社，2007 年版
沈福伟著：《中西文化交流史（第 2 版）》，上海：上海人民出版社，2006 年

第二单元

丰富多彩的世界文化

第3课　古代西亚、非洲文化

一、古代西亚文化

【核心概念】

核心概念1：两河流域文明

两河，即幼发拉底河、底格里斯河；两河流域中下游区域亦被称为“美索不达米亚”地区。人类早期灌溉农业文明诞生于此地，故而在此地区产生了诸多的古典文明：从北至南，大致分为亚述、阿卡德和苏美尔。在两河流域，出现了人类最早的文字、政权、法典、科学等文化。因为此地区地处于欧亚非三大洲交界处，故各种文明在此经历了历史久远的交汇，形成了独有的文明生态。历经欧贝德、乌鲁克、苏美尔及阿卡德时代，后来建立古巴比伦以及亚述帝国；迦勒底人建立的新巴比伦将两河流域文明推向巅峰。

核心概念2：史诗

人类文明从原始状态进入文明状态之际所出现的特殊的艺术体裁，史诗往往是记述伟大英雄人物或重大历史事件的叙事诗歌。史诗一般由专门的吟唱诗人所创作，以口耳相传为主要的传播形式。史诗与神话传说之间具有千丝万缕的联系，它们都在一定程度上反映历史的客观真实存在，又因其艺术加工而远远高于真实历史事实。因此，历史研究往往既要借助史诗，又要审慎地对待之。世界古代文明中比较著名的史诗包括有：巴比伦史诗《吉尔伽美什》，中国的《格萨尔王传》，印度的《摩诃婆罗多》《罗摩衍那》和古希腊的《伊利亚特》《奥德赛》等。

核心概念3：汉谟拉比

汉谟拉比(约前1810年—约前1750年)，古巴比伦王国的第六任君主。在其治下，经过一系列的对外扩张战争使古巴比伦王国达到极盛。汉谟拉比信奉中央集权主义，宣扬君权神授学说，通过建立庞大的官僚体系及颁布严苛的《汉谟拉比法典》而将其统治发展到全盛。他鼓励水利工程的兴修，从而保证了农业的较快发展，使王国的经济水平达到一定的高度。从历史影响方面来讲，《汉谟拉比法典》属于比较典型的奴隶制法典，还保留了较多的原始特性，故其对于历史的影响不宜过分夸大。

【史学导读】

1. 如何认识《吉尔伽美什》史诗中的人文主义精神?

材料一: 吉尔伽美什(Gilgamesh)是乌鲁克城的国王。是一个真实的历史人物。公元前3000年前后,吉尔伽美什的传说就在两河流域居民中广为流传。最后形成这部迄今为止发现的最古老的史诗、楔形文字的《吉尔伽美什》。“由英雄与太阳、人生宿命与宇宙节律之间的巧妙对应所形成的整体艺术结构使这部古老史诗赋予了独特的美学价值。”《大不列颠百科全书》第六卷对“史诗”的定义是“歌颂英雄事迹的长篇叙事诗”。显然史诗的主体是英雄,因此这部史诗通过吉尔伽美什的英雄传奇,也呈现了苏美尔人独特的英雄观。卡莱尔从人本主义思想的角度提出,人类早期历史中的英雄常被他的同类视为神。他将此称之为“神灵英雄”。之所以如此,是由于时间、传统以及无文字记载的作用。同样的,苏美尔人一方面认为人是神所创造的,比如神创造了吉尔伽美什、恩启都,甚至杉妖芬巴巴,认为神决定着人类命运,人类的活动必须遵从神意;另一方面,在史诗中英雄又竭力摆脱神的约束甚至在许多方面与天神抗争。这说明了早期人类文明的创造者苏美尔人已经开始认识到人类的价值及在征服和改造自然中的作用,并在这种朴素的人本思想上建立起独特的英雄观。

——摘自朱博约:《史诗〈吉尔伽美什〉的人本英雄观》,《文学教育》,2019年第7期

导读提示

材料首先反映的主要内容是《吉尔伽美什》史诗的来历以及主要人物真实性特质。其次,材料中明确指出了“史诗”是对英雄人物进行歌颂的特点,表明史诗的主体就是英雄。最后,材料更是从内容层面研究出在《吉尔伽美什》史诗中明显体现出的人对天神的抗争以及对自然界的征服和改造。

阅读时,应认识到:在古典史诗著作中,人民注重对真实人物的英雄化歌颂,同时也在潜移默化中认为人才是世界的中心,甚至可以对抗神祇,并战胜自然界。

通过阅读上述材料,可以深刻理解古典史诗中所流露出的浓烈的人文主义情怀。说明人文主义情怀具有源远流长的特点,古典史诗中的人文价值观念一直持续影响着今天的人们。

2. 《汉谟拉比法典》能体现古典法律的哪些原则和特点?

材料一: 汉谟拉比法典是世界上最早有系统的法典,它的全文刻在石头上。这块石头很值得玩味。石头上部刻着两个人,坐着的是神,站着的是汉谟拉比,这意思是说,神把法典交给人间的统治者,让他去执行。法典开宗明义就说:制定这部法典是为了追求公正和正义,让正义之光照耀大地,消灭一切罪恶、一切恶人,使强者不可以压迫弱者,弱者可以得到保护。它的基本原则是“以牙还牙,以眼还眼”。根据这部法典,不同的人犯同样的过失,承担的责任会有不同……法律上的不平等,这就是阶级。

——摘编自钱乘旦著:《西方那一块土:钱乘旦讲西方文化通论》,北京:北京大学出版社,2015年,第32页

导读提示

材料指出,汉谟拉比法典形成较早且比较系统。材料中准确描述了石刻图像中神与王

的位置和内涵所指，表面上法典代表着公正与正义，而实际上却保留较多的原始及落后的成分。

阅读时，应认识到：汉谟拉比法典的出台其实是王权利用神权为自己服务，达到巩固统治的目的。但是尽管如此，法典的出台本身也意味着法制系统的初步构建及运行能够达到追求公义的目标。当然，局限于阶级属性和统治者本身的统治需求，汉谟拉比法典本身尚有需要发展完善的地方。

通过阅读上述材料，可以深刻理解以汉谟拉比法典为代表的古典法律体系具有如下的原则和特点：已经初步成体系；利用神权彰显王权，宣扬“君权神授”理念；具有初步追求正义与公平的理念；仍存在着同态复仇的思想和阶级差异属性。

二、古代埃及文化

【核心概念】

核心概念 1：法老

法老，是英语 pharaoh 的音译，其原本意思是“大宫殿”，它其实是对古代埃及国王的称呼。最初，法老一词并不用于称呼国王，但为了凸显王权，法老逐渐成为一种特定的尊称，类似于中国的“陛下”。法老是奴隶主贵族的代表，对王国具有绝对的统治力，法老掌握全国的宗教、政治及军事大权，其个人意志就是法律，法老是古埃及的最高统治者。法老自称是太阳神阿蒙之子，是神在地上的代言人和化身者，令臣民将其当作神一样来崇拜。

核心概念 2：金字塔

金字塔在古埃及语中叫做“庇里穆斯”，意思是“高”；从外观看，很像汉字的“金”字，故名之。金字塔实际上是法老的陵墓，最著名的是胡夫金字塔。金字塔外部坚实，用巨大的石块契合而成，且石块之间没有任何黏合剂；金字塔内部结构复杂，有墓道、地板及墓室等各种区域，更有精美异常的浮雕作品。作为古代埃及的文明象征，金字塔代表着古埃及政府巨大的动员能力以及广大劳动人民高超的工艺技术成就，故而可以说金字塔同样也是全人类古代文明的典型代表。

核心概念 3：太阳历

公元前 3000 年左右，古埃及人通过观察尼罗河水涨落而制定的领先当时世界文明的先进历法系统。根据这一历法规则，古埃及人将每年 6 月中旬规定为每年伊始，每年总共划分为三季度共 12 月，每个月规定为 30 天，加上 5 天“闰日”全年共计 365 天。太阳历的出现和使用，极大地促进了古埃及地区农业文明的发展。但更重要的是，古代埃及太阳历对于后世罗马的历法以及现代历法系统产生了巨大的历史影响作用。在罗马凯撒大帝以及教皇格里高利十三世的先后组织下，最终将这一历法体系完善成为近代世界遍行的“公历”。

【史学导读】

1. 古代埃及象形文字发展历程呈现哪些趋势？

材料一：大约在公元前 3000 年左右埃及形成有体系的象形文字，它由表意符号、表音符号和部首符号三部分组成。其中表意符号、表音符号是最重要的。表意符号还可表达出图形的引申义。例如，圆圈中加一点不仅表示"太阳"，而且进一步引申为"白天""日光"等意；"吃"的动作符号，也表示"想""饥饿""说话""热爱"等意思。从事书写工作的书吏可随时创造新符号，用来表示象形文字最初形成时尚未出现的物品。表意符号还可以表示集体的动作。例如，画一个南部埃及特有的一种植物百合花来表示"南方"这个概念。画一个弯着腰，挂着拐杖的人表示"老年"这个概念。

象形文字进一步发展，便有了表音符号。表音符号是由部分表意符号转化而来，它们原本是表意的，后用于表音，就失去了原来图形的含义，变成了纯粹的发音符号。例如，画一张嘴表示 r 音，画一只脚表示 b 音，嘴和脚的图形都放弃了自身含义而被赋予一定的声音，分别表示辅音 r 和 b。埃及象形文字中的表音符号，有 24 个单辅音(一音一符)、大批双辅音(两音一符)和三辅音(三音一符)符号，并以 24 个单辅音最为常用。象形文字中的表音符号，原是表意的图形符号，但有音值，具有表音的功能。

——摘编自王珍慧：《古代埃及的文明——象形文字》，《现代交际(学术版)》，2009 年第 12 期

导读提示

材料指出，古代埃及象形文字发展具有发展时间早且成体系的特质，其体系主要划分为表意和表音两个阶段。每个阶段发展呈现一定的完善趋势，从简单到复杂，从具象到抽象的特点。

阅读时，应认识到：古代埃及象形文字是人类文明史上重要的发展成果，要用一种肯定和赞赏的眼光来审视这一历史进程。它不仅仅是早期埃及劳动人民智慧的结晶，更是文字史上的伟大贡献。

通过阅读上述材料，可以认识到古代埃及象形文字发展具有这样的趋势：从单个文字到体系化；由单一表意到表音的发展；从具象化到抽象化发展；由简单到复杂等。

2. 古代埃及宗教思想与伦理道德之间有何关系？

材料一：古埃及的祭司们把这种世界秩序人格化为一个神——玛阿特，她是拉神的女儿，她的神性代表真理、正义和秩序。在古代埃及人的眼中，她是至关重要的，是一种理想，是古代埃及人对自然和社会认识的高度概括。她覆盖了宇宙秩序、社会关系、社会道德、个人修养等领域，有着非常丰富的含义。众神与世人皆必须遵守玛阿特立下的秩序。法老的任务就是在世界上实现玛阿特的秩序。因此玛阿特是古代埃及伦理学的基础，通过研究我们会发现道德的最终决定因素在古埃及是玛阿特，无可否认，古代埃及人的行为会有一些具体的原则。

从玛阿特本身来讲，它是神的而不是人类良心的产物，因此世界和世界上的一切事物，都是诸神严格按照他们所需的模式创造的。由于世界自创造以来既是它应有的模样，所以过去和将来都不可能有一个更好的时代。"埃及神话中没有伊甸乐园，没有黄金时代，没有圣经启示录中提到的善恶大决战"。而当这种秩序彻底而长期地混乱时，"怀疑主义"便产生了。在第一个过渡时期，贵族衰落，身世寒微的人取而代之，当时流行着一种思想：即使生前具有很高地位的人，在冥世也不能免除做奴仆的工作，伴同着第一过渡时期的动乱和因此产生的社会阶层的变换，奥西里斯崇拜来了一次民主化，来世生活的快乐一样可以被普通出

身的人分享。

——摘编自周洪祥：《古代埃及的伦理与宗教》,《漳州师范学院学报(哲学社会科学版)》,2001 年第 2 期

导读提示

材料指出,古代埃及的宗教思想中没有一个具有权威性的关于伦理道德的形象存在。因此,人们在宗教思想中找不到一个绝对的信仰权威来约束其伦理道德。故而,材料两段之间便呈现出一种相悖且并存的逻辑：人们既能在宗教思想中找到关于伦理道德的神化形象玛阿特,但其又并非一个绝对权威不可动摇的秩序要求。

阅读时,应认识到：古代埃及的宗教思想中关于伦理道德的要求具有一定的不确定性。所以,对其二者进行关系的分析就需要从正反两个方面来展开。

通过阅读上述材料,可以理解古代埃及宗教思想与伦理道德之间存在两种并行关系：宗教思想中即存在对于社会性伦理道德的普遍要求,比如社会秩序与良知修养的要求,同时也存在着对权威的否定和反抗的精神。

三、阿拉伯文化

【核心概念】

核心概念 1：阿拉伯帝国

阿拉伯帝国(公元 632 年—1258 年),古代阿拉伯人建立的信奉伊斯兰教的帝国,古代中国称其为“大食”。阿拉伯帝国先后历经“四大哈里发时期”、倭马亚王朝、阿拔斯王朝。其极盛期地跨欧亚非三大洲,东至印度河、帕米尔高原,西达伊比利亚半岛,北抵高加索,南近撒哈拉沙漠。因其巨大的疆域及独特的地理位置,阿拉伯帝国在中古时代成为连接中西世界的要冲。此外,阿拉伯帝国凭借自身强大的国力以及众多的统治人口也创造了巨大的经济财富和文化贡献,为世界历史文明的发展做出了难以磨灭的贡献。

核心概念 2：阿拉伯数字

阿拉伯数字原本是印度人发明创造的,后由阿拉伯人推广至世界各地而被广泛认知接受,故被称为阿拉伯数字。大约公元 3 世纪,印度科学家巴格达发明了该数字体系,后经逐步发展完善成熟,最终形成了从 0 到 9 的计数规则。约在公元 8 世纪左右,阿拉伯人征服印度,发现这一计数体系领先于他们原有的数字体系故开始引入使用之。后来,因为阿拉伯帝国的特殊地理位置及重要的世界影响力,阿拉伯数字逐渐被介绍到了欧亚美非等地区,成为当今人类使用最广泛的计数体系。

【史学导读】

1. 中世纪时期阿拉伯文化与西欧文化之间交流的特点及影响是哪些?

材料一：历时两个多世纪的十字军东征,客观上打通东西方闭塞的路径,使东西方人员的流动性日益增强。就商业角度而言,十字军东征期间,商品交换尤为频繁,“十字军东征运动接近尾声之时,从东方运往西欧的商品增加了约十倍”。战争使西欧人获得一定财富的同

时，也使西欧人在与自身不同的文化意识形态接触中，发现了多种多样的生活方式和价值观念。无论是西欧的经济、军事还是文化，十字军东征对拓展和加深阿拉伯文化影响的作用都不可忽视，返回的十字军带回希腊古典哲学和阿拉伯文化意识形态新要素，“打破了长期以来基督教难以突破的禁忌，基督教的学者开始吸收异教的文化和知识。犹太教和伊斯兰教都为基督教提供了知识养分，活跃了经院哲学，激发了理性思维，并在此基础上催生了近代科学构成”。

——摘编自肖丰：《阿拉伯文化影响西欧文艺复兴的现实契机》，《文学教育》，2018年第34期

导读提示

材料指出，中世纪以来的阿拉伯文化与西欧文化具有普通和特殊的两种形式——战争与商贸。更为重要的是，通过上述两种交流形式使两大文化区产生了非常深刻的相互交往与沟通，从经济、文化、政治、社会习俗等各方面深入联系。

阅读时，应认识到：中世纪以来的阿拉伯文化与西欧文化的交流不仅手段多样，内容丰富多彩，涉及诸多方面且产生了十分深刻的影响。

通过阅读上述材料，可以理解中世纪以来阿拉伯文化与西欧文化的交流特点是：战争与商贸交往两种形式并存；交流涉及的方面广泛；交流时间延续较长；产生了十分深刻的历史影响。其具体的影响是：促进经济发展；推动社会转型；加强相互理解；引发文艺复兴等方面。

2. 中世纪阿拉伯文化对外传播的背景和原因是什么？

材料一：中世纪阿拉伯的文化对外传播的原因是多种多样的。可以说当时的阿拉伯帝国如日中天，无论是经济还是军事实力都是当时政局松散、不统一的西欧社会所无法比拟的，文化的对外传播既是帝国强盛的标志，也是必然的结果。而同时代西欧社会，文艺复兴尚未发生，而阿拉伯人传承了古希腊先贤们的智慧。阿拉伯学者将亚里士多德、柏拉图、修昔底德等人的思想和著作运用翻译的形式完整地保存了下来。这些思想和著作后来又传回了西欧，为中世纪的蒙昧带去了理性的光芒，那些西欧的有志之士们由此开始思考人性的光辉，从而揭开了历史的新篇章。阿拉伯人对于书籍和典籍更是非常地珍视和热爱。阿拉伯人最早的文献和书籍应该是存放在清真寺中的。在这种情况下，达官显贵等人纷纷出资兴建图书馆，用以存放各式各样、分门别类的书籍。除此之外，伊斯兰教也是鼓励教徒学习知识。

——摘编自殷实：《论中世纪阿拉伯文化的对外传播》，《决策与信息》，2015年第33期

导读提示

材料开宗明义地指出，中世纪阿拉伯文化对外传播原因多种多样。逐步阅读过程中要善于提炼关键语句和核心关键词进行概括性认识。要学会从政治、经济、文化和对外政策等维度进行概括总结。

阅读时，应认识到：中世纪以来的阿拉伯帝国实力强盛，经济发达，文教繁盛以及贵族重视社会学习风气等方面都是回答此问题的合理切入口。

通过阅读上述材料，可以概括性地得出如下认识：中世纪阿拉伯文化对外传播的背景

和原因主要包括帝国实力强大，如日中天；社会相对稳定且经济发达；达官显贵重视文化事业保护与传承；阿拉伯学者和伊斯兰教对待文化发展繁荣的积极态度等。

荐读书目

林志纯主编：《世界通史资料选辑·上古部分》，北京：商务印书馆，1962 年
钱乘旦著：《西方那一块土：钱乘旦讲西方文化通论》，北京：北京大学出版社，2015 年
刘家和、王敦书主编：《世界史·古代史编》，北京：高等教育出版社，2011 年
晏绍祥著：《世界上古史》，北京：中国人民大学出版社，2009 年
赵乐甡译：《吉尔伽美什：巴比伦史诗与神话》，南京：译林出版社，1999 年

第 4 课　欧洲文化的形成

一、古典希腊文化与罗马文化

【核心概念】

核心概念 1：苏格拉底

苏格拉底（公元前 469 年—前 399 年），古代雅典伟大的思想家、哲学家。出生于雅典最辉煌的伯里克利时期的一户普通家庭，其父亲是雕刻师，母亲是助产士。他曾三次参军，且作战英勇；也曾在担任公民大会陪审官期间力排众议，否决不公正的判决。他善于演讲和辩论，具有超前的思想与正确的判断。他批判智者学派的个人主义，认为真理具有客观准则；他也重视教育方法，率先采取启发式教学引导学生。他提出“知识即美德”的著名论断，体现了对人文精神的重大思考和发展。

核心概念 2：《荷马史诗》

相传由生活在公元前 9—前 8 世纪的盲诗人荷马所作，分为《伊利亚特》和《奥德赛》两部分。事实上，这两部史诗是由当时的游吟诗人整理创作并广泛传唱的文学作品。最终被荷马完善整合，故得此名。史诗中主要描述了古希腊历史上著名的特洛伊战争以及战争之后的一些传奇故事。客观上分析可知，《荷马史诗》主要展现了迈锡尼时代的社会状况，故而成为研究公元前 11—前 9 世纪希腊历史的重要史料，因此，这一时期也被称为“荷马时代”。

核心概念 3：罗马法

是一个比较抽象的概念，泛指古代罗马（包括共和时代及帝制时代，以及东西罗马帝国时代）的一切法律文件的总称。从表现形式上看，罗马法源于古典时期的习惯法，到共和国时代出现《十二铜表法》开始成文颁布；从组成部分来看，罗马法主要包含人法、物法、诉讼法等板块；从适用范围来看，又可以分为仅维护共和国公民的公民法阶段和适用于帝国时代所有自由民的万民法时代。古代罗马法之所以被恩格斯誉为西方法律的渊源，其核心就在于

罗马法中贯穿体现着的“私有财产不可侵犯”和“法律面前人人平等”两大原则。罗马法以其博大丰富且成熟的体系，成为古典法律的典范，更为近代以来法律体系奠定历史根基。

【史学导读】

1. 古代希腊神话中所呈现的希腊文化主要特点是什么?

材料一：希腊神话非常优美，最大的特点是把所有的故事都编织在一起，首尾相接，连接成一个庞大而美好的体系，其完整的程度，是其他民族的神话所没有的。另外一个特点是，希腊神话中有神、英雄和人(英雄是半神半人，介乎于神和人之间)，希腊神话里的神本质上和人一样——小心眼、嫉妒、虚荣心、吃醋，等等，人干的事他都干，而且有过之而无不及。希腊神话中也有地狱，地狱虽黑但不恐怖。地狱之神叫哈德斯，他抢了一个女孩，女孩非常思念母亲，她母亲是谷神，就去求大神宙斯帮忙。经过讨价还价，后来让女孩子一半时间在地狱，一半回到母亲身边。很有意思：一个关于地狱的故事，在其他民族那里一定是阴森恐怖的，但在希腊人这里却充满了期待，充满了人性。总之，希腊的神表达着人间的喜怒哀乐，确实是希腊人自己形象的反射。

——摘编自钱乘旦著：《西方那一块土：钱乘旦讲西方文化通论》，北京：北京大学出版社，2015年，第70—71页

导读提示

材料主要从神话故事的优美度、完整性、人性化等维度对希腊神话进行了特点介绍。在三段主要的叙述过程中，作者着重介绍了关于希腊神话人性化方面的特点，用讲故事的办法让读者体验了其中的特质，这也是对于希腊文化的一种重点剖析。

阅读时，应认识到：希腊神话与其他文明中的神话故事相比具有非常显著的不同与个性。在概括分析希腊神话特点的时候，要对于人性化(体现人文主义属性)进行深入阐述。

通过阅读上述材料并对材料背后的深刻性进行分析，不难看出希腊神话能反映出希腊文化具有如下特点：故事完整而优美，成体系化；与其他民族的文化相较，具有鲜明的人文主义特征。

2. 如何理解罗马法律体系发达的原因及其发展的独特性?

材料一：罗马建国时期独特的外部环境，需要罗马人更好地协调罗马人内部与外邦人的关系。与希腊不同，罗马建国伊始，其内部公民的血缘不够紧密。建国初期罗马的种族成分就是混杂的，也就是说王政时代的罗马城邦并不是在单一部落和氏族部落的基础上形成的，而通常以某一个部落或氏族为核心，吸收了许多外来成分融合而成的。罗马人传统的家长法权，比较顺利地向社会法制过渡，也是罗马法得以盛行的原因。与希腊不同，罗马城邦时代的社会基本细胞不是公民个人而是家庭。不断地对外征服与平民争取权益的斗争，推动罗马法的发展和完善。简单商品经济的发展与各种文化间的交往，造就了罗马发达的法律。国内外贸易的昌盛，也带来了财产的私有化和复杂的契约关系，在规范和调整私有财产和各种契约的过程中，罗马法产生了。

我们认为，与古代其他社会的法律相比，罗马法有两大显著的特点。首先，罗马法是人法，而非神法。罗马的第一部成文法《十二铜表法》是由10人组成的“立法委员会”经过多年考察制定的，以世俗的名义发表，罗马人没有称法本身是神的旨意。其次，罗马法是面向实

际而非唯理的法律。当实践与理论相矛盾时，务实的罗马人总是舍弃迂腐的理论而致力于实际需要的满足，充分体现了罗马法的求实精神。

——摘编自董小燕著：《西方文明：精神与制度的变迁》，上海：学林出版社，2003年，第65—68页

导读提示

材料分为两段，分别分析了罗马法产生和发展的几个主要原因和跟其他文明法律体系相比所具有的不同特质。原因主要从社会人员构成、家长法权、对外征服以及经济发展几个方面切入探讨。其特质则是从人法和唯理两个角度来分析。

阅读时，应认识到罗马独特的历史发展进程及不同于其他文明的社会特性，并能立足于材料的信息，进行高度概括分析得出正确的解释。

通过阅读上述材料，可以概括罗马法律体系发达的原因有：罗马社会成员复杂且血缘关系相对淡泊；家长法权传统比较深厚；社会的家庭属性大于个人属性；商品经济发展的需要等。罗马法体系相较于其他文明法律体系的特质主要是：其偏重于人法而非神法；更注重实际需求，具有唯理特性。

二、中古西欧文化

【核心概念】

核心概念1：日耳曼人

主要是指罗马帝国时期生活在罗马附近三大蛮族（还包括凯尔特人和斯拉夫人）之一，在凯撒所著的《高卢战记》中首次使用这一称呼来泛指欧洲的该蛮族。在罗马时代，日耳曼人长期与罗马人相伴生活在一起，且时战时和，相互影响。经过武力征服，罗马人于公元1世纪将日耳曼地区纳入其版图，设有上下日耳曼两个行省。公元4世纪晚期开始，出现了历史上有名的日耳曼人入侵，他们纷纷建立自己的政权。入侵罗马帝国的日耳曼人与当地的奴隶起义一起，在罗马帝国的废墟上建立了许多日耳曼人王国。其中，法兰克王国逐渐成为日耳曼诸王国中力量最强的国家，深刻影响着欧洲历史的发展进程。

核心概念2：教皇国

是指756—1929年，意大利中部以教皇为统治者所存在的政教合一的国家。756年，法兰克王国加洛林王朝君主丕平为酬谢罗马教会助其掌权而将罗马周围地区交给教皇统治（史称“丕平献土”），建立“教皇国”。774年，查理大帝又将贝内文托和威尼斯等城赠予教皇，扩大了教皇国的领土。自11世纪起，教皇国的势力逐渐增强，12—13世纪为教皇国的鼎盛时期。中世纪晚期，世俗王权逐渐上升，天主教会分裂，教皇国地位日渐衰败。19世纪70年代，意大利王国实现了政治统一后罗马被定为意大利首都，教皇退居梵蒂冈，教皇国事实上已不复存在。直到1929年，意大利政府与教皇庇护十一世签订《拉托兰条约》，正式承认教皇拥有独立的梵蒂冈城国的主权。从此，“教皇国”的名称停止使用。

核心概念3：托马斯·阿奎那

托马斯·阿奎那（1225—1274年），中世纪时期著名的思想家，神学家，经院哲学的主要

创立者和集大成者。他试图以理性的方式来阐释神学，提倡自然神学的主张。他创建了托马斯哲学学派，长期以来一直是研究天主教的重要理论体系之一。阿奎那著有《神学大全》，被誉为历史上伟大的天主教神学理论名著。后人因其对基督教神学的重大贡献而被封圣，阿奎那也被称为“神学界之王”。

【史学导读】

1. 基督教文明对欧洲文明所产生的深刻影响有哪些？

材料一：基督教表现出的两个方面使得它成为中世纪的支柱，即基督教的政治化和基督教的理论化。

第一，基督教的政治化。其产生的恶果是非常之多的，一个恶果就是基督教会的机构、组织、人员设置完全按照罗马帝国模式而设。教会成为了一种政治组织，后来有的“宗教裁判所”那就更厉害了，布鲁诺就是死在它手中。政治化的教会也有其积极的一面，如发展教育，在修道院中整理古籍、古代的经书，慢慢后来又加上了天文学、逻辑学等等，发展成后来的大学，这是教会做的一件好事。

第二，基督教的理论化。经院哲学不仅仅相信上帝存在，到了近代哲学里还在提的一些有关经筵和理性关系的问题，也就是一般和个别的关系的问题。一种认为众相，一般是真正实在的东西，个别只是众相下面的具体问题。另一种则认为只有个别才是实存的，所谓一般只是一个概念问题，而非实在的。这其实就是经验主义的来源，相信感官，经验。而另一派就发展成为理性主义。

——摘编自陈乐民著：《欧洲文明十五讲》，北京：北京大学出版社，2004 年，第 91—94 页

导读提示

材料开门见山，指明了基督教文明在中世纪的重要地位和作用。由此，要读者明确基督教文明在中世纪欧洲历史上具有决定性的影响。材料又从政治化和理论化两个角度展开了一定的分析，读者不难从中得出基本的认知。

阅读时，要充分根据材料所给的有效信息，从正反两个方面来进行全面的认识。根据材料所明确指出的专制统治、普及文化、理论分流等大角度切入讨论。

通过阅读上述材料，可以简要得出基督教文明对欧洲文明的影响有：形成了较为专制的教权体系；禁锢了其他思想的合理发展；客观上利于古代文化的传承与新学问的产生。

2. 如何理解中世纪欧洲骑士文学的精神内核与作用？

材料一：诗歌（骑士文学）指出了骑士精神强调的是骑士的责任和义务，而非权利与特权。它提出了一种很高的荣誉标准，并竭力将之不折不扣地加以实施和维持。它要求忠诚、可靠，忠于誓言和承诺，任何于己之利都不应成为背弃承诺的藉口；它要求慷慨赠予的豪侠情怀，纵使豪爽的捐赠会令捐赠的骑士穷困潦倒；它要求遵守教义信条，绝对服从教会的精神指导，使自己成为“上帝选民”的完美机构中的一员；它灌输了一种建立在衷心体谅和内心臣服的尊重基础上的君子之风，培育出了殷勤礼貌的精神风尚。这些良好的行为准则渗透入社会生活之中，大大提升了中世纪及其后英格兰整个社会的道德风范。

诚然，骑士阶层本身对这些道德标准并未严格执行，更未贯彻始终，但这些道德标准对

于那些渴望跻身于贵族阶层的新贵们，则是一种风向标，也是一抹有用的遮羞布或是魔术之道具。利用它，新贵们可遮掩或淡化其低贱的身份和职业，可消弭血统贵族对于他们不愿为人所知的发家史的鄙视之情，从而树立以德服人的贵族标准。

——摘编自肖先明：《中世纪英国骑士文学的精神内核》，《贵州社会科学》，2014 年第 9 期

导读提示

材料明确指出，中世纪欧洲的骑士精神是责任与义务，而非权利与特权。以此为基调，后面对其产生的历史影响进行简要的讨论分析。只要认真阅读，就可以提炼到准确的有效信息和结论。

阅读时，要注意从理想和现实两方面来客观分析骑士精神的历史作用和价值。同时，分析时也要适当采用分主体讨论的办法对贵族和平民的不同影响进行具体分析。

通过阅读上述材料，可以得出：中世纪欧洲骑士文学的精神内核是强调责任与义务，反对权利与特权。其对社会的影响是形成崇尚道德的良好风尚，对于骑士阶级而言，则是培养了他们的豪侠情怀和责任担当、忠诚服从的高尚品德。

三、拜占庭、俄罗斯文化

【核心概念】

核心概念 1：拜占庭帝国

即东罗马帝国，存续时间是 395 年—1453 年。罗马帝国分裂后，拜占庭帝国主要以希腊文化及东正教为根基立国，先后延续了 12 个王朝，历经 93 位皇帝。拜占庭帝国的疆域包含巴尔干、小亚细亚、两河流域以及北非部分地区，其帝国首都是君士坦丁堡，公元 6 世纪时期是其国力鼎盛的时代。后其国力时起时落，1204 年曾被十字军攻破而亡国；1453 年 5 月，奥斯曼帝国崛起后攻陷君士坦丁堡，拜占庭帝国灭亡。

核心概念 2：《罗马民法大全》

拜占庭帝国皇帝查士丁尼（483—565）在位时，组织法学家们编纂的四部法典《查士丁尼法典》《查士丁尼学说汇编》《查士丁尼法学总论》《查士丁尼新敕》的合称，其颁布标志着罗马法已经发展到完备阶段。《法典》是历代皇帝所颁布的法令，共 10 卷；《汇编》主要节录了著名的法学家的著作，共 50 卷；《总论》是一本罗马私法教科书，由皇帝钦定，本身具有法律效力。《新敕》是此大全的精要部分，集中了罗马法和罗马法学的最高成就，对罗马法的传播起到了重要作用。

核心概念 3：基辅罗斯

亦称为基辅罗斯公国（882 年—1240 年），诺夫哥罗德王公奥列格征服基辅及其附近后所建立的以东斯拉夫人为主体的君主国，首都在基辅。10 世纪初，通过不断扩张，国家版图扩张东至伏尔加河口，北起拉多加湖，循波罗的海沿岸，南临草原，初步奠定近代俄罗斯联邦的领土规模。从 11 世纪中期起，基辅罗斯陷于封建混战，分裂为十八个公国；1240 年，终被西侵的蒙古钦察汗国所灭。基辅罗斯一度产生了较为发达的农业、手工业和商业经济文化，

对东欧地区的历史具有重大的影响作用，许多学者都认为基辅罗斯是俄罗斯、乌克兰和白俄罗斯国家的起源。

【史学导读】

1. 拜占庭文化的形成背景与主要特点是什么?

材料一：4世纪末罗马帝国的东西两部分开始分道扬镳。东罗马帝国的诸种文化因素，经过长期的冲突与融合，最终形成独具特色的拜占庭文化。4至5世纪在东罗马起作用的文化因素主要有三个：一是古希腊罗马的文化传统（包括希腊化时代的文化传统）；二是新兴的基督教文化因素；三是近东文明古国的文化影响。这三种文化因素交互作用的结果，最终形成了中世纪的拜占庭文化。东罗马精通上述三种文化传统的学者主要集中在东方。埃及的亚历山大里亚、巴勒斯坦的凯撒利亚、叙利亚的安条克和贝鲁特、小亚细亚的卡帕多细亚等，是当时东罗马的文化学术中心。东罗马欧洲部分的文化学术中心依然在雅典和帖撒罗尼迦。

——摘编自马克垚、朱寰主编：《世界史·古代史编》下卷，北京：高等教育出版社，1994年，第167—168页

导读提示

材料从东罗马帝国内外部两个方面对拜占庭文化形成的背景进行了简要探讨，具体而言就是罗马帝国内部的分裂和东罗马帝国与邻近文化的交流。而在特点分析方面，则需要读者对材料字面以及背后的信息进行高度提炼并加工概括。

阅读时，要注意对材料的有效信息的提取，也要重视对材料信息背后问题的发掘性解析。对于特点部分的解析，要从宏观与微观角度以及整体与部分的角度来展开讨论。

通过阅读上述材料，可以得出：拜占庭文化的形成背景有罗马帝国的分裂和东罗马帝国内部各文化因素的不断融合。其发展的特点主要是：来源丰富多样；具有文明交融特质；分布在帝国东西两部分。

2. 基辅罗斯文化的主要内容及其能反映的历史信息是什么?

材料一：随着基督教的传入，约在10世纪形成基辅罗斯的统一字母系统。在11世纪出现宗教宣传作品和政论作品。12世纪初年成书的《往年纪事》，既是一部内容广泛的历史著作，又是一部优美流畅的文学作品。它是罗斯早期社会生活和历史事件的百科全书。诺夫哥罗德出土了一批桦树皮文书，学者们认为是11至13世纪的遗物，其中包括私人信件、账目、遗嘱和商业契约等，反映了当时该城居民的日常生活。《罗斯法典》的编成是基辅罗斯历史上的一件大事。它在11至12世纪编成，反映了罗斯封建关系的形成过程，其目的是为了保护封建所有制，巩固封建制度。

——摘编自马克垚、朱寰主编：《世界史·古代史编》下卷，北京：高等教育出版社，1994年，第194页

导读提示

材料比较完整而简要地介绍了基辅罗斯的文化主要成就，包括文字系统、宗教作品、历史著作、文学作品、法律文件和文书遗物等。

阅读时，要注意在梳理基辅罗斯文化主要内容的同时，更要立足材料内容分析其所能反映的有效历史信息。要善于使用唯物史观的方式方法，正确合理地解析。

通过阅读上述材料，可以认识到基辅罗斯文化的主要内容包括：形成了完整的字母体系；出现了宗教政论作品；历史著作和文学作品开始发展；法律文献逐渐成熟为系统性法典。由此，进一步可得出的历史信息是：基辅罗斯地区经济社会逐渐发展；政治制度及宗教文化也不断发展完善。

荐读书目

钱乘旦著：《西方那一块土：钱乘旦讲西方文化通论》，北京：北京大学出版社，2015 年

马克垚、朱寰主编：《世界史·古代史编》下卷，北京：高等教育出版社，1994 年

陈乐民著：《欧洲文明十五讲》，北京：北京大学出版社，2004 年

董小燕著：《西方文明：精神与制度的变迁》，上海：学林出版社，2003 年

曹维安著：《俄国史新论：影响俄国历史发展的基本问题》，北京：中国社会科学出版社，2002 年

第 5 课　南亚、东亚与美洲的文化

一、古代印度文化

【核心概念】

核心概念 1：种姓制度

又称贱籍制度，约公元前 1500 年雅利安人入侵印度后逐渐创立。是一种以血统论为基础的社会体系，曾在南亚、东南亚等国普遍存在，其中以印度最为严重。印度种姓制度把人分为婆罗门、刹帝利、吠舍和首陀罗四个不同层级的种姓，最主要的特点是等级森严、职业世袭和内部通婚。该制度适用于印度社会绝大多数的群体，是印度古代社会最重要的社会制度与规范。1947 年印度独立后，种姓制度在法律上正式被废除，但在实际生活中，其残留仍然严重。

核心概念 2：婆罗门教

“婆罗门”原意是“祈祷”或“咒力增大”，执行祈祷的祭官被称为“婆罗门”。约公元前 7 世纪，奴隶主统治者为了适应社会变化、维护既得利益，以雅利安人原始宗教吠陀教为基础，开始进行宗教重大革新，出现了以吠陀天启、祭祀万能和婆罗门至上为三大纲领的婆罗门教。从而为种姓制度披上了一件神圣的外衣。公元前 6—前 5 世纪，印度思想界斗争激烈，出现了与婆罗门思潮相对立的沙门思潮和新宗教运动，这标志着婆罗门教在一些地区和群众中已开始动摇。之后，婆罗门教广泛吸收佛教和耆那教教义以及民间信仰、风俗习惯、哲

学思想等综合产物，在约公元 2 世纪发展演变为印度教。

核心概念 3：佛教

是与基督教、伊斯兰教并称的世界三大宗教之一。公元前 6 世纪至前 5 世纪，佛教诞生于古印度著名的“沙门思潮”，由释迦牟尼最终创建。原始佛教的主要教义有四谛、缘起、五蕴以及无常、无我等。与婆罗门教不同，佛教主张众生平等，否定宿命论，认为人有命运，但不希望人们听天由命，并鼓励人们去开创命运。这些主张影响并冲击着印度的种姓制度。公历纪元前后，佛教通过丝绸之路传入中国，逐渐成为非常有影响力的宗教。以后广泛传播于亚洲及世界各地，对许多国家的政治、经济和文化生活产生过重大影响。

核心概念 4：印度教

亦称新婆罗门教，是在婆罗门教的基础上，融合了佛教和耆那教的某些思想融合而成的。主要内容有信奉吠陀、多神论和业报转世之说。该教减少了婆罗门教的许多烦琐仪式，打破了婆罗门在宗教中的垄断特权，特别是适当提高了首陀罗的地位，不仅减少了下层百姓的反抗，还迎合了上层的需要，受到印度社会各个阶层的欢迎，此后迅速崛起。而包括佛教在内的其他宗教则在印度逐渐衰落。时至当代，印度教仍然是印度的主要宗教。

【史学导读】

1. 如何理解种姓制度对印度现代化的影响?

材料一：就印度而言，种姓制及以此为核心形成的价值体系在现代化过程中起着明显的阻滞作用，使它在很长时间里只有缓慢发展，而没有突飞猛进。价值观念的变化的确需要很长时间，但印度若不突破以种姓制为基础的价值体系，它的现代化发展是很难全面铺开的。

——摘自钱乘旦：《印度现代化进程中的种姓制影响》，《南京大学学报(哲学·人文科学·社会科学版)》，1999 年第 4 期

导读提示

印度已独立半个多世纪，种姓制也早已废除，但种姓的观念与做法在印度社会却仍然根深蒂固，影响巨大。而印度现代化之所以如此艰难地行进着，主要原因是种姓观念仍沉重地拖着它的后腿。

阅读时，应认识到：印度的种姓制度与个人的出身相关，最显著的特征是对不同种姓的社会集团成员的职业和婚姻的限制，从而抑制了社会人力资源的合理流动。此外，种姓制度使印度民族缺乏同一性和凝聚力，人们过多考虑某一个种姓集团的利益，助长了狭隘的地方主义，最终延缓了现代化的进程，阻碍了印度社会的发展进程。

通过阅读该则材料，可以深刻理解种姓制延缓了印度的现代化进程。种姓制在印度长期延续，当然与深厚的文化传统有关，种姓制是印度文明最显著的特征，根除种姓制的思想根源，决不是一朝一夕之事。

2. 如何理解佛教形成的背景?

材料一：公元前六世纪，佛教开始兴起，这时正是古代印度雅利安诸部落已普遍完成向奴隶制国家的过渡并正在发展的时期。印度社会阶级矛盾尖锐，广大劳动人民强烈反对种姓制度和婆罗门的专横统治。政治经济的新发展，必然导致阶级关系的新变化，以及由于这

一变化而引起的阶级斗争，特别是在意识形态领域里的斗争的新活跃。就是在这种情况下，当时出现了许多反婆罗门教的各种流派。佛教就是其中之一派，是最大最有影响的一派。

——摘自崔连仲：《古代印度种姓制度》，《历史研究》，1977 年第 4 期

导读提示

佛教产生于恒河流域的中下游，在这里婆罗门教的影响较薄弱。相反，这里以官职贵族为代表的刹帝利等级和以大商人吠舍为代表的新兴奴隶主阶级，是早期佛教在政治和经济上的有力支柱，是它得以生存和发展的阶级基础。佛教就在这样的背景下产生。

阅读时，应认识到：佛教产生于古代印度的一个历史转变时期，它反映了以官职贵族为代表的刹帝利等级和以大商人吠舍为代表的新兴奴隶主阶级的意愿。

通过阅读两则材料，可以深刻理解历史上的伟大转折点大多有宗教变迁相伴随。也应注意，对于奴隶阶级来说，佛教没有给予任何仁慈，相反，它却为奴隶大众规定了对奴隶主所应尽的诸种义务，这充分地表明了原始佛教的奴隶主阶级立场。

二、古代朝鲜与日本文化

【核心概念】

核心概念 1：神道教

亦称神道，是日本固有的本土宗教，它起源于日本先民的原始自然崇拜，后来在吸收了中国道家、儒家的伦理道德观念和佛教某些思想的基础上，逐步形成了比较完整的宗教体系。神道教是集神话崇拜、自然崇拜、天皇崇拜、祖先崇拜于一体的日本本土宗教，也是最能够代表日本特色的宗教。其崇拜对象十分广泛，且教派众多，大致可分为神社神道、教派神道、民俗神道三大系统。其中，神社神道在近代成为主流。神道教对日本文化和民族性格产生深远影响，至今都是日本一般家庭的信仰宗教。

核心概念 2：武士道

日本武士产生于 8、9 世纪，是日本封建社会经济发展和阶级关系变化的产物。从 11 世纪起，武士阶层开始登上政治舞台。武士道，即武士精神，源于神道教、佛教、儒学及神权迷信。它既是日本武士的人生观和世界观，又是武士应尽的义务和职责，包括效忠君主、崇尚武艺、忠勇义烈和绝对服从等讲究“信义”“廉耻”等封建道德规范及行为准则。其发展大致经历了三个阶段，即江户时代前的旧型武士道、江户时代的新型武士道、明治维新后转化为近代军人精神的武士道。由于日本武家社会延续近 700 载，武士阶级执掌政权，故而武士道成为了日本军国主义的思想渊源和精神工具。二战后，武士和武士制度虽然消亡，但是作为一种价值观，武士道精神仍然对现代日本人有深深的影响。

核心概念 3：汉字文化圈

又称东亚文化圈、儒家文化圈，指曾用汉字书写历史并在历史和文字上受中国及汉文化影响的国家，主要包括日本、朝鲜、越南、韩国以及东南亚部分地区。在文化圈内的国家和地区，一般以汉字为传意媒介，以儒家为思想伦理基础，以律令制为法政体制，以汉传佛教为宗教信仰等作为共同的价值标准。近代以来，随着西方中心论的崛起，汉字文化圈逐渐去汉

化,但随着东亚再度崛起,学习汉字文化又再度被重视。

【史学导读】

1. 神道教文化对日本社会有何影响?

材料一: 日本神道教文化的力量主要包括以下七个方面:

(1) 神道教是日本人最普遍的信仰,它渗透到了日本人生活的方方面面,体现了广泛的群众基础和强大的文化凝聚力。

(2) 神道教将日本国土、山川草木的形成和天神的创造紧密联系在一起,加强了日本民众爱国家意识中的爱国土情结。

(3) 神道教的仪礼和祭祀活动起到了联络群众、团结人心、树立社区核心的凝聚作用。

(4) 神道教以天皇的世系崇拜为核心,对于保持日本国家的凝聚力具有重大的意义。

(5) 神道教重视地区集团的共同利益,带有很浓厚的地区宗教性质和区域集团凝聚力。

(6) 神道教重视现实利益,对于现实社会具有很强的影响力。

(7) 右翼势力利用神道凝聚人心,增强自身的力量;一些神道宗教人士也愿意与一些右翼政治势力相结合,既能够显达神道的力量,也能够得到更多的经济利益和社会重视。

——摘编自周永生:《日本神道文化及其力量》,《世界宗教文化》,2017 年第 3 期

导读提示

神道教文化对日本社会的影响,主要有以下几个方面:丰富了民众的生活,加强了社会和国家的组织力、向心力和凝聚力,增进了地区间的团结,并对现实社会发挥其影响力。但其也有很多不足,容易被右翼势力所利用。

阅读时,应认识到:日本神道教的发展与日本社会密切相关。它的精神和行为方式渗透到了日本的各个领域,从古至今对日本社会一直发挥着深刻的影响。

通过阅读上述材料,可以深刻理解神道文化的影响,对于我们理解日本大和民族的民族特性,认识日本人的行为方式和日本国家政策的根源等,都具有现实的参考价值和意义。

2. 如何理解朝鲜、日本文化与中华文化之间的关系?

材料一: 处于东北亚地区的中国、朝鲜半岛、日本列岛的历史文化有很多共同之处,尤其表现在汉字文化、律令制度、汉传佛教和儒学思想四个方面。汉字作为首要要素,成为了东亚文化最具代表性的特质之一。汉字的传入和广泛使用,结束了朝鲜半岛和日本没有文字的历史,对朝鲜半岛和日本文化的建构发展做出了重大贡献,进一步促进了东亚各国全方位的相互交流,带动东亚区域进入了人类历史的文明时代。

——摘自李铭娜、武振玉:《东亚文化圈的形成、衰退与重建——以汉字的地位变迁为视角》,《东北亚论坛》,2011 年第 5 期

导读提示

中国及其周边国家朝鲜、日本等,在历史上都用汉字,崇尚儒学,形成所谓“汉字文化圈”或“儒家文化圈”。可以这样说,朝鲜、日本文化来源于中华文化。它们积极地吸纳先进的中华文化进行改革,使其国家的文字、体制、思想观念等都与中国大体相同。

阅读时,应认识到:汉字的传入和使用给朝鲜半岛和日本带去了先进的中华文明,促进

了东亚地区文化的交流和融合，汉字文化圈得以发展和巩固。

通过阅读上述材料，可以深刻理解中朝日三国虽然在思想意识方面存在着不同程度的差异，但同时也存在很多相似之处，究其根源是三国长期生活在共同的儒家文化圈之中，并深受其共同的影响。

三、美洲印第安文化

【核心概念】

核心概念 1：玛雅文明

玛雅文明与印加文明及阿兹特克文明并列为美洲三大文明。玛雅文明位于中美洲的尤卡坦半岛，诞生于公元前 15 世纪，分为前古典期、古典期和后古典期三个时期，其中公元 3 至 9 世纪为鼎盛时期。从生产工具上来看，玛雅文明属于较为落后的石器文明，但玛雅人依然凭借其绝顶智慧，在天文学、数学、艺术、农业等多方面都有极高的成就。玛雅文明是美洲印第安文化的摇篮，对后来的托尔特克文化和阿兹特克文化具有深远的影响。

核心概念 2：印加文明

美洲古代三大文明之一，是南美安第斯地区印加帝国统治时期的印第安人文明。印加为其最高统治者的尊号，意为太阳之子。伴随着印加帝国的历史，印加人在建筑、法律、手工业、医学以及宗教等方方面面创造出了独特的文明。15 世纪起，印加帝国势力强盛，16 世纪初由于内乱日趋衰落，1532 年被西班牙殖民者灭亡。

核心概念 3：阿兹特克文明

美洲古代三大文明之一，是南美墨西哥阿兹特克帝国统治时期的印第安文明。阿兹特克是古代墨西哥文化舞台上最后一个角色，他们创造了辉煌的阿兹特克文明，开创了阿兹特克族最兴盛的时期。阿兹特克人在农业和城市建设上具有较大成就。阿兹特克帝国在 15 世纪兴盛，1521 年为西班牙人所毁灭。

【史学导读】

1. 为什么说玛雅人是“美洲的希腊人”？

材料一：“美洲的希腊人”——玛雅人，早在公元 328 年就已建立了城市，至公元 5 世纪至 6 世纪初，在乌苏马辛塔河两岸又建立了一系列具有宏伟建筑的城市，而且这些城市的文化发展已达到很高的水平。公元 5 世纪至 6 世纪末，由于种种原因，玛雅人迁徙到了尤卡坦东岸，并在那里重新建立了一批城市，其中契琴伊察成为北尤卡坦的最大中心。7 世纪末至 8 世纪初，尤卡坦西南的埃茨纳城也成为一个重要的中心城市。玛雅人的国家已是奴隶制社会，基本群众是地域公社里的公社成员及奴隶，统治阶级是军事贵族和祭司，他们的特权可以世袭。玛雅人是唯一有正式文字的印第安人，他们的象形文字在公元之初就有了；他们的天文学、历法都已达到惊人的地步，他们的文学、艺术修养也很高，“美洲的希腊人”这一美誉对于玛雅人来说丝毫不过分。

——摘自宋瑞芝著：《走进印第安文明》，北京：民主与建设出版社，2001 年，第 167 页

导读提示

玛雅人生活在中美洲——联结南北美洲的大陆桥上，以崇高的智慧，为人类留下了惊人的预言、奇妙的文字、精确的历法和宏伟的建筑。他们被称作“美洲的希腊人”，即被美誉为印第安文化的摇篮和典型代表。

阅读时，应认识到：玛雅人在西班牙的殖民入侵到来之前，以其高度发达的知识成就而闻名于世。玛雅文明的辉煌成就是印第安文明的重要表现。

通过阅读上述材料，可以深刻理解玛雅文明的独特性和繁荣性，从而更深层次地理解古代美洲文明的特点。

2. 欧洲殖民者的入侵对印第安文化的影响？

材料一：在欧洲殖民者的军队来到印第安人部落的初期，印第安人仍以自己的好客习俗慷慨地对待他们。居住在新墨西哥的印第安人，对来到此地的殖民者军队表示非常友好，老年人都拥上来和战士们握手。部队被人们引进村子宿营，军官们则被领进首领的房屋里，由首领宴请他们，宴后，首领还和军官们一起抽烟、谈话。印第安人还送给部队很多木柴、玉米、马匹，给士兵们送西瓜、甜炒玉米粉等。在以后的200多年中，欧洲殖民者对印第安人好客的回报却是野蛮的征服、驱赶和屠杀。

——摘自宋瑞芝著：《走进印第安文明》，北京：民主与建设出版社，2001年，第63—64页

导读提示

在面对欧洲霸权、白人文明以及资本主义的渗透，许多美洲印第安人部落或民族遭受到了巨大的灾难。例如，由于天花等欧洲疾病的传播，人口几乎全部灭绝。

阅读时，应认识到：社会历史的发展使印第安人隔绝、独立发展被打破成为必然。欧洲人与印第安人不同习俗、不同宗教、不同文化之间的碰撞也就不可避免，但在欧洲资本主义原始积累过程中，给印第安文化带来的更多的是灾难。

通过阅读上述材料，可以深刻理解欧洲殖民者的入侵对印第安文化产生的影响，其中负面影响最为凸显。此后，独立发展的印第安文化逐渐毁灭殆尽。

荐读书目

尚会鹏著：《印度文化史》，杭州：浙江大学出版社，2016年
杨共乐、彭小瑜主编：《世界史·古代卷》，北京：高等教育出版社，2006年
马克垚主编：《世界文明史》，北京：北京大学出版社，2004年
陈高华、陈尚胜著：《中国海外交通史》，北京：中国社会科学出版社，2017年
李春辉著：《拉丁美洲史稿》，北京：商务印书馆，1983年
宋瑞芝著：《走进印第安文明》，北京：民主与建设出版社，2001年

第三单元

人口迁徙、文化交融与认同

第6课　古代人类的迁徙和区域文化的形成

一、印欧人的迁徙及其对早期区域文化的影响

【核心概念】

核心概念1：印欧种人迁徙

印欧种人得名于18世纪的欧洲语言学家们。从语言学考古发现，印度语、日耳曼语、凯尔特语、希腊语、赫梯语族等诸语言的分支存在着某些共同点，因此，便取欧洲和印度两词，以构成“印欧语”一名，因而说这些语言的人都被称为印欧种人。他们早先大概生活在里海地区，曾在那里驯养马匹，发明了马拉战车技术，并从事少量的耕作。因为主要靠畜牧为生，所以只要发现有更为理想的地方，他们就朝那里迁移。印欧种人的迁徙延续了很长时间，大体上从公元前20世纪起到公元前7世纪左右。希腊人、赫梯人、雅利安人、波斯人等都是印欧人迁徙后与当地居民融合而形成的族群。这种民族大迁徙不仅冲击了欧亚非三洲的区域文明，更加强了区域文明之间的交流融合，对西起地中海东到黄河流域的整个欧亚大陆，都产生了巨大影响。

核心概念2：区域文化

亦称为地域文化，是指区域成员在实践中创造出来的一切物质的和精神的财富的总和。它是一种与某一地理区域相关的文化，或产生形成于某一区域内，或覆盖流行于某一区域。各个区域文化由各自的地理人文、风土人情、政治经济等因素构成，自有各自的内容、形式和精神，因而各有差异和特色。一般来说在区域文化形成以后，其基本范围和内涵即处于相对固定和稳定的状态。但是区域文化也有开放、包容的一面，自古以来，各区域之间并不限制人的移动，当一个区域有外区域的人进入时，就会把外区域的文化带入，从而呈现出多元化的特点。

【史学导读】

1. 古代游牧世界大迁徙的主要原因有哪些？

材料一：雅利安部落大迁徙时正处于原始社会末期……他们是流动性的农牧业居民，掌握了冶铁、犁耕、养马、骑马和驾车技术……凭借冶铁术、良马和优秀的骑马、驾车技术，雅

利安人有了比一般农业民族更强的军事战斗力，使得他们在与两河流域文明古国，乃至后来的罗马军队的抵抗中获得胜利。

——摘编自许序雅、胡长林编：《世界文明简史》，上海：华东师范大学出版社，2013 年，第 95 页

材料二：东汉至南北朝时期（公元 25 年—589 年）少数民族大规模内迁的原因究竟是什么？从政治上说，东汉以后，封建国家中央集权受到削弱，在北方出现了各军事集团之间长期的割据混战，中原人口急剧减少，人民流离失所，土地荒芜；从经济上说，由于社会经济本身需要发展，导致各地区、各民族之间交往的增多，加上中原地区经济、文化、科技等方面较边地发达，为大规模的少数民族内迁创造了有利条件。……当时我国的天气是很寒冷的，这对居住在北方的游牧民族来说，生存受到严重威胁。当时匈奴居住在蒙古高原，过着游牧生活，公元 46 年（东汉建武 22 年），蒙古高原发生大旱灾……南匈奴迁到黄河河套和陕西、山西北部一带，同汉族人民居住在一起。

——摘编自毛长红：《东汉至南北朝时期我国北方少数民族内迁的自然因素初探》，《历史教学问题》，1993 年第 2 期

导读提示

材料一反映了印欧人一支雅利安部落居民的农牧业生活状态，以及较之农耕社会优秀的冶铁技术、军事技术，为雅利安人的迁徙提供了条件。材料二指出东汉至南北朝时期，由于政治、经济、自然条件等原因，致使我国匈奴等北方少数民族大规模南迁。

阅读时，应认识到：以游牧世界大迁徙时期代表性事件为例，游牧世界马的驯养、金属冶炼技术、军事战斗力等方面一度领先于农耕世界，出自自身迁徙和扩张的内部动力，以及农耕世界较发达的经济文化科技具有吸引力，他们经常利用农耕世界某些时候尖锐的社会矛盾和政治动荡入侵并入主农耕世界。自然因素往往也是促使游牧世界迁徙的重要原因。

通过阅读上述材料，可以深刻理解古代游牧民族大迁徙的根源在于当农业诞生后，亚欧大陆出现了农耕世界与游牧世界的区别。游牧民族在武力上较定居的农耕民族有优势，使得古代游牧世界大迁移以暴力征服农耕世界为基本特征。

2. 如何理解印欧人的迁徙对推动早期区域文化融合发展具有桥梁作用？

材料一：（赫梯人）所用的文字即为仿自巴比伦的楔形文字。象形文字用于铭刻和印章，早期和后期皆有，可能与埃及文字有某种联系……在赫梯人本有的多神信仰中，杂有苏美尔、巴比伦的因素……迈锡尼文化的某些建筑物，近似赫梯人利用巨石以及柱基和圆柱的建筑结构。在克里特诺萨斯宫的遗址中，也发现赫梯类型的双面斧形。

——摘编自林志纯主编：《世界通史资料选辑 · 上古部分》，北京：人民出版社，1962 年，第 99—100 页

材料二：波斯帝国包括了两河、埃及和印度河这三大文明中心，并接近第四个文明——希腊的边缘。由于波斯帝国的这一地理位置，使得波斯人能够吸收各种文明的因素，在经过自己的消化后，产生出一种独特的文明。

在文字上，波斯人在大流士一世之前采用了巴比伦的楔形文字。但这种文字的书写需要大量的粘土版，并不十分方便。在亚述帝国时，亚述的君主使用阿拉米文。

在各地的王宫中，我们看到有模仿流行于巴比伦和亚述那种阶梯式的建筑风格，也有类

似埃及风格的垂花饰，墙面装饰有如巴比伦城那样光泽鲜艳的玻璃砖，也有如亚述和希腊那样的浮雕，不过所有这一切都浑然一体，形成独特的风格。

——摘自沈坚著：《文明的历程》，浙江：浙江大学出版社，2006 年，第 96—100 页

导读提示

材料一表明赫梯文化在文字、信仰、建筑等方面多受巴比伦、埃及文明影响。同时，赫梯文化也影响了之后的迈锡尼文明等其他文明。材料二指出因为波斯帝国是世界历史上第一个横跨亚、非、欧三洲的帝国，领土几乎囊括了整个地中海东岸文明地区，特殊的地理位置使得波斯人保留了多元文化，并深受两河流域文化、埃及文化、希腊文化影响，进行独立创造而形成了独特风格的波斯文化，这在文字、王宫建筑等方面均有突出体现。

阅读时，应认识到：在印欧人迁徙之前，亚欧大陆的主要农耕区域文明势力都比较弱小，而且彼此之间处于相对孤立状态。后来，赫梯人将相对孤立的巴比伦、埃及文明连接起来，又在古代东方和爱琴海及希腊文化之间起了桥梁作用。此外，兼容并蓄的波斯文明使东西方文化交流迎来了第一个高峰。赫梯文化和波斯文明都推动了西亚、北非、希腊等地区的文化交融和文化认同。

通过阅读上述材料，可以深刻理解印欧人的迁徙虽然冲击了古代文明，但对于早期区域文明之间的相互交融产生了巨大影响，使早期相对孤立的区域文明经历了第一轮深入交融，出现了多种早期区域文化之间共存、交汇、融合、认同局面，并不断丰富着这些区域文化。

二、亚欧游牧民族大迁徙对区域文化发展的影响

【核心概念】

核心概念 1：匈奴

又作“胡”。长期活动在我国北方的草原上，游牧民族，性格强悍，兵强马壮，善于骑射，勇猛善战。战国时活动于燕、赵、秦诸国以北地区。秦汉之际建立奴隶制游牧军事政权，不断南下侵扰。汉武帝时多次征讨漠北，其势力渐衰。东汉时分裂为南北两部，即北匈奴和南匈奴。后来南匈奴南下逐渐与汉民族交融，公元 89 年北匈奴被汉将窦宪所败，余部向西逃走并不断西征。

核心概念 2：大月氏人

是一支先秦时期居住在我国北部草原地区的游牧民族，属于印欧种人。其故乡是在黑海与里海之间的北部草原上。大约从公元前四千纪起，印欧种人不断地向南、向西和向东迁徙。从秦到汉初，大月氏力量相当强大，和东胡一起构成对匈奴的严重威胁。后被匈奴所败不断西迁，在西汉时来到伪水（今阿姆河）之畔，定居下来，逐渐由游牧过渡到农耕。大月氏人的不断西迁，踏出了联系东西的道路。他们把中国的丝绸输往西方，把佛教从印度传入中国。通过对大月氏人的间接了解，汉朝对于西域有了新认识，在这个前提下，才有张骞出使西域。

核心概念 3：日耳曼人

居住在古罗马帝国的北部边陲地区，具体是多瑙河以北、北海和波罗的海以南、莱茵河

以东、维斯瓦河以西。日耳曼人共有二十多个分支，最著名的有哥特人、汪达尔人、法兰克人、勃艮第人、盎格鲁人等等。日耳曼人身材高大，皮肤皙白，金发碧眼，性格勇猛。过着游牧和狩猎的生活。社会内部实行军事民主制，产生了氏族贵族和军事贵族，军事贵族拥有众多亲兵，以掠夺战利品为荣。后来，由于匈奴西征，迫使日耳曼诸部落纷纷进入罗马帝国境内，公元5世纪掀起了大迁徙运动，它波及中欧、西欧、南欧和北非等广大地区。

核心概念4：阿拉伯人

泛指讲阿拉伯语的民族，来源于远古的闪米特人。主要分布在西亚和北非阿拉伯国家。信仰伊斯兰教，以星期五为礼拜日。7世纪随伊斯兰教兴起完成统一事业，8世纪中叶建立东自印度河、西至大西洋，横跨欧、亚、非三大洲的阿拉伯国家。10世纪分裂成许多小国。以农业为主，一部分过着游牧生活。现在许多阿拉伯国家由于石油藏量丰富，城市建设迅速发展，城市人口日益增多。

【史学导读】

1. 匈奴部落大迁徙对中华文明造成了哪些影响？

材料一：战乱之中，匈奴王刘聪以匈奴代代都与汉室联姻为借口攻占洛阳，进而推翻西晋建立了游牧民族的部落政权。自此，被称为“五胡”的游牧民族接连在黄河流域创建了多个国家(五胡十六国时代)。中华帝国的心脏地带变成了骑马游牧民与农耕民杂居的空间。汉人为躲避游牧民族的残暴统治大举迁移至水稻地区江南，中华世界因此被马重组，成为了囊括潮湿地带的更辽阔的世界。……随着骑马战术的普及，游牧民族的风俗习惯(胡风文化)被广泛流传至东亚，大乘佛教也在中华世界扎下根基。为了与外来的佛教抗衡，综合本土传统信仰的道教组织出现了。……统一华北地区的鲜卑族北魏在孝文帝时期大力推行汉化政策，促进游牧民族与汉人的融合，带有强烈游牧色彩的新汉人成为了新的统治阶层。……在唐玄宗晚年时期，农民逃避繁重兵役的现象令府兵制无以为继。因此，玄宗只好建立雇佣兵，借用骑马游牧民族的力量防御国家边境。

——摘编自[日]宫崎正胜著，顾晓琳译：《人类文明史：8000年来六大人类文明转折》，海口：海南出版社，2018年，第77—80页

导读提示

材料反映的是东汉至魏晋南北朝时期，我国北方少数民族大量内迁，冲击并改变了中国社会：导致西晋王朝灭亡，中原地带政权结构变化，人口结构和阶层改变，民族矛盾突出，中国版图扩大。同时又促进了游牧民与农耕民的交融，客观推动了汉人南移开发江南地区，使胡风文化与异域文化扎根于中国，间接刺激道教产生。此外，少数民族主动接受中原文化，推动此时期中原文化在与外来文化碰撞中交融发展。这一切变化都为隋唐大一统和经济文化的高度发展奠定了坚实基础。

阅读时，应认识到：匈奴等少数民族南迁必然会产生文化冲突，但对中国历史发展更为重要、影响更为深远的则是随着这一时期北方民族的南迁而带来的民族大交融，在中华民族多元一体发展历程中有着极为重要的历史意义。

通过阅读上述材料，可以深刻理解人口迁徙是文化交流与传播的重要途径，在迁徙过程中产生文化冲突，文化交汇在冲突挑战中借鉴与适应，进而催生出多元一体的文化认同。

2. 日耳曼人大迁徙对欧洲文明造成了哪些影响?

材料一: 5世纪时,在罗马帝国西部地区,帝国的行政机构已经瘫痪,并为一系列日耳曼国家所取代……蛮族人的入侵使西欧文化遭遇了毁灭性的打击。然而,正是在中世纪,新的封建制度在罗马、日耳曼和基督教三种因素的相互作用下产生并发展壮大……《罗马法》的精神和原则对法兰克人以及其他蛮族的法典影响巨大……土地的私有制是罗马社会传统的观念之一,这对法兰克人私有观念的产生影响很大……在日耳曼民族中存在着军队战士对首领忠诚的观念,这种忠诚理念成为封建制度中附庸对领主效忠的前身。此外,日耳曼人的马尔克公社制度及公社成员分得份地的传统也为法兰克自由小农的出现提供了条件……在中世纪早期,欧洲的政局混乱,基督教起到了维持社会秩序、抚慰人心的作用……法兰克王国的历代统治者都采取积极的措施支持教会,使教会成为自己统治的支持者,最后,基督教渗透到法兰克社会的各个方面,成为人民的精神支柱。

——摘编自何平等编著:《世界文明简史》,北京:首都经济贸易大学出版社,2017年,第139—197页

导读提示

材料表明日耳曼人大迁徙彻底改变了欧洲的政治局面,占领了西罗马帝国土地,使原本统一的领土四分五裂,并在西欧建立了一系列新的帝国,成为现代法国、英国等国的起源。此外,日耳曼人大迁徙使欧洲社会遭受严重破坏,文化被摧残。尽管如此,它也产生了积极影响,使西欧社会开始发生根本变化,罗马文明、日耳曼传统、基督教共同推动了中世纪封建制度的产生发展。

阅读时,应认识到:日耳曼人大迁徙不仅引起了文化冲突,更促进了日耳曼传统文化与罗马文化之间的交融。此外,以印欧人、匈奴人、日耳曼人迁徙为例,可以总结出如下历史规律:古代游牧世界对农耕世界发起的历次冲击,表面上看都是游牧世界取得了胜利,虽然暂时造成了农耕地区程度不等的破坏,但这些入主农耕地区的游牧或半游牧民族基本都转向农耕和定居生活,而且农耕世界最终依靠其政治、经济和文化上的优势,吸收和同化了入侵的游牧或半游牧民族。

通过阅读上述材料,可以深刻理解日耳曼人大迁徙对欧洲文明造成的结果与同时期匈奴人迁徙对中国文明造成的结果相当不同,但都促进了亚欧大陆各主要区域文化的转型,从根本上影响了整个亚欧大陆农耕世界的政治版图和文化发展。

3. 如何理解古代农耕民族迁徙的原因?

材料一: 公元前八到六世纪的希腊移民运动主要是出于农业的目的。公元前十到八世纪,是希腊社会自多里亚人入侵后一个相对稳定时期。这种相对稳定,使希腊的社会经济得到了一定的复兴。一些自然条件优越,社会经济较为先进的城邦随即出现了人口过剩的危机。人口过剩的原因,一方面是定居生活使人口繁殖增长,另一方面是生产力水平低下,可耕土地不多,单位内产量不高,粮食收入不会随着人口的增加而增加。

——摘自启良:《公元前八—前六世纪希腊移民运动中的农商关系》,《北京师范大学学报》,1987年第4期

导读提示

材料以古代希腊移民运动为典例，揭示了古代农耕民族迁徙的主要原因是出于农耕经济发展的需要，迁徙的主要目的是寻找肥沃土地，以农为生。定居生活使经济复兴发展，人口缓慢增加，但是古代农业生产技术还处于粗放型阶段，生产力低下，难以承受缓慢增加的人口压力，导致人口过剩，只得另谋生路，为寻找新的土地、解决过剩人口问题而主动迁徙。

阅读时，应认识到：古代世界除游牧民族大迁徙外，农耕民族也有过频繁的迁徙活动。农耕民族的迁徙与游牧民族的迁徙在原因、主要方式、产生影响上差异明显。农耕民族的迁徙是出于农业经济活动的需要而发生的非征战迁徙，多以开发迁入地进行农耕为主要方式。大部分是建立在便于农耕的地带，迁徙者属于开发者身份。因此，促进了被迁入地的极大开发，比游牧民族迁徙引起的文化冲突少，扩大了农耕文明世界。

通过阅读上述材料，可以深刻理解不同形式的人口迁徙以及由此带来的不同形态的文化交汇情况。

荐读书目

林志纯主编：《世界通史资料选辑·上古部分》，北京：人民出版社，1962 年
沈坚著：《文明的历程》，杭州：浙江大学出版社，2006 年
罗三洋著：《欧洲民族大迁徙史话》，北京：中国长安出版社，2018 年
马克垚主编：《世界文明史》，北京：北京大学出版社，2016 年
葛剑雄主编：《中国移民史》，福州：福建人民出版社，1999 年
田芳、陈一筠主编：《国外人口迁移》，北京：知识出版社，1986 年
郑晓云著：《文化认同论》，北京：中国社会科学出版社，1992 年

第 7 课　近代殖民活动和人口的跨地域转移

一、殖民扩张与美洲族群的变化

【核心概念】

核心概念 1：族群

族群是一个具有可识别性的文化单位。族群内部成员坚信他们共享的历史、文化或族源，这种共享的载体并非历史本身，而是他们拥有的共同的记忆。一个族群之所以是此而非彼，那是因为他们对内有着强烈的基于共同文化因子基础上的族群认同意识，对外具有明显的以文化客观性特征如共同的语言、文化、宗教、血缘和种族等为基础的“排斥”感。不同族

群的文化交汇，又会形成新的族群文化认同。

核心概念 2：印第安人

指美洲土著居民，分布于美洲各国。其祖先于二三万年前从亚洲东北部经白令海峡迁移到美洲，属蒙古人种美洲支系。印第安语包括十几个语族。原信仰萨满教和原始宗教，现大多信仰基督教。16 世纪以来被欧洲殖民主义者屠杀，人口急剧下降。现在大多与白人、黑人融合，混血人种成为美洲主要族群之一。

核心概念 3：移民

早期的移民是指个人或一群人为了谋求生存与发展而穿越相当的距离而作的永久性移动。当代的移民主要是指以定居为入境目的的外国人。定居是移民的本质特征。移民的发生是由于迁出地存在某些不利因素，以及迁入地往往有较多的谋生和发展机会。迁出地的不利因素包括经济萧条、失业严重、粮食缺乏、人口过剩、天灾人祸、生态环境恶化、外族入侵、内战爆发、政治迫害、种族歧视、宗教矛盾等等。由于不同的原因，历史上各个阶段出现过各种方式的规模不等的移民。移民会促进迁入地的开发，会引起社会结构的改变，也必然会带来异质文化的接触、冲突、交汇、认同、创新。

核心概念 4：美洲文化

是在多种文化融合的基础上形成的多元混合型文化。在美洲文化形成的过程中，欧洲文化模式是美洲多元混合型文化结构的主体框架，但决不是欧洲文化的翻版。它是以欧洲文化为主体，以印第安文化和非洲黑人文化为次要成分的混合文化结构，既保留了各自文化特色，同时又吸收其他族群文化形成的新的文化认同。因此，它是一种崭新的、具有民族特色的文化，它表现了开放性、多元性、丰富性和兼收并蓄的文化特色。这种文化结构的形成是同美洲当时的历史条件相适应的。16—18 世纪欧洲殖民者对美洲大规模移民、贩卖黑奴而引起的洲际性的人口大迁徙，民族杂居的社会环境，以及种族融合，是产生美洲文化的重要因素。

【史学导读】

1. 如何理解近代殖民扩张改变了美洲的人口结构?

材料一：西班牙人和葡萄牙人殖民于印第安人人口较稠密的地区(拉丁美洲)。这些土著民族提供了所需的全部劳动，所以，欧洲移民者不再需要从事劳动。因此，前往西班牙和葡萄牙美洲殖民者的移民大多是士兵、牧师、政府官员和少数必需的工匠。相反，格朗德河以北的印第安人比较稀少，不能提供劳力资源。因此，大西洋沿岸的英国人和圣劳伦斯河两岸的法国人，无论是砍伐森林、耕作已开垦的土地，还是在沿海水域捕鱼，都得自己去干。在这种情况下，北美洲需要能得到的所有移居者……到 1835 年，中美洲和南美洲仅有 480 万欧洲移居者，而北美洲却有 1 380 万……数百万移居美洲导致的结果是数百万美洲印第安土著居民被取代……有些人的死亡是因为暴力和过度劳动，但主要的原因是移民们无意中将欧亚大陆的疾病和非洲的疾病一起带入美洲大陆……它们对于脆弱的美洲印第安人来说是致命的。

表1 南北美洲的种族分布(单位：百万)

	白人		黑人		印第安人
	1835 年	1935 年	1835 年	1935 年	1935 年
北美洲	13.8	124.3	2.6	12.4	1.8
中美洲	1.9	6.9	2.7	8.4	21.4
南美洲	2.9	40.9	4.5	18.7	29.2
合计	18.6	172.1	9.8	39.5	52.4

——摘编自[美]斯塔夫里阿诺斯著，吴象婴等译：《全球通史》下，北京：北京大学出版社，2005 年，第 610—611 页

材料二： 西班牙移民到美洲时，随行的女性很少，因此，不得不在印第安人中寻找伴侣。总的来说，西班牙政府鼓励通婚……与英格兰政府不同，西班牙政府限制本国人自由迁徙到殖民地。在没有获得许可的情况下，任何西班牙人都不得进入西印度群岛……西班牙美洲殖民地不欢迎非西班牙人。一方面，西班牙君主热衷于铲除国内的异教，自然不希望自己的美洲领地成为异教的温床；另一方面，避免外国人知道西班牙领地资源丰富。

——摘编自[美]赫顿·韦伯斯特著，夏晓敏译：《拉丁美洲史》，北京：华文出版社，2019 年，第 134—145 页

导读提示

材料一指出新航路开辟后，西欧的殖民扩张活动引起人口更大规模的跨洲际迁移，使美洲印第安人数量锐减，欧洲白人和非洲黑人数量激增，改变了美洲的人口结构。白人、黑人、印第安人以及他们相互之间的混血后代成为美洲的主要居民。但是，由于印第安人地理分布的差异，使得北美洲和拉丁美洲在殖民活动后的人口结构分布上不尽相同。材料二指出西班牙和英国政府殖民政策不同，是北美洲和拉丁美洲在人口结构分布上不尽相同的又一重要原因。总体而言，西班牙、葡萄牙的殖民地白人占比不及北美洲多，印第安人占比较大，同时为补充劳动力，从非洲引进黑奴，使黑人在拉丁美洲也有一定占比。白人、印第安人、黑人之间的混血后代是拉丁美洲最大的族群。北美洲白人占据人口大多数，黑人占比较大，印第安人占比最少。

阅读时，应认识到：新航路开辟、殖民扩张以及工业革命带来美洲族群发生巨大变化。同时，由于印第安人族群地理位置的差异以及殖民国家的殖民政策不同，导致北美洲和拉丁美洲的人口结构不尽相同。

通过阅读上述材料，可以深刻理解近代殖民活动是美洲族群彻底改变的原因，进而理解美洲不同地方人口结构变化的不同特点。

2. 近代殖民扩张对美洲文化认同的形成产生了什么影响？

材料一： 在拉丁美洲，除葡萄牙人的巴西外，主要的文化形式是西班牙式；这种形式的明显标志是绝大多数人说西班牙语，而且信奉罗马天主教。它还表现在建筑式样方面、城镇规划方面，许多服装也是西班牙式的……在家庭结构方面也效仿了男子占支配地位和严密监督年轻女性的典型的西班牙形式……

虽然拉丁美洲的文化基本上是西班牙或葡萄牙的文化，但印第安人的影响仍然很大、很普遍……因为那些地区的印第安人在总人口中占很大比例。这一影响在烹饪、服装、建筑材料和宗教习俗方面至今仍表现得很明显……拉美大部分地区普遍信奉的罗马天主教，是基督教的教义和惯例与印第安人的信仰和习惯的混合物。虽然印第安人已放弃当地诸神的名字，但他们把这些神的特性分派给圣母玛利亚和圣徒们，期望天主教万神殿中的这些偶像能像他们的神那样，治愈疾病，控制天气和使他们免受伤害——他们相信，他们的神以往这样做过。

拉丁美洲由于运进了数以百万计的、在种植园里从事劳动的奴隶，因此，它的文化还含有相当大的非洲成分。这种非洲的影响在大多数奴隶居住的加勒比海地区表现得最为强烈。

美国的文化较之拉丁美洲的文化更少受到土著印第安人的影响，主要原因是美国的印第安人人数较少，也较落后。然而，印第安人的影响也不可全然忽视：25 个州是以印第安语命名的；英语中现在至少有 300 个印第安语词汇；印第安人的许多发明，例如鹿皮靴、独木舟、平底雪橇和雪鞋，都得到了普遍的应用。同样，美国较之加勒比海地区的某些国家更少受到非洲文化的影响。但这一影响在美国还是相当大的：黑人占美国总人口的近 12%，而印第安人仅占 0.5%。尽管有这些印第安人和非洲人，美国文化主要还是起源于欧洲，不过，它的欧洲特性在其移植和适应的过程中已发生了剧烈的变化。

——摘编自[美]斯塔夫里阿诺斯著，吴象婴等译：《全球通史》下，北京：北京大学出版社，2005 年，第 466—618 页

导读提示

本段材料叙述了美洲文化认同的主要特征及其形成的主要原因。美洲文化认同的形成具有共性：以欧洲宗主国文化为主，融合印第安人和黑人文化因素，引起了美洲文化的创新。这主要是因为近代西方殖民扩张使欧洲人、非洲黑人向美洲迁徙，来自不同地方的各个族群有着各具特色的文化，他们共同生活在美洲，推动了文化的交融，形成了新的文化认同。此外，美洲文化认同的形成存在区域差异：由于殖民扩张带来北美洲和拉丁美洲人口结构的差异、殖民国家的差异和不同的殖民政策，导致北美洲和拉丁美洲的文化认同也有差异。

阅读时，应认识到：由于欧洲殖民者的殖民身份确立了文化的强势地位，形成了以欧洲文化为主导、吸收印第安人和非洲黑人等文化因素的新的美洲文化。体现了美洲文化多元性、开放性、包容性、创新性等特点。同时，由于殖民者统治方式的不同，美洲的人口变化不同，故而文化融合存在区域差异。

通过阅读上述材料，可以深刻理解人口跨地域转移和族群的变化与文化交融、认同之间的关系。有助于形成既尊重自己民族文化价值，又尊重其他民族文化价值的观念意识。

二、英国的殖民活动与大洋洲人口结构的改变

【核心概念】

核心概念 1：人口结构

又称人口构成，是指将人口以不同的标准划分而得到的一种结果。其反映一定地区、一

定时间人口总体内部各种不同质的规定性的数量比例关系，主要有性别结构和年龄结构。构成这些标准的因素主要包括年龄、性别、人种、民族、宗教、教育程度、职业、收入、家庭人数等。

【史学导读】

1. 如何理解英国在大洋洲的殖民活动导致当地人口替代性变化？

材料一： 1788年1月26日，“第一舰队”在悉尼举行登陆仪式，升起了第一面英国国旗……从此，澳大利亚开始了英属流放犯殖民地的时代……牧羊业在澳大利亚萌生之时，正值英国工业革命方兴未艾之际……技术的提升与市场的扩大令毛纺织业生产对优质羊毛的需求可谓是如饥似渴……由于澳大利亚养殖的是美利奴优质绵羊品种，有效改善了羊毛质量，因此，诱人的机遇、丰厚的利润和优惠的条件吸引了大量以英国人为主的外国移民……1851年引发起一场大规模的“淘金热”……在黄金的吸引下，各种神话般的宣传与消息令人眩目和疯狂，操着各种语言的人马不停蹄地从四面八方涌向澳洲。

——摘编自王宇博著：《澳大利亚史》，南京：江苏人民出版社，2017年，第36—86页

材料二： 整个澳大利亚的土著居民由于完全与世隔绝，仍处于旧石器时代的食物采集阶段……他们的主要武器是梭镖、梭镖发射器和飞镖，所有这些都是用木头制成的……土著居民不是食物生产者，他们保证充足的食物供应的方法是举行宗教仪式，而不是耕种……如果说具有繁荣的文明和广泛的农业社会的美洲印第安人无法抵抗白人的话，那么，处于旧石器时代的澳大利亚人就更是如此。他们的人数极少，在欧洲人来到时总共约30万……除人数少这一弱点外，土著居民还缺乏进行有效抵抗所必需的武器和组织……疾病、酒精中毒、肆意屠杀和大批没收土地，使土著的人口下降，减少到今天的45 000人。

——摘编自[美]斯塔夫里阿诺斯著，吴象婴等译：《全球通史》上，北京：北京大学出版社，2005年，第332页

导读提示

两则材料以大洋洲主要区域澳大利亚为例，揭示了大洋洲人口替代性变化的原因。材料一表明因为流放大量罪犯、工业革命对于优质原材料的需要，英国自18世纪以来不断向澳洲移民。19世纪中期，大规模的“淘金热”诱使以英国人为主的世界各地人群涌向澳洲。澳洲的人口结构因此逐渐发生变化。材料二指出澳大利亚土著居民自身落后、弱小，无法抵抗英国殖民者的屠杀、抢夺、疾病迫害，使澳大利亚原住民人数大大减少，而来自英国为主的各种移民人数持续增加，导致大洋洲人口结构由原来的以原住民为主改变为以英国移民为主。

阅读时，应认识到：因为英国的殖民等原因，原住民锐减，甚至土著几乎消失，白人已成为当地的主要居民。大洋洲没有美洲那种程度的人口混杂情况。

通过阅读上述材料，可以深刻理解近代殖民扩张导致大洋洲的人口转移特点，从而帮助理解大洋洲突出的文化替代、文化冲突现象。

2. 近代殖民活动对大洋洲文化产生了什么影响？

材料一： 随着欧洲工具和机械织布机的进口，当地的工艺被丢弃了。利用树皮织布的技术被遗忘了，建造大型双体船的技术也被遗忘了——他们的祖先曾用这种船往返于太平

洋，甚至冲浪运动也变得难以负担而被摒弃。那些曾为早期探险者所羡慕的波利尼西亚人的完美的牙齿也因食用欧洲食物而开始衰退了。

——摘编自[美]斯塔夫里阿诺斯著，吴象婴等译：《全球通史》下，北京：北京大学出版社，2005 年，第 622—623 页

导读提示

材料从大洋洲原住民的传统织布技术、造船技术、运动文化等方面呈现了大洋洲传统文明的逐渐消失，代之以欧洲的先进文明情况。

阅读时，应认识到：大洋洲文化替代性变化表现为大洋洲传统文化较少遗留，欧洲文化成为当地文化的主流，没有美洲那样产生新的文化认同。这种文化替代性变化不仅与欧洲文化大量渗透有关，更直接来源于殖民扩张导致的人口替代性变化。此外，因大洋洲主要是英国的殖民地，英国文化占有明显的支配地位。

通过阅读上述材料，可以深刻理解先进文明对落后文明的冲击与替代。

三、华工与美洲、大洋洲的开发

【核心概念】

核心概念 1：华工

指鸦片战争后，被外国侵略者掳掠和诱骗去海外从事艰苦劳动的中国劳苦民众。鸦片战争后，列强的疯狂侵略使东南沿海广大农民、手工业者破产失业。外国侵略者在废止黑奴贸易后，为寻找新的廉价劳动力，趁机进行掠卖人口的"苦力贸易"，诱骗甚至公开绑架大批中国劳苦民众，运往太平洋诸岛、澳洲、美洲等地，从中谋取暴利。华工在出国前，被关在外国侵略者私自设立的"奴隶收容所"中受尽折磨，致使很多人在途中死亡。幸存者在国外从事极其繁重艰苦的劳动，且在政治上备受歧视、凌辱，在经济上受尽勒索、剥削。后大多回国。华工的苦难是近代中国人民苦难的一个缩影。

核心概念 2：唐人街

又称"中国城"或"华埠"。指华侨或有中国血统的外国籍人在国外城市中聚居的街或区，亦泛指世界各国城市内的华人区。明清时期开始，曾有数以万计的中国人背井离乡，漂洋过海到东南亚、澳大利亚、美洲等地区谋生。唐人街就是在这些华人及其子孙们因相同的文化和生活习惯居住在一起而发展起来的。它是华侨和华商聚居和政治、经济、文化活动的中心，是华侨社会的集中表现。在唐人街两侧，他们开设的餐馆、中国刺绣、古玩、中药材等商店鳞次栉比，中文招牌比比皆是。每逢春节，唐人街车水马龙，人们争购年货，商店悬灯结彩，大街上表演龙舞和狮子舞。唐人街设有华人学校，出版中文报刊。

【史学导读】

1. 如何理解华工贸易是工业革命后资本主义发展的产物？

材料一：进入 19 世纪，大量的贩运和消耗使得非洲黑奴来源日渐枯竭，成本不断提高，而殖民主义者瓜分和占据非洲殖民地的争夺也日趋激烈。非洲人口的锐减和劳动力的严重

缺乏，使这里的商品市场和原料生产都受到很大限制。相比之下，奴役黑人在非洲本土劳动已比贩卖他们到美洲更有利可图。同时，各殖民地人民的反抗斗争也不断加强，废奴呼声越来越高，迫使殖民主义者不得不对他们的统治策略有所顾忌……英国率先于1807年宣布废除奴隶贸易。

殖民主义者宣布废除奴隶贸易和殖民地的奴隶制度，并不意味着资本主义的萎缩和殖民侵略的减弱……事实上，殖民主义者的祸患不仅仅限于美洲、非洲，由哥伦布引发的西方人远航探险的热潮，很快就把殖民主义者的足迹引及全球各大洲大洋……殖民主义者不但在美洲、非洲急需补充新的劳动力，而且在澳洲、亚洲特别是东南亚地区许多殖民地也同样有此需求。于是，已被殖民主义者打开国门的贫弱而又人口众多的中国，便成为强盗们所瞄准的一个理想的苦力源地。

——摘编自董丛林著：《华工史话》，北京：社会科学文献出版社，2011年，第6—7页

导读提示

材料反映了工业革命后，西方殖民者扩张步伐加剧，黑奴贸易渐成为资本主义生产发展和维持殖民主义政治统治的障碍，各西方国家停止黑奴贸易。但廉价劳动力的缺乏与全球不断加剧的殖民扩张步伐不符，使殖民者转而寻找新的劳动力市场。因此，华工的出现正是为了适应资本主义新发展和全球性殖民扩张加剧的需要。

阅读时，应认识到：华工贸易仍然是一种不平等的殖民行为，华工迁徙主要是被迫进行的。从“黑奴贸易”到“黄奴贸易”，构成了西方殖民主义接续不断的奴役制链条上的重要环节。这也就注定了华工艰难困苦的生活。

通过阅读上述材料，可以深刻理解华工的出现根本上是由工业革命后世界资本主义新发展和殖民主义的疯狂扩张决定的。当然，也是中国进入半殖民地半封建社会，清政府腐朽无能，未保护人民的结果。

2. 如何认识华工传播了中华文化?

材料一：华工作为贫苦的劳动者，有着丰富的生产经验和熟练的劳动技能，这本身就具有重要的文化内涵，并且，华工中不乏特殊技术的人。譬如有的华工就具有较丰富的中医知识……在美国旧金山，中草药治病非常普遍。

此外，华人带给海外的文化价值观念是多方面的……华工循规蹈矩、埋头苦干并有热爱劳动的禀性，在当地人中产生了深刻的影响。在家庭观念方面，家庭的纽带对他们的维系依然十分牢固。他们忘我地干活，就是为着能有钱寄回养家……这种不忘家庭、重视家庭的品德，也给当地带来良好的风习。华工还带来了在艰难困苦之中从精神上慰藉他们生活的民间文化，譬如在矿区能见到弹唱说书和演戏者，在略识文字的人中间传阅破烂不堪的中国书籍，欣赏和制造民间工艺品等。

同时，华工相对集中地聚居一起，在异国他乡，过着“中国式”的文化生活，譬如有的社区专门建有神庙，供奉中国传统的神祇，过传统的中国节日……这对于当地了解中国文化来说，无疑保持了一个极好的展览橱窗。

——摘编自董丛林著：《华工史话》，北京：社会科学文献出版社，2011年，第145—147页

导读提示

材料指出随着华工向世界各地的流动，中国的中医药等知识技术、刻苦耐劳的精神、重视宗法血缘的品德、丰富多样的民间文化、中国人民独特的文化生活方式等也传播到了世界。华工自然而然地充当着中华古国文明的载体，成为世界人民了解中华文化的一个窗口。

阅读时，应认识到：华工不仅促进了美洲、大洋洲等地的开发，促进了当地的社会经济发展，也保留并传播了中华文化，将中华文化汇入当地文化，丰富了美洲、大洋洲文化。

通过阅读上述材料，可以深刻理解人口迁徙是文化传播与交流的动态载体。华工作为人口迁徙的一种形式，对传播中华文明、促进世界文化交流功不可没。了解华工对文化做出的贡献，有助于牢固树立传承中华优秀传统文化的意识。

荐读书目

[美]斯塔夫里阿诺斯著，吴象婴等译：《全球通史》上、下卷，北京：北京大学出版社，2005 年

裔昭印主编：《世界文化史》，上海：华东师范大学出版社，2000 年

王宇博著：《澳大利亚史》，南京：江苏人民出版社，2017 年

李春辉著：《拉丁美洲史稿》，北京：商务印书馆，1983 年

董丛林著：《华工史话》，北京：社会科学文献出版社，2011 年

[美]赫顿・韦伯斯特著，夏晓敏译：《拉丁美洲史》，北京：华文出版社，2019 年

第 8 课　现代社会的移民和多元文化

一、经济全球化和劳动力的全球流动

【核心概念】

核心概念 1：经济全球化

是指工业革命后随着世界经济体系的形成和发展，世界各国在经济上的联系日益加强、经济活动的全球性日益加深的过程。第二次世界大战后，大部分国家实行开放的发展战略。冷战的结束消除了世界经济的制度壁垒，科学技术革命推动交通、通信和信息技术的重大突破，这些因素有力地促进了经济全球化的发展。在经济全球化进程中，商品、服务和各种生产要素跨国界流动的障碍日益减少，管理国际经济活动和交易网络的组织机构和机制不断出现，跨国公司迅速发展。生产力的全球布局打造了全球化的产业链，各国经济的相互依存和相互影响日益加深。

核心概念 2：跨国公司

又称“多国公司”，指以本国总公司为基点，通过在其他国家或地区设立分支机构，从事跨越国界的生产、销售或其他经营的企业。在国外的分支机构，有的由总公司独资经营，有的与所在国政府或私人合资经营。跨国公司最早出现于 19 世纪末。第二次世界大战后，随着发达国家资本输出规模和范围的扩大，新兴工业化国家和地区的崛起，以及交通、通信、信息技术的发展，跨国公司的经营条件日趋改善，数量日益增多，成为经济全球化的主要推动力量和全球产业链的主要环节。

核心概念 3：劳动力市场

是指劳动力交易的场所或机制，随商品经济的发展而形成。随着国际分工的日益深化与生产国际化的不断加强，劳动力市场的国家界限被打破。具有人身自由的劳动者为了适应经济的全球化，在国外寻找有利的劳动力市场，使其就业位置超出一国界限，在国际间进行转移。现代意义上的全球劳动力流动分为两种形式：移民和劳务输出。

【史学导读】

1. 二战后跨国人口迁移呈现出何种特点？

材料一： 1990 年至 2005 年期间，世界迁移者年均总数增加了 3 600 万，从 1.55 亿增加到 1.91 亿，增长率从 1990—1995 年的 1.4%增加到 2000—2004 年的 1.9%。2005 年，全世界的 1.91 亿迁移人口中，1.15 亿迁往发达国家，7 500 万迁往发展中国家；大约 1/3 是发展中国家之间的迁移，1/3 是从发展中国家迁到发达国家。以此可知“南南”迁移者与“南北”迁移者大致一样多。但总体上看，向高收入国家迁移的人数增长大于向低收入国家迁移数的增长……现在许多国家既有人口外迁，又有人口流入，既是“原籍国”，又是“目的地国”，两者的区别已经完全消失。如爱尔兰、意大利和西班牙各自都有数百万国民出国，但现在它们每年都接受大量的外来人员。马来西亚、韩国和泰国等也在经历着同样的转变。经济发展和人口结构的不平衡，表现在国家之间，也表现在同一国家的不同区域之间和不同的时期，所以一个国家或地区一个时期是人口输出国，另一时期又可变为输入国，同一个时间也会既是输入国，又是输出国。曾几何时，旅居海外意味着长期的离别之苦。与家乡的联系至多是偶尔为之的几句电文、相隔多日方可谋面的书信和相隔多年才有机会的返乡探亲。当今随着交通和通讯技术的革命性进步，以及国家之间各种壁垒的不断拆除，亲情和信息的传递瞬间可通，远隔重洋的旅行指日可达。过去，跨国流迁往往意味着定居国外，成为目的国的公民，而现在流迁人口重新返回原籍国的“回移”，或又随时离去的“循环流动”非常普遍。方便而快捷的国际移动使他们成为“全球公民”，为不同国家和民族间的交流建构了更为紧密的联系纽带。

——摘编自王希恩：《当代族际人口流迁与民族过程》，《西南民族大学学报（人文社科版）》，2008 年第 5 期

导读提示

材料中指出当今世界跨国人口流迁的规模和范围持续增大，这种发展态势在未来的相当时期内仍将持续增长。在跨国迁移中体现出两个特点：第一，迁移目的国趋于集中，主要是以经济发展较慢国家向经济发展较快国家转移；第二，在跨国人口迁移过程中，“原籍国”

和“目的地国”的界限逐步模糊，来往更为频繁和方便。

阅读时，应体会到：族际人口流迁是民族交往的直接形态，发生于国家之间和国内不同民族之间。跨国人口流迁是当代全球化的突出内容，方便而快捷的国际移动使迁移人口成为“全球公民”，为不同国家和民族间的交流建构了更为紧密的联系纽带。

通过阅读材料，可以深刻理解无论规模和范围的持续增大，还是目的国的集中，实际反映的都是一个问题，就是全球化进程中世界发展的不平衡。国家之间贫富差距的拉大，推动了经济发展较慢国家的人口涌向经济发展较快国家，劳动力短缺的国家拉动他国劳动力的流动。此外，“南南”迁移者与“南北”迁移者大致一样多也反映出世界经济格局的一种变动，即一些发展中国家的经济正在发生变化，它们的收入水平和经济结构也对跨国迁移的走向产生着影响。

2. 如何理解劳动力全球流动与国际贸易之间的关系？

材料一：简单的Heckscher-Ohlin模型暗示了国际贸易和劳动力跨国流动之间应为相互替代的。在规模经济和国别之间存在特定行业的技术差异的情况下，经济学家就容易得到国际贸易和劳动力跨国流动之间是相互替代的，这些现象一般出现在发达国家与发达国家之间，流动成本和信用约束更多地出现在发达国与发展中国家之间，这些情况就可能导致劳动力跨国流动和国际贸易之间的互补，劳动力与资本的跨国互补，以及劳动力跨国流动与国外援助之间的互补。当流动成本越高、信用约束越高、潜在流动劳工的技能和收入越低，那么，劳动力跨国流动和国家贸易之间的互补性就会更明显。

——摘编自李礼、洪源：《劳动力跨国流动与国际贸易之间关系的研究综述》，《改革与战略》，2005年第8期

材料二：跨国经营的原因之一就是获得更高的资本回报率。一般来说，跨国公司的母国多是资本相对充裕的发达国家。由于要素的回报率与其在某个市场的稀缺程度成正比，因此，资本相对充裕国家的资本回报率一般会低于资本相对匮乏的国家。在资本和劳动要素都是可变的情况下，即使不考虑跨国公司的技术转移，随着资本从资本充裕的国家流向资本相对匮乏的国家，资本供给增加，劳动力的需求也随之增加……伴随跨国公司资本流动的还有与技术相关联的劳动力要素流动……跨国业务产生了对劳动力国际流动的派生需求。跨国公司无论在资本上还是技术上都具有强大的实力。跨国公司一方面不断加强对新技术的研究与开发，另一方面在其跨国体系内全面应用新技术。伴随着母公司向新建立的子公司输入新技术的过程的，必然是掌握先进技术的劳动力要素的流入……跨国公司在国外市场的运作方式，尤其是管理子公司与为子公司配备人员的方法直接影响到劳动力的国际流动……跨国公司在国际化后期均积极推行人才本土化战略……跨国公司的本土化战略引起了国际资本与东道国劳动力相结合。虽然很多跨国公司依赖关键人员的调动来进行子公司的控制与协调，但通过国际资本与东道国劳动力相结合却实现了一种规模更大的劳动力国际流动，人力资源的本土化战略使得本身没有发生地域上的流动的劳动力在国际范围内配置。

——摘编自倪晓健：《论跨国公司对劳动力国际流动的影响》，《市场周刊·财经论坛》，2004年6月号

导读提示

材料一指出根据Heckscher-Ohlin模型的分析，国际贸易和劳动力全球流动之间的关

系应为相互替代的，即外来直接投资可以增加一国就业，减少劳动力跨国外流。材料二指出了跨国公司作为经济全球化中最重要的基础和载体，它的发展不仅直接推动了国际贸易的增长，也促进了资本和劳动力的国际流动。

阅读时，应认识到：世界经济正经历着前所未有的开放。不同国家之间的经济联系比以往任何时候都更加紧密，国际化程度和全球化程度越来越高，商品和劳务可以在全球范围内更自由地流动。因此，劳动力要素在全球范围内的流动成为贸易的一个替代选择。

通过阅读上述材料，可以深刻理解全球经济的发展以及发达国家国内研发、技术进步对高层次人才的需求日益旺盛，为劳动力在全球范围内流动创造了条件。劳动力的国际流动会对东道国国内产生激励效应，不仅可以刺激国内人力资本投资，缓解国内就业压力，而且可以通过回流推动国内技术进步与经济发展。

二、难民的困境和救助

【核心概念】

核心概念 1：难民

“难民”概念产生于 20 世纪 20 年代。难民是移民的一种特殊类型。难民是指因种族、宗教、政治等因素遭受迫害，或因战争、灾难和各类暴力冲突而流离失所，被迫离开家园，逃亡其他国家或地区，且不能或不愿返回原籍的人。难民在收留国一般不享有基本的国民权利。1951 年联合国通过的《关于难民地位的公约》确定了“难民”概念的定义和范围，规定了难民的地位和受救助的权利、缔约国救助难民的义务和行动准则。

核心概念 2：联合国难民事务高级专员公署

简称“联合国难民署”，于 1950 年成立。其总部设在日内瓦，截至 2020 年 5 月 31 日，共有 17 324 名工作人员在 135 个国家工作。难民事务高级专员由联合国秘书长提名，联合国大会批准任命，每届任期三年。作为当代世界最重要的人道主义机构之一，联合国难民署的主要职责是协调、组织保护难民和解决难民问题的国际行动。中国是联合国《关于难民地位的公约》签署国之一，也是联合国难民署项目的捐赠国之一。

核心概念 3：欧洲难民危机

欧洲难民危机是由从亚洲、非洲、中东等地区经地中海巴尔干半岛进入欧盟国家寻求居留的难民引发的。解决欧洲难民问题，需要国际社会的共同努力，尊重和保障基本人权，制止国际上的侵略扩张活动，消除地区间的战争，消除贫困和不平等等现象。

【史学导读】

1. 世界难民日主题体现了怎样的特点？

材料一：世界难民日主题一览(2001—2017)：

2001 年：“尊重”(第一个“世界难民日”)

2002 年：“优先解决女难民问题”

2003 年：“难民青年”

2004 年:“我想有个家:安全和有尊严地重新开始生活”

2005 年:“勇气”

2006 年:“希望”

2007 年:(联合国难民署没有指定的主题)

2008 年:“保护”

2009 年:“活生生的人,活生生的需要”

2010 年:“家园”

2011 年:“一个流浪家庭已经算太多”“一个被剥夺希望的难民已经算太多”

2012 年:“难民别无选择,你有”

2013 年:“用一分钟时间,支持一个难民家庭”

2014 年:“因战争而导致分离的家庭即使只有一个也太多”

2015 年:“倾听难民的故事,如同你我一样”

2016 年:“移民与难民质问我们……”

2017 年:“因为勇气,我们与难民同在”

——摘编自:联合国难民署网站

导读提示

材料指出了 2001 年至 2017 年 17 个“世界难民日”主题。联合国希望借每年发布的主题引起人们对难民问题的关注。

阅读时,应认识到:难民问题一直是国际社会的一大顽疾。要解决难民问题首先需要重视难民,要给予难民平等的人权,为他们提供基本的生存条件和有尊严的生活环境,正如 2001 年第一个“世界难民日”将主题定为“尊重”,即尊重难民作为人的存在。

通过阅读上述材料,可以深刻理解难民问题是一个长期的、持续的世界性难题,在可预见的将来,难民问题尚难以得到根本的解决。面对不断增加的难民人数,除了联合国发挥应有的作用外,国际社会也有必要对此开展合作。

2. 如何理解各阶段欧洲难民问题出现的原因及影响?

材料一: 从二战结束后至冷战结束前这一时期来到欧洲的难民主要为政治难民。二战结束后,战争造成的欧洲青壮年劳动力的大量伤亡,西欧面临人力资源短缺的困境,西欧各国开始采取宽容的移民政策吸引和招募外籍劳工。在此背景下,得益于良好的经济形势和福利制度,来自东欧和其他社会主义国家的非法移民开始涌向西欧。这部分非法移民大多以难民的身份进入西欧,虽然 1951 年《关于难民地位的公约》和 1967 年《关于难民地位的议定书》对难民身份进行了严格的规定,按照这些规定,上述来自东欧和其他社会主义国家的非法移民申请难民身份,不应该被认可和接纳。但由于冷战思维的影响,西欧国家几乎全部以政治难民的身份接纳了这类非法移民,这些“政治难民”还受到了西欧国家的政党、政府和社会民众的热烈欢迎。从正反两方面来看,这一阶段进入欧洲的难民,一方面为战后西欧经济和社会发展提供了重要劳动力资源,促进了欧共体及其成员国的发展;另一方面,难民的进入也改变了欧共体成员国的族群构成,一些传统的民族国家如法国、德国等国内族群构成也悄然发生变化,主体民族的人口比例开始下降。在这一阶段,由于冷战造成的资本主义阵营和社会主义阵营两大军事集团的对立,各自阵营对彼此的国界进行了严格的管控,从东欧等社会主义国家跨越阵营到西欧等资本主义国家申请政治难民的非法移民总量并不太多，因此未对西欧国家的政治制度、文化认同等造成强烈冲击，对欧洲一体化发展影响有限。

——摘编自田烨：《试论欧洲难民问题与欧盟难民政策》，《世界民族》，2017 年第 6 期

材料二：20 世纪 90 年代以后，伴随着苏联的解体、东欧国家民族矛盾的加剧、局部战争的爆发(波黑战争、科索沃战争、阿富汗战争和伊拉克战争等)和非洲国家内部冲突而造成的数以百万计大量难民，纷纷涌向西欧国家。对西欧国家的政治、经济、文化、社会安全和国际关系等各方面，产生了一系列影响，欧洲的难民问题最终形成。从政治角度来看，大量难民向欧洲国家的涌入和在欧洲国家的存在，影响了一些欧洲国家的国内政局和政策走向……从经济角度来看，难民在欧洲国家的大量涌入和存在，在一定程度上干扰了欧洲难民接纳国的经济……从劳动力市场和国家社会安全角度来看，大量难民的涌入加剧了欧洲接纳国的失业现象，对劳动力市场和社会安全都构成了一定程度的威胁。

——摘自宋全成、赵雪飞：《论欧洲难民问题及其消极影响》，《人文杂志》，2017 年第 2 期

导读提示

材料一中指出二战后至冷战结束这一时期的难民被看作是西欧国家经济和社会重建所必需的重要劳动力资源。由于冷战时代的影响，难民总量不是很多，并未对西欧国家造成较大消极影响。材料二介绍了从冷战结束后至目前欧洲的难民主要为战争难民。这部分难民群体进入欧洲后，其影响远远大于二战后到冷战结束前这一阶段的难民。

阅读时，应认识到：欧洲的难民问题可以分为两个阶段，第一阶段是从二战结束后至冷战结束前，这一阶段主要是政治难民；第二阶段是从冷战结束后至目前，这一阶段主要是战争难民。冷战后局部战争的频繁爆发，出现了大量涌入欧盟成员国的战争难民，不仅引发了国内民族主义情绪的高涨，同时，各成员国在处理难民问题上存在的巨大分歧，也对欧盟的团结和统一产生了负面影响，这些因素都不利于欧洲一体化的深入发展。

通过阅读上述材料，可以深刻理解难民问题已成为欧盟及其成员国亟待解决的严重问题，它不仅影响了欧盟及其成员国政治、经济、文化、社会安全，而且在一定程度上阻碍了欧洲一体化的纵深发展。解决欧洲难民问题，一方面需要欧盟及其成员国通力合作；另一方面更需要各国之间相互尊重主权和领土完整，不干涉别国内政，以和平的方式解决争端，只有这样才能从根本上消除产生难民问题的根源。

三、移民社会的多元文化

【核心概念】

核心概念 1：移民文化

全球化日益发展的今天，各个国家、地区和民族之间的交往更加密切，这必然带来文化的交汇，移民社会的产生就是其主要表现之一。不同文化在交流与借鉴中产生的认同，催生出了多元一体的移民文化。移民文化给一些国家的发展带来了活力，但同时移民社会中不同文化价值观之间的冲突，也是全球化背景下文化建设应注意的问题。

核心概念 2：文化认同

文化认同是文化层面的身份认同，也是人类共同体意识的文化符号，是人类文化交流、传播和融合进程中的一种历史现象。它体现在各个国家、各个民族的自我意识中，也体现在各个区域文化特征的识别中。历史上不断发生的人口迁徙必然导致各地区原有人口结构的变化，并发生各族群间的文化交流、融合以及新族群的文化创造。由于这个过程与具体的人类共同体（国家、民族等）形式联系在一起，因此就出现了各类共同体的文化认同需要和建立在各类共同体基础上的文化认同现象。

【史学导读】

1. 怎样理解美国族裔群体的双重文化认同？

材料一：美国族裔群体的双重文化认同在美国社会主要表现在族裔群体对涉及本群体利益的各种政治、经济和文化事务的关注；在美国对外事务中，则主要表现在涉及其祖籍国利益的事务上，且这种关注尤为普遍和突出。

在美国社会内部，移民及其后裔最关心的是争取自身的政治权利和经济平等。他们接受美国主流文化中那些保证人民基本自由、平等和民主的政治理念，但将保持自身的文化传统、价值观念作为凝聚族裔群体、增强政治力量最基本的黏合剂，以群体的力量反对主流文化中种族主义的歧视与排外，强烈要求和不断争取提高本族裔群体的政治、社会和经济地位。美国历史上的德裔、爱尔兰裔和非洲裔美国人等的经历表明，族裔群体若要真正获得与盎格鲁—萨克逊主流群体平等的政治权利和经济地位，无不首先要表现出他们对其祖籍文化的强烈认同，团结一心去争取自身的政治权利，继而提高其经济地位，并逐步融入美国主流政治进程之中。这种以祖籍国文化认同为基础而积聚的族裔群体力量在美国政治进程中始终呈现出不断扩大的态势。20 世纪 60 年代民权运动是这一进程的里程碑，而 80—90 年代盛行的“多元文化主义”是族裔群体双重文化认同最充分的表现，其范围已经远远超出了政治和经济领域。

——摘编自余志森主编：《美国多元文化研究——主流与非主流文化关系探讨》，上海：华东师范大学出版社，2012 年，第 58 页

导读提示

材料指出美国族裔群体双重文化认同的表现。族裔群体希望真正获得与主流群体平等的政治权利和经济地位。这种以祖籍国文化认同为基础而积聚的族裔群体力量在美国政治进程中始终呈现出不断扩大的态势。

阅读时，应认识到：在美国的历史进程中，爱国主义被定义为对自由民主和人性原则的维护，而不是对某一单一民族为基础的文化群体的热爱。基于这样的原则，美国政府试图将族裔群体“合众为一”的做法会推动双重文化认同态势的进一步扩大。

通过阅读上述材料，可以充分理解族裔群体的双重文化认同是美国社会特有的文化现象，无论是在国内政治、经济和文化教育上还是涉及祖籍国的对外事务上都是普遍存在的，而其产生的根源又与移民及其后裔的移民经历、创业历程以及美国的政治和文化环境等因素密切相连。每一个移民踏上美国这个土地上都要面对一个基本的文化同化过程，而保持对祖籍国的文化认同，依靠族裔群体的集体力量融入美国的政治、经济和文化生活，是实现

这种文化同化过程的必要条件。成功实现在美国社会的文化同化，反过来又进一步推动美国文化向多元化的方向发展。

荐读书目

余志森主编：《美国多元文化研究——主流与非主流文化关系探讨》，上海：华东师范大学出版社，2012 年

刘志山主编：《移民文化及其伦理价值》，北京：商务印书馆，2010 年

[英]戴维·赫尔德等著，杨雪东等译：《全球大变革：全球化时代的政治、经济与文化》，北京：社会科学文献出版社，2001 年

[美]霍普金斯等著，吴英译：《转型时代——世界体系的发展轨迹：1945—2025》，北京：高等教育出版社，2002 年

第四单元

商路、贸易与文化交流

第 9 课　古代的商路、贸易与文化交流

一、丝绸之路

【核心概念】

核心概念 1：丝绸之路

是古代经由中国西北和中亚连通欧亚大陆的商路。“丝绸之路”这一名称是 1887 年德国地理学家李希霍芬在其所著《中国》一书中最先使用的。因大量中国丝及丝织品经由此道运往西方，由此得名。其路线以汉都长安为起点，经河西走廊至敦煌，再分南北两道。南道沿昆仑山北麓经和田至疏勒（今新疆喀什）；北道经罗布泊沿天山南麓经库车、阿克苏至疏勒。由疏勒越葱岭或南往印度，或西经波斯往地中海诸国。广义上的丝绸之路还包含了海上丝绸之路。它为中国与西方之间的物质、技术和文化交流提供了便利，成为东西方经济和文化交流的重要象征。

核心概念 2：张骞通西域

是汉武帝时期对西域诸国所采取的大规模外交行动。张骞两次出使西域：第一次，武帝建元三年（公元前 138 年），欲联合大月氏夹击匈奴；第二次，元狩四年（公元前 119 年），欲联合乌孙夹击匈奴。当时，匈奴在西域势力很大，大月氏、乌孙不想再回原地，因此张骞原定的目的未能达到。但是，张骞出使西域，加强了汉朝和西域各国的联系。张骞通西域被史学家司马迁称之为“凿空”。它大大推进了丝绸之路的畅通和贸易的繁荣，成为丝绸之路发展史上的一个标志性事件。

【史学导读】

1. 如何理解张骞通西域是丝绸之路发展史上的一个标志性事件？

材料一：然张骞凿空，其后使往者皆称博望侯。

——摘自：《史记·大宛列传》

材料二：在墓葬的形制结构方面，在新疆的许多墓葬在地面上为石堆……这些形制结构的墓葬在中亚五国都普遍存在。而与此同时，在我国的四川、青海、甘肃和内蒙等地也发现了一些与之相同或相近结构的墓葬。此外，在葬俗、墓葬建筑材料、随葬器物等方面也存

在上述类似的情况。《山海经》《穆天子传》等先秦文献中也有着丰富的中原对中亚的认识及与中亚的早期接触记载。可见，在中外各国考古发掘和文献研究中，有充分的证据表明，古代中原与西域以及中亚地区的往来可以追溯到没有文字记载的更久远的年代。

——摘自周刘波：《关于2014年高考重庆卷第2题的分析与思考》，《中学历史教学参考》，2014年第9期

材料三： 张骞出使西域，开辟了西域通道以后，汉朝与西域的经济文化交流非常频繁。西域的葡萄、石榴、苜蓿、胡豆(蚕豆)、胡麻(芝麻)、胡瓜(黄瓜)、胡蒜(大蒜)、胡桃(核桃)、胡萝卜等植物，陆续传入中原地区；西域的各种乐器、音乐、舞蹈、魔术的传入，则充实了内地的文化生活。与此同时，中原则向西域地区输送大量的丝织品和金属工具，并把铸铁、凿井、挖渠(今新疆称“坎儿井”)的技术传到西域，促进了西域社会的进步。

——摘自王坚强、陈家华、王永中著：《历史与时事学法指导》，宁波：宁波出版社，2018年，第131页

导读提示

材料一中的“凿空”即开通道路，说明张骞首次开拓了中原通往西域的道路。材料二说明新疆的墓葬结构在中亚五国都普遍存在，与我国西南、西北地区的墓葬结构相同或相近，先秦文献中也有很多中原与中亚的接触记载。有充分的证据表明，古代中原与西域以及中亚的往来可以追溯到没有文字记载的更久远的年代。材料三说明张骞通西域后，汉朝与西域的经济文化交流逐渐频繁。西域传入中原的有葡萄、石榴、良马、音乐、舞蹈、魔术；中原则向西域地区输送大量的丝织品、金属工具和技术。

阅读时，应认识到：司马迁与张骞都是汉武帝时期的人物，司马迁的记载与张骞通西域的时间十分接近，因此可信度较高。但是，材料一的表述属于历史评价，且历史学家的著述有一定个人色彩，因此，阅读时应注意鉴别其史料价值。材料二的论述时间虽为2014年，但作者从考古发现、文献记载等方面出发，论证了张骞通西域前丝绸之路就已经存在，可信度较高。阅读材料三时应注意，张骞通西域后，中原与西域的交流分为经济交流、技术交流与文化交流，是不同层次、不同类型的交流。

通过阅读上述材料，可以深刻理解张骞通西域前丝绸之路已经存在，但张骞通西域后，丝绸之路上的经济文化交流逐渐频繁且全面。因此，司马迁将张骞通西域视为开辟道路的创举，称其为“凿空”有一定道理。张骞通西域对于丝绸之路的发展有着十分重要的作用，是丝绸之路发展史上的标志性事件。

2. 汉代丝绸之路走向兴盛的原因是什么？

材料一： 汉武帝推行更积极的对外政策，两次派遣张骞出使西域。张骞返回汉朝后详细报告了当时西域诸国的情况，为丝绸之路的商品贸易奠定了基础。汉武帝时期对匈奴作战取得巨大胜利，设置河西四郡对整个河西地区进行管理，大兴屯田以戍边。前60年，汉朝设置西域都护管辖西域，整个丝绸之路中国境内段都处在汉王朝的控制下，畅通无阻。汉朝由官方主导的对外贸易政策，丝绸作为传统商品，具有高额的利润和巨大的国际市场。

——摘编自水丽淑：《西汉丝绸之路走向繁荣的原因及启示》，《兰州大学学报(社会科学版)》，2014年第6期

材料二： 当时，一个商队并不一定要从头到尾走完这条通商之路。一般来说，我们可以

把沿途交易设想为三段进行：在最东方的是中国人，他们一直到达蒲昌海（罗布泊），也可能只到达敦煌；在最西部的是希腊人、叙利亚人和犹太人，他们从罗马帝国到叙利亚；从叙利亚到贵霜王国，甚至一直到达帕米尔一段，则是波斯人；从波斯—印度边境穿过整个西域，一直到达甘肃边境的是贵霜人。

——摘自[法]L. 布尔努瓦著，耿昇译：《丝绸之路》，北京：中国藏学出版社，2016 年，第 72 页

导读提示

材料一表明汉武帝推行积极的对外政策，派张骞出使西域，加强了汉朝与西域的联系，为丝绸之路的繁荣奠定基础。汉朝对匈奴作战取得巨大胜利后，设置河西四郡管理河西地区，实行屯田制，东汉时设置了西域都护管理西域广大地区。汉朝对外贸易由官方主导，丝绸有着极高的利润和市场。材料二说明丝绸之路上的沿途交易分三段：丝路东段的商人为中国人，丝路西段的商人为希腊人、叙利亚人和波斯人，丝路中段的商人为贵霜人。

阅读材料一时，应注意对汉朝丝绸之路走向兴盛的原因进行分类：除了政治因素外，还有经济因素。它们背后都反映出汉朝的政治稳定、国力强盛。阅读材料二时，应注意时空观念的把握，在时空框架下分析汉代丝绸之路走向兴盛的原因。

通过阅读以上两则材料，可以深刻理解汉代丝绸之路走向兴盛的原因是多方面的：积极的对外政策，尤其是张骞通西域对丝绸之路的繁荣有着十分重要的历史意义；击败匈奴、设置管理机构为丝绸之路的畅通提供了安全保障；大规模的屯田为丝绸之路上的使者和商人提供了物资补给；高额的利润、巨大的国际市场、丝路沿线的国际参与都共同促进了丝绸之路的繁荣。

二、欧亚大陆其他重要商路

【核心概念】

核心概念 1：草原丝绸之路

是沟通蒙古草原地带与欧亚大陆的商贸通道，是丝绸之路的重要组成部分。主要路线由中原地区向北越过古阴山（今大青山）、燕山一带长城沿线，向西北穿越蒙古高原、中西亚北部，经由咸海、里海以北通往欧洲或小亚细亚。它加强了中原地区与草原地区的商业往来，匈奴、突厥等游牧民族多沿此路进行西迁。

核心概念 2：西南丝绸之路

是沟通古代中国西南地区与南亚、东南亚的商贸通道。该路从关中平原入蜀至成都平原，沿横断山麓南下，跨越澜沧江、怒江，向西进入缅甸和印度，再通往中亚、西亚等地。西南丝绸之路是中国和南亚、东南亚进行商贸交往的重要陆上通道，它加强了古代中国西南地区与东南亚、南亚的交流。

核心概念 3：海上丝绸之路

是古代东西方经济文化交往的海上交通线。该路主要以南海为中心，是已知最为古老的近海贸易路线。随着航海技术的发展，它在东西方交流中发挥的作用越来越重要。西汉

时期,中国就已开辟了通往印度洋的海路;宋元时期,海上丝绸之路进一步发展;明初,郑和下西洋使海上丝绸之路达到了巅峰。它加强了中国与东南亚、南亚、西亚和东非地区的联系,促进了经济文化交流。

【史学导读】

1. 唐朝中期以后,海上丝绸之路逐渐繁荣的原因是什么?

材料一: 精美的华瓷外销,陆上交通,晓行夜宿,辗转搬运,极易破损;而靠海路运输,则不虞路途之遥。而且,海路运输比之陆上运输,不仅安全、安稳,载量也大得多。据估计,一支由30头骆驼组成的沙漠商队,只能装9 000公斤货物,而一艘海船则可载船货60—70万公斤,相当于两千头骆驼的运输量。二者的优劣是显而易见的。

——摘自何芳川主编:《中外文化交流史》上卷,北京:国际文化出版社,2016年,第67—68页

材料二: 安史之乱后,"国家用度"尽仰江淮。宋朝与辽、西夏、金等政权长期对峙,政府转而在广州、泉州、庆元、杭州、明州(今宁波)、温州、秀州(今松江)、江阴、密州(板桥镇)共8处设置市舶司或市舶务。元丰三年(1080年),宋朝制定了《市舶法》,在广东、广西、福建推行,实际上就是在全国推行。它是我国历史上第一部关于海外贸易的法典,改变了以往海外贸易管理无法可依的局面,对日后海外贸易和市舶制度都产生了深远的影响,意义重大。宋代的海船已使用指南针,还通过观测星体的高度来确定海船所在的地理纬度。宋朝的造船技术十分先进,海船规模大,结构先进,抗风浪性能提高。

——摘编自廖大珂,《海上丝绸之路与华侨》,《海交史研究》,2015年第1期

导读提示

材料一表明与陆上丝绸之路相比,海上丝绸之路适宜长途运输,不仅安全、安稳,运载量也大得多。材料二表明安史之乱之后,国家财政收入主要来源于南方;宋朝由于与北方少数民族政权长期对峙,政府在广州、泉州等地设置专门机构管理海外贸易,并征税,同时由于航海造船技术的进步,南方的海外贸易日益发达。

阅读时,应认识到:对材料一中"陆上丝绸之路"与"海上丝绸之路"的对比,可以从安全性、运载量等方面进行比较。同时,应注意材料二"安史之乱""宋朝与辽、西夏、金等政权长期对峙"等历史背景,并注意航海造船技术进步等因素。

通过阅读上述两则材料,可以深刻理解唐朝中期以后,海上丝绸之路逐渐繁荣的原因。一方面,由于安全、安稳,运载量等因素,海上丝绸之路优于陆上丝绸之路;另一方面,唐朝安史之乱、宋朝与北方少数民族政权长期对峙等历史因素作用之下,南方海外贸易显得越发重要。由此可知,陆上丝绸之路虽开辟较早,但在唐朝中期后逐渐衰落,被海上丝绸之路取代有其必然性。无论是陆上丝绸之路还是海上丝绸之路,都共同促进了中外经济文化交流。

2. 如何理解"丝路网络"的概念?

材料一: 李希霍芬所说的"丝绸之路"是指从中国到中亚、印度的交通路线,赫尔曼将其延伸到罗马。随着学术界研究的不断深入,"丝绸之路"的概念也在不断深化。刘迎胜撰著的《丝路文化丛书》(草原卷)中,首次出现了"丝路网络"一词。隋、唐帝国辽阔的疆域使中原与西北边疆地区的联系变得空前密切。唐政府在漠北设置州府后,开辟了漠北通往内地的

驿路，唐朝平定西突厥后，天山以北诸地之间的交通形成网络。草原丝路的网络成为连接北方游牧民族与中原人民的纽带，成为东西方交往的重要通道。1996年《新疆各族历史文化词典》中也有“丝绸之路”是“交通网络”的明确表述。2006年《丝绸之路大辞典》的表述更为宽泛。原来所说的经中亚陆路的丝绸之路，被名之为“绿洲路”或“沙漠路”；另有经北方蒙古草原游牧民居地至中亚的“草原路”；经海上西行之“海上丝绸之路”；云南入缅甸、印度的“南方丝绸之路”（又称“西南丝路”）等等。

——摘编自刘进宝：《“丝绸之路”概念的形成及其在中国的传播》，《中国社会科学》，2018年第11期

导读提示

材料表明，丝绸之路最早指的是中国经中亚、印度通往罗马的道路。刘迎胜的著作中首次出现了“丝路网络”一词，认为草原丝路的网络成为了东西方交往的重要通道。《新疆各族历史文化词典》中也有“丝绸之路”是“交通网络”的明确表述。2006年《丝绸之路大辞典》对于丝路的表述更为宽泛：将原来所说的经中亚陆路的丝绸之路命名为“沙漠路”，还加入了“草原路”“海上丝绸之路”“南方丝绸之路”的概念。

阅读时，应认识到：最早的“丝绸之路”指的是中国经中亚、印度通往罗马的道路，随着史学研究的不断深入，逐渐出现了“丝路网络”的概念。这一概念，不是对前者的否定，而是对前者的不断深化与拓展。

通过阅读上述材料，可以深刻认识中西交通路线在环境、政治、战争等因素的影响下，会发生一些变化，有的可能会偏离原来的路线，有的可能会开辟新的支线或道路。这些支线有些是同时并存，有些是前后出现，它们根据不同情况和需要被使用。“草原丝绸之路”“西南丝绸之路”“海上丝绸之路”，他们共同构成了“丝路网络”，促进了中西方之间的经济文化交流。

三、古代商路上的文化交流

【核心概念】

核心概念1：文化交流

指发生于两个或者多个具有文化源差异显著的关系之间的交流。文化交流可划分为物质（器物）文化交流、制度文化交流和精神文化交流。商业贸易是文化交流的重要途径之一。文化交流须有起始点和机会的平等，交流双方的文化应具有差异性。文化入侵现象、强势文化压制弱势文化现象，都不是文化交流的表现，顺从、勉强等也不是文化交流的本义。文化交流促进人们互通有无，推动文化发展与丰富。

核心概念2：佛教东传

指佛教在汉代，从印度经中亚传入中国，进而传播到朝鲜、日本等远东和东南亚地区的历史事件。佛教传入中国后，逐渐本土化，深刻影响了中国的思想、文学和艺术创作。佛教传入日本、朝鲜等远东和东南亚地区后，相继出现了繁荣昌盛、独具特色的局面。佛教东传加强了东西方之间的联系，促进了东西方各民族文化的传播与交融。

【史学导读】

1. 如何理解丝绸之路开通后中西方文化交流的特点?

材料一: 张骞开通西北丝绸之路后,中西商队往来于南北两道,我国的冶铁技术、井渠法传入西域,西方的玻璃、琉璃、葡萄、苜蓿、石榴、胡桃、胡瓜等传入中国,印度的艺术、佛教、音乐、舞蹈等也传入中国,丝绸之路一片繁荣。

——摘编自傅立民、贺名仑主编:《中国商业文化大辞典》上,北京:中国发展出版社,1994 年,第 838 页

材料二: 在中国物质文化传入西方的同时,通过丝绸之路贸易,西方物质文化也传入中国,丰富了中国的物质文明和物质生活。草原民族的羊马牲畜、畜产皮毛、毛织品,西亚的珊瑚、翡翠、珠宝、各种香药,中亚的酿酒术,印度的制糖法、建筑技术等,对中国的经济社会发展作出了不可低估的贡献。

——摘编自李明伟:《丝绸之路研究百年历史回顾》,《西北民族研究》,2005 年第 2 期

材料三: 在思想和文学方面,佛教的传入对魏晋南北朝时期玄学思潮的形成起到了推波助澜的作用……随之而来的还有大量印度寓言、童话,对中国古代志怪、传奇文类的形成起到了很大的作用……唐代高僧守温仿古代印度梵语体系,制定汉语三十个字母,为汉语音韵学的重建奠定了基础。

——摘编自王欣:《丝绸之路与古代东西文明交往》,《"草原丝绸之路"学术研讨会论文集》,兰州:甘肃人民出版社,2010 年,第 43 页

导读提示

三则材料反映了张骞通西域后,中西文化交流不断加强。中国的冶铁技术、井渠法、丝绸、瓷器和茶叶等传入西域,再经由西域传到西方,草原民族的畜产皮毛、毛织品,西方的珊瑚、翡翠、珠宝、琉璃器,印度的佛教传入中国。

阅读时,应认识到:文化交流分为物质文化交流、制度文化交流和精神文化交流。中原传入西域的主要是先进的技术和代表性商品,西域传到中原的多为地方特产和文化。

通过阅读,可以深刻理解丝绸之路为古代中国与西方的物质、技术、文化交流提供了便利。丝绸之路上的商品交流与文化互动体现了双向性、竞争性与互惠性。丝绸之路促进了中外文化的交流,丰富了中国文化的内涵,推动了世界文明的进步。

荐读书目

[英]彼得·弗兰科潘著,邵旭东、孙芳译:《丝绸之路——一部全新的世界史》,杭州:浙江大学出版社,2016 年

荣新江著:《丝绸之路与东西文化交流》,北京:北京大学出版社,2015 年

[美]芮乐伟·韩森著,张湛译:《丝绸之路新史》,北京:北京联合出版公司,2015 年

余太山著:《两汉魏晋南北朝与西域关系史研究》,北京:商务印书馆,2011 年

周伟洲、丁景泰主编:《丝绸之路大辞典》,西安:陕西人民出版社,2006 年

陈炎著:《海上丝绸之路与中外文化交流》,北京:北京大学出版社,1996 年

张志尧主编:《草原丝绸之路与中亚文明》,乌鲁木齐:新疆美术摄影出版社,1994 年

第 10 课 近代以来的世界贸易与文化交流的扩展

一、全球贸易网的形成

【核心概念】

核心概念 1:全球贸易网

是指商品、服务和技术在全球范围内流通所形成的经济交流网络。它既包含世界各主权国家之间的贸易活动,也包含世界各地区之间的贸易活动。近代以来,随着新航路的开辟、西欧各国的殖民扩张、工业革命的进行、20 世纪各国之间的联系进一步增强,全球贸易网逐渐形成。全球贸易网在当今世界各国经济生活中起着重要的作用,成为联系各国生产与消费的纽带。

核心概念 2:世界市场

有广义和狭义两个概念。广义的世界市场指商品、劳务、外汇和信贷资本等国际流通领域,包括国际商品市场、国际劳务市场和国际金融市场等。狭义的世界市场指世界范围内的商品交换和产品流通,具体是指通过国际分工,将各个国家和地区联系起来的世界商品流通的范围,也是世界范围内通过商品交换联系起来的各国市场的总和。世界市场是随着资本主义的发展和资本主义国家向全世界的经济扩张而形成和发展的,它是资本主义生产方式的历史产物。

【史学导读】

1. 如何理解全球贸易网形成的原因?

材料一: 为了加强菲律宾与美洲殖民地的联系,西班牙每年派遣马尼拉大帆船横渡太平洋,来往于菲律宾马尼拉与墨西哥阿科普尔之间。中国商人将大量丝织品、棉布、粮食、军需品等运往菲律宾,西班牙商人将美洲白银运往菲律宾,双方在此交易,可获巨额利润。这是美洲第一次卷入世界经济体系,也是人类历史上第一次真正名副其实的全球贸易。

——摘编自杨光著:《说不明道不清:你不了解的开放发达之明清两朝》,北京:中国电影出版社,2018 年,第 109 页

材料二: 在第二次工业革命的推动下,资本主义经济发生了重大的变化,国际垄断集团的出现,极大地促进了世界经济整体化的趋势。第二次工业革命又为他们提供了强大的经济实力和物质手段。例如,飞机的出现,让世界变得更小,以往要走几个月的路程,现在只要几个小时就能到达;电报、电话的出现,更是颠覆了传统的通讯方式,让沟通没有了时间的阻碍。正是有了这些强有力的支援,资产阶级将原本分散的世界变成一个可以互动的、连成一

体的整体性世界。

——摘编自许名著:《一本书读懂世界商业史》,北京:中国铁道出版社,2014年,第81页

导读提示

材料一反映了新航路开辟后,西欧各国进行殖民扩张的情况。西班牙的马尼拉大帆船将美洲出产的白银运到菲律宾的马尼拉,再把东方的商品运到墨西哥的阿科普尔港。材料二反映了在第二次工业革命推动下,垄断集团的出现,飞机、电报、电话的发明,将原本分散的世界连成了一个整体。

阅读时,应认识到:东南亚的菲律宾和中美洲的墨西哥都是西班牙的殖民地,在大西洋贸易中,马尼拉大帆船非常有代表性;第二次工业革命后,垄断集团的出现,新型交通、通讯工具的发明与应用对全球贸易网形成有深刻的影响。

通过阅读,可以深刻理解新航路的开辟和西欧各国的殖民扩张,在客观上推动了以欧洲为中心的世界贸易网初步形成。工业革命从多方面推动了全球贸易网的进一步发展,垄断集团的出现、交通通讯工具的发明与应用、产品的大幅度增加等,成为全球贸易网发展的关键因素。

2. 二战结束后,世界市场呈现出哪些特点?

材料一: 二次大战后,成立了许多区域贸易集团,20世纪80年代后期以来,区域经济集团化更为突出。到90年代末,全球已有20多个区域经济集团,有14多个国家参与其中。在传统贸易方式中,出现了一种“零星综合贸易方法”。这是一种以品种多、数量少、交货快、方式灵活为特点的新型贸易方法。另外,EDI(无纸贸易)方兴未艾,已被许多国家和地区广泛使用,并迅速向全球蔓延。据WTO年度报告的统计显示,1981—1996年世界服务贸易平均增长8.02%,而同期的货物贸易年平均增长只有6.86%。服务贸易在世界贸易中的比重也在上升,1981年占世界贸易总额的比重为20.6%,而到1996年则为24.1%。从1990—1995年世界贸易的商品构成看,工业制成品贸易的比重由70.5%上升到74.4%,其中信息产品的贸易增长最为显著,进入90年代后,信息产品的出口以年均14.8%的速度增长,贸易额从1990年的2982亿美元上升到1995年的5948亿美元。

——摘编自邹根宝编著:《新编国际贸易与国际金融》,上海:上海人民出版社,2000年,第56页

导读提示

材料反映了二战结束后,逐渐成立了许多贸易集团。到90年代末,全球已有20多个区域贸易集团。除了传统的贸易方式外,还出现了“零星综合贸易方法”“无纸贸易”等新兴贸易方式。1981—1996年世界服务贸易平均增长8.02%,超过同期的货物贸易年平均增长率,服务贸易在世界贸易的比重也在上升。从1990—1995年世界贸易的商品构成看,信息产品的贸易增长最为显著,信息产品出口率及贸易额不断增长。

阅读材料时,应注意对材料所提供的数据进行横向或纵向的分析。贸易集团数量的增加、贸易方式的改变、服务贸易占世界贸易的比重的变化,可对数据进行纵向分析。世界服务贸易平均增长8.02%,而同期的货物贸易年平均增长只有6.86%,可对数据进行横向分析。

通过阅读材料，可以深刻认识二战后，随着科技革命的兴起，世界形势的不断变化，当代世界市场呈现出了一些新的特点：贸易集团化趋势增强；贸易方式灵活多样；服务贸易迅速发展；工业制成品日益重要；信息类产品逐渐成为世界贸易发展的引擎等。

二、商品流动与文化交流国际化

【核心概念】

核心概念 1：商品流动

是指商品或服务进行交换的过程。商品流动是价值实现和使用价值替换的统一，也是商品价值流通过程与商品实体流通过程的统一。从历史发展来看，商品流动经历了三个发展阶段：物物交换所产生的流动、以货币为媒介的商品流动和以商业为媒介的商品流动。商品流动与经济发展水平息息相关，商品的流动会促进文化的交流与传播。

【史学导读】

1. 如何理解商品流动与文化交流的关系？

材料一：荷兰商人凭借航海优势，派海船经其殖民地爪哇到达澳门，运载中国茶叶输往西方。1650 年，饮茶风气开始传到英国咖啡馆。从 1689 年开始，英国直接从中国购买茶叶，此后，饮茶之风席卷了整个英国。到了上午 11 点，无论你是空闲在家的贵族，还是繁忙的上班族，都要休息片刻，喝一杯茶，吃点便餐，这就是英式上午茶，大约持续 20 分钟。上午茶可以看作是英国人工作间隙的一种很好的调剂方式。英国的下午茶才是真正意义上英国茶文化的载体。正宗的英国下午茶非常讲究：幽雅舒适的环境——如家中的客厅或花园；丰盛的点心——最常见的有可口的苏格兰奶油饼干、维多利亚松糕、松饼等；高档的茶具——细瓷杯碟或银质茶具。此外，下午茶还少不了悠扬的古典音乐作为背景，宾主都要衣着得体。下午茶越喝越普遍，由此衍生出一套品茗的礼仪，成为英国人生活中不可或缺的风景，是英国饮茶内容中最为核心的部分，承载着独具民族特色的英式茶文化。

——摘编自赵淑萍、邵小红：《中茶西渐——西方文化里的茶事》，《农业考古》，2013 年第 5 期

导读提示

材料表明随着新航路的开辟、殖民扩张的进行，17 世纪末，中英之间开始进行茶叶的直接贸易。此后，饮茶之风席卷整个英国。上午 11 点，无论是贵族，还是上班族，都要喝上午茶。下午茶作为真正的英国茶文化载体，十分讲究。由此，衍生出一套品茗的礼仪，承载着英国独具民族特色的茶文化。

阅读材料时，应认识到：中英直接贸易使得英国进口中国茶叶更加便利，这推动了茶文化在英国的传播。无论是贵族，还是上班族，都有机会喝茶，说明中国茶符合大众需求，在英国的覆盖面逐步扩大。上午茶、下午茶的概念与中国茶文化有所不同，说明文化在交流中不断地发展。

通过阅读材料，可以深刻理解茶叶作为商品传入英国后，英国社会通过对茶文化的接

触、选择与重塑而实现了饮茶方式的本土化，从而形成了具有鲜明个性与特色的英国茶文化。商品流动推动了文化交流与发展，文化的交流与发展又反作用于商品的流动，各国文化在相互借鉴中不断向前发展。

荐读书目

[美]梅维恒、[瑞典]赫也麟著，高文海译：《茶的真实历史》，北京：生活·读书·新知三联书店，2018 年

高德步、王珏编著：《世界经济史》，北京：中国人民大学出版社，2016 年

董正华著：《世界现代化进程十五讲》，北京：北京大学出版社，2009 年

[美]彭慕兰、史蒂夫·托皮克著，黄中宪译：《贸易打造的世界》，西安：陕西师范大学出版社，2008 年

刘新成、刘北成主编：《世界史·近代卷》，北京：高等教育出版社，2007 年

邹根宝编著：《新编国际贸易与国际金融》，上海：上海人民出版社，2004 年

[法]雅克·阿达著，何竞、周晓幸译：《经济全球化》，北京：中央编译出版社，2000 年

第五单元

战争与文化交锋

第11课　古代战争与地域文化的演变

一、亚历山大远征与“希腊化时代”

【核心概念】

核心概念1：亚历山大大帝

为古代马其顿国王，亚历山大帝国的创立者。公元前336年，其父腓力二世被刺后继位。公元前334年，他率军东征，占领埃及，建立了亚历山大里亚城；在高加米拉之战中击败波斯军队，灭波斯帝国；之后进攻印度，无功而返。通过东征，亚历山大建立起了一个地跨欧、亚、非三洲的庞大帝国。

核心概念2：亚历山大帝国

为公元前4世纪亚历山大建立的帝国。公元前334年，马其顿国王亚历山大率军东征。公元前332年，占领埃及。公元前330年，灭波斯帝国。公元前327年，侵入印度，后无功而返。历时十年东征，亚历山大建立起了西起希腊，东到印度河，南括埃及，北至中亚的地跨欧、亚、非三洲的大帝国。帝国定都巴比伦。公元前323年，亚历山大死后，其部将展开混战。公元前301年，伊浦苏斯战役后，帝国分裂为安提柯、托勒密、塞琉古三大独立王国。亚历山大帝国客观上促进了希腊文明与埃及、巴比伦、印度文明的融合，加快了人类历史由分散走向整体的进程。

核心概念3：波斯帝国

为古代伊朗以波斯人为中心形成的帝国。公元前558年，居鲁士二世在波斯称王，都帕塞波里斯。公元前553年，波斯人在居鲁士二世的领导之下，起兵反抗米底人的统治。公元前550年，波斯人争得独立，并灭了米底王国。大流士一世统治时期，波斯帝国的强盛已达到顶点。公元前492—前449年，波斯帝国发动了长达40多年的希波战争。结果以失败告终。希波战争严重地削弱了波斯帝国的实力，加剧了国内的阶级矛盾和民族矛盾，从此波斯国势渐趋衰落。公元前330年，波斯帝国被亚历山大所灭。

核心概念4：希腊化时代

是指古希腊文明与西亚文明、埃及文明以及印度文明相融合的历史进程。时间上通常是指从亚历山大东征以来到希腊化王国托勒密埃及并入罗马帝国。希腊化时代，在亚历山大帝国废墟上建立的国家称作希腊化国家，它们的文化称为希腊化文化。希腊化国家主要包括马其顿的安提柯王朝、埃及的托勒密王朝、西亚的塞琉古王国、小亚细亚的帕加马王国和本都王国。就文化而言，希腊化时代的文化具有希腊古典文化和东方文化相结合的特点。希腊化时代的文化对后来的罗马文化乃至近代欧洲文化都有着极其深远的影响。

【史学导读】

1. 怎样理解亚历山大东征与丝绸之路的开通之间的关系？

材料一： 在张骞到达中亚之前的公元前 2 世纪中后期，后来丝绸之路的西段(自帕米尔以西)实际上已经开通，而且此时距亚历山大东征已经两个世纪之久，东部希腊化世界的政治格局和文化面貌也发生了巨大变化。

张骞确实进入了一个和中原汉地完全不同的文化环境之中，他的所见所闻，确实包含着希腊化文化的信息。从这个意义上看，张骞不仅是出使西域、由中原走向世界的第一人，而且是把希腊化文化信息带回中原的第一人。他的西域凿空与亚历山大的东征，从不同的方向沟通了欧亚大陆古代诸文明之间的文化交流和经济联系。从此，中国的丝绸、漆器、铁器(包括炼钢术)、皮制品，甚至杏树、桃树的种植术都开始向西传去，有的很快就传到了罗马。而西域的各种特产、奇物、乐舞、宗教也源源不断地传入中原，其中最具希腊化文化明显特征的就是融佛教精神和希腊造型艺术为一体的印度犍陀罗艺术，这是继张骞之后通过丝绸之路传入中原的唯一的，也是最可以明确辨认的希腊化文化信息。

——摘编自杨巨平：《亚历山大东征与丝绸之路开通》，《历史研究》，2007 年第 4 期

导读提示

材料一第一段表明张骞到达西亚之前，因为亚历山大的东征，后世丝绸之路的西段已经开通，中亚和中东地区的政治和文化面貌因为亚历山大的东征发生巨大变化，张骞在这样的一个政治文化背景下来到中亚。第二段表明张骞到达西域凿空与亚历山大的东征推动了欧亚大陆各种文明的文化交流和经济联系，具有希腊文化特征的文化也开始传入中国。

阅读时，应认识到：丝绸之路的开通，既要归功于中国方面汉武帝的经略西域，张骞的万里凿空，也与希腊方面亚历山大东征以及希腊化世界的形成密切相关。正是这种中西方面的相向而进才“无心插柳柳成荫”，最终贯通了这条连接中西、影响深远的千年之路。尽管张骞通西域的目的并非为打开丝绸贸易的大门，而是为了实现汉武帝联合月氏、合击匈奴、开拓西部疆土、建立强大汉帝国的雄心壮志。同样，希腊—马其顿国王亚历山大在公元前 334 年大规模向东方进军，也并非为了得到遥远的、朦胧的所谓“赛里斯人”的丝绸，而是为了征服波斯帝国，并进而征服整个世界。但历史的结局往往和历史创造者的主观愿望不相一致。

通过阅读材料，我们可理解汉代对西域的控制时断时续，亚历山大帝国昙花一现，他的部将们所建立的希腊化王国在公元前 1 世纪末之前都陆续衰落，不复存在。唯有丝绸之路仍然作为历史的见证，继续发挥着沟通东西方物质与文化交流的重要作用。

二、蒙古西征与东西方交流

【核心概念】

核心概念 1：成吉思汗

为蒙古汗国的创建者(1162—1227 年)。原名铁木真，出生于蒙古部孛儿只斤氏族。1206 年在斡难河畔举行的蒙古各部的忽里勒台上被推为大汗，号成吉思汗。建立了蒙古汗国，制定了新的政治、军事、法律制度，采用畏兀儿字母书写蒙古语。对外展开大规模的军事活动，先后攻灭西辽、花剌子模等政权。元朝建立后他被尊为元太祖。

核心概念 2：蒙古西征

指 13 世纪蒙古进行的三次西征。第一次是成吉思汗西征(1219—1225 年)，占领了花剌子模和中亚。第二次是长子西征(1235—1242 年)，侵占钦察、斡罗斯等国。第三次是旭烈兀西征(1252—1260 年)，灭阿拔斯王朝。1260 年，怯的不花被埃及军击败，蒙古人停止西征。蒙古西征促进了四大汗国的形成，建立了庞大的蒙古帝国。蒙古军的野蛮征伐给当地人民造成了深重的灾难。蒙古西征也加强了东西交通，促进了东西方经济文化的交流。

核心概念 3：四大汗国

钦察汗国、察合台汗国、窝阔台汗国和伊利汗国的合称。成吉思汗在世时，把占领区分成三个“兀鲁思”，分封给他的三个儿子。长子术赤封于钦察，据有花剌子模和康里国故地，建都萨莱(今伏尔加河下游)，称钦察汗国(金帐汗国)。术赤死后，该国归其子拔都。次子察合台封于西辽及畏兀儿故地，东起阿尔泰山，西至阿姆河，包括新疆天山南北路等地，后来称为察合台汗国。三子窝阔台封于乃蛮故地，今鄂毕河上游以西至巴尔喀什湖以东皆属之，后来称为窝阔台汗国。蒙古第三次西征之后，旭烈兀建都蔑剌哈，称伊利汗国。

核心概念 4：色目人

元代对西北各族、西域以至欧洲来华各族人的统称“色目”，意为各色名目。常见于元人记载的色目人，有唐兀、乃蛮、汪古、畏兀儿、康里、钦察、阿速、哈剌鲁、吐蕃等。元色目人政治待遇高于汉人、南人，低于蒙古人，科举考试和仕享有优遇，身犯重刑者由大宗正府处置。他们中的一部分成为中国回族人的祖先，大部分后来融入汉族和蒙古族。色目人大量进出汉族地带和中国西北地区对中西经济文化交流起到了一定作用。

【史学导读】

1. 蒙古人西征对中东及西欧产生了什么影响？

材料一：对于自成吉思汗开始的蒙古西征，长久以来，人们对此褒贬不一。苏联 1957 年出版的《苏联域外的东方中世纪史》是这样概括的：“成吉思汗及其子孙为首的蒙古封建主，在差不多七十年的时间里，血洗了亚欧国家。前所未有的灾难落到了被征服国家人民群众的身上。征服，破坏了他们的城市，践踏了他们的田野，消灭了他们的生产力和文化。”但是，法国学者麦撒却这样说道：蒙古人西征，将以前闭塞之路途，完全洞开，将各民族集聚一处，中世纪满天黑云，使人不得望见天日。至是乃因蒙古西征，而重现光明。当时战争杀人，盈野盈城，似为人类惨祸，而不知实如空天霹雳，将几百年之酣睡懒病，自梦中警醒。

——摘自杨俊岭：《试析蒙古西征对东西方文化交流的影响》，《铜仁师范高等专科学校学报（综合版）》，2005年第6期

材料二：欧西史学家关于蒙古人西征对西欧的正面有利的影响，多有隐讳；但其投射意态，却表现在他们关于蒙军西征对欧亚中间地带的影响的论述。西方史家一般认为蒙古人西征对欧亚之间的中东地带，包括印度北部，有很多正面的影响：(1)蒙古人对宗教的容忍多元的态度和政策，对此地区的极端强烈排他的狂热宗教信仰传统有所缓和；(2)蒙古人的风俗（非宗教性）的政治权力和法律观念，对此地区政教合一的神权政治和宗教原旨法律传统有所冲淡与中和；(3)蒙古人超部落的中央集权政制（尤其是军事体制）对此地区的多民族部落政治和社会体制有所提升（由部族而趋向地域性的"封建"）。

大体上可以确定的是：蒙古人西征以后，整个中东地区（阿拉伯与回教世界）的军事、政治、经济和文化力量，比对西欧而言，大大减弱了。而前此则是阿拉伯与回教势力占了绝大的优势，不但在实体文明上，在天文、数学、医药、语言文字、文学作品上均领先于文艺复兴以前的西欧。阿拉伯人的海外航行和商业，在唐宋两代而言，即比西欧先进了五六百年。蒙古西征以后，14世纪末至15世纪初，西欧的文化力量才开始逐渐压倒了中东回教和阿拉伯人。因此，蒙古人西征是促进西欧（乃至全西方）现代化的最早、最整体的动力，是可以确定的（除了忘恩负义不肯正视这事实的西方人）。

——摘编自陈启云：《从多元历史视野宏观中国现代化问题：蒙古西征与人类文明》，《史学集刊》，2009年第4期

导读提示

材料一引用了两段材料来说明人们对蒙古西征的两种不同态度；材料二具体说明了蒙古西征对欧亚中间地带的影响，以及这种影响对西欧的影响，是西欧（乃至全西方）现代化的最早、最整体的动力。

阅读时，应认识到：蒙古帝国的西征一方面给被征服地区带来深重的灾难和破坏，另外一方面蒙古西征也打击了欧洲基督教的死敌回教阿拉伯人，蒙古人对宗教（包括基督教）的接受和容忍的态度，蒙古军对西欧的和善友好，和蒙古西征带到西方的东方（中国）的高度文化因子等等，客观上推动了欧洲走出中世纪。

通过阅读两则材料，应理解在蒙古帝国西征时，西方世界正处于为向近代化过渡作准备的时代。在这种历史条件下，东西方文化交流的加强，增强了西方社会的活力。中国一系列的重大发明技术相继西传，因无数马可波罗式的人的贡献，从而加速了西方世界的变革。一定意义上，欧洲的近代复兴，是在受到蒙古西征的震撼和蒙古帝国和平时期的东西方文化交流刺激的基础上实现的。

2. 蒙古帝国分裂的原因及影响是什么？

材料一：蒙古帝国的分裂，其实原因很简单。对于管理如此庞大的帝国来说，13世纪的物质条件和管理技能都显得非常匮乏。蒙古札撒无法调和诸汗国之间相互冲突的利益，而文化落后的征服者很快被同化于当地更高的文化之中。当本地区的利益高于蒙古帝国的利

益时，分裂就成为不可避免的趋势。虽然蒙古帝国在行政上分裂了，但各个汗国之间在经济、文化上仍然保持着密切的交往。北京的威尼斯商人，波尔多和北安普敦的蒙古使节，大不里士的热那亚领事，喀刺和林的法兰西工匠，伊朗绘画中的回鹘和中国图案，中国的阿拉伯税收官员，埃及的蒙古法律，所有这些事实，一方面说明蒙古汗国之间交往的频繁，另一方面说明通过蒙古汗国，13 世纪的世界各地正在相互接近。在蒙古人造成的废墟上，通过蒙古人的道路，中西方开始了历史上第一次真正深刻的交流。

——摘自纪宗安、李强：《略论蒙古西征的原因和影响》，《黑龙江民族丛刊》，2007 年第 4 期

导读提示

材料显示蒙古帝国分裂的原因有三点：物质条件和管理技能的匮乏；各汗国之间的利益冲突；各地文化的差异。蒙古帝国虽然行政上是分裂的，但经济、文化上各个汗国之间保持着密切的交往。

阅读时，应认识到：蒙古帝国的分裂是当时历史条件下的必然结果，帝国的分裂并不能阻挡各地之间经济文化的交流，各地经济文化交流的日益深入是历史发展的大趋势。

通过阅读上述材料，可以深刻理解蒙古帝国为 13 世纪的世界各地相互接近提供条件，蒙古人兼容并蓄的宗教政策，促进了东西方文化交流与融合，中西方开始了历史上第一次真正深刻的经济文化交流。

荐读书目

杨巨平著：《碰撞与交融：希腊化时代的历史与文化》，北京：中国社会科学出版社，2018 年

杨志玖著：《马可波罗在中国》，天津：南开大学出版社，1999 年

[古罗马]阿里安著，李活译：《亚历山大远征记》，北京：商务印书馆，1979 年

[英]彼得 · 格林著，詹瑜松译：《马其顿的亚历山大》，北京：民主与建设出版社，2018 年

[日]森谷公俊著，徐磊译：《亚历山大的征服与神话》，北京：北京日报出版社，2020 年

[日]杉山正明著，乌兰译：《蒙古帝国与其漫长的后世》，北京：北京日报出版社，2020 年

[美]杰克 · 威泽弗德著，温海清、姚建根译：《成吉思汗与今日世界之形成》，重庆：重庆出版社，2009 年

第12课　近代战争与西方文化的扩张

一、独立战争后的美国文化与拉丁美洲文化

【核心概念】

核心概念1：萨拉托加大捷

萨拉托加大捷是世界史上著名的战役，是北美英属殖民地十三州独立战争的转折点。这次战役开始于1777年9月19日，在战斗中英军死600人，美方死300人。美国历史上称这次遭遇战为弗里曼农庄大捷。萨拉托加大捷迫使英国将军柏高投降，增强了北美人民必胜的信念，促使了国际形势向有利于北美人民的方向发展，从此从战略防御转入战略进攻。

核心概念2：美国文化中的清教因素

清教是基督教新教的派别之一，产生于16世纪的英国，是英国宗教改革的产物，反映了上升时期资产阶级的意识形态。许多清教徒为避免政治和宗教迫害，来到北美大陆。所以当人们说起清教徒时，一般是指美国的清教徒。清教主张尊崇个人主义、机会均等、民主自由、乐观进取、讲求实际、强调成功、美国至上的价值观，对美国文化的形成具有重要影响，成为美国文化的组成部分。但清教所具有的强烈使命感，也影响了美国对外部的世界的看法，成为以后美国对外扩张的内在动力之一。

核心概念3：拉丁美洲文化

拉丁美洲文化的基本结构是在独特的历史条件下形成的，拉丁美洲文化的基本要素大部分形成于殖民地时期。在西班牙、葡萄牙及法国的数百年殖民统治下，西欧各种文化成分通过不同的途径和手段被移植到拉美，并最终成为这一地区的文化主体。也就是说，拉美经历了三百多年的西欧殖民统治，随着西欧移民成为拉美的主要居民而形成了以西欧文化为主体结构，以印第安文化、非洲黑人文化和东方文化为次要成分的混合文化结构。

核心概念4：考迪罗制

考迪罗制是拉美大多数国家在19世纪20年代独立后至20世纪前盛行的一种以暴力夺取政权、维持统治的独裁制度。“考迪罗”原意为“首领”，后指拉美夺取政权的军事独裁者及军队支持的独裁者。考迪罗制经济上依靠大地产大庄园主，在政治上靠军人专政来维持其政治统治，对外投靠外国势力，对内残酷镇压人民反抗。考迪罗最早产生于19世纪初拉美独立暴动中，大多为推翻殖民统治，争取独立作出贡献。独立后，虽然部分考迪罗在人民压力下作出一些改革，但由于其和大庄园主在经济及政治上的垄断密不可分，所以未触及大地产制度。在拉美各国相继独立后，考迪罗逐渐取代宗主国成为拉丁美洲最反动的势力，是拉美经济发展的阻碍。

【史学导读】

1. 美式英语的特点是什么？

材料一：在英属北美居民的共性中，最显著的莫过于他们大多以英语为共同语言。在

17、18世纪，英国人说话带有很重的地方口音，不同的方言之间甚至难以沟通。移居到北美的第一代移民，可能也带有同样的特点；但他们的后代逐渐摆脱了方言的限制，口音的差别很小，使到那里游历的英国人甚感惊奇。同时，英属北美居民来源众多，文化背景相当复杂，不同族裔的居民在不知不觉中把本族的语言深入到英语当中，使北美英语中出现了印第安人、德意志人、荷兰人和法国人的语汇。于是，北美的英语同“标准英语”逐渐有所不同。

——摘自李剑鸣著：《美国的奠基时代：1585—1775(修订版)》，北京：中国人民大学出版社，2011年，第527页

导读提示

在美国独立战争前，来自英国及其他欧洲国家的移民和被贩卖为奴的非洲黑人，在与当地的印第安人共同生活在北美洲的土地上。在欧洲人排斥和压迫有色人种的基础上，在人们开拓殖民地的过程中，各种文化相互融合与混合，形成了美国文化的多元特征。

阅读时，应认识到：北美居民在种族、血统和宗教上具有多源性、多样性和美式英语的特点。

二、拿破仑战争后欧洲文化的重构

【核心概念】

核心概念1：拿破仑战争

是指1803—1815年爆发的各场战争，是自1789年法国大革命所引发的战争的延续。它促使了欧洲的军队和火炮发生重大变革，特别是军事制度。随着拿破仑在滑铁卢败北(1815年6月18日)，各交战国签订巴黎条约后结束。一个时代落幕了，拿破仑战争延续15年之久，其直接后果是反法联盟取得了胜利，王朝复辟，但它动摇了欧洲君主专制制度的基础，唤起了欧洲民族觉醒，加速了欧洲的历史进程。拿破仑战争后，欧洲的政治文化得以重构，封建、专制成为众矢之的，民主、独立、自由、法治等越来越成为欧洲的普遍诉求。

核心概念2：拿破仑法典

又称《法国民法典》或《民法典》。法典规定法律面前公民一律平等，废除封建特权，摆脱教会控制，以人身自由、契约自由和私有财产神圣不可侵犯等为基本准则。排除封建法规，确立资本主义社会立法规范。这些基本原则充分反映了资产阶级革命的成果，确立了资本主义社会的立法规范，恩格斯曾称它为“典型的资产阶级社会的法典”。《拿破仑法典》是资产阶级的第一部民法典，它对后来很多资本主义国家的立法产生了很大影响。

核心概念3：十二月党人

一些贵族青年军官于1825年12月发动俄国第一次试图推翻沙皇专制制度和农奴制的武装起义，这些人被称为“十二月党人”。在1812年反对拿破仑战争中，一些俄国贵族军官参加了国外的远征，受到西欧民主思想的影响，对国内的农奴制度和专制制度极为不满。回国后，他们成立秘密的革命组织，企图按照西方的方式来改造国家。受法国资产阶级革命的

影响，在酝酿起义过程中重视教育，推行识字运动，抨击沙皇政府对学者和教师施行官僚监视制度，反对沙皇官吏对国内文化和科学发展事业的限制，为士兵子弟和自己领地的农奴子弟、城市贫民子弟设立学校。起义尽管失败，但在俄国传播了革命的主张，推进了俄国的政治现代化进程。

【史学导读】

1. 拿破仑战争后，欧洲的政治文化出现了哪些新的因素？

材料一： 拿破仑在所征服之地都迅速颁布法令，废除贵族的封建特权和僧侣的教会特权，取消各种徭役、封建贡赋和教会的什一税，废除农奴制，并宣布实行法律面前人人平等、个人自由、宗教信仰自由、经济自由等一系列资产阶级民主主义原则。如在威斯特伐利亚王国（《提尔西特和约》之后新组建的、由拿破仑弟弟热罗姆·波拿巴任国王），从建国初始，它就实行了全面改革，不仅迅速实施《拿破仑法典》，而且全面引进法国的一整套行政、政治、经济、司法和社会制度；各种封建特权、农奴制和行会制度被摧毁，法律面前人人平等的资产阶级民主观念建立起来了，各种职业和职位向一切有才能的人开放，人们开始凭自己的才能而不是靠出身门第沿着社会的阶梯向上攀升；王国大多数居民是新教徒，因而只有教务监理会和修道院等天主教会的财产被没收并予以公开拍卖，犹太人的信仰自由得到保障。

——摘自宛凤英：《拿破仑发动战争与近代欧洲一体化进程》，《史志学刊》，2015 年第 2 期

导读提示

材料论述了拿破仑战争动摇了欧洲的旧制度，拿破仑主导了一场波澜壮阔、影响深远的资产阶级改革，重塑了欧洲的政治面貌，锻造出一个资本主义的新欧洲。

阅读时，应认识到：在拿破仑引导下，各附庸国以法国宪法为蓝本制定并颁布了本国的宪法，把自由与平等的资产阶级民主原则以及法国进行的资本主义改革措施以国家大法的形式固定下来，将法国的政治和社会制度推广到各地，这实际上是一场真正的革命。

通过阅读材料，可以深刻理解拿破仑战争后，欧洲的政治文化得以重构，封建、专制成为众矢之的，民主、独立、自由、法治等越来越成为欧洲的普遍诉求。

三、欧洲殖民者的文化侵略

【核心概念】

核心概念 1：文化侵略

是指一个国家或民族对他国或另一民族通过文化改造和思想改造而达到的征服行为。殖民国家往往通过向被殖民地区输出民主、自由、人权等价值观及基督教，改造甚至消灭后者的文化，淡化后者的民族意识，达到殖民目的。被侵略的民族不同程度地接受了外来文化，但也努力保护自己的传统文化，使自身文化呈现出新的多样性。

核心概念 2：《盛世危言》

是郑观应编成于公元 1894 年（光绪二十年）的论文集。全书贯穿着“富强救国”的主

题，对政治、经济、军事、外交、文化诸方面的改革提出了切实可行的方案，在当时是给甲午战败以后沮丧、迷茫的晚清末世开出了一帖拯危于安的良药。《盛世危言》的出版，其中对清末的维新派和革命派具承先启后的作用，亦为1898年开始的百日维新奠定了重要根基。

【史学导读】

1. 欧洲殖民者文化侵略的影响是什么？

材料一：然而，事物的发展并非人能预料。中国人没有按照传教士所设计的思想定式去接受西学。被传教士用作辅助手段的西学传播非但未能使中国人沦为西洋文化的奴隶，相反，却启蒙了中国的思想界，适应了近代中国向西方学习的潮流，从而充当了促进中国社会变革的"不自觉的工具"。近代许多著名思想家如洪仁玕、王韬、康有为、梁启超等人先进思想的启蒙都与传教士报刊的西学介绍有关。中国资产阶级的先进代表改良派和其后的革命派都把西学视为谋求民族振兴和祖国富强的精神武器，利用自己的报刊进行了更加广泛和深入的西学宣传。可以设想，如果没有传教士报刊的西学介绍，一向闭目塞听的中国社会就很难感知西方先进文化的惊雷，还会沉迷在"天朝上国"的美梦之中，从这个意义上说，无论传教士报刊介绍西学是何用意，也无论它们所介绍的西学有多么浅薄，它们毕竟在引进西学方面功劳卓著。

——摘自程丽红：《文化侵略的工具　文化交流的媒介——论近代在华基督教传教士报刊的文化意义》，《社会科学战线》，2000年第6期

导读提示

材料论述了近代中国并没有按照传教士所设计的思想定式去接受西学。被传教士用作辅助手段的西学传播非但未能使中国人沦为西洋文化的奴隶，相反，却启蒙了中国的思想界。中国的思想界产生的资产阶级改良和革命思想都与之相关。

阅读时，应认识到：在回应殖民者文化侵略的过程中，被殖民者会不同程度地接受外来文化，其文化呈现出新的多样性。

荐读书目

晁福林著：《夏商西周的社会变迁》，北京：中国人民大学出版社，2010年

[美]艾尔弗雷德·W.克罗斯比著，郑明萱译：《哥伦布大交换：1492年以后的生物影响和文化冲击》，北京：中信出版社，2018年

王希著：《原则与妥协：美国宪法的精神与实践》，北京：北京大学出版社，2014年

钱满素著：《美国文明三部曲》全三册，北京：东方出版社，2016年

第13课　现代战争与不同文化的碰撞与交流

一、第一次世界大战与民族民主意识的觉醒

【核心概念】

核心概念1：第一次世界大战

是在1914—1918年资本主义国家在向帝国主义过渡时期为重新瓜分世界和争夺全球霸权而爆发的一场世界级帝国主义战争，是欧洲历史上破坏性最强的战争之一。第一次世界大战是一场非正义的帝国主义之间的战争，给全世界各国人民带来了沉重的灾难，同时也带来了科技上的一大进步，使各国的政治、经济、科技、文化以及军事等许多方面大大加强，同时一战加快了人权实现的步伐。民族国家的纷纷建立是这次战争带给人类的最大成果。

核心概念2：民族民主革命

是殖民地、半殖民地被压迫民族反对殖民主义、帝国主义和封建主义的统治，争取国家独立、民族解放和政治民主的革命。在近现代，“民族运动”或“民族主义革命”是指殖民地、半殖民地人民反抗殖民侵略、殖民统治，争取民族解放、民族独立的运动。“民主运动”或“民主主义革命”是指资产阶级领导的反对封建统治，建立资产阶级民主政治制度的斗争。第二次世界大战后，殖民地、半殖民地的民族民主革命取得了伟大胜利，其中最突出的表现是中国人民推翻了帝国主义、封建主义和官僚资本主义的统治，取得了民族民主革命的伟大胜利。

核心概念3：民族民主意识

民族意识即民族共同心理素质，指各民族在形成和发展过程中凝结起来的表现在民族文化特点上的心理状态。民族共同心理素质是在民族共同地域、民族共同经济生活及历史发展特点的基础上形成的，往往与民族的历史遭遇和所处地位有密切关系。民主意识是人们对于民主的观点和态度的总称，它往往表现为随着社会经济结构的变革或改善而出现的对以往政治的反思和对现实政治的要求，包括对民主的本质、作用的看法，对民主现象的评价和理解，对自己民主权利的认识、掌握和运用。

【史学导读】

1. 第一次世界大战对殖民地、半殖民地产生了怎样的影响？

材料一：对大量亚非士兵新近被征召到欧洲帝国主义列强军队中所造成威胁的指责与种族主义有关，这明显体现在以下事实中：对拒绝服从不称职指挥官(这样的指挥官在这场消耗战中层出不穷)命令的殖民军队进行整肃，对潜逃或反抗欧洲征兵的土著居民采取报复性措施。如卢格德的恐惧所暗示的那样，即使是从殖民地招募，在战争爆发很久之前就为欧洲指挥官服役的那些士兵也不被理所当然地认为是忠心耿耿的。毕竟他们亲眼目睹了在两败俱伤的争斗中，欧洲青年人惨遭屠戮的骇人场面，而这场战争除了毁灭敌对的“白色”对手之外很快便失去了意义(不论战争的意义在最初就是多么的苍白)。整场战争的荒谬性，以

及指挥非洲士兵的欧洲军官的失误，加之战争中英国和德国士兵表现出的弱点，这一切都使支撑西方全球霸权的白人种族优越论的神话成为笑柄。更重要的是，欧洲人声称卓越的理性为其种族至尊提供了根基和经验主义验证，而这套话语曾为其帝国主义征服行径和教化其他人类的使命提供了合法性，现在看来这不过是一种空洞的自负。

——摘自[美]迈克尔·艾达斯著，王申蛟译：《种族主义与第一次世界大战》，《史学集刊》，2016 年第 3 期

导读提示

材料表明大量亚非士兵新近被征召到欧洲帝国主义列强军队中，促使殖民地人民的民族独立意识进一步觉醒。

阅读时，应认识到：第一次世界大战以极其残酷的方式，给世界各国人民带来了深重的灾难，但它客观上将自由、民主与民族独立的思想进一步传播到欧洲、西亚和北非各地。

通过阅读材料，可以深刻理解殖民地人民认识到，白人不是天命所注定的应当统治有色人种的种族。第一次世界大战进一步激发了欧洲、亚洲、非洲和拉丁美洲民族民主意识的觉醒。

二、第二次世界大战与世界殖民体系的瓦解

【核心概念】

核心概念 1：第二次世界大战

第二次世界大战（世界反法西斯战争，1939 年 9 月 1 日—1945 年 9 月 2 日）是以德、日、意三个轴心国和匈牙利、罗马尼亚、保加利亚等仆从国为一方，以反法西斯同盟为另一方进行的全球规模的战争，是人类规模最大的世界战争。二战时期有 61 个国家和地区、20 亿以上的人口被卷入战争。最后以反法西斯国家战胜法西斯侵略者赢得世界和平告终。由于英法等老牌帝国主义在二战中受重创，亚非地区的殖民地人民发起了殖民地解放运动。印度的独立给了大英帝国致命一击，越南、埃及都取得了对帝国主义战争的胜利，中东、非洲先后独立数十个国家，最终导致由西方地理大发现后在全球形成的殖民地体系彻底瓦解。

核心概念 2：反法西斯同盟

1942 年 1 月 1 日，英美苏中等 26 个国家在华盛顿举行会议，签署了《联合国家宣言》，标志着国际反法西斯统一战线，即反法西斯同盟最终形成。反法西斯同盟的建立使第二次世界大战的形势发生变化，是反法西斯战争取得最后胜利的决定性因素之一，并为联合国的成立奠定了基础。

核心概念 3：《埃维昂协议》

又称阿法协议，即由法国承认阿尔及利亚独立的协议。1962 年 3 月 18 日，由阿尔及利亚共和国临时政府和法国政府的代表在法国东部埃维昂城签订。1830 年，法国入侵阿尔及利亚。1905 年，阿尔及利亚全境沦为法国的殖民地。阿尔及利亚人民为了摆脱法国殖民统治，争取民族独立，进行了长达一个多世纪的斗争。1954 年 11 月至 1962 年 3 月在阿尔及利亚民族解放阵线的领导下，阿尔及利亚人民经过 7 年半艰苦的武装斗争，终于迫使法国同意

谈判，以结束阿尔及利亚战争。1962 年 3 月 7—18 日双方在埃维昂经过几轮谈判，签署法阿协议的总声明，惯称埃维昂协议。同年 7 月 3 日，阿尔及利亚进行自决公民投票后宣布正式独立，结束法国在阿尔及利亚 133 年的殖民统治。

【史学导读】

1. 第二次世界大战给亚非拉被压迫民族的解放事业带来了什么影响？

材料一： 第二次世界大战给亚非拉广大被压迫民族的解放事业开辟了更加广阔的道路。在第二次世界大战胜利的鼓舞下，亚非拉地区掀起了争取民族解放斗争的高潮。首先，在亚洲的东部，中国、越南、朝鲜革命的胜利，推动了亚非拉民族解放运动的发展。50 年代中期，民族解放运动扩展到中东、北非。50 年代中期到 60 年代以来，民族解放运动的中心在非洲，到 80 年代初，除南非种族主义政权外，非洲国家几乎都取得独立。拉丁美洲战后民族运动也在深入发展，其中 1959 年的古巴革命胜利，影响尤为重要。60 年代以来，亚非拉总共有 104 个民族独立国家，其中新独立国家达 69 个。这一系列斗争的胜利摧毁了帝国主义殖民体系，结束了几百年的殖民统治，深刻改变了世界的面貌，使世界历史进入了一个新时期。民族独立国家的普遍出现为发展中国家走上世界舞台奠定了基础。

——王晓华：《第二次世界大战对世界格局产生的影响》，《云南民族大学学报(哲学社会科学版)》，2005 年第 4 期

导读提示

材料表明第二次世界大战给亚非拉广大被压迫民族的解放事业开辟了更加广阔的道路。在第二次世界大战胜利的鼓舞下，亚非拉地区掀起了争取民族解放斗争的高潮。

阅读时，应认识到：这一系列斗争的胜利摧毁了帝国主义殖民体系，结束了几百年的殖民统治，深刻改变了世界的面貌，使世界历史进入了一个新时期。民族独立国家的普遍出现为发展中国家走上世界舞台奠定了基础。

通过阅读材料，可以深刻理解第二次世界大战后，构建了几个世纪之久的世界殖民体系，最终土崩瓦解，退出了历史舞台。

三、第二次世界大战后新兴民族国家的文化发展

【核心概念】

核心概念 1：民族国家

是指欧洲近代以来通过资产阶级革命或民族独立运动建立起来的，以一个或几个民族为国民主体的国家。民族国家是一个独立自主的政治实体，乃欧洲在 19 及 20 世纪主导的现代性民族自决和自治概念及实践。与欧洲传统帝国或王国不同，民族国家成员效忠的对象乃有共同认同感的“同胞”及其共同形成的体制。认同感的来源可以是传统的历史、文化、语言或新创的政治体制，因此，从一个民族构成政府体制，或者由数个民族经同一共享的政府体制构成的民族，都是民族国家的可能结合形式。

【史学导读】

1. 怎样理解新兴民族国家的文化复兴?

材料一: 在新兴民族主义诚挚追求现代性的过程中,冲突和问题随即而来。一方面,如前文所述,落后带来的危机感和耻辱感让殖民地人民急于奔向现代化去寻求繁荣独立;另一方面,同样是落后带来的危机感和耻辱感让殖民地人民急于从传统里寻找自信与民族认可,更重要的是寻找与西方的差异元素以抵抗现代化的同质性。也就是说,新兴民族国家的人民渴望实现现代化,但是他们既不情愿也无法成为西方的翻版。他们寻求的是一种创造性适应变化的方式,利用传统中的文化资源,获得有助于成功开展新实践活动的力量。他们并不想单纯沿袭西方的现代性,不想感觉到被西方全盘吞没。他们必须开辟出自己的道路。简言之,现代性与传统性的冲突带给了新兴民族主义新的任务——必须回答一个问题:"我们"是谁?而回答这个问题的目的在于创造一个属于自己的崭新的现代民族文化,这个文化必须有别于西方文化。

——丁虹:《民族主义与现代性:基于新兴民族国家的分析》,《中共福建省委党校学报》,2019年第3期

导读提示

材料表明,在新兴民族国家现代化的过程中,努力创造一种现代的民族文化。

阅读时,应认识到:在新兴民族主义诚挚追求现代性的过程中,冲突和问题随即而来。一方面,新型的民族国家吸收和接受西方的现代文化。另一方面,又保留传统的民族文化。

通过阅读材料,可以深刻理解第二次世界大战后的新兴民族国家在建设现代化的过程中,形成了本土文化与西方文化相结合的新文化。

荐读书目

[英]马克斯·黑斯廷斯著,符全宇、胡烨译:《祸起1914:欧洲迈向一战之路》,北京:新华出版社,2019年

[英]丘吉尔著:《第二次世界大战回忆录》六卷本,长春:时代文艺出版社,1995年

胡德坤等编:《第二次世界大战与世界历史进程》,武汉:武汉大学出版社,2002年

[英]艾瑞克·霍布斯鲍姆著,贾士蘅译:《帝国的年代》,南京:江苏人民出版社,1999年

彭树智著:《现代民族主义运动史》,西安:西北大学出版社,1997年

[日]大盐龟雄著,葛绥成译:《最新世界殖民史》,郑州:河南人民出版社,2016年

[英]阿尔弗雷德·考尔德科特著,周亚莉译:《大英殖民帝国》,北京:华文出版社,2019年

第六单元

文化的传承与保护

第 14 课　文化传承的多种载体及其发展

一、学校教育的发展

【核心概念】

核心概念 1：官学

是指中国封建朝廷直接举办和管辖的以及历代官府按照行政区划在地方所办的学校系统，包括中央官学和地方官学。地方官学与中央官学，共同构成中国古代社会最主要的官学教育制度。中国古代的官学主要服务于封建教化和选拔封建人才。但是它客观上推动文化的传承、科学的研究。

核心概念 2：书院

书院是中国古代教育机构，最早出现在唐朝。正式的教育制度则是由朱熹创立，发展于宋代。宋代，著名的书院有河南商丘的应天书院、湖南长沙的岳麓书院、江西庐山的白鹿洞书院、河南登封太室山的嵩阳书院、湖南衡阳石鼓山的石鼓书院、江西上饶的鹅湖书院。书院制度是一种文化教育制度。书院制度的确立得益于书院与理学的一体化及教育功能的凸显。书院制度的发展也推动了私学和理学的发展。

核心概念 3：大学

大学是人类社会发展进程中最重要的现象之一，产生于中世纪的欧洲。大学是提供教学和研究条件，授权颁发学位的高等教育机构，是与社会的经济和政治机构既相互关联又鼎足而立的传承、研究、融合和创新高深学术的高等学府。也是为推广知识、培训专业人员、传播和推进知识而创造的自由而负责任的共同体。

【史学导读】

1. 如何理解京师大学堂的办学理念?

材料一：京师大学堂政治学门与日本帝国大学政治学科课程制比较：

京师大学堂	日本帝国大学
政治总义	政治学
大清会典要义	国法学
中国古今历代法制考	中国法制史
东西各国法制比较	比较法制史
全国人民财用学	经济学
国家财政学	财政学
各国理财史	经济史
各国理财学术史	经济学史
全国土地民物统计学	统计学
各国行政机关学	行政法学
警察监狱学	警察监狱学
教育学	
交涉学(国事交涉、民事交涉)	国际公法、国际私法
各国近世外交史	外交史
各国海陆军政学	各国海陆军政学
各国政治史	政治史
法律原理学	法理学
各国宪法民法商法刑法	商法
各国刑法总论	刑法总论

——摘自周谷平等著:《中国近代大学的现代转型——移植、调适与发展》,杭州:浙江大学出版社,2012年,第15页

材料二: 1902年的《钦定大学堂章程》与1903年的《奏定京师大学堂章程》中均以"端正趋向,造就通才"为其办学宗旨。"以忠孝为本,以中国经史之学为基"是制定章程者所奉行的办学原则,也是其办学思想的具体阐释。

——摘编自朱有瓛主编:《中国近代学制史料(第2辑)》上册,上海:华东师范大学出版社,1987年,第78页

导读提示

材料一展现了京师大学堂的政法科对日本帝国大学的政法科的模仿。上述课程尽管表面字眼上有所不同,但基本相互对应,且数量也几乎一致,实质上是以日本大学课程设置为模本而规划的。材料二展现了京师大学堂培养人才是以忠君尊孔为本位的。

阅读材料时,应认识到:京师大学堂在外部形态上具有浓重的日本大学教育体系痕迹。

它的体制结构是在直接学习日本大学基础上建构的，但对日本大学教育体系的模仿主要着眼于组织结构、专业分类、课程设置等外部形态处理上。但从内部结构分析，它依然深受传统理念的影响，“中体西用”思想仍旧是其办学宗旨和根本所在。

通过上述两则材料可以深刻地理解京师大学堂成立之初，其除去外部形态如办学模式、课程设置、教学管理等方面有浓重的日本和现代特色，但其内在理念依然奉行传统的封建理念，即极力维护经学为立学之本，具有浓厚的官本位价值取向。这种内在传统理念使得此时的京师大学堂徒有大学之形，而无大学之实，是古代太学、国子监的延续，没有摆脱旧式官僚养成所的实质。这种理念一直延续到民国初年蔡元培主持制定的《大学令》的实施，这才标志着中国近代大学的理念从传统到现代转型的开始。京师大学堂也于 1912 年改名为“北京大学”。

2. 如何理解近代留学教育对中国产生的影响？

材料一：戊戌以后的中国政治，无时不与留学生发生关系，尤以军事，外交，教育为甚：现在执军权之军人，十之七八可从日本士官学校丙午同学录，与振武学校一览(光绪三十三年)中求得其姓名，军阀如此横行，留日陆军学生自应负重大责任，而曹陆章之卖国，更为国人所嫉视。其他如外交则完全为留学生所主持，高等教育界之人员亦十分之九以上(据民国十四年东南大学，北京师大同学录)，为留学生，全国重要事业无不有留学生在其中。二十年来国势日趋日下，无论教育，外交，几无一事可以使国人满足，国人对于留学生之不满，自系不可避免的事实。然而留学生在近世中国文化上确有不可磨灭的贡献。最大者为科学，次为文学，次为哲学。

——摘自舒新城著：《近代中国留学史》，上海：上海书店出版社，2011 年，第 138 页

导读提示

材料展现了中国近代留学生对中国军事、外交和教育的影响。近代留学教育培养了大批军事、外交、教育人才，对近代中国的政治格局产生了巨大影响；同时也对近代中国文化产生了不可磨灭的贡献。

阅读时，应该认识到：近代留学生对中国的影响是全方位的，也是两面的。近代留学教育造就了大量的军事人才，一定程度上影响了近代军阀割据局面的产生；另一方面，中国近代外交和高等教育方面的引领者大多来自留学生，这些留学生推动了中国外交和教育的近代化，但同时由于国势日下，他们把持的外交和教育却无法让人满意。三者则是近代留学教育推动了中国近代文化的发展，特别是科学、文学和哲学。

通过上述材料可以深刻认识到留学教育客观推动了不同民族之间文化的交流。近代中国留学教育推动了中国近代的转型，推动了中国近代科学文化的发展。但同时也产生了一些消极影响，比如留日军人助长了军阀割据势力。

3. 如何理解法国拿破仑建立的“大学区制度”？

材料一：为了统一舆论，造就有效率的官吏和能从事生产的臣民，拿破仑建立了中央集权的领导体制。1806 年他在巴黎设立了帝国大学，1808 年划分全国为 27 个“大学区”。帝国大学是帝国的教育权力机构，设总监和由 30 人组成的评议会，还设有若干名总督学。帝国大学的总监由拿破仑直接任命。各大学区设学区总长、帝国大学和大学区的督学。学区总长，帝国大学和大学区的督学，以及大中学校校长、教师都由帝国大学总监任命。公立和

私立学校的开办也要经帝国大学总监认可。国家对学年安排和课程设置实行统一管理。这种中央集权的教育领导体制，成了法国近现代教育的重要特点。

——摘自刘新科著：《外国教育史》，武汉：武汉大学出版社，2012 年，第 100 页

导读提示

材料展现了法国拿破仑建立“大学区”制度的基本情况。法国大学区教育建立之初大学总监是由拿破仑直接任命，总监任命大学的总长、督学、校长等。不管是公立还是私立大学总监都需要帝国大学认可。

阅读时，应该认识到：拿破仑建立的帝国大学及大学区制度是中央集权的教育体制，成为了法国近现代教育的重要特点，为法国近代教育体制的确立奠定了基础，对后世影响深远。但同时也应该认识到这种“大学区”制度在当时有明显的帝国色彩，具有时代的阶级性。

通过上述材料，可以深刻地理解法国“大学区”制度的深远影响。同时，也可以理解拿破仑对后世的重大的影响，以及时代对教育体制的影响及启蒙思想对教育的影响。

二、印刷书的诞生

【核心概念】

核心概念 1：印刷书

被称为“新一代的书籍”，是指使用金属活字印刷术在纸上印制的书，产生于 15 世纪中后期的欧洲。印刷书的诞生得益于 15 世纪金属活字印刷术的发展和纸张在 14 世纪欧洲的广泛应用。它的诞生是与近代早期欧洲资本主义市场经济的萌芽和发展相适应的。至 16 世纪初，世界开始进入印刷书的时代。在 16—17 世纪，每 20 秒钟即可印完一张完整的纸。印刷书开拓了大众的阅读空间。印刷量的剧增扩大了新信息、新知识的传播，推动了大众文化的形成，有力地促进了人类文明的进步。印刷书诞生的时代，恰是社会巨变的时代。它推动了社会的转型，加速了欧洲的现代进程，对世界文明产生了难以估量的影响。

【史学导读】

1. 如何理解“印刷书是变革的推手”？

材料一：但重点在于，16 世纪出产的印刷书，其数额之多，已经足以让所有识字的人，都有机会读到书。16 世纪初期，出版业在古典文学知识的传布上，扮演关键角色，稍后便成为宗教改革信条的推广主力；它也促成了方言的固定、确立，刺激了民族文学的发展。

——摘自[法]费夫贺、马尔坦著，李鸿志译：《印刷书的诞生》，桂林：广西师范大学出版社，2006 年，第 264 页

导读提示

材料讲的 16 世纪欧洲印刷书的出产情况及其对古典文学知识的传播和宗教改革和民族文学的发展的作用。

阅读时，应认识到：相对于手抄本来说，印刷书的出厂和流传效率是无与伦比的。16 世

纪，印刷书的出版在欧洲推动了文化的普及，促进了大众文化的形成，推进了文化平等；数额居多的印刷书本身也产生了巨大的经济的效益，推动了出版工业的发展；广泛流通的印刷书籍承载着古典文学知识，是文艺复兴运动的重要推手；宗教改革过程中的信条也伴随着印刷书深入到每个识字人的心中；使用民族语言、发展民族文学的倡导也写进了印刷书中并传达到每一个识字人手里。

通过上述材料可以深刻理解印刷书对欧洲的文艺复兴、宗教改革起到了推动作用；印刷书也推动了民族国家的统一和发展。值得注意的是，在后期的启蒙运动中印刷书依然成为了主要的推动力。因此，可以得知印刷书推动了近代欧洲的思想解放运动，进而推动了欧洲的社会变革和转型。印刷书的诞生和发展，与文艺复兴、地理大发现、宗教改革、科学技术革命、启蒙运动、法国大革命……在时间上具有惊人的同步和一致性。

2. 为什么在中国传统社会印刷书没有导致社会的革命性变化？

材料一：印刷在西方社会中，主要是一种营利事业，跟随工业革命而发展成为一种庞大的出版工业，是大众传播的主要媒体。而在中国传统社会中，印刷术的主要功能并非谋利，却含有一种强烈的道德观念。刻书对知识的传播和文化保存，认为是人生的一种美德，所谓“传先哲之精蕴，启后学之困蒙，亦利济之先务，积善之美谈”。尊重古代典籍是儒家思想的主要成分。

——摘自钱存训著：《中国书籍、纸墨及印刷史论文集》，香港：香港中文大学出版社，1992 年，第 238 页

导读提示

材料讲的是中国和西方社会关于印刷及印刷书观念的不同。在西方社会印刷主要被当成营利的事业，是商人获利的重要手段，同时它也是一种庞大的出版工业，是伴随着工业革命而发展的重要工业部门；而在中国封建社会，印刷书籍更多的是用来传播知识和保存文化，是儒家思想的道德规训的结果，因此并没有产生多大的经济效益。

阅读时，应认识到：印刷书对中国社会的推动作用固然存在，如扩大知识团体的规模，提升民智，促进社会阶层的转换等，但是这种程度不仅有限，而且并没有像西方印刷术一样促进了资本主义萌芽的发展，壮大了资产阶级力量，推动了精英文化的式微和大众文化的形成，进而推动了欧洲的思想解放和社会转型。尽管印刷书推动了中国明清时代民俗文化的兴起，但这并不意味着精英文化的式微。它或许促进了大、小传统的融合，但绝未消除它们泾渭分明的界线。中国的识字率也并未因为印刷物的普及而得到实质性的提高；通俗白话也并不比浅显文言更容易被一般文化程度的人接受。相反，区域文化发展的不平衡和方言的歧异，加之文字和书面语的难明，中国古代绝大多数民众仍然目不识丁或无法阅读。总而言之，中国社会基本上还是以士人乡绅为主导。

通过上述材料可以深刻理解早于欧洲近 500 年产生的中国印刷术不能推动中国传统社会进行革命性的转型的根本原因是观念背后的资本主义缺席。也就是说，古代中国的商业化力量始终是有限。这种有限的商业化力量不足以对森严的封建等级秩序造成强大的冲击力，工业革命和社会变革也就于中国无缘。甚至有学者认为，资本主义萌芽也仅仅只是一种情怀，或许根本没有真正出现过。

三、图书馆的成长

【核心概念】

核心概念 1：公共图书馆

公共图书馆的服务以平等利用为基础，不分年龄、种族、性别、宗教信仰、国籍、语言和社会地位，向所有的人提供服务。1852 年英国的曼彻斯特公共图书馆是世界上首个现代意义上的公共图书馆，它的问世是公共图书馆诞生的标志，也是西方现代图书馆的历史起点，此前所有的图书馆都有特定的服务对象。新型公共图书馆的产生实际上是社会民主、公民权利、社会平等和信息公正等现代人文意识成熟的结果，它是在近现代公民社会建立的过程中应运而生的。公共图书馆不仅仅保存古籍和文化遗产，同时也具有服务公众的职能。

核心概念 2：藏书楼

是我国古代藏书的场所。这个词汇最早出现于唐宋之际，发源于私家藏书。明清之际，私人藏书进入鼎盛时期，藏书楼之称并开始风行。这种风气甚至影响到了官方藏书，许多皇家和官府的藏书机构也冠之以各式藏书楼的名号。这样一来，“藏书楼”就成了各类文献收藏的统称。

核心概念 3：中国国家图书馆

是国家出资在首都设立的全国性大型图书馆。它不仅仅收藏图书，而且具有管理全国图书馆且调度全国图书的功能。中国建立国家图书馆的构想由来已久，郑观应、李端棻、梁启超等人都曾倡导过全国性的大型图书馆。然而由于历史的原因，国家图书馆的出现却明显落后于各省的官办图书馆。中国最早具有国家图书馆功能的是 1909 年清政府筹建的京师图书馆。新中国成立后改名为“北京图书馆”，1998 年改称为“国家图书馆”。国家图书馆的馆藏是闻名遐迩、世界瞩目的。截至 2012 年底，国家图书馆馆藏文献已达 3 119 万册(件)，居世界国家图书馆第五位，并以每年近百万册(件)的速度增长。中国国家图书馆馆藏宏富，品类齐全，古今中外，集精撷萃。对于保存古籍和文化遗产具有至关重要的作用。

【史学导读】

1. 如何理解中国近现代图书馆是“西风东渐”的产物？

材料一：近代图书馆在我国从无到有的突破，实际上是由基督教图书馆最初实现的。相当一部分中国人对图书馆的认识，也是从这些“洋书楼”开始的。在我国图书馆史上，基督教图书馆的启蒙、范例作用，是不容忽视的。

——摘自吴晞著：《图书馆史话》，北京：社会科学文献出版社，2015 年，第 25 页

材料二：在学习西方的过程中却产生了一种共识，即都把兴办教育、建立学堂、开发民智作为社会改良的首要内容，而兴办新式教育的主要内容之一又是建立西方式的图书馆。

——摘自吴晞著：《图书馆史话》，北京：社会科学文献出版社，2015 年，第 34 页

导读提示

材料一讲的基督教图书馆是我国近代出现年代最早的新型图书馆，并起到了“为天下之

先”的示范作用。材料二讲的是鸦片战争之后中国兴起了向西方学习的潮流。在民族危机不断加深的背景下，进步人士把兴办新式图书馆看作学习西方、救亡图存的重要组成部分。

阅读时，应认识到：在中国，率先跨越旧式藏书楼窠臼的新型图书馆，是西方传教士所创办的基督教图书馆。进而理解传教士们在中国的一些活动，尤其是在文化教育方面的活动，在客观上还是有所建树和作为的。而在“西学东渐”的热潮中，建立新型图书馆的思想舆论也开始形成，从而奠定了中国兴办图书馆的思想基础，而后的中国图书馆基本上是按照此时形成的原则和思路发展的。

通过阅读上述两则材料，可以深刻地理解中国近现代图书馆的产生是基督教传播和外国入侵的客观产物。从而理解近代新型的图书馆不可能从古老的中华文明中土生土长而来，不可能从中国悠久的藏书楼传统中自行孕育并产生，它只能是“西风东渐”的产物，只能从输入西方式的模式开始。值得注意的是，尽管中国新型图书馆的源头在西方，但是创建中国现代图书馆的主角是中国人自己，是中国人民自身奋斗和中国社会发展的结果。

四、博物馆的建设与发展

【核心概念】

核心概念 1：博物馆

2007 年，国际博物馆协会（ICOM）更新了博物馆的概念：博物馆是一个为社会及其发展服务的、向公众开放的非营利性常设机构，为教育、研究、欣赏的目的，征集、保护、研究、传播并展出人类及人类环境的物质及非物质遗产。博物馆是一个收藏过去的地方。博物馆是一座城市、一个民族、一个国家的文化之基。博物馆对国家文化的象征意义是不可估量的，它是民族文化的“镇纸”同时，它又是时代的标志。

【史学导读】

1. 如何理解近代博物馆在欧洲诞生的原因呢？

材料一：希腊、罗马的古典著作、古代遗物受到了空前的重视，许多欧洲国家先后出现了探访古迹，搜集古钱、古书、化石和金属纪念品等古物的热潮……这种对古物的收集研究，随着 15 世纪末环球新航线的开辟和美洲新大陆的发现，更加高涨……荷兰阿姆斯特丹城一时形成世界艺术品贸易中心，这就进一步激发了学者的研究兴趣和收集者的热情。近代博物馆产生的思想条件和物质条件渐趋成熟了。

18 世纪，博物馆事业迈出了重要的前进步伐。这个世纪 80 年代蒸汽机的发明和采用，引起了工业革命。同时法国百科全书派为代表的欧洲资产阶级民主文化运动兴起，所有这些都给予博物馆事业的发展以重大的影响。

——摘编自王宏均主编：《中国博物馆学基础》，上海：上海古籍出版社，2001 年，第 62—63 页

导读提示

材料讲的是近代欧洲博物馆诞生的背景与文艺复兴时期的搜索古物热潮、新航路开辟

和美洲新大陆的发现有关。18 世纪的博物馆事业的发展也于第一次工业革命和法国的资产阶级民主文化运动有关。

阅读时，应认识到：近代欧洲博物馆的诞生是资本主义经济发生到一定阶段的产物，是物质条件和思想条件发展到一定阶段的产物。近代博物馆的诞生和发展与欧洲资产阶级民主文化密切相关。

通过上述材料，可以深刻地理解近代博物馆诞生在欧洲的原因是欧洲资本主义经济的发展和资产阶级民主文化的发展，也能进一步认识到近代博物馆的诞生其实是资本主义经济发展到一定阶段的产物，从而进一步理解近代博物馆为什么不能诞生在中国传统社会。

荐读书目

胡盈著：《世界博物馆导读》，上海：华东师范大学出版社，2013 年

刘海峰主编：《鉴古知今的教育史研究》，厦门：厦门大学出版社，2014 年

[日]井上进著，李俄宪译：《中国出版文化史》，武汉：华中师范大学出版社，2015 年

钱存训著：《中国书籍、纸墨及印刷史论文集》，香港：香港中文大学出版社，1992 年

章开沅、余子侠主编：《中国人留学史》下，北京：社会科学文献出版社，2013 年

李希泌、张椒华编：《中国古代藏书与近代图书馆史料》，北京：中华书局，1982 年

韩琦、[意]米盖拉编：《中国与欧洲——印刷书与书籍史》，北京：商务印书馆，2008 年

第 15 课　文化遗产：全人类共同的财富

一、文化遗产的保护与利用

【核心概念】

核心概念 1：文化遗产

泛指人类社会发展的过程中，人们创造或者借助自然力创造的各种精神财富和物质财富的总和。文化遗产是一个国际通用的概念，这一概念初步定型于《保护世界文化与自然遗产公约》。文化遗产是全人类共同的财富，包括物质文化遗产和非物质文化遗产。它是一个国家和民族历史文化成就的重要标志，不仅对研究人类文明的演进具有重要意义，而且对于展现世界文化的多样性具有独特作用。

【史学导读】

1. 如何理解文化遗产保护的意义？

材料一：文化遗产相关知识的传播从表面上看是文物保护部分的事情，但实际上文化

遗产相关知识的传播是国家主流意识形态传播的一个有机的组成部分。我国文化遗产蕴含着中华民族特有的精神价值、思维方式、想象力，体现着中华民族的生命力和创造力，是各民族智慧的结晶，也是全人类文明的瑰宝。

——摘自褚晓波主编：《公众参与文化遗产保护研讨会论文集》，上海：上海大学出版社，2016 年，第 147 页

导读提示

材料展现了文化遗产相关知识的传播是国家主流意识形态传播的一个有机的组成部分，同时也说明了我国文化遗产蕴含的文化价值，体现了中华民族的特色。

阅读时，应该认识到：保护文化遗产需要加强文化遗产相关知识的宣传，而这是国家主流意识形态传播的重要部分；同时也可以认识到文化遗产对中华民族文化的重要作用，从而意识到文化遗产的价值。

通过上述材料可以深刻理解文化遗产保护的意义是因为文化遗产保护是国家行为的重要一环。文化遗产保护有利于我国文化的传承，影响了中华民族的精神价值、思维方式、创造力、想象力等等，也就是有利于民族性格的养成。

二、《世界遗产公约》与各国的历史遗迹与文化遗产

【核心概念】

核心概念 1：世界遗产

是指被联合国教科文组织和世界遗产委员会确认的人类罕见的、无法替代的财富，是全人类公认的具有突出意义和普遍价值的文物古迹及自然景观。1965 年白宫会议首次提出了世界遗产的概念，认定它是“关乎所有世界公民的现实和未来的利益”。1972 年《世界遗产公约》认为“部分文化或自然遗产具有突出的重要性，因而需作为全人类的世界遗产的一部分加以保护”。世界遗产包括世界文化遗产（包含文化景观）、世界自然遗产、世界文化与自然双重遗产三类。

核心概念 2：自然遗产

《世界遗产公约》将自然遗产定义为：从审美或科学角度看具有突出的普遍价值的由物质和生物结构或这类结构群组成的自然面貌；从科学或保护角度看具有突出的普遍价值的地质和自然地理结构以及明确划为受威胁的动物和植物生境区；从科学、保护或自然美角度看具有突出的普遍价值的天然名胜或明确划分的自然区域。

核心概念 3：文化与自然双重遗产

世界遗产中将文化遗产与自然遗产融合起来，构成世界遗产的第三类别文化与自然遗产，亦称为“混合遗产”或“复合遗产”。《世界遗产公约》并未对文化与自然遗产另立标准，而是分别采用文化遗产标准和自然遗产标准作为其评定依据。双重遗产并不是文化遗产与自然遗产的简单叠加，而有着其深层的寓意，是人类从认识自然、改造自然到与自然和谐相处的杰作。截至目前，全世界列入《世界遗产名录》的文化与自然双重遗产 25 处。泰山是中国第一个典型的双重遗产。双重遗产具有世界性、稀缺性和复合性。

核心概念4：非物质文化遗产

《保护非物质文化遗产公约》将非物质文化遗产定义是："指被各社区、群体，有时为个人，视为其文化遗产组成部分的各种社会实践、观念表述、表现形式、知识、技能及相关的工具、实物、手工艺品和文化场所。"非物质文化遗产的主体是知识、技能、表现形式本身。它是无形的。非物质文化遗产主要包括这几个方面：口头传统和表现形式，表演艺术，社会实践、仪式、节庆活动，有关自然界和宇宙的知识和实践，传统手工艺。

【史学导读】

1. 如何理解世界遗产的"突出的普遍价值"？

材料一： 突出的普遍价值是指文化和（或）自然意义极其突出，以至于跨越国界，对全人类的今世后代都很重要。因此，永久保护该遗产对于整个国际社会具有最崇高的意义。

——摘自朱蓉著：《澳门世界文化遗产保护管理研究》，北京：社会科学文献出版社，2015年，第27页

导读提示

材料展现了突出的普遍价值是超越国界的、超越时代的，它的影响是跨越了时空限制的，对整个国际社会甚至整个人类都具有重大的影响。

阅读材料时，应认识到：世界遗产的"突出的普遍价值"强调的有两点，第一为"突出"，即这种价值影响很深刻；第二是"普遍价值"，则是跨越了时空限制，影响范围广泛。

通过上述材料，可以深刻理解世界遗产的价值，从而理解文化遗产的深远影响。世界遗产的"突出的普遍价值"决定了整个国际社会，整个人类社会都有责任通过提供集体性援助来参与保护。

2. 如何理解保护非物质文化遗产的意义？

材料一： 根据《中华人民共和国非物质文化遗产法》规定：非物质文化遗产是指各族人民世代相传并视为其文化遗产组成部分的各种传统文化表现形式，以及与传统文化表现形式相关的实物和场所……第一条概括了其立法宗旨是"继续和弘扬中华民族优秀传统文化，促进社会主义精神文明建设，加强非物质文化遗产保护、保存工作"。在第四条规定了保护非物质文化遗产应当"有利于增强中华民族的文化认同，有利于维护国家统一和民族团结，有利于促进社会和谐和可持续发展"。

——摘编自林青著：《非物质文化遗产保护的理论与实践》，北京：人民邮电出版社，2017年，第77页

导读提示

材料展现了《中华人民共和国非物质文化遗产法》关于非物质文化遗产的定义，以及其立法宗旨及第四条规定。这些规定具体展示了我国关于非物质文化遗产定义的特点，即注重与民族文化及传统文化的关联，同时也展现了我国关于非物质文化遗产的作用及立法的初衷。

阅读材料时，应认识到：我国的非物质文化遗产的保护有利于弘扬传统文化，有利于增强中华民族的文化认同，从而有利于维护国家统一和民族团结。

通过上述材料，可以深刻理解非物质文化遗产保护的意义在于弘扬各民族传统文化，加强本民族内部的团结，增强文化自信和认同。进而理解非物质文化遗产的保护可以推动人类文明的进步与和谐发展。

3. 如何理解《世界遗产公约》的历史意义？

材料一：《世界遗产公约》的主要任务是确定世界文化与自然遗产，并将具有突出意义和普遍价值且需要全人类共同承担保护责任的古遗址汇编成一部名录。该公约的宗旨是依照现代科学方法建立一个永久性的有效制度，共同保护具有杰出和普遍价值的文化和自然遗产。公约的内容由前言及八个章节构成。该公约还确定各遗产的定义及列入《世界遗产名录》的一些准则规定，规范缔约国在确定潜在遗产项目方面的责任归属与义务，解释世界遗产委员会所扮演的角色，解释如何使用、管理世界遗产基金。缔约国应了解保护并保存该国境内世界遗产的义务，并为之尽最大努力(第 4 条)。此外，也应了解协助保护其他国家境内世界遗产是国际社会的义务(第 6 条)，同时也有责任在从事教育、宣传活动等方面加强该国国民对世界遗产的评价与尊重(第 27 条)。

——摘编自朱蓉著：《澳门世界文化遗产保护管理研究》，北京：社会科学文献出版社，2015 年，第 26 页

导读提示

材料详细展现了《世界遗产公约》的主要任务是确定世界文化与自然遗产，宗旨是建立永久性的有效的保护制度，及缔约国的保护义务包括保存、协助他国保存及从事相关评价等责任。

阅读材料时，应认识到：《世界遗产公约》规范了世界文化与自然遗产的定义及入选规则，同时也规范了相关缔约国的义务和责任，从而可以看出《世界遗产公约》主要作用是规范了与世界遗产相关的制度。这些都给人们提供了一些借鉴和规范。

通过上述材料，可以深刻理解《世界遗产公约》成为了各国、各民族在保护文化和自然遗产的规范。它为人类遗产的保护提供了范本，从而推动了文化的传承，也建立了国与国之间文化遗产保护的规范。它的出现促使保护遗产、传承文化的理念日益深入人心。

荐读书目

徐新建主编：《文化遗产研究(第九辑)》，成都：四川大学出版社，2017 年

于海广、王巨山主编：《中国文化遗产保护概论》，济南：山东大学出版社，2008 年

杨红著：《非物质文化遗产数字化研究》，北京：社会科学文献出版社，2014 年

顾军、苑利著：《文化遗产报告：世界文化遗产保护运动的理论与实践》，北京：社会科学文献出版社，2005 年

方允璋著：《图书馆与非物质文化遗产》，北京：北京图书馆出版社，2006 年

后　记

《高中历史核心概念与史学导读·选择性必修》是由重庆市“智慧·情怀”历史课程创新基地组织编写，由重庆巴蜀中学正高级教师周刘波担任主编，全国各地一线历史学科名师参与编写。具体如下：

“国家制度和社会治理”模块：第 1 课由黄蓉编写；第 2 课由黄蓉编写；第 3 课由黄蓉编写；第 4 课由黄蓉编写；第 5 课由张媛媛编写；第 6 课由蒋经纬编写；第 7 课由蒋经纬编写；第 8 课由刘延广编写；第 9 课由刘延广编写；第 10 课由张波编写；第 11 课由黄童超编写；第 12 课由黄童超编写；第 13 课由赵成梁编写；第 14 课由赵成梁编写；第 15 课由徐斌编写；第 16 课由张悦编写；第 17 课由袁堂程编写；第 18 课由袁堂程编写。

“经济与社会生活”模块：第 1 课由周敏编写；第 2 课由周敏编写；第 3 课由龚育佳编写；第 4 课由黄彬编写；第 5 课由黄彬编写；第 6 课由张波编写；第 7 课由张娟编写；第 8 课由张娟编写；第 9 课由段钰山编写；第 10 课由刘胜军编写；第 11 课由刘胜军编写；第 12 课由韩雪梅编写；第 13 课由周恒宇编写；第 14 课由姜嘉红编写；第 15 课由姜嘉红编写。

“文化交流与传播”模块：第 1 课由蒲云芬编写；第 2 课由蒲云芬编写；第 3 课由程昱编写；第 4 课由程昱编写；第 5 课由刘小芳编写；第 6 课由龚小易编写；第 7 课由龚小易编写；第 8 课由段钰山编写；第 9 课由涂菁编写；第 10 课由涂菁编写；第 11 课由谭伟弘编写；第 12 课由李进编写；第 13 课由李进编写；第 14 课由陈洁琼编写；第 15 课由陈洁琼编写。

编写过程中，有关专家对本书的修改和完善给予了悉心指导，提出了宝贵的意见。编写团队也参考了大量学术文献及相关研究成果。在此，向各位专家表示诚挚感谢。

真诚希望广大师生等本书读者提出宝贵意见，我们将集思广益，不断修订，使本书趋于完善。

编者

2022 年 7 月

图书在版编目(CIP)数据

高中历史核心概念与史学导读:选择性必修/周刘波主编. —上海:复旦大学出版社,2022.8
(2025.3 重印)
ISBN 978-7-309-16094-9

Ⅰ.①高… Ⅱ.①周… Ⅲ.①中学历史课-教学研究-高中 Ⅳ.①G633.512

中国版本图书馆 CIP 数据核字(2022)第 001822 号

高中历史核心概念与史学导读:选择性必修
周刘波 主编
责任编辑/朱建宝

复旦大学出版社有限公司出版发行
上海市国权路 579 号 邮编:200433
网址:fupnet@fudanpress.com http://www.fudanpress.com
门市零售:86-21-65102580 团体订购:86-21-65104505
出版部电话:86-21-65642845
上海华业装璜印刷厂有限公司

开本 787 毫米×1092 毫米 1/16 印张 20.5 字数 486 千字
2025 年 3 月第 1 版第 2 次印刷

ISBN 978-7-309-16094-9/G · 2338
定价:75.00 元